Strephon K. Williams
Durch Traumarbeit zum eigenen Selbst

Strephon K. Williams

Durch Traumarbeit zum eigenen Selbst

Die Jung-Senoi Methode

ANSATA-VERLAG
Paul A. Zemp
Rosenstrasse 24
CH-3800 INTERLAKEN
Schweiz
1984

Aus dem Amerikanischen ins Deutsche übertragen
von Ralph Tegtmeier und Werner Zurfluh

Das Bild auf dem Schutzumschlag stammt von
Robert Wicki, Weggis

Titel der Originalausgabe:
Jungian-Senoi Dreamwork Manual
Erschienen bei Journey Press, Berkeley

Schutzumschlaggestaltung: Paul A. Zemp
Gesamtherstellung: Zobrist & Hof AG, CH-Liestal

ISBN 3-7157-0063-7

Inhalt

1. Teil: Der Beginn der Reise

2. Teil: Traumarbeits-Methoden

A. Allgemeine Voraussetzungen

B. Einzelne Traumarbeitsmethoden

3. Teil: Gedanken und Überlegungen

Appendix

1. Teil

DER BEGINN DER REISE

Die Geschichte vom Träumenden

Ich träumte, daß ich träumte. Oder träumte ich, daß ein anderer mich träumte? Ich weiß es nicht mehr. Doch als ich erwachte, wußte ich, daß sich von nun an mein ganzes Leben verändern würde – verändern durch einen Traum, den ich nicht gesucht hatte. Mir war, als sei ich erwacht – weil ich geträumt hatte, daß ich träumte.

Das verwirrte mich, denn bis zu diesem Augenblick hatte ich geglaubt, daß ich selbst es sei, der meine Träume träumte. Doch nun mußte ich plötzlich der Tatsache ins Auge sehen, daß ich vielleicht von einem anderen Wesen geträumt wurde, von dem ich nichts wußte.

Dieser Gedanke erschreckte mich. War ich etwa nicht Herr über mein eigenes Leben? War ich denn nicht ein Erwachsener, der sein Leben selbst in die Hand genommen und die Verantwortung für seine eigenen Taten getragen hatte? Oder war ich immer noch das Kind eines anderen, das gelenkt und geführt wurde, ohne nach seiner Meinung gefragt zu werden?

Am meisten fürchtete ich mich wohl vor dem Gedanken, dann herausfinden zu müssen, wer dieses Wesen war, damit ich mit ihm in Beziehung treten konnte. Dies war mir ein wichtiges Anliegen, denn ich wollte doch selbst entscheiden können, was mit meinem Leben geschehen sollte.

Vielleicht wollte ich ja nicht geträumt werden? Doch konnte ich darüber überhaupt bestimmen? Vielleicht bestand meine einzige Freiheit darin, mit dem, was wirklich da war, in Beziehung zu treten.

Ich fürchtete nicht nur, die Kontrolle zu verlieren; ich hatte auch Angst vor dem, was ich vorfinden würde, wenn ich nach dem suchte, der oder das mich träumte.

Und wie sollte ich das herausfinden? Aber natürlich – durch meine Träume selbst! Wenn ich sie im Gedächtnis behielte und mich aktiv mit ihnen beschäftigte, dann würde ich eine nie geahnte Freiheit erlangen, eine Freiheit, die mir Einblick in jene Welt gewähren würde, die mich in ihrem Bann hielt – die Freiheit, in bewußter, selbstgewählter Bezugnahme meine Entscheidungen zu treffen.

Vor diese Herausforderung gestellt, verflüchtigte sich meine Angst allmählich. Vielleicht brauchte ich ja den Traum und das, was mir meine Träume sagen wollten? Vielleicht wollten meine Träume mich ja überhaupt nicht beherrschen, sondern mich frei machen? Wenn ich mit ‹dem, der mich träumte› (oder war es eine ‹sie, die mich träumte›?) zusammenarbeitete, vielleicht wäre das mein Weg, jene Leere tief in meinem Inneren auszufüllen, die ich schon immer gespürt, der ich aber stets hilflos gegenübergestanden hatte.

Vielleicht durch den Traum? Vielleicht auch durch die Arbeit mit den Träumen und durch die Art der Beziehung, die ich zu den Träumen herstellte? Doch wohin würde mich das führen? Und wo konnte ich Hilfe für den Umgang mit den Träumen finden?

Ich wußte nur eines: Ich hatte geträumt und war geträumt worden, und aus diesem Grunde mußte ich mich auf die Suche machen.

Der Traum

Was ist ein Traum? Oder, noch besser: Welche Rolle spielt der Traum im Leben? Und welchen Stellenwert hat die Arbeit mit den Träumen für meinen eigenen Weg?

Dieses Buch beschäftigt sich gleichermaßen mit der Traumarbeit und mit dem Traum selbst. Es schildert zahlreiche Traumtechniken und berichtet über die Erfahrungen von Menschen, die ihre Träume bewußt als Quelle der Selbstbetrachtung, der Orientierung und der Persönlichkeitswandlung benutzen.

Der Traum ist ein großes Mysterium. Wir kennen weder seinen Ursprung, noch wissen wir, warum er sich innerhalb unserer Evolutionsgeschichte entwickelt hat. Ein Teil des Rätsels besteht auch darin, daß so wenige Menschen aktiv auf ihr Traumleben eingehen. Manchmal träumen wir in einer Nacht fünf verschiedene Träume, die wir am Morgen, wenn wir erwachen, alle vergessen. Ein Mensch aber, der mit seinen Träumen bewußt arbeitet, versucht, sich wenigstens an einen dieser Träume zu erinnern und ihn aufzuschreiben. Er unternimmt etwas, um die Botschaft seiner Träume in die Wirklichkeit umzusetzen oder manche der aufgezeichneten Träume mit Hilfe bestimmter Methoden erneut zu durchleben. Ein solcher Mensch führt nicht nur ein Außenleben. Er geht nicht völlig in all den Vorhaben und Anforderungen unter, die der Alltag für ihn bereithält, sondern er tritt aus einer inneren Welt, die ihm feste Stütze ist, in die Betriebsamkeit des Tages hinaus. Durch den Traum und die Traumarbeit werden ihm seine Handlungen und Entscheidungsmöglichkeiten in der äußeren Welt bewußter, und deshalb verfügt er auch über ein wacheres Lebensgefühl.

Ja, er hat ein wacheres Verhältnis zum Leben, denn ein Mensch, der durch seine Traumarbeit bewußter lebt und seine Träume in die Tat umsetzt, identifiziert sich nicht mit äußeren Ereignissen. Wenn dann eines Tages eine Beziehung zerbrechen sollte, so hat sich dies vielleicht bereits in Träumen angekündigt und konnte in der Traumarbeit vorweggenommen werden. Sollte ihm einmal eine wichtige neue Entscheidung abgefordert werden, so sind die verschiedenen sich bietenden Möglichkeiten vielleicht schon früher in der Traumarbeit überprüft worden. Sollte ihm in der Außenwelt ein Ereignis widerfahren, das seinem Leben einen neuen Sinn gibt, so wurde dies vielleicht durch einen bedeutungsvollen Traum und durch die Arbeit daran wachgerufen.

In Träumen und in der Traumarbeit haben wir die wunderbare Möglichkeit, zu proben, was uns heute, diese Woche, dieses Jahr oder irgendwann in der Zukunft widerfahren könnte. In Träumen bietet sich uns die Gelegenheit, immer wieder von neuem Situationen und Ereignisse zu durchleben, die vielleicht in der Außenwelt unmittelbar darauf eintreten mögen, obwohl dies nicht immer der Fall sein muß.

Überlegen Sie sich einmal, was man in einer einzigen typischen Reihe von Träumen alles vorfinden kann: Mord, Liebesglück mit verschiedenen Partnern, Reisen in unbekannte exotische Länder und zu fernen Planeten, gewaltige Heldentaten, aber auch schreckliche Ängste, große und kleine Geschenke, Begegnungen mit Fremden und Freunden. Dies und noch viel anderes ereignet sich im Traum. Zweifellos stößt uns in einem regen Traumleben weit mehr zu als im Alltag. Doch was hat das zu bedeuten? Was liegt hinter diesem großen Geheimnis der nächtlichen Träume?

Aber auch sonst kann uns im Zusammenhang mit unseren Träumen Außergewöhnliches geschehen. Im äußeren Leben können Ereignisse eintreten, die jenen gleichen, die wir bereits zuvor im Traum erlebten. So träumt jemand vielleicht von einem Menschen, von dem er schon lange nichts mehr gehört hat, und erhält am nächsten Tag einen Brief von ihm. Vielleicht träumt man auch von einer Beziehung, die erst später Wirklichkeit wird. Es kann vorkommen, daß die Kerze im Meditationsraum plötzlich erlischt, nachdem aus zwingenden Gründen die Auflösung der Traumarbeitsgruppe beschlossen wurde. Informationen von außen überwinden manchmal die Grenzen von Raum und Zeit und erscheinen im Traum als synchronistische Ereignisse, die bedeutsam sind.

Was geht hier vor? Was ist eigentlich das Wesen der Wirklichkeit? Ist ein Traum nur ein Produkt physiologischer Vorgänge, bei denen – nach einem harten Arbeitstag – überschüssige Energien während des Schlafs freigegeben werden? Besitzt ein Traum nur psychologisch faßbare Wesensmerkmale, ist er lediglich ein Ausdruck seelisch-geistiger Vorgänge im Menschen? Oder steckt mehr dahinter? Zu beachten wäre auch, daß gewisse äußere Ereignisse die Neigung haben, sich mit dem Traumgeschehen auf eine vielsagende Art und Weise zu verknüpfen. Gibt es also eine treibende Kraft, die beides, den Traum und das Leben, hervorbringt? Vielleicht hat der innerste Kern der Realität, die alles umfassende Wirklichkeit, überhaupt keine materielle Grundlage. Ich kann nicht mit letzter Sicherheit sagen, ob mein verstorbener Vater, wenn er mir im Traum erscheint, nur das innere Abbild meines Vaters ist, eine Spur in meinem Gedächtnis, oder ob er als Traumfigur ein archetypisches Bild meiner eigenen Seele darstellt. Könnte es nicht auch so sein, daß ein gewisser Teil der Energien meines Vaters über seinen physischen Tod hinaus bestehengeblieben ist, ein Teil, der mich nun im Traum als Geist besuchen will?

Es bleibt ein Geheimnis. Wenn ich mich diesem Geheimnis mit Hingabe nähere, muß ich die Antworten nicht schon vorher wissen. Ich fasse den Traum nur als etwas auf, was eine Fülle von Möglichkeiten eröffnet. Und außerdem arbeite ich mit dem Traum auf all jenen Ebenen, die mir bedeutungsvoll erscheinen – auf der inneren, der äußeren, der weltlichen und der spirituellen. Ich muß auf meiner Suche nach einem sinnerfüllten Leben nichts beweisen und nichts widerlegen. Je offener ich bleibe, desto mehr Möglichkeiten tun sich mir auf. Ich bin auch nicht überängstlich, daß etwa der Bezug zur Realität verlorengehen und ich in einem unbewußten Durcheinander von Projektionen und Fantasien untergehen könnte, denn der Traum und die Traumarbeit geben mir einen festen Boden, auf dem ich stehen kann. Oft scheint es, daß ein neuer Traum den Kommentar zur Arbeit an früheren Träumen abgibt. Auch die Traumarbeit selbst erschließt mir ständig neue Einsichten und Möglichkeiten. Denn was sich nicht in die Praxis umsetzen läßt, funktioniert auch sonst nicht. Die Möglichkeiten, die sich mir aus der Traumarbeit ergeben, trage ich in den Alltag hinein und probiere sie aus. Wenn die Folgen negativ sind, so habe ich immerhin etwas gelernt, was ich zuvor noch nicht gewußt habe; sind sie dagegen positiv, dann mache ich einen weiteren Schritt in ein erneuertes, umfassenderes und erfüllteres Leben und sogar in ein noch größeres Mysterium hinein.

Was ist ein Traum? Wir wissen so wenig über Träume und über ihren Ursprung! Vielleicht ist es gar nicht wichtig zu enträtseln, was möglicherweise jenseits unserer Erkenntnisfähigkeit liegt. Wir haben den Traum – immer wieder den Traum. Und aus der Traumforschung wissen wir, daß alle Menschen träumen, auch wenn sie sich nicht immer an ihre Träume erinnern. Viele andere Erkenntnisse der Traumforschung sind jedoch nicht so eindeutig und lassen sich auf verschiedenste Arten interpretieren. Gewisse Wissenschaftler sind der Meinung, daß zu Beginn der Nacht mehr über die Ereignisse des vorangegangenen Tages geträumt wird als gegen Ende. Doch wie können sie aufgrund des noch kaum erfaßten Traummaterials zu einem solchen Urteil gelangen? Zunächst sollten wir die Fakten genauer erforschen – und erst dann unsere Schlußfolgerungen ziehen. Selbst wenn wir keine Antworten finden, so bewirken wir doch etwas und rufen Reaktionen hervor.

Durch Traumarbeit dem Leben einen Sinn geben

Wie wir mit unseren Träumen umgehen und was wir aus ihnen machen, wird an sich schon zu einer sehr wichtigen Erfahrung ihrer Bedeutung und ihres Sinnes, ergibt sich doch die Bedeutung eines Traumes eher aufgrund seiner *Aktualisierung* als durch seine *Interpretation.* Das Deuten, das rationalisierende Erklären von Symbolen, entfremdet uns nämlich dem Traum. Wenn wir ihn dagegen aktualisieren, um ihn auf diese Weise aufs neue zu erleben, nähern wir uns dem Traum an. Nur zu oft kommt es nämlich beim Interpretieren vor, daß der Deutende seine persönlichen Eigenarten auf den Traum und den träumenden Mitmenschen projiziert.

Man sage mir bitte nicht, was meine Träume bedeuten! Ich würde nur zu hören bekommen, was sie für den anderen, nicht aber für mich bedeuten. Will man mir helfen, so gebe man mir lieber genaue Hinweise, wie die eigenen Träume wiederzuerleben sind. So kann ich lernen, meinen eigenen Quellen zu vertrauen und auf sie zurückzugreifen – und dann bin ich nicht mehr gezwungen, den Standpunkt eines anderen zu übernehmen und mich seiner Weltanschauung unterzuordnen.

Wie können wir uns den Träumen nähern, ohne dabei ihr Geheimnis zu zerstören? In diesem Buch werden Sie einige Methoden der Selbstverwirklichung finden, die schon anderen geholfen haben, einen Lebenssinn zu finden – durch die Hilfe ihrer eigenen Träume. Wenn Sie wollen, können auch Sie dieses Abenteuer wagen.

Die einen werden bei diesem Vorgehen übereifrig und ziemlich erregt, andere wiederum hören für eine Weile sogar auf, sich an ihre Träume zu erinnern. Ihnen selbst wird die Arbeit manchmal vielleicht etwas zuviel werden. Aber sie verbindet Sie auch stärker mit Ihren eigenen Lebenswurzeln und erschließt Ihnen einen viel umfassenderen Anschluß an jene Quellen, die Ihr persönliches Wesen ausmachen.

Aus der Geschichte meiner eigenen Traumarbeit

Es ist immer wieder faszinierend, die verschiedenen Gliederungs- und Vorgehensweisen und die unterschiedlichen Einstellungen zu betrachten, deren sich der Mensch bedient, um die Erfahrung ‹Leben› zu verarbeiten. Ich selbst bin Pazifist gewesen, außerdem ein Christ mit jüdischen Wurzeln, Amerikaner, dessen Vater aus Rußland stammte, ein Quäker, und ich war Student an einer Militärakademie. Heute widme ich mich ganz der Arbeit mit den Träumen und anderen Formen der Persönlichkeitsentfaltung. Mit einundzwanzig Jahren konnte ich vor lauter Trauer über das jähe Ende einer Liebesbeziehung nächtelang kein Auge zutun. Ich fühlte, daß ich Hilfe brauchte und unterzog mich während fünf Jahren einer Jungschen Analyse. Einmal die Woche sprach ich eine Stunde lang mit einer wunderbaren älteren Frau über meine innere Welt und meine Probleme. Sie half mir, eine neue, echte Lebenseinstellung zu finden. Wir arbeiteten mit den Träumen. Im Verlauf der Analyse wandelte sich das Traumbild meiner Mutter: Aus einer Frau, die Rasierklingen ausspuckte, wurde eine Mutter, die vor mir herging, auf demselben Weg, auf dem ich voranschritt.

Dann hörte ich einige Jahre mit der Analyse auf, erwarb akademische Grade und wagte meine erste Ehe. Als diese schließlich scheiterte und mein Leben wieder seinen Sinn verloren zu haben schien, begann ich erneut mit einer Analyse und nahm an einem Programm zur Ausbildung von Führungskräften in einer spirituellen Organisation teil. Das half mir, mein Leben von Grund auf zu verändern.

Während der folgenden zehn Jahre durchlief ich verschiedene Wandlungen in bezug auf die Auseinandersetzung mit meinem inneren und äußeren Leben. Binnen dreier Jahre nach der Wiederaufnahme meiner Bemühungen um das innere Wachstum wurde ich auf das Erschütterndste mit meinem Unbewußten konfrontiert. Den Höhepunkt erreichte die Begegnung an einem Wochenendseminar, als ich beinahe vollständig von den Kräften des Unbewußten überwältigt wurde. Ich erinnere mich noch lebhaft an dieses Geschehen. Als ich mit dem Auto zum Seminar fuhr, wurde mir immer übler. Zudem hatte ich Kopfschmerzen und wurde von einem flauen Gefühl erfaßt. Die gewöhnliche Realität löste sich angesichts höherer kosmischer Kräfte auf. Die ganze Nacht blieb ich wach und zitterte. Ich konnte noch so viele Decken um mich wickeln, ich hörte einfach nicht auf zu frieren. Gegen Ende des Wochenendes konnte ich mich kaum noch bewegen, so schwach war meine Willenskraft geworden. Dennoch nahm ich weiterhin am Seminar teil, und auf der Rückfahrt verschwanden meine Beschwerden vollständig!

Meine Analytikerin war einfühlsam und hilfsbereit, doch ich selbst konnte kaum etwas anderes tun, als die Kräfte des Unbewußten zum Ausdruck kommen zu lassen. Von meiner Analytikerin und anderen Seminarleitern hatte ich gelernt, ein kreatives Ich zu bewahren, ein Ich, das sich der Heilung, die innerhalb der Seele stattfand, hingab. Das half mir. Noch einmal durchlebte ich die schrecklichsten Alpträume meiner Kindheit, doch diesmal in einer unterstützenden Umgebung, einer Atmosphäre, die heilsam wirkte und meinem Lebensweg einen Sinn vermittelte. Dies ist nur ein Beispiel von vielen für mein Wachstum und meine direkte Auseinandersetzung mit dem Unbewußten. Wie ein dunkler, schimmernder Strom flossen die Jahre meiner allmählichen Weiterentwicklung dahin, während ich mich dafür entschied, bewußt zu leben und alles zu integrieren.

In den zehn Jahren, die ich bei dieser Organisation verbrachte, studierten wir gemeinsam viele spirituelle Texte, vor allem jedoch das Leben und die Lehren des historischen Jesus. Dieser Weg war für mich von großer Bedeutung – und er ist es noch heute. Durch dieses Studium und durch die Jungsche Psychologie, die für meine Entwicklung ebenfalls eine wichtige Rolle spielte, wandelte ich mich von einem auf sein Ich ausgerichteten und sich selbst kontrollierenden Wesen zu einem Menschen, der sich einem Werden hingab, das in der Psyche und im Leben selbst am Werke ist.

Ich hatte erlebt, daß die Leiter und die Analytiker Menschen aus Fleisch und Blut waren, die ihren Weg bewußt und mit Hingabe lebten. Ich gliederte mich immer mehr in diese Gemeinschaft ein und übernahm schließlich selbst eine leitende Aufgabe. Gleichzeitig machte ich eine Ausbildung zum Analytiker. Ich glaubte, damit meine Lebensaufgabe gefunden zu haben. Doch es sollte anders kommen.

Meine spirituelle Krise entwickelte sich zum Teil deswegen, weil ich eine andere Richtung einschlug als die offizielle. Diese Meinungsverschiedenheit, die mir authentisch und nicht bloß rebellisch schien, verursachte mir tiefe Ängste. Denn der Entschluß, diese Organisation zu verlassen, bedeutete nicht nur die Trennung von meiner Analytikerin und wichtigsten geistigen Führerin, sondern auch den Abschied von einer Gemeinschaft mit ihrer eigenen Arbeitsweise, ihren menschlichen Beziehungen und gemeinsamen Feiern, die über die Jahre hin aufgebaut worden waren. In meinem tiefsten Inneren quälte mich die Frage, ob ich nicht sogar gegen den ‹Willen Gottes› verstoßen würde, wenn ich aus dieser Organisation austrete. Man hatte von uns verlangt, uns auf Lebenszeit zu verpflichten, und so öffnete ich mich der Möglichkeit eines Austritts nur zaghaft und mit großer Furcht. Würde ich tatsächlich austreten, so wäre ich völlig auf mich allein gestellt gewesen, hätte keine Organisation mehr gehabt, die mir helfen konnte, und außerdem hätten meine Freunde alle Verbindungen zu mir abreißen lassen. Wenn ich den Kreis verlassen wollte, mußte ich auch bereit sein, die Konsequenzen zu tragen. Ich konnte auch weder den Leitern noch der Organisation selbst einen Vorwurf machen: Was sie leisteten, war im Grunde gute Arbeit, die beste, der ich jemals begegnet war – und doch mußte ich nun andere Wege gehen.

Die Traumarbeit war für mich zu einer der wichtigsten Formen geworden, mit deren Hilfe ich Sinn und Richtung in mein Leben brachte. Jede Woche einmal suchte ich nun meine Analytikerin auf und erzählte ihr meine Träume, worauf sie mögliche Deutungen erläuterte. Die Träume sagten mir vor allem deshalb zu, weil sie unmittelbar meinem eigenen Unbewußten entsprangen und nicht das Produkt des Glaubens und der Einstellung anderer Menschen waren. Und doch ging ich häufig eher verwirrt von der Analysestunde nach Hause. Gewiß, ich hatte gelernt, neue Wege der Entwicklung zu gehen, aber ich konnte nie so recht begreifen, woher meine Analytikerin die Dinge wußte, die sie über mich sagte. Besaß sie vielleicht geheime diagnostische Fähigkeiten, mit deren Hilfe sie Dinge in den Träumen erkannte, die ich nicht wahrnehmen konnte? Und wie konnte ich sicher sein, daß sie nicht ihre eigene Persönlichkeit in meine Träume projizierte? Gegen Ende der Analyse merkte ich, daß ich sie immer mehr in Frage stellte, bis ich schließlich ein entscheidendes und eindeutiges Traumerlebnis hatte, das die Weichen dafür stellte, die Analyse zu beenden und mich von ihr und der Organisation zu trennen.

Der entscheidende Traum

In der Nacht zum 2. April 1975, an meinem Geburtstag, hatte ich folgenden Traum, der mir den Weg wies, den ich zu gehen hatte. Für mich ist dies *der* Traum in meinem bisherigen Leben gewesen.

Ich träume, daß das Haus meiner geistigen Führerin abgerissen wird und die Mitglieder der Organisation es verlassen müssen. Meine Analytikerin erlaubt mir, einige Dinge mitzunehmen. Also wähle ich einige wunderschöne, nicht allzu ausgefallene Antiquitäten aus und verstaue sie in meinem Auto. Ein älterer Mann, ein Mitglied der Universität, und seine Frau sind auch damit beschäftigt, Gegenstände zusammenzusuchen, die sie mitnehmen wollen. Ich sage ihm, daß er dafür eine Genehmigung brauche, und hindere ihn an seinem Vorhaben. Dann wähle ich einige Stücke aus, die er ausgesucht hat. Er hat einen ausgezeichneten Geschmack und gibt zu einzelnen Stücken Erläuterungen, wodurch mein Horizont erweitert wird. Doch als ich die Dinge von dem älteren Mann übernommen habe, fährt ein junges Paar in einem Lieferwagen mit einem schönen alten Spiegel, den ich hatte mitnehmen wollen, fort. Die Frau des älteren Mannes hatte mich auf diesen Spiegel aufmerksam gemacht. Ich laufe dem Lieferwagen nach, doch er verschwindet in einem Schulhof, auf dem Kinder um das Mittagessen Schlange stehen. Es wäre mir sehr lieb gewesen, wenn niemand anders Zutritt zum Haus der Leiterin gehabt hätte, während ich die Gegenstände aussuchte, die ich haben wollte. Doch so geht es eben nicht. Man bekommt in diesem Leben nicht alles, was man gern möchte. Und es wird mir klar, daß ich nicht immer beschützt leben und mir das, was ich wünsche, einfach von anderen in die Hand drücken lassen kann. Ich muß meine eigene Autorität behaupten und mit Zielstrebigkeit und Zähigkeit geltend machen.

Meinem Tagebuch zufolge hatte ich um einen Traum an meinem Geburtstag gebeten, der mir die Zukunft weisen sollte. Man kann sich vorstellen, wie aufgeregt ich war, als ich nun mitten in der Nacht aus diesem Traum erwachte. Ich war verzweifelt: Ich brauchte Hilfe, doch keine äußere Kraft oder Autorität konnte beurteilen, ob ich egozentrisch handelte, wenn ich meine weitere Mitgliedschaft in der Organisation, die mir geholfen hatte, mein Leben zu verändern, in Frage stellte. Woher die Antwort schließlich auch kommen mochte – von meinem bewußten Ich oder gar von einem geistigen Führer oder Therapeuten konnte ich sie jedenfalls nicht erwarten.

Unmittelbar nachdem ich den Traum aufgeschrieben hatte, notierte ich in meinem Tagebuch: «Es scheint, daß die Erlaubnis, die Wertsachen mitzunehmen, nicht einfach direkt und eindeutig erteilt wird, sondern nur dadurch zu erhalten ist, daß ich meine Eigenständigkeit behaupte und mich keiner fremden Autorität unterordne ... Es wird mir nicht die Gesamtstruktur, die Organisation, gegeben. Die muß vernichtet werden. Ich bekomme einige wertvolle Einrichtungsgegenstände, die Traditionen, das Beste, was erlangt worden ist und was mitgenommen werden kann ... Die Übernahme des Erbes erfolgt dadurch, daß ich meine eigene Entscheidungskraft und Erkenntnis behaupte und entwickle, unverzüglich handle und mich gegen alles, was mir mein Erbe wegnehmen könnte, zur Wehr setze – gegen den Universitätsprofessor, die ältere Tradition, die die Werte kennt und sie für sich selbst beansprucht ... Aber ich bin kein Sammler. Ich mache von den Dingen Gebrauch. Ich muß der Anhäufung von Reichtümern widerstehen. Auch dem jüngeren Teil meiner Persönlichkeit muß ich Widerstand leisten, jenem Teil, der einfach etwas mitnimmt und davonläuft – und das Wertvolle zurückläßt. Dieser jüngere Teil nimmt den Spiegel, das reflektierende Bewußtsein im Gegensatz zum tätigen, handelnden Bewußtsein ... Ich teile zu und nehme in Besitz, indem ich meine Autorität geltend mache. Die Erlaubnis ist ursprünglich mir erteilt worden, aber das hat andere nicht davon abgehalten, hereinzukommen und zu versuchen, Dinge zu entwenden.»

Nach dieser Eintragung in mein Tagebuch schlief ich wieder ein und träumte weiter.

Ich träume, daß ich zu dem Haus zurückkehre. Dort tragen noch immer Leute Gegenstände hinaus. Ich sehe einen hohen, gerahmten, zweiteiligen Spiegel aus geschliffenem Glas. Meine Frau hält es für besser, ihn nicht mitzunehmen, da sie nicht weiß, wo wir ihn bei uns zu Hause aufstellen könnten. Doch ich will ihn haben. Ein anderer will ihn ebenfalls für sich, deshalb bin ich zu einem Kompromiß bereit: Ich nehme nur den einen Teil mit, der ein in sich geschlossenes Ganzes bildet. Der Spiegel ist rechteckig und wird von zwölf geschliffenen Glasquadraten eingefaßt. Die zweite Hälfte lasse ich der anderen Person und erwache. Im Aufwachen ist mir, als erblickte ich eine Frau am Fuß des Bettes. Sie verschwindet, als ich vollends erwache.

Unglaublich! Beachten Sie, wie völlig anders sich mein Traum-Ich jetzt verhält: welch ein Gegensatz zwischen meinem Bild im ersten und dem im zweiten Traum! Im ersten Traum versuche ich krampfhaft, das zu bekommen, was mir zu nehmen gestattet worden ist, und dennoch verliere ich den Spiegel. Im zweiten Traum bekomme ich meinen Teil vom schönen Spiegel, der ja in sich selbst ganz ist – aber nicht, indem ich versuche, einen anderen daran zu hindern, ihn für sich zu nehmen, sondern durch einen Kompromiß. Dabei wähle ich das absolut Wesentliche und erhalte es auch, ohne dabei dem Widerstand nachzugeben. Jetzt, fünf Jahre danach, während ich dies schreibe, arbeite ich noch immer daran, den Traum in seiner vollen Bedeutung auszuleben. Nachdem ich damals die Traumarbeit geleistet hatte, fühlte ich, daß meine Lebensauffassung mit ihrer neuen spirituellen Ausrichtung bestätigt worden war. Ich konnte tatsächlich den geistigen Weg und die persönliche Entwicklung fortsetzen, ohne weiterhin Mitglied dieser Organisation oder irgendeiner bestimmten religiösen Richtung bleiben zu müssen. Ich war außerordentlich aufgeregt und dankbar, diese Träume erhalten zu haben. Von da an wußte ich in meinem tiefsten Inneren, daß Träume ein großes Mysterium sind, auf das ich antworten konnte, um es in meinem Leben zu verwirklichen.

Als ich meiner Analytikerin diesen Traum erzählte, stellte sie mir die Frage, warum ich die Geschenke denn für mich selbst und nicht für die Organisation ausgesucht hatte. Es war eine direkte Frage, aber auch eine sehr unangenehme, denn sie zeigte mir deutlich, welcher Art meine Krise war.

Sollte ich meinen Lebensweg weiterhin nach den von der Gruppe und ihren Leitern allgemein anerkannten Zielen ausrichten?

Oder mußte ich mich allein durchschlagen und meine Ziele auf der Grundlage dessen entwickeln, was ich als den Willen des Selbst, des Zentrums in mir, erkannte?

Viele Leiter und ehemalige Leiter dieser Organisation hatten vor derselben Frage gestanden. Einige hatten sich zum Bleiben entschieden und übernahmen, was die Gemeinschaft und deren Leiter für sich selbst als beste Ausdrucksform ihres eigenen Weges entwickelt hatten. Andere wiederum entschlossen sich zu gehen, was meist auf beiden Seiten beträchtliche negative Gefühle auslöste. Die Preisgabe und das Verlassen des Bekannten und Wertvollen zugunsten des Unbekannten kann äußerst leidvoll sein. Ich jedenfalls litt sehr und fügte auch meinerseits anderen Leid zu. Während dieses Prozesses hatte ich das Gefühl, keinerlei fremde Unterstützung zu bekommen – und dies wurde noch schlimmer, nachdem der Höhepunkt überschritten und ein Übergang zu einem neuen Anfang eingeleitet worden war.

Im Jahre 1976 hörte ich mit der Analyse auf und trat aus der Organisation aus. Es bedurfte meines ganzen Durchhaltevermögens und aller Entschlossenheit, um den heftigen Schmerz der Trennung und die damit verbundenen Zweifel zu überleben.

Das Verlassen einer spirituellen Organisation, um ein neues Leben zu beginnen, ist beinahe für jeden, der irgendwie begeisterungsfähig ist, eine schmerzliche Angelegenheit. Manchen gelingt es nie, ihre Negativität zu überwinden, obwohl sie all das ausleben, was sie innerhalb der Organisation nicht verwirklichen konnten. Ich habe es im Gesicht von ehemaligen Leitern der verschiedensten Gruppen gelesen – und ich habe es auch in meinem eigenen Gesicht gesehen.

Ich erzähle hier meine Geschichte, meine Version der Wahrheit, deshalb, weil ich damals, als ich diesen Prozeß durchmachte, die dahinterstehende Dynamik nicht verstanden habe. Denn wo immer wir im Leben auch stehen mögen, welcher Gemeinschaft und Glaubensform wir auch angehören: Jeder von uns kann eine hinreichend starke Verbindung zu den inneren Quellen herstellen, so daß wir uns nie von irgendeiner Gruppe oder Idee beherrschen lassen müssen. Für mich ist die beinahe wichtigste Motivation bei der Weiterentwicklung der Methodologie der Traumarbeit die, es anderen zu ermöglichen, eher den inneren Quellen zu folgen als den äußeren. Nicht nur für unser Ich, das die Entscheidungen trifft, müssen wir die Verantwortung übernehmen, sondern wir müssen auch auf das Selbst reagieren, auf das integrierende Zentrum in unserem Inneren, das die Wandlungen herbeiführt.

Die Zeit heilt keine Wunden. Sie begräbt sie lediglich unter sich. Wir können die Wunden dadurch heilen, daß wir ihnen in unserer bewußten Wirklichkeit einen Platz einräumen. Wir können für alles, was sich ereignet, die Verantwortung übernehmen; nicht unbedingt deshalb, weil wir es uns so ausgesucht hätten, aber insofern, als wir es als möglicherweise bedeutungsvoll oder sogar als entscheidend für unser Dasein und für ein sinnvolleres Leben erkennen.

Die Traumarbeit öffnete mir eine Tür zu den transpersonalen, nicht vom Ich ausgehenden Kräften – und so wurde ich geheilt. Die Heilung kam auch dadurch zustande, daß ich all jene Möglichkeiten zunehmend auslebte, die meines Erachtens von anderen abgelehnt wurden.

Es mag unglaublich klingen, aber nach der Trennung im Jahre 1976 wurde die frühere Analytikerin in meinen Träumen zunehmend unterstützend, etwas, was in der äußeren Wirklichkeit nicht der Fall war. Es kommt einmal ein Punkt, an dem die Analyse, d.h. die Entwicklung unter der Führung eines anderen, beendet ist und ein neues Stadium im Prozeß der Selbstverwirklichung und Ganzwerdung beginnt.

Im letzten Traum dieser Serie arbeiten meine Analytikerin und ich an einem Thesenpapier für die Jungianer. Ich mache die Hauptarbeit und erwache mit einem großen Glücksgefühl.

Die Jung-Senoi Methode

Die goldene Regel der Traumarbeit läßt sich folgendermaßen formulieren: *Um die Bedeutung eines Traumes zu verstehen, ist es besser, zu aktualisieren als zu interpretieren.*

Die Aktualisierung bringt uns dem Traum näher, aus der Interpretation ergibt sich eine Distanzierung. Die Bedeutung eines Traumes ergibt sich dadurch, daß der Träumende den Traum wiedererlebt, und nicht aus dem, was ein anderer darüber sagt.

Aktualisierung heißt vergegenwärtigendes Wiedererleben. Dabei wird der Traum als Ganzes oder zumindest ein bestimmter Aspekt des Traumes mit ähnlicher oder sogar stärkerer gefühlsmäßiger Tiefe noch einmal durchlebt. Aktualisierung heißt auch, daß gewisse Teile des ursprünglichen Traumes im Alltagsleben konkretisiert und mitgelebt werden, wodurch sie an Bedeutung gewinnen. Also umfaßt der Begriff ‹Aktualisierung› sowohl das vergegenwärtigende Wiedererleben als auch die Umwandlung des Traumes in bestimmte Erfahrungen im äußeren Leben.

Interpretation heißt Übersetzung von Bildern in Begriffe. Dabei wird ein äußeres Symbolsystem bzw. ein Referenzrahmen, eine Bezugssprache, verwendet. Die Interpretatoren – egal, ob sie nun einen Traum, eine Person oder sonst etwas deuten – versuchen, das natürliche, ursprüngliche Erleben eines Symbols zu erfassen, um es zu kategorisieren und auf diese Weise in ein allgemeines Begriffssystem einzuordnen. Symbole sind fließend und lassen sich deshalb ohne weiteres in eine ganze Reihe verschiedener Symbolsysteme eingliedern. Deshalb enthält jede interpretative Methode bestimmte Fehlerquellen. Wer bei der Erklärung eines Traumes eines anderen Menschen ausschließlich auf die eigenen Kenntnisse der mythologischen Symbolik zurückgreift, reißt den fremden Traum regelrecht an sich. Der Träumende ist gezwungen, sich der Autorität des Interpretierenden zu beugen, und ist nicht in der Lage, seinen eigenen Traum mit seinen eigenen Mitteln zu untersuchen und zu erforschen. Der Interpretierende hat die Autorität für sich vereinnahmt – tatsächlich aber projiziert er nur seine persönlichen Vorstellungen, und außerdem verschleiert er mit seinen Fachkenntnissen die wahren Absichten des Traumes. Eine Interpretation führt nicht dazu, daß ein Entwicklungsprozeß mit Hilfe eines Traumes zustandekommt, vielmehr kommt es dazu, daß einem gesagt wird, was man von einem Traum zu halten hat. Der Interpretierende bleibt allein mit seiner Autorität, ist unantastbar und zwingt sich selbst, sein Wesen noch weiter ‹aufzublähen› – er verstrickt sich in seinem Wissen, das er auf die Psyche des Träumenden projiziert.

Dies ist eine gefährliche Sache, etwas, was sich bei vielen Leuten ständig wiederholt. Wenn wir dagegen den Menschen zeigen, wie sie ihre Träume aktualisieren, und wenn wir ihnen die Mittel in die Hand geben, ihre eigenen Träume nachzuerleben, befreien wir uns selbst. Wir leben dann unser eigenes Leben und mischen uns nicht ständig in das Leben anderer Leute ein.

Oder nehmen wir einmal das Beispiel einer Analytikerin, die hinter den Kulissen Urteile über die Persönlichkeit ihrer Klienten fällt, ohne jedoch auf Befragung zu erklären, wie sie zu ihren Schlußfolgerungen gekommen ist. Mit welchen Methoden und mit Hilfe welcher Denkprozesse hat sie ihre Klienten analysiert? Und wo findet sich denn in deren Träumen das Beweismaterial für ihre Annahmen? Wußte sie wirklich alles? Oder hielt sie den analytischen Prozess geheim, indem sie ihren Klienten nicht das erforderliche Wissen vermittelte, mit dem diese die Entwicklung selbst bestimmen und sich dabei von ihren eigenen Träumen führen lassen konnten?

Die Methode der Aktualisierung lehrt dagegen parallel zum *Prozeß* der Individuation auch die *Mittel,* die zur Individuation führen.

Die Entwicklung einer Traumarbeitsmethodologie

Bis vor kurzem haben diejenigen, die sich mit Träumen befassen, die Notwendigkeit einer Methodologie bzw. einer Methodenlehre der Traumarbeit nicht erkannt. Die vorherrschende Methode war bisher die interpretative, sei es nun das freudianische, jungianische oder sonst ein System, das nach dem Motto ‹Dieses Symbol bedeutet das und jenes bedeutet dies› verfuhr.

Es sind jedoch auch neue, nichtinterpretative Wege der Traumarbeit entwickelt worden, etwa die Gestaltpsychologie oder die Jungsche Methode der aktiven Imagination. Unseres Wissens hat bisher noch niemand den Versuch unternommen, aus einer Vielzahl von Quellen Material zusammenzutragen, um eine umfassende Methodenlehre der Traumarbeit zu entwickeln. Eine Methode ist nicht an eine bestimmte Schule oder Richtung der Psychologie gebunden. Es gibt einen Unterschied zwischen der Methode, dem *Weg,* der zu einer Erkenntnis führt, und der durch das Umfeld und die Persönlichkeitsstruktur bedingten Theorie.

Das Jung-Senoi Verfahren stellt den Traum und die spezifischen Traumarbeitsmethoden, die einen Traum lebendig werden lassen, in den Mittelpunkt. Es ist uns gelungen, mehr als fünfzig Methoden der Traumarbeit nachzuweisen. Über dreißig werden in diesem Buch behandelt. Wir meinen zwar, daß die hier beschriebenen Methoden einen ausgereiften und vielseitigen Zugang zur Traumarbeit darstellen, haben jedoch nicht alle uns bekannten Methoden mit einbezogen. Zu den herausragenden, hier nicht behandelten Methoden gehört die Traumarbeit der Gestaltpsychologie, die den Menschen anerkanntermaßen zu einer starken, unmittelbaren Erfahrung eines Symbols führen kann. Andererseits trägt sie aber nicht immer dazu bei, das Ich zu festigen oder die freigesetzten Energien zu integrieren. Wenn man einen Menschen dazu auffordert, sich mit jedem Teil eines Traumes zu identifizieren, dann geht unserer Meinung nach die Identität und Funktion des Ichs in der Dynamik anderer Persönlichkeitsprozesse unter. Die hier dargestellte Dialogtechnik kann zu derselben Dynamik führen wie die Arbeit mit der Gestaltpsychologie, jedoch auf einer mehr introvertierten Ebene und unter Bewahrung der Identität des Ichs. Mit Hilfe der Gestalt-Technik kann das Freiwerden archetypischer Energien wohl erfahren werden, aber möglicherweise ist das Ego dann nicht mehr intakt genug, um das Ausgelöste auch zu integrieren.

Ferner lassen wir einige eher esoterische Systeme außer acht, wie etwa den tibetischen Traumyoga, dessen Ziel es ist, ein Bewußtsein zu schaffen, in dem die gewöhnlichen Traumbilder sich in Licht auflösen, ein Zustand, der sich von einer fortgeschrittenen, nichtbildhaften Meditation nicht unterscheidet. Soviel also zu dem, was hier nicht mit einbezogen wird. Nun zu dem, was uns am meisten interessiert.

Die Herbeiführung bestimmter Veränderungen in den Traumzuständen

Die Traumarbeitsmethodologie ist eine Ergänzung der Traum-Schlaf-Forschung. Das Hauptgewicht der bisherigen Untersuchungen wurde auf die Erforschung der verschiedenen natürlichen Schlaf- und Traumvorgänge gelegt. Diese Forschungen haben einen wichtigen Beitrag in bezug auf die Notwendigkeit des Träumens bei allen Menschen – auch bei denen, die sich nicht an ihre Träume erinnern – geleistet.

Es ist aber auch wichtig und notwendig, über die Vielfalt der Wege Bescheid zu wissen, die für die Traumarbeit zur Verfügung stehen, d. h., die Methoden der Traumarbeit müssen umfassend erforscht und entwickelt werden. Denn welche Wirkungen haben die verschiedenen Traumarbeitsmethoden auf die sie verwendende Person und ihre zukünftigen Träume?

In jüngster Zeit hat es neue Bestrebungen gegeben, eine Methodologie der Traumarbeit zu entwickeln. Ann Faradays Bücher *Die positive Kraft der Träume* und *Dream Game*, Patricia Garfields *Kreativ träumen* und *Der Weg des Traum-Mandala* und auch Gayle Delaneys kürzlich erschienenes Buch über Trauminkubation, *Living Your Dreams*, sind wertvolle Beiträge auf diesem Gebiet. Das hier vorliegende Handbuch und die Jung-Senoi Arbeitstechnik sind unabhängig von den genannten Autoren entwickelt worden und stellen den Versuch dar, eine umfassende Darstellung der Methodologie der Traumarbeit zu geben.

In unseren Traumgruppen konnten bis 1980 folgende Erfahrungen auf dem Gebiet der Traumarbeit gesammelt werden:

- *Herbeiführung einer Folge von Abwandlungen eines Traumthemas.* Personen, die unsere Traumarbeitsmethoden anwandten, waren nicht nur in der Lage, von demselben Thema in mehreren aufeinanderfolgenden Nächten zu träumen, sondern sie waren auch fähig, eine Reihe von Veränderungen des Traumthemas zu erleben, die mit der Wandlung ihrer Einstellung im Wachzustand parallel gingen.
- Lernen, nach dem Aufwachen *wieder einzuschlafen und den Traum fortzusetzen.*
- Durch Trauminkubation einen Traum ‹ausbrüten›. *Es wird ein Traum zu einem bestimmten Thema hervorgerufen,* der ein gewünschtes Motiv bzw. ein bestimmtes Bild enthält.
- *Erleben von synchronistischen Ereignissen im Zusammenhang mit der Traumarbeit.* Synchronizität ist eine sinnvolle Koinzidenz, die mehr ist als der bloße Zufall. Sie tritt bei unserer Arbeitsweise relativ häufig auf, vor allem, wenn man sich mit etwas sehr Wichtigem beschäftigt. Synchronizität wird nicht willentlich angestrebt, sie ergibt sich vielmehr auf ganz natürliche Art und Weise, so, als sollte damit die Tiefe und Bedeutung des inneren Vorgangs bekräftigt werden.
- Bei Personen, die sich in der Regel nicht an ihre Träume erinnern können, wird das *Traumerinnerungsvermögen wachgerufen.*
- *Die Verhaltensweisen des Traum-Ichs ändern sich* in den späteren Träumen.
- *Es kommt zu einer Auseinandersetzung mit den Gegnern,* wodurch ein kreatives Verhältnis aufgebaut wird, das in Folgeträumen zum Ausdruck kommt.
- *Ständig sich wiederholende Träume und Alpträume werden beendet,* indem ihre innere Triebkraft durchschaut und aufgelöst wird.
- *Umwandlung persönlicher Gesetzmäßigkeiten und archetypischer Muster,* die sich bisher im inneren und äußeren Leben der Person ständig wiederholt haben.

Die wichtigsten Methoden, um Änderungen im Traumzustand zu bewirken, sind:

- *Unmittelbares Wiedererleben des Traumes* – Dies ist eine Methode, bei der der Träumende sich meditativ wieder in den Traum einlebt, um dessen Dynamik visuell und emotional nochmals zu erfahren. Es kommt dann im wiedererlebten Traum zu neuen Entwicklungen und Lösungen. Dieses Vorgehen scheint auch tiefgreifende Veränderungen der Persönlichkeit zu bewirken. Ein gelenktes, geführtes Wiedererleben des Traumes scheint die tiefgreifendsten Wandlungen hervorzubringen.

- *Das Traum-Ich beobachten* – Bei dieser Methode wird sorgfältig untersucht, wie das Traum-Ich handelt und was es zu tun unterläßt. Es geht darum, herauszufinden, welche Einstellungen dem Traumverhalten zugrundeliegen. Wenn die Handlungsweisen und Einstellungen des Traum-Ichs klar erfaßt sind, kann die damit verbundene Erkenntnis auch auf das wache Ich im Alltag übertragen werden.
- *Den Traum nochmals aufschreiben* – Unter Verwendung der Phantasie wird ein Traum ein zweites Mal aufgeschrieben, mit kreativeren Reaktionen des Traum-Ichs und der anderen Charaktere. Wenn diese Methode gezielt und regelmäßig angewandt wird, können zukünftige Träume in einer Weise verändert werden, die im Einklang mit der bei der Traumumschreibung eingeschlagenen Richtung steht.
- *Traum-Inkubation* – Eine Methode, bei der vor dem Einschlafen Vorkehrungen getroffen werden, um einen Traum zu einem bestimmten Thema hervorzurufen.
- *Zwiegespräche mit Traumbildern* – Diese Methode macht es erforderlich, die sprachlich-begriffliche Ebene des Traumsymbols anzugehen, wodurch noch andere mögliche Bedeutungsebenen bewußt gemacht werden.
- *Trauminhalte mit verschiedenen Hilfsmitteln ausdrücken oder irgendwie abwandeln:* durch Malen, Theater spielen, Tanzen und sonstige Bewegungen und durch Singen.
- *Traum-Meditation* – Traumbilder werden täglich meditiert, wobei man unter Umständen eine spontane Lösung während der Meditation oder in einem weiteren Traum erwartet.

Resultate der Traumarbeit im Alltag

Wird die Jung-Senoi Methode angewendet, werden zahlreiche Erfahrungen der Traumarbeit auch im Alltag auftreten.

Durch die Traumarbeit lernt man, *mit aktuellen Beziehungsproblemen umzugehen:* Selbstwertgefühl, Sexualität, Freundschaften außerhalb der Hauptbeziehung, Ärger und Zorn, Mangel an Kontaktfähigkeit und Empfindlichkeit hinsichtlich dessen, was der Partner denkt, aber nicht zeigt. Die Traumarbeit kann dazu beitragen, daß eine Beziehung aufrichtiger, offener und interessanter wird. Sie vermindert in einer Partnerschaft die Projektionen, die dadurch entstehen, daß die persönlichen Probleme nicht als eigene erkannt, sondern als gegengeschlechtliche Wesenszüge dem Partner zugesprochen werden. C.G. Jung nennt diesen Vorgang die Projektion der Anima und des Animus. Ebenso werden Schattenaspekte, welche Charakterzüge betreffen, die man selbst nicht wahrhaben will, und Verdrängtes aus der eigenen Eltern-Kind-Beziehung projiziert, was eine Partnerschaft unter Umständen ziemlich belastet. Offensichtlich tendieren wir dazu, alles, was wir selbst noch nicht integriert haben, auf unseren Partner zu projizieren. Die Träume zeigen recht genau, was gerade projiziert wird, und die Traumarbeit macht es uns möglich, mit den Projektionen umzugehen, wodurch die Beziehung entlastet wird. Eine Klärung der psychischen Atmosphäre macht einander nahestehende Menschen offen für andere Beziehungsprobleme – und davon gibt es sogar in einem von Projektionen einigermaßen freien Umfeld immer noch mehr als genug. Es ließe sich noch manches über den Wert der Traumarbeit für den Aufbau einer sinnvollen Beziehung sagen. In einigen der nachfolgenden Kapitel dieses Buches werden noch viele Beispiele dafür gegeben.

Die Traumarbeit hat sich als recht wirkungsvoll bei der Verarbeitung der *Eltern-Kind-Dynamik* erwiesen. Das Weggehen vom Elternhaus im Alter von etwa achtzehn Jahren oder später ist im Grunde ein eher äußerlicher Akt. Dafür braucht es zwar eine gehörige Portion Mut, aber vielleicht zehn Jahre später merken manche, daß sie die Familie, aus der sie kommen – psychologisch gesprochen –, in Wirklichkeit überhaupt noch nicht verlassen haben. Die zehn Jahre in der äußeren Welt wurden vielmehr dazu verwendet, das alte Eltern-Kind-Syndrom in Situationen wiederzuerleben, wo man als Erwachsener hätte handeln müssen. Dabei wurden Autoritätspersonen, Partner und Freunde zu Projektionsträgern gemacht, während man selbst ziemlich kindlich und unreif blieb. Etwa im achtundzwanzigsten Lebensjahr entstehen möglicherweise fundamentale Krisen in der Partnerschaftsbeziehung, der beruflichen Zielsetzung, der konfessionellen Ausrichtung und in der seelisch-geistigen Entwicklung. Eine ‹zweite Reifeprüfung› wird erforderlich, und es kann mehrere Jahre dauern, bis man sie bestanden hat. Wenn wir in dieser Phase aktiv mit unseren Träumen arbeiten, stellen wir fest, daß unsere Eltern darin in verschiedener, oft recht unerfreulicher Gestalt auftreten; auch das, was an unserem Verhalten am kindlichsten ist und was wir verdrängen, wird dabei enthüllt. Indem wir jedoch mit diesem Traummaterial arbeiten und im äußeren Leben kreative Veränderungen herbeiführen, ändern sich die Traumeltern – manchmal zum Schlechteren, meistens aber zum Besseren. Diese Träume handeln auch viel von Kindern, zu denen wir eine Beziehung aufnehmen und die wir hegen und pflegen. Unsere leiblichen Kinder spielen bei dieser Entwicklung eine wichtige Rolle, ebenso die Art, wie wir mit ihnen umgehen; sie sind Teil dieser elterlichen Landschaft. Und was vielleicht am entscheidensten ist: Die Träume und die Arbeit mit ihnen enthüllen uns die einengenden, beschränkenden Verhaltensmuster, Standpunkte und Erwartungen, die uns von unseren manchmal selber sehr unsicheren, verwirrten Eltern eingeimpft worden sind. Jetzt erst stellen wir oft fest, daß wir tatsächlich nur die schlimmsten Eigenarten und Probleme unserer eigenen Eltern ausgelebt haben.

Befreien Sie sich davon, indem Sie diese Probleme mit Hilfe Ihrer Träume erkennen! Sprechen Sie mit den inneren Eltern! Finden Sie Ihre eigenen Werte und Möglichkeiten und Ihren eigenen Weg, das Leben zu leben! Spüren Sie den Ärger und die Wut, die in Ihnen entstanden sind, weil Ihnen das ungelebte Leben Ihrer Eltern und sogar ihrer Großeltern aufgedrängt wurde! Es muß wohl nicht eigens erwähnt werden, daß sich die äußere Beziehung zu den Eltern durch diese Art der Traumarbeit ebenfalls auffallend verändert. Und wenn Vater oder Mutter gestorben sind, dann können sie immer noch in Ihren Träumen weiterleben, so daß Sie die Beziehung fortsetzen und mit den Eltern ins reine kommen können. Eltern können auch ihrerseits den eigenen Kindern gegenüber verdrängte Gefühle hegen, die sich dann in den Träumen zeigen.

Langsam entwachsen wir dann der Eltern-Kind-Problematik. Es gibt Phasen größerer Unsicherheit, großen Leids, vieler Entscheidungen und vieler neuer, kreativer Möglichkeiten. Wenn man sich im wesentlichen durch die Probleme durchgearbeitet hat, tritt man gereift ins Erwachsenenleben hinaus, um der eigenen, individuellen und einzigartigen Lebensrichtung und -bestimmung zu folgen. Eine solche Erfahrung ist sehr eindrücklich, und man kann sagen, daß etwas Derartiges in jedem Lebensalter geschehen kann. Die Möglichkeit, sich mit der Elternproblematik auseinanderzusetzen und sie schließlich zu lösen, ist immer vorhanden.

Ein anderer wesentlicher Aspekt der Traumarbeit ist der *Aufbau eines schöpferischen Ichs.* Das häufigste Traumsymbol ist das Traum-Ich, das Bild von uns selbst im Traum. Anhand eines Traumes können wir die Handlungen des Traum-Ichs beobachten und beurteilen, welchen Motivationen oder persönlichen Bedingungen sie entspringen oder wovon sie bestimmt werden. Ein Teil unserer Persönlichkeit funktioniert als Ich, als Entscheidungsinstanz, als Träger des Wissens um unsere Identität und um das, worum es im Leben geht. Doch da man ja selbst ‹ich› ist, ist es schwierig zu ergründen, wer dieses ‹Ich› eigentlich ist. Es bedarf eines Ichs, um das Ich zu beobachten. Aufgrund der Traumarbeit ergibt sich nun ein klarer Standpunkt, von dem aus die Entscheidungskriterien und die Einstellungen unseres eigenen Ichs beobachtet und bearbeitet werden können.

Achten wir normalerweise auf unser Handeln im Traum? Laufen wir etwa im Traum oft vor bedrohlichen Situationen davon? Die meisten von uns müssen diese Frage eindeutig mit ‹Ja› beantworten. Handeln wir denn im Alltag, im äußeren Leben, nicht ganz ähnlich? Und wenn wir vielem gegenüber unentschlossen, zögernd, gleichgültig oder ängstlich eingestellt sind, welche Qualität hat dann wohl unser tägliches Leben?

Die Traumarbeit ist Basis und ständig wechselnder Schauplatz, der es uns erlaubt zu beobachten, ob wir uns schöpferisch-lebensbejahend entscheiden oder nicht. Sie ist ein Forum zum Experimentieren und Verändern, weil sich der Vorgang mehr im Inneren als auf der äußeren Ebene vollzieht. Wenn man im äußeren Leben bestimmte Entscheidungen fällt, ohne sie zuvor innerlich zu prüfen, so kann dies verheerende Folgen haben. Die Arbeit mit dem Traum-Ich – zum Beispiel mit Hilfe der Traum-Ich-Beobachtung oder des Wiedererlebens des Traumes – erlaubt uns, neue Wege kreativen Tuns zu erproben. Wir können den Widersachern unmittelbarer entgegentreten, ergreifende Gefühle zum Ausdruck bringen, Neuland betreten, unbekannte Menschen kennenlernen und neue Arten von Beziehungen aufbauen. Dadurch werden wir bewußter und sind dann fähig, auch im äußeren Leben neue Handlungsweisen und neue Möglichkeiten auszuprobieren. Bei vielen ist das Ergebnis höchst eindrucksvoll gewesen: Es kam zu echten, dauerhaften Veränderungen im Alltag – als sollte der sich vollziehende Entfaltungsprozeß bestätigt werden –, und es traten weitere Träume auf, Träume, die zeigten, wie das Traum-Ich auf eine andere, noch schöpferischere Weise handeln und Entscheidungen treffen konnte.

Ein weiterer wichtiger Aspekt dieser Arbeitsmethode ist deren Verwendung zur *Umwandlung von archetypischen Mustern* bzw. von Komplexen. Das zeigt sich vielleicht am deutlichsten bei der Arbeit mit ständig wiederkehrenden Träumen und mit Alpträumen. Wir gehen von der Annahme aus, daß ein sich stets wiederholender Traum direkt ein archetypisches Muster der Psyche widerspiegelt, das den freien Fluß der Libido, der Lebensenergie, blockiert. Ein Beispiel wäre etwa die Unfähigkeit einer Frau, eine erfüllte sexuelle Beziehung zu Männern zu finden, weil sich infolge einer Vergewaltigung in ihrer Jugend ein Trauma-Muster in ihre Psyche eingegraben hat. Dieses Muster kann sich fortwährend in Alpträumen äußern, in denen die ursprüngliche Vergewaltigung erneut durchlebt wird; es kann sich aber auch in ständig wiederkehrenden Träumen von furchterregenden, dominanten Männern zeigen. Es gibt allerdings zahlreiche archetypische Muster, die die Psyche blockieren, ohne daß dafür ein Trauma vorliegen muß. Die Träume zeigen uns, worin diese Muster bestehen, und die Traumarbeit hilft uns, sie zu ändern. In der Regel ist die Methode des Wiedererlebens des Traumes zu bevorzugen, denn es scheint, daß bei einem stark emotionsgeladenen, neuerlichen Erleben des Traumes die eigenen Verhaltensmuster so erlebt werden können, wie sie sind;

indem man sie genau beobachtet, ist man in der Lage, andere Entscheidungen zu treffen und zu erleben. Dadurch wird das eigene Handeln kreativer, ohne daß dies künstlich erzwungen werden müßte. Ein blockierendes archetypisches Muster zeichnet sich dadurch aus, daß man in eine Sackgasse gerät und keinen Ausweg finden kann. Deshalb erscheinen bestimmte archetypische Muster immer wieder als Träume oder Traummotive, denn unsere Psyche will und braucht eine Wandlung, damit die Energie freier fließen kann.

Viele der nachhaltigsten Erfahrungen mit der Traumarbeit geschehen in Bereichen, die nicht nur die schweren Traumata, sondern auch die normaleren, tief eingegrabenen Komplexe betreffen, welche durch Kindheitserlebnisse, angeborene Veranlagungen und unverarbeitete Ereignisse im äußeren Leben entstanden sind. Manche erzählen, daß es ihnen gelungen sei, frühere Beziehungen durch die innere Entwicklung zur Vollendung zu führen, und daß sie jetzt mit den starken innerpsychischen Gegensätzen fertig werden könnten. Manchmal sind solche Wandlungen dramatisch – sie ereignen sich schon bei einem einzigen Wiedererleben des Traumes –, und manchmal vollziehen sie sich allmählich, indem eine ganze Traumserie aufgearbeitet wird.

Ein weiterer Hauptbereich der Traumarbeit ist die Sinn-Erfahrung bzw. *das Erlebnis einer Beziehung zu überpersönlichen oder geistigen Kräften,* die sich im Traumzustand widerspiegeln. Viele haben zumindest gelegentlich Träume, in denen geistig-spirituelle Symbole erscheinen. Ob es sich nun um Tempel, Kreuze, Opfergaben, Schätze, Mandalas, heilende und leitende Wesen, hohe Berge, Reisen ins All oder sogar um furchterregende Traumerlebnisse handelt, in denen ungeheure Abgründe, Atomexplosionen und höllische Feuersbrünste erlebt werden – in allen Fällen begegnen uns Symbole einer nichtpersönlichen, transzendenten Natur. Es scheint, als ob tatsächlich irgend etwas außerhalb von uns existiert, etwas wesentlich Größeres als wir selbst. *Wie* wir uns zu diesem Etwas stellen, kann unter Umständen von entscheidender Bedeutung sein.

Wenn man mit Träumen arbeitet, die einen transpersonalen Aspekt haben, muß besonders darauf geachtet werden, wie die Beziehung des Traum-Ichs zu diesen übergeordneten Kräften aussieht. Mit Hilfe der Traumarbeit ist es nicht nur möglich, kosmische Kräfte zu erfahren, sondern man kann mit ihnen auch in eine sinnvolle Beziehung treten, ohne von ihnen überwältigt zu werden. Allzuviele wollen den Weg der spirituellen Ekstase gehen, ohne dabei das Erlebte durch eine fundierte Arbeit in das Alltags-Leben zu integrieren.

Der spirituelle Aspekt der Traumarbeit wird ganz besonders betont, aber nicht etwa deshalb, weil wir ‹konfessionell›, d.h. religiös im traditionellen Sinne, sind und einer institutionalisierten Religion angehören. Vielmehr arbeiten wir einfach deshalb transpersonal, weil sich dieser Aspekt sowohl in den Träumen als auch im Leben deutlich ausdrückt. Darüber hinaus bleibt es für uns ein großes Geheimnis, warum die Quelle der Träume so weise, individuell und spezifisch darauf reagiert, wie wir mit dem Leben umgehen bzw. nicht umgehen. Durch den Traum und die Traumarbeit entdecken viele eine führende Kraft, die sich in ihrem Leben und sogar in der Gemeinschaft auswirkt. Und gerade mit Hilfe der Traumarbeit haben wir die Möglichkeit, eine schöpferische und aktive Beziehung zu einer derartigen Quelle herzustellen. Wir arbeiten mit den Träumen, um einer Richtung zu folgen, die sinnvoller ist als alles, was das Ich allein zu erschaffen vermag, um so ein spirituelles Leben zur Entfaltung zu bringen. Dieser Prozeß ist ein großes Mysterium und wird es immer bleiben.

Die Bewältigung der Alltagswirklichkeit durch Traumarbeit ist der letzte wesentliche Anwendungsbereich dieser Methode. Einer der Hauptgründe für das Arbeiten mit den Träumen liegt darin, daß eine Beziehung zur eigenen inneren Autorität hergestellt wird. Träume kommen aus einem selbst, entstammen eigenen Quellen – und nicht von irgendeiner äußeren Autorität, wie maßgeblich diese auch immer sein mag. Träume in Verbindung mit einer Methode zu ihrer Vergegenwärtigung befähigen den einzelnen Menschen, sein tägliches Leben selbst zu bestimmen, in eigener Verantwortung zu handeln und seine persönliche Richtung zu finden. Eine Unterstützung durch eine Traumgruppe oder eine individuelle Anleitung kann diese Entwicklung sehr fördern, aber vieles kann man auch ohne äußere Hilfe tun.

Wie entscheide ich mich in einer bestimmten Situation? Was geschieht momentan in dieser Beziehung? Warum bin ich deprimiert? Was ereignet sich zwischen dieser Person und mir selbst? Warum handle ich so und nicht anders? – Diese und noch unzählige andere Fragen des täglichen Lebens lassen sich mit Hilfe der Traumarbeit sinnvoll bearbeiten. Die Ergebnisse der Traumforschung deuten darauf hin, daß wir träumen müssen, um psychisch gesund zu bleiben. Doch vielleicht brauchen wir auch noch die Traumarbeit, um bewußter zu leben und uns auf das Selbst, das innere Zentrum, auszurichten, was wohl der fortschrittlichste Zustand für die seelisch-geistige Verfassung und Gesundheit darstellt.

Eine Mahnung zur Vorsicht

Was wir hier beschrieben haben, gründet sich auf die Erfahrung vieler Menschen mit der Traumarbeit. Mancher mag sich nun von dem hier Dargestellten ein wenig überwältigt oder gar ziemlich angeregt fühlen, denn alle sind wir irgendwo und irgendwie noch Anfänger. Wenn Sie sich dazu entschließen sollten, nach diesem Handbuch mit Ihren eigenen Träumen zu arbeiten, gehen Sie Schritt für Schritt vor. In einem der nächsten Kapitel folgt eine genaue Beschreibung, wie man anfängt und dann in seinem eigenen Tempo voranschreitet. Da viel Stoff geboten wird, ist es notwendig, beharrlich zu arbeiten und sich schrittweise und intensiv mit der Sache zu beschäftigen, um die gewünschte Wirkung zu erzielen. Ihre Träume werden Ihnen behilflich sein, den richtigen Weg einzuschlagen.

Sollten Sie sich aus irgendeinem Grunde bei der Arbeit mit Ihren Träumen psychisch überwältigt fühlen, suchen Sie bitte kompetente therapeutische Hilfe auf. Wie die Information aus diesem Handbuch verwendet wird, liegt in der alleinigen Verantwortung des Lesers.

Die Jung-Senoi Methode

Die Bezeichnungen ‹Jung› und ‹Senoi› werden an unserem Institut gebraucht, um bestimmte Aspekte unserer Methode zu charakterisieren. Wir betrachten uns als Jungianer, weil dem Traum eine zentrale Rolle bei der Erschließung des inneren Potentials auf dem Weg der *Individuation,* der Entwicklung zur Ganzheit, zugesprochen wird. In jedem Menschen scheint es die Tendenz zur Verwirklichung seines wahren eigenen Selbst, das Archetyps der Mitte, zu geben. Jung nennt diese zielgerichtete Selbstverwirklichungstendenz das teleologische Prinzip des Selbst. Archetypen sind angeborene Energiefelder innerhalb der Psyche, die sich am deutlichsten in Träumen und anderen visionären Erfahrungen zeigen. Aus der Jungschen Tradition haben wir außerdem einige Methoden übernommen: die Amplifikation (Symbolanreicherung durch Erweiterung der Trauminhalte mit Bildern aus Mythologie, Religion usw., die in einer sinnverwandten Beziehung zum Trauminhalt stehen), die Assoziation (Verknüpfung der Traumsymbole mit persönlichen Vorstellungen) und die aktive Imagination (die wache Auseinandersetzung mit dem bewußt hervorgerufenen, spontanen Bilderfluß des Unbewußten).

Der Senoi-Aspekt unserer Methode beruht auf der Grundidee, den Traumzustand als solchen zu verändern, um die Träume direkt im Leben des Einzelnen und der Gemeinschaft als Beitrag verwenden zu können. Das Volk der Senoi in Malaya ist vor allem durch die Arbeiten von Kilton Stewart als außerordentlich friedliche Gesellschaft bekannt geworden, die mit Hilfe von Träumen die Harmonie und das Wohlergehen ihrer Kultur gewährleistet. Ob die Senoi tatsächlich in großem Umfang mit Träumen arbeiten, ist in jüngster Zeit in Frage gestellt worden. Immerhin ist das ‹Traumvolk› von Malaya zu einem Symbol für die Absicht einer Gemeinschaft geworden, die Traumarbeit zur bestimmenden Grundlage für das soziale, kulturelle und persönliche Leben zu machen. Und es ist mittlerweile auch bekannt, daß viele

Kulturen auf der ganzen Welt die Träume als kulturellen und persönlichen Leitfaden benutzt haben. Früher verkehrte beinahe jeder Mensch täglich mit seiner Traumwelt, eine Tatsache, die dazu beigetragen hat, uns kulturell dahin zu bringen, wo wir heute sind. Zum größten Teil lebt diese Tradition in den Märchen weiter, die ‹vor langer, langer Zeit› einmal aus Träumen entstanden sein müssen.

Persönlich wurde ich mit der Senoi-Traumarbeit bekanntgemacht, als ich als Therapeut am St. George Homes arbeitete. Dort hatte man eine tägliche Traumsitzung eingeführt, um etwas über das Innenleben wenig mitteilsamer, psychotischer Jugendlicher zu erfahren. Die damals hauptsächlich verwendeten Methoden waren das Malen und die Durchführung von auf Traumereignissen beruhenden Vorhaben im äußeren Leben. Später wurden noch bestimmte Natur-Riten der Indianer mit einbezogen; ebenso die jungianische Auffassung hinsichtlich der möglichen Bedeutung eines Traumsymbols für die persönliche Psychodynamik.

Bald nachdem ich St. George Homes verlassen hatte, um eine Privatpraxis zu eröffnen, gründete ich das Jung-Senoi-Institut, weil ich den Schwerpunkt auf die Weiterentwicklung der Traumarbeit legen und die Jungsche Methode der Analyse in der therapeutischen Arbeit mit dem Einzelnen noch intensivieren wollte. In den folgenden zwei Jahren des Aufbaus wurden bei der Arbeit mit Einzelpersonen, besonders aber auch in Traumgruppen und Ausbildungskursen, viele neue Techniken entdeckt und andere weiterentwickelt. In dieser Zeit wurden wesentliche Techniken, wie dem Traum-Ich zu folgen und das direkte Wiedereintreten in den Traum, geschaffen, um die schon bestehenden Techniken, wie den Dialog, das Malen und die Amplifikation, zu ergänzen. Damals begann auch dieses Handbuch als Textgrundlage für Traumseminare Gestalt anzunehmen. Derzeit haben wir eine kleine Gruppe von Traumarbeitsleitern, die mit der Führung von Traumgruppen an unserem Institut und andernorts beginnen. Diese Methode wird jetzt auch an der John-F.-Kennedy-Universität und an der Antioch-West-Universität gelehrt.

Über die Notwendigkeit der Traumarbeit im Alltag

Heutzutage steigt das Interesse an den Träumen. Vielleicht hat die anhaltende Krise in der äußeren Welt manche Menschen zur Rückbesinnung auf die inneren Quellen gebracht. Wo sonst, als in den Träumen, in der ursprünglichen Welt des Inneren, können wir eine Erneuerung und die für die Verwandlung der äußeren Welt in einen Zustand harmonischer Ganzheit notwendige schöpferische Kraft finden? Träume und andere intuitive Erfahrungen sind seit jeher ein ganz besonderes Mittel gewesen, um herauszufinden, was zwar möglich, aber noch nicht Wirklichkeit geworden ist. Zweifellos sind die meisten früheren Kulturen aus der Welt des Traumes hervorgegangen. Hinken wir möglicherweise nicht sogar einen ganzen Schritt in der Evolution hinterher, weil wir die Träume mißachten?

Welcher Bewußtseinssprung ist also erforderlich, um uns ans Ufer eines neuen Zeitalters zu tragen? Müssen nicht sowohl das Individuum als auch die Gesellschaft einen echten Schritt nach vorne wagen? Wer in das anbrechende neue Zeitalter eintreten will, muß ganz bewußt die volle Verantwortung für die eigene Psyche übernehmen. Dies ist von fundamentaler Bedeutung. Selbstreflexion muß zur Gewohnheit und vertrauten Praxis werden – und außerdem sind Projektionen sofort zurückzunehmen, wenn sie als solche erkannt werden. Die eigene Finsternis und das eigene Licht sind von dort zurückzuholen, wohin sie das Unbewußte projiziert hat. Nur so lassen sich die Energien in das eigene Zentrum integrieren, nur so kann man nach Ganzheit streben. Träume und Traumarbeit können ein entscheidendes Hilfsmittel bei dieser Integration sein.

Vielleicht wird es gerade die Aktualisierungsmethode bei der Traumarbeit und gewissen anderen Aspekten der Persönlichkeitsentfaltung sein, welche die interpretativen Verfahren der ‹alten Schule› überflüssig macht und einmal zu Ende bringt.

Wenn jemand träumt, wird ihm dann nicht gleichzeitig auch die Fähigkeit zur Aktualisierung des Traumes gegeben, damit dessen Bedeutung entdeckt werden kann?

Wir gehen prinzipiell davon aus, daß sozusagen jeder Mensch mit seinen eigenen Träumen arbeiten kann. Der Traum und das Ich, das die Traumarbeit leistet, stellen gemeinsam jene Autorität dar, die die Bedeutung des Traumes erschließt. Der Traumarbeitsspezialist oder der Analytiker und Therapeut mögen zwar über mehr Sachkenntnis und Erfahrung verfügen – und dennoch können auch sie nicht mit Bestimmtheit sagen, welche Wahrheit der Traum eines anderen enthält.

Der Entschluß zur Individuation

Individuation geschieht all jenen Menschen, die sich dazu entschließen, ihr eigentliches Selbst zu verwirklichen. Sie ereignet sich nicht nur bei einigen wenigen Esoterikern und auch nicht allein bei der bunten Schar geistiger Führer oder ihren begnadeten Anhängern. Werden die Strukturen autoritären Denkens und Verhaltens nicht durchbrochen, gelingt es uns nie, zu einem weltweit geeinten Volk zu werden.

Jede Kultur, jede Religion, jede Regierung und jede psychologische Schulrichtung bleibt so lange in den Kinderschuhen stecken, wie sie die Eltern/Kind-, Lehrer/Schüler-, Meister/Jünger- oder Arzt/Patient-Beziehung als bestimmende Struktur wechselseitigen Erfahrungsaustausches und Lernens aufrechterhält.

Wenn es Reife und wahre Individualität geben soll, müssen die Kindheitsprobleme gelöst werden. Das Abhängigkeitsverhältnis der Kinder zu ihren Eltern ist eine Angelegenheit der Kindheit und endet mit dieser. Dann treten die wahren und in eigener Verantwortung handelnden Wanderer ins Leben hinaus – selbstsicher und lebensfroh. Sie sind bereit, mit dem Sein zusammenzuarbeiten und schöpferisch damit umzugehen – und sie sind fähig, die erforderlichen Schritte in die Zukunft hinein einzuleiten.

Ein Weg zur Wandlung

Strephons Einleitung

Der hier wiedergegebene Abschnitt ist ein deutliches Beispiel für einen Heilungsprozeß, bei dem die Traumarbeit als Wegweiser eingesetzt wurde.

Hilary kam im Jahre 1978 aus Schottland nach Berkeley und arbeitete neun Monate lang mit mir in der Analyse. Sie nahm auch an der Ausbildung am Institut teil und hatte bereits drei Jahre Therapie hinter sich. Für sie war es jetzt wichtig, eine Übergangsphase zu erleben – auch wenn sie anfänglich kaum daran gedacht hatte.

Hilary kam mit ihrem Mann und ihren Kindern hierher. Gegen Ende des Jahres kehrte sie, getrennt von ihrem Mann, wieder nach Schottland zurück. Sie und ihr Mann hatten jedoch zu diesem Zeitpunkt die meisten Probleme ihrer neunjährigen Ehe individuell und gemeinsam in den Beratungssitzungen durchgearbeitet.

Der Schlüssel zum Verständnis dieses Einstellungswandels ist nicht in der äußeren Situation zu finden, obwohl die Entscheidung hinsichtlich Ehe und Familie für Hilary zu einem wesentlichen Prüfstein wurde. Der Schlüssel lag und liegt vielmehr in ihrer eigenen inneren Entwicklung.

Als Hilary sechs Jahre alt war, ist ihr Vater ertrunken. Dieses Ereignis und die sich daraus ergebenden Umstände traumatisierten das Mädchen und machten es zu einem gehemmten Menschen. Sie war weitgehend unfähig, ihrer beachtlichen Kreativität Ausdruck zu verleihen und litt schwer unter körperlichen Symptomen wie Migräne und Gebärmutterhalskrebs. Sie vermochte sich auch kaum im Leben durchzusetzen, weil sie als Folge des nicht verarbeiteten traumatischen Verlustes des Vaters unter zahlreichen Ängsten litt.

Der *Schlüssel zur Heilung* liegt darin, das ursprüngliche Trauma noch einmal durchzugehen und es erneut zu durchleben, ihm leidenschaftlich und vorbehaltlos zu begegnen und es zu einer Lösung zu führen. Auf diese Weise wird das festgefahrene Verhaltensmuster gesprengt, die Blockade löst sich auf – und dann kann die Lebensenergie wieder frei fließen. Die Vorbereitung und der tatsächliche Versuch, das traumatische Erlebnis aufs neue zu durchleben, erfordern beträchtlichen Mut. Oft entspringt ein solcher Mut größter Verzweiflung und einer tiefen spirituellen Sehnsucht. Kaum jemand vermag durch das Tor der Wandlung zu schreiten, wenn er nicht diesen Mut und diese Motivation besitzt.

Im folgenden wird ersichtlich werden, daß die Traumarbeit als der hauptsächlichste Weg zur Offenbarung der heilenden Quelle betrachtet wird und daß sie es ist, die das Ich darauf vorbereitet, die Entscheidungen wirklich selbst zu treffen. Grundlage für einen derartigen Heilungsvorgang ist eine intensive Traumarbeit und das Schreiben eines Tagebuches. Das Psychodrama ist dabei als Arbeitsmethode nur den allerstärksten Wandlungserfahrungen vorbehalten. Die Entscheidung, das Psychodrama als Mittel zur Heilung einzusetzen, hängt von der natürlichen Entwicklungsrichtung der Psyche ab, wie auch davon, ob das Ich bereit und willens ist, den Sprung zu wagen. Außerdem ist der Gebrauch eines Rituals eine der ältesten Formen der Heilung. Es ruft die Archetypen hervor und schließt sie in sich ein. Um eine definitive Lösung und Wandlung herbeizuführen, wurde bei Hilary der Ritus einer Bestattungszeremonie gewählt. Mit dem Psychodrama wurde dagegen die unterdrückte Dynamik hervorgeholt, damit das ursprüngliche Trauma voll erlebt und als Realität akzeptiert werden konnte.

Die visionäre Suche, die auf das Psychodrama folgte, entsprach dem meditativen Sich-Versenken in die Natur, wobei den Dingen gestattet werden sollte, einfach zu geschehen. Was dabei auftauchte, half oft, den Heilungsprozeß zu festigen und zu stärken.

Sie werden feststellen, daß eine ganze Anzahl synchronistischer Ereignisse parallel zu diesem Prozeß auftraten. Bei der *Synchronizität* treffen Inneres und Äußeres auf sinnvolle Weise zusammen. Dem Prozeß widersprechende synchronistische Ereignisse treten auf, wenn ein Anstoß zur Bewußtwerdung erforderlich ist. Positive Synchronizität dagegen bestätigt, daß eine Entscheidung oder ein Ereignis für den momentanen Zustand der Psyche und den Weg eines Menschen absolut richtig ist. Wenn man die Synchronizität in diesem Licht sieht, gibt sie die direkte Erfahrungsgewißheit der Existenz Gottes als einer leitenden Kraft, die in unser Leben eingreift, es bestätigt und festigt.

Hilary hatte sich sehr stark, wenn auch nicht ausschließlich, in ihrer Analyse engagiert. Sie kam durchschnittlich vier Stunden pro Woche zu mir und leistete zusätzlich noch sehr viel Tagebuch- und Traumarbeit. Ihre Krebserkrankung war durch eine Operation bereits zum Stillstand gekommen, doch ihre Migräne ist jetzt, da sie innerlich gewachsen ist und gelernt hat, ihren Gefühlen und ihrem Weg besseren und umfassenderen Ausdruck zu verleihen, praktisch verschwunden.

Für mich selbst als Hilarys Analytiker, Freund und Lehrer war dies ein äußerst bewegendes Erlebnis. Es bestätigte meine Heilungsmethode und ließ Erinnerungen an bestimmte eigene, traumatische Ereignisse anklingen, mit denen ich während meiner eigenen Analyse hatte fertig werden müssen.

Doch lesen Sie selbst, was Hilary erzählt. Vielleicht erinnert Sie manches an Selbsterlebtes. Achten Sie auf die Gefühle, die in Ihnen hochkommen. Hier oder an einer anderen Stelle im Buch ist möglicherweise auch Ihr eigener Weg angesprochen.

Hilarys Geschichte
«Im Anfang ist ein Ende – ein Weg der Wandlung.»

Am Sonntag, den 18. Juni 1950, war meine Mutter 500 Meilen von uns entfernt im Süden Englands, wo sie mit meiner kleinen Schwester den ersten Urlaub seit Jahren verbrachte. Wir waren in der Obhut einer fremden Frau, die wir nicht mochten. Mein Vater, der Landarzt war, ging wie jeden Tag aus dem Haus, und ich kann mich immer noch nicht daran erinnern, ob ich ihm auf Wiedersehen sagte oder nicht. Einige Stunden später ertrank er bei einem Unfall im Meer, und nach einer Woche wurde seine Leiche, die von der langen Zeit auf dem Meeresgrund nicht wiederzuerkennen war, von Tiefseetauchern gefunden und an Land gebracht. Damals war ich sechs Jahre alt.

Erster Traum: (1954–1959)
«Die Hand». Ein ständig wiederkehrender Alptraum

Ich stehe hoch oben auf einer Klippe. Unter mir brandet das stürmische Meer mit riesigen Wellen gegen die Felsen am Fuß der Klippe. Plötzlich sehe ich eine Hand aus dem Wasser auftauchen und höre die Stimme meines Vaters schreien: «Hilf mir, hilf mir, Hilary, rette mich, bitte rette mich!» Ich fange an zu weinen und strecke meinen Arm so weit die Klippe hinunter, wie ich kann, ohne abzustürzen. Ich rufe: «Ich versuche es, Vati, ich versuche es!» – doch ich kann ihn unmöglich erreichen. Weinend und schreiend erwache ich jedesmal an der gleichen Stelle. Dieser Traum fing an, als ich zehn Jahre alt war, und hat sich nicht mehr wiederholt, seit ich fünfzehn war.

Die beiden nächsten Träume: (1962–1963)
«Rückkehr». Zwei sich wiederholende Träume

a) Alle sieben, meine Mutter und wir sechs Kinder, sitzen im Garten des Hauses meiner Mutter um einen langen, rechteckigen Tisch. Wir essen eine üppige Mahlzeit. Ich sitze an der linken Ecke – schaue auf und sehe an der gegenüberliegenden Ecke meinen Vater. Er ißt und redet lebhaft, ganz so, als ob er immer bei uns gewesen wäre. Er trägt seine ‹Uniform›, die eines Quäker-Doktors. Ich stehe auf und lasse ihn nicht aus den Augen, für den Fall, daß er genauso schnell wieder verschwindet, wie er gekommen ist. Ich gehe um den Tisch herum und stelle mich hinter ihn, halte ihm ganz sanft die Augen zu und sage: «Rate mal, wer ich bin, Vati, rate, wer ich bin!» Er antwortet: «Ich bin nicht Vati, ich bin Robert!» Erschreckt ziehe ich meine

Hände zurück und blicke hinunter in das Gesicht meines jüngeren Bruders, der zu mir emporblickt – der Bruder, den ich voller Inbrunst hasse.

b) Die ganze Familie – alle acht – befindet sich im Wohnzimmer im Haus meiner Mutter – nach zwölf langen Jahren der Trennung ist mein Vater zurückgekommen. Er trägt wieder seine ‹Quäker-Uniform›. Er umarmt meine Mutter, die jung und strahlend aussieht. Er redet und lacht, und wir mit ihm. Ein Gefühl von Zusammengehörigkeit verbindet uns alle. Später sitze ich mit meinem Vater in einer stillen Ecke. Ich bin verärgert und etwas durcheinander. Ich frage ihn: «Warum bist du so lange fortgeblieben? Wo warst du? Warum bist du nicht zurückgekommen?» Er sagt: «Ja, weißt du, Hilary, gegen Ende des Krieges habe ich mich verlaufen und konnte nicht mehr zu euch zurückfinden. Ich habe seitdem viele Länder durchwandert.» Ich bin mit dieser Antwort nicht ganz zufrieden, doch ich sage: «Na ja, macht nichts, jetzt bist du ja wenigstens wieder da.» Er beugt sich vor und sagt ganz ruhig: «Nein, eigentlich nicht, ich muß wieder gehen.» Ich bin jetzt achtzehn Jahre alt.

1974–1976

Ich begebe mich in Analyse und gestehe mir selbst und der Analytikerin ein, daß meinem Leben Sinn und Richtung fehlen, daß ich ständig das Gefühl habe, ein ‹lebender Leichnam› zu sein, und daß ich täglich in steigendem Masse schwermütig und angsterfüllt bin. Ich leide jetzt auch unter sehr heftigen Migräneanfällen, singe nicht mehr, habe aufgehört zu zeichnen und malen, zu modellieren, zu schreiben und zu nähen und fange überhaupt nichts mehr mit meinen Händen an. Abgesehen von der Beschäftigung mit den Kindern, habe ich das Gefühl, daß das Leben für mich immer sinnloser wird. Die Analytikerin entpuppt sich als Freudianerin in jungianischer Verkleidung. Die Migräneanfälle halten jedesmal mehrere Tage an, werden immer häufiger und machen mich zusehends zum Krüppel. Die Analytikerin stirbt ganz plötzlich an Lungenkrebs – gerade zu der Zeit, als ich beginne, meiner tiefen Abneigung gegen sie und ihre freudianische Vorgehensweise teilweise Ausdruck zu verleihen. Meine Gefühle der Trauer und der Wut drohen mich zu überwältigen. Ich spiele mit Suizidgedanken, und wieder bringt mich nur die Anwesenheit meiner Kinder auf den Boden hinunter, hält mich zurück und konfrontiert mich mit der Wirklichkeit, weil sie nach Zuwendung verlangen. An dem Tag, an dem die Analytikerin an Krebs stirbt, erhalte ich einen Brief von der Klinik, in dem man mir mitteilt, daß in meinem Gebärmutterhals ‹signifikante Zellveränderungen› festgestellt worden sind und ich in ein paar Tagen zu einer Untersuchung erscheinen soll. Achtzehn Monate später muß meine Gebärmutter operativ entfernt werden, weil sie krebsbefallen ist. Ich bin jetzt zweiunddreißig.

Dritter Traum: (1976)
«Lebenslängliche Haft»

Ich befinde mich in einem großen Haus auf dem Land. Es ist mir nur teilweise vertraut. Mein Vater verfolgt mich und versucht mich zu erwürgen. Ich laufe verzweifelt von Zimmer zu Zimmer. Er ist mir dicht auf den Fersen. Ich spüre seine Hände an meinem Hals, als er versucht, mich zu packen, um mich zu erwürgen. Ich laufe in die Küche und schlage die Tür gerade noch rechtzeitig zu, bevor er mich zu greifen bekommt. Ich lehne mich schluchzend vor Angst an die Tür, stemme mich mit meinem ganzen Gewicht dagegen, während er von außen mit seinen Fäusten dagegentrommelt. Ich versuche zu verhindern, daß er gewaltsam eindringt. Mit Gewalt stemmt er die Tür auf und greift mit seinen Händen durch den Spalt. Er packt mich von hinten und schnürt mir die Kehle zu. Ich beginne zu röcheln, will schreien und schreien, bringe aber keinen Ton heraus. Ich sehe weit hinten in der Küche die Gestalt meiner Mutter. Sie sieht aus wie damals, als ich noch klein war – sie hat dieselbe Frisur. Ich strecke die Arme nach ihr aus und flehe sie damit um Hilfe an. Sie beachtet mich nicht, als ob sie nicht sehen könnte, was geschieht. Ich stürze vor und versuche mich zu befreien, und es gelingt mir auch. Ich laufe zu meiner Mutter und sage: «Ich rufe die Polizei an, denn er ist verrückt geworden – er versucht mich umzubringen!» Die Polizei kommt. Jetzt sind Polizisten und Psychiater und Krankenschwestern da, alle in Uniform. Die Polizisten sind dunkelblau, die Ärzte und Krankenschwestern weiß gekleidet. Eine ganze Gruppe von Männern ist erschienen, um meinen Vater in das Carstairs-Spital für straffällig gewordene Geisteskranke zu bringen. Er soll dort lebenslänglich eingesperrt bleiben und wird nie wieder freikommen.

Ich stehe draußen vor dem Haus, als sie hineingehen, um ihn abzuführen. Als er herauskommt, haben ihn die Beamten in die Mitte genommen. Ich fühle mich wie ein Judas, denn ich habe meinen eigenen Vater verraten.

Als sie an mir vorbeigehen, forme ich meine Hände zu einer Schale, und mein Vater bleibt kurz stehen, um Lebewohl zu sagen. Dabei legt er mir ganz sanft und behutsam etwas Kleines und sehr Wertvolles in die aufgehaltenen Hände. Er sagt: «Das ist mein Geschenk an dich, Hilary.» Leise weinen wir beide. Dann fährt er in einem Krankenwagen fort.

Inzwischen arbeite ich mit einer anderen Analytikerin jungianischer Ausrichtung. Sie macht mich mit der Traumarbeit vertraut und bringt mir eine ganz neue Art bei, mit meinem Alltagsleben umzugehen. Frau Dr. Winifred Rushforth ist eine sehr weise alte Frau, Anfang neunzig. Durch die wunderbar lebendige und kreative Beziehung mit dieser außergewöhnlichen Persönlichkeit und dadurch, daß ich mit meinen Träumen zu arbeiten beginne und mich im inneren und äußeren Leben mit meinen ‹Alpträumen› auseinandersetze, erhält mein Leben einen neuen Sinn und eine neue Richtung. Ich beginne, intensiv an mir zu arbeiten. Mein Individuationsprozeß hat begonnen. Doch noch immer trage ich ein Gefühl tiefer Leere in mir, einen verzweifelten Hunger und Durst nach dem tieferen Sinn des Lebens, eine Suche nach meiner eigenen Quelle, nach dem Geistigen, um diesen in meinem Alltagsleben Gestalt verleihen zu können.

1978–1979

Diese Zeit führt mich nach Berkeley in Kalifornien, und im Herbst des Jahres 1978 komme ich ins Jung-Senoi-Institut, um in meiner ersten Traumarbeitsgruppe mitzuwirken. Ich bringe einen Traum mit, der den Neubeginn ausdrückt – und nun fängt mein bisher größtes ‹Abenteuer› an. Diesen Traum träumte ich am frühen Morgen des Tages, an dem ich zum ersten Mal die Traumgruppe aufsuchte. Drei wichtige Gaben enthielt dieser Traum: Die erste war ein Symbol, ein Jadestein in Form einer runden Plakette, ein Kunstwerk, das an der Wand des Instituts über der Stelle hing, die sich dann im äußeren Leben als der geheiligte Ort herausstellte. Zweitens erschien Strephon Williams in diesem Traum, und, obwohl ich ihn im äußeren Leben noch gar nicht kennengelernt hatte, stellten er selbst und das Institut, der Mann und das Haus also, sich später als genau so heraus, wie ich sie im Traum erlebt hatte. Strephon sollte zu meinem neuen inneren und äußeren Führer werden, und es begann eine schöpferische Beziehung von einer Tiefe, wie ich sie zuvor noch nie erlebt, aber immer angestrebt hatte. Zum dritten besuchte mich mein Vater in diesem Traum wieder, und im äußeren Leben begann sein Geist-Gespenst mit einer größeren, finstereren Intensität als je zuvor zu spuken.

Ein Teil dieses Traumes soll nun erzählt werden. Ich nähere mich jetzt meinem fünfunddreißigsten Geburtstag.

Vierter Traum: (22. Oktober 1978)
«Die Jadeplakette»

Ich bin im Nachthemd im Institut, weil ich gerade aus einem Traum aufgestanden bin, um zu einer Traumgruppe zu gehen. Ich befinde mich in einem großen Holzhaus, das ich nicht kenne und das mir dennoch vertraut vorkommt. S., den ich bisher noch nicht kennnengelernt habe, führt mich durch das Haus und stellt mir die Mitglieder der Gruppe vor. Es sind sechs bis acht Männer und Frauen anwesend. Wieder kenne ich noch niemanden, und doch kommen mir ein oder zwei von ihnen bekannt vor. Eine kleine Frau mit kurzem dunklem Haar und einem offenen, lächelnden Gesicht sagt: «Mein Sohn besucht die Rudolf-Steiner-Schule.» Ich sage: «Ah, daher kenne ich Sie», obwohl mir auch das unwirklich und unwahrscheinlich vorkommt; doch ich empfinde ein herzliches Gefühl für sie und freue mich, daß sie mich erkannt hat. Eine alte Schulfreundin, J., taucht aus der Gruppe auf; sie benimmt sich sehr lebhaft und laut. Sie zeigt mir einen sehr stillen, bleichen, reserviert wirkenden Mann mit dunklen Haaren und läßt mir gegenüber mit lauter Stimme eine persönliche Bemerkung über ihn fallen. Mir ist das peinlich, und ich bin betroffen, wie der Mann vor ihrer Bemerkung und meinen Blicken zurückweicht.

S. zeigt mir eine runde Plakette aus Jade, die an der Wand hängt. Sie sieht geheimnisvoll aus, schön, grün, sie schillert in allen Regenbogenfarben, ist hell und glänzt. Ich gehe hin und berühre sie leicht, um zu spüren, wie sie sich anfühlt. S. ist darüber sehr glücklich und sagt: «Ja, fasse sie nur an – das ist ja wunderbar!» Wieder ist mir diese – künstlerische – Plakette vertraut und bekannt, und doch könnte ich nicht sagen woher. Auf dem Fußboden liegen glänzende bunte Kissen, viele von ihnen in leuchtendem Rot. An den Wänden hängen viele Gegenstände, eine große, vielfältige Sammlung handgemachter Dinge und Kunstwerke. Es gibt viele dunkle Räume, die vom Hauptraum wegführen, fast wie in einem Irrgarten. Das ganze Gebäude ist aus dunklem Holz gebaut, es hat eine hohe Decke, und man spürt eine leichte, luftige Atmosphäre, still, friedlich.

S. führt mich durch ein Labyrinth von Zimmern – sie sind kühl, ruhig und dunkel – in einen Garten hinter dem Haus, mit viel grünem Laub, durch das sanftes Licht einfällt. Ich bin so froh, hier zu sein – in Frieden, in Harmonie –, ich fühle mich entspannt und aufnahmebereit.

Fünfter Traum: (18. November 1978) **«Vorbereitung»**

Ich liege da, in Embryohaltung, mit selbstgemachten Flügeln aus einem Drahtgestell und feiner grauer Gaze. J., mein Mann, der neben mir steht, hat keine Flügel, was mich bestürzt ... Ich will nach Australien reisen ... Vier Koffer für die ganze Familie ... Einer ist voller Lebensmittel ... J. legt Babykleider neben einen anderen Koffer, mehr tut er nicht – aber auch das ist keine große Hilfe, denn wir haben kein Baby und N. ist schon aus den Kleidern herausgewachsen ... Ein hellblauer Schlafanzug und ein hellblauer Flauschanzug für draußen – ich schaue sie mir erst an, bevor ich sie fortwerfe ... Ich muß das ganze Packen allein besorgen – ein großer Streß –, ich weiß ja genausowenig wie die anderen, was wir alles mitnehmen sollten ... Große Panik, weil das Schiff schon bald abfährt ... Mein Vetter Thom ist bei uns – er bleibt hier, aber er weiß einiges über das Leben in Australien, denn er lebt dort – auf der Insel Thursday – als Perlentaucher, schon seit einem Jahr ... Er schaut mir zu – ein wenig belustigt –, wie ich verzweifelt diese Vorbereitungen treffe. Er hat einen Plattenspieler, der auf dem Bett liegt, auch einige Schallplatten mit ‹Inselmusik› liegen herum ... Ich habe keine Zeit, und doch will ich eine davon auflegen, um mir das Lied anzuhören ... Die Schallplatten sehen merkwürdig aus – eine große bunte Fläche in der Mitte und im eigentlichen Aufnahmeteil tief eingegrabene Rillen mit hohen Rändern ... «Das ist Inselmusik», sagt er ... Ich lege meine gelbe Segeljacke in einen Koffer – ich weiß zwar nicht, ob ich sie brauchen werde, aber ich glaube, ich sollte auf stürmisches Wetter vorbereitet sein ... Wir gehen in ein Kaufhaus – ich muß mir schnell ein paar Kleider anschauen, die ich vielleicht brauchen kann ... Wir fahren hoch und runter, und im Erdgeschoß kaufe ich mir einen weißen Büstenhalter, den ich zuerst anprobiere, aber sonst finde ich nichts ... Ich denke, daß ich ein dickes, warmes grünes Kordkleid gebrauchen könnte ... J. kann mir offenbar nicht helfen – macht keinerlei Vorschläge und hat keine Meinung ... Ich entscheide mich anders ... Die Zeit wird knapp – ich bin immer noch nicht mit dem Packen fertig ... Als wir darauf warten, die Straße überqueren zu können, weil ich nach Hause gehen und weiterpacken will, sehe ich auf dem gegenüberliegenden Gehsteig eine dunkelhaarige junge Frau, die in Begleitung von drei jungen Männern spazierengeht. Plötzlich stürzt sie direkt vor ein fahrendes Auto. Am Steuer sitzt ein Schwarzer ... Ich erschrecke – das Auto kann gerade noch rechtzeitig ausweichen; die Frau liegt hilflos auf der Straße ... Sie hat sich wie ein Embryo zusammengekrümmt – streckt sich wieder, steht ganz schnell auf und geht mit den Männern weiter, als sei nichts passiert ... Ich bin völlig verstört. Warum ist sie gestürzt, frage ich mich? – Und warum hat sie so getan, als ob nichts geschehen wäre?

Hilarys Kommentar

Diesen Traum hatte ich zu einer Zeit, als ich gerade anfing mir einzugestehen, daß ich die Verantwortung für mein Leben und meine innere Bestimmung weitgehend ablehnte. Mein Mann und ich hatten begonnen, darüber zu sprechen, wie trostlos und leer unsere Beziehung wirklich war.

Mehrere Wochen lang arbeitete ich intensiv mit diesem Traum. Alles erwies sich als sehr bedeutungsvoll. Ich gebe hier einen kleinen Ausschnitt der geleisteten Traumarbeit wieder.

Eine der Aufgaben, vor die mich der Traum stellte, war, ein Gespräch mit meinem Vetter Thom zu führen.

Gespräch: 24. November 1978

H: Warum bist du gerade jetzt im Traum erschienen, Thom?

T: Ich bin gekommen, um dir einen Weg zu zeigen, dein Leben zu leben, der ganz anders ist als der, den du bisher gelebt hast.

H: Das macht mir Angst, Thom, denn ich merke, daß du mir sagst, daß ich vor einer großen Veränderung stehe – und ich weiß nicht, inwieweit ich dafür schon bereit bin.

T: Ja, ich sage, daß du zur Zeit vor einer gewaltigen Wandlung in deinem Leben stehst. Du wirst die Dinge mit neuen Augen sehen, mit neuen Ohren hören, mit neuen Händen begreifen, mit einer neuen Nase riechen und mit einer neuen Zunge schmecken. Du könntest wiedergeboren werden, wenn du es nur willst und dich dafür entscheidest – und deshalb brauchst du die grauen Flügel, um deinen Weg zu beginnen.

H: Du sagst *meinen* Weg – nicht Emmas oder Ninas oder Johns Weg, sondern *meiner?*

T: Ja, genau das sage ich. Die vier Koffer gehören dir, und niemandem sonst.

H: Ich erinnere mich, daß ich vor einer Weile in einem Traumbild sah, wie ich Emma, Nina und John zum Abschied winkte. Ich blieb in Berkeley, und sie reisten ab. Das machte mir Sorgen, weil ich es für die äußere Wirklichkeit hielt, aber jetzt wird mir klar, daß es auf einer inneren Ebene verstanden werden mußte. Ich bleibe in Berkeley, weil ich mich hier auf meine innere Reise vorbereite.

T: Ja, gratuliere! Ich dachte schon, du würdest es nie begreifen! Du, und nur du allein, mußt deine Koffer selbst packen und dich allein auf deine Reise machen. Du hast dich schon dazu entschlossen, dein gelbes Ölzeug mitzunehmen, um gegen stürmisches Wetter gewappnet zu sein. Und du hast auch bereits einen Büstenhalter ausgewählt, der dir paßt. Was willst du außerdem noch mitnehmen?

H: Das mußt du mir sagen. Ich bin ganz verwirrt.

T: Ich bin gekommen, dir bei den Vorbereitungen auf deine Reise behilflich zu sein, indem ich dir zu größerer Einsicht verhelfe. Ich bin der Sohn der Schwester deines Vaters, und du weißt, daß dir dein Vater ein Geschenk zurückgelassen hat, als er, der ja Sternzeichen Fische war wie du, ins Meer zurückkehrte, um nie wieder an Land zurückzukommen. Das hast du vor zwei Jahren geträumt. Damals konntest du dich nicht erinnern, was das für ein Geschenk war, doch jetzt bin ich gekommen, um dir zu sagen, daß es eine Perle war und daß die Perle dein drittes Auge, das Auge der Erkenntnis, darstellt. Du weißt schon seit langem, daß du diese Gabe gebrauchen könntest, die wertvoller ist als jede Perle, nach der ich jemals in demselben Ozean, der deinen Vater gefordert hat, getaucht bin. Was wirst du also damit anfangen?

Gedicht: 25. November 1978

Ich fühle es in mir
ein Wesen
stark und tief
mir stockt der Atem
erstaunt sehe ich
sein Licht

In mir drinnen
entfaltet eine Blume
ihre Blütenblätter
meiner Sonne entgegen.
Ich fühle die Blätter
weich, regennaß und gefaltet
wie sie sich langsam
aus der Dunkelheit zum Licht hin ausbreiten
und ich bin dankbar
in diese neue Zeit eingehen zu können
das Zeitalter des Sinns.

Sechster Traum: (24. November 1978)
«Ein Anfang»

1. Ich bin unterwegs – ich bin ganz allein, und das will ich auch sein ... Ich sehe meinen Mann – entweder erwache ich gerade, oder ich träume noch ... Er nähert sich ganz dicht meinem rechten Auge. – Ich öffne die Augen und blicke ihm grimmig in die seinen. – Seine Augen sind offen, und er sieht meinen Blick. – Schnell schließe ich sie wieder und gehe weiter...

2. Ich bin in einem Kreis – in einem Ring. – Es brennt etwas. – Um mich herum sind Kieselsteine. – Es ist, als stünde ich am Ufer eines Gewässers. – Es ist sehr dunkel, sehr drückend, es liegt etwas in der Luft...

3. Ich wache im Traum auf und weiß, daß ich auf der Reise bin. – Das sage ich voller Überzeugung zu mir selbst, und ich fühle mich frei – leicht – fast in Harmonie? – Ich sage mir, daß ich das in mein Tagebuch schreiben muß, bevor es mir wieder entgleitet, bevor ich es vergesse. – Ich sehe mich selbst, wie ich in mein Tagebuch schreibe. – Ich bin betroffen, als ich erwache und merke, daß ich noch immer träume. – Ich greife nach meinem Tagebuch.

Kommentar

Dies war ein Erntedankfesttraum. Als Teil der Traumarbeit schrieb ich in Großbuchstaben:

«Ich bin meiner eigenen individuellen Bestimmung verpflichtet. Wohin sie mich auch führen mag, dorthin will ich gehen. Ich verpflichte mich, meine eigene Wahrheit, meinen eigenen Weg, meine eigene innere Weisheit und Richtung zu finden. Ich verpflichte mich, meinen eigenen Weg zur Ganzheit zu gehen.»

Ich machte auch eine Tonfigur von mir selbst (dem Selbst), wie ich in einem Ring aus Kieselsteinen stehe. Die Steine hatte ich zuvor am Strand von San Gregorio gesammelt. Ich gab diesem für mich so bedeutungsvollen Symbol einen Platz innerhalb des kleinen geheiligten Bezirkes in meinem Zimmer.

28. November 1978

Ich arbeite am Traum ‹Vorbereitung› vom 18. November 1978 weiter, denn ich muß noch mit der dunkelhaarigen jungen Frau sprechen.

H: Wer bist du?

JF: Äußerlich bin ich eine junge Frau, aber in Wirklichkeit bin ich ein kleines Mädchen. Ich bin ein kleines Mädchen, weil ich Angst vor dem Erwachsenwerden habe. So fühle ich mich sicherer.

H: Warum fühlst du dich als kleines Mädchen sicherer, wenn du doch so alt sein könntest, wie du aussiehst?

JF: Als ich äußerlich und innerlich ein kleines Mädchen war, machte ich qualvolle, schmerzliche Erfahrungen in vielerlei Hinsicht. Und als ich gerade das Gefühl hatte, ich könnte trotz der Schmerzen ein bißchen erwachsener werden, litt ich am meisten. Da glaubte ich, mich nicht mehr weiterentwickeln zu können, denn ich hatte mich selbst verloren. Der Weg, auf dem ich ging, gab unter mir nach, so daß ich zu Boden stürzte. Dabei wurde ein Teil von mir zermalmt und getötet.

H: Ich möchte dich verstehen, aber irgendwie gelingt es mir nicht. Nachdem du stürztest und beinahe zu Tode gekommen wärst, bist du sehr schnell wieder aufgestanden – willst du auf diese Weise etwas leugnen?

JF: Ich versuche damit zu leugnen, daß ich wünschte, der Fahrer des Wagens möge fühlen, wie es ist, wenn man jemanden tötet, ohne es gewollt zu haben – und wie es ist, deswegen zu lebenslanger Haft verurteilt hinter Gittern leben zu müssen.

H: Warum?

JF: Weil ich glaube, auch einen Menschen getötet zu haben – genau wie der Fahrer, ohne es zu wollen. In bezug auf meine Rachegefühle verhalte ich mich wie ein Kind, obwohl eine Rache für mich den Tod bedeutet.

H: Das heißt also, daß du dich schämst. Deshalb stehst du hastig auf, als der schwarze Mann dich dadurch rettet, daß er das Steuer seines Wagens herumreißt.

JF: Ja, ich schäme mich. Dieser Mann, der so böse aussieht und von dem ich glaube, daß er sich an mir rächen will, stellt sich als gut und gar nicht rachsüchtig heraus. Ich muß so tun, als ob nichts geschehen wäre, sonst könnte man mir auf die Schliche kommen.

Kommentar

Die junge Frau ist ein Teil von mir.
Was habe ich also für eine destruktive Tendenz?

Ja, sie ist ein Teil von mir und schrecklich selbstzerstörerisch. Wegen ihrer eigenen bösen Kräfte hat sie unerträgliche Schuld- und Wutgefühle. Sie ist sehr unvernünftig. Obwohl ich ihr sage, daß sie oft guten Grund für diese Gefühle hat, akzeptiert sie nicht, daß sie tief im Inneren eine offene, blutende Wunde hat, die ihr das Gefühl gibt, wertlos zu sein.

Ich glaube, weil meine Mutter mich so oft zurückgewiesen und mein Vater mich durch seinen Tod ebenfalls zurückgestoßen oder verlassen hat, habe ich mir eingeredet, daß ich ein schrecklich unnützes Wesen sein müsse. Niemand hat mich akzeptiert. Ich fürchte, daß das stimmt, und deshalb muß ich nach jemandem Ausschau halten, dem ich die Schuld dafür geben, den ich bestrafen kann. Und die Person, die immer zur Stelle ist, ist diese innere, wertlose Frau. – Ich muß sie um jeden Preis handlungsunfähig machen – sie verleugnen – vernichten.

Wer ist der Mann?

Ist dieser Mann der Geist meines toten Vaters? Ich weiß sehr wenig über ihn, denn bisher habe ich es mir nicht gestattet oder brachte es einfach nicht fertig, mich mit ihm zu beschäftigen.

Ich frage ihn, warum er die junge Frau, die vor seinen Wagen stürzte, nicht überfahren hat. Er sagt mir, daß er zwar schwarz und böse aussehen würde, es in Wirklichkeit aber gar nicht sei. Er ist ihr ausgewichen, weil er erkannte, daß ihr Leben wertvoll und voller Möglichkeiten ist – und obwohl sie wollte, daß er sie überfährt, weigerte er sich. Er will, daß sie lebt.

Siebter Traum: (12. Dezember 1978)
«Kreis und Quadrat»

Strephon und ich bemühen uns, eine sehr große Kreisform in eine quadratische Form zu heben ... Beide Formen sind größer als wir, und wir müssen beide viel Kraft und Energie aufwenden ...

Wintersonnenwende: 16. Dezember 1978

Bei der Wintersonnenwend-Weihnachtsfeier im Institut bastelten wir alle eine Krippe. Wir losten aus, welche Figur aus Ton, Holz, Zweigen, Moos usw. jeder von uns machen sollte. Ich zog einen Zettel, auf dem

‹Das Kind› stand: Ich sollte also Jesus – das Christkind – machen … Wieviel Freude, Demut und Furcht flossen da in mir zusammen und wurden eins – und wie mich dieses Ereignis bestärkte …

Ich habe in dieser Nacht etwas geträumt. Als Teil der Traumarbeit schreibe ich ein Gedicht, das aus dem Traum geboren wurde und nun am Tag zur Wirklichkeit wird. Ich widme es Strephon Kaplan Williams und unserer gemeinsamen Arbeit:

Empfängnis 19. Dezember 1978

Der Same, auf den ich gewartet,
ist durch dich gesät worden –
in mich hinein.
Im dunklen, feuchten Labyrinth
meines inneren Schoßes
empfang und heg ich diesen Samen.
Er ist mir wertvoller
als jedes irdische Juwel –
und überaus kostbar.

Durch die neugewonnene Geduld
kann das dunkle, geheimnisvolle Wachstum
dem Licht entgegen
bis zur Geburt in heiliger Scheu geschehen.
Mit dem ewigen Gespür der Mutter
für das Jetzt, die rechte Zeit,
warte ich –
ängstlich,
zärtlich,
schweigend
auf die Dämmerung
des neuen Lebens.

Achter Traum: (Neujahrstraum 1978)
«Ich WERDE»

Ich bin in einem Zentrum, in dem Menschen zusammenkommen, die an ihrer inneren Entwicklung arbeiten. Es erinnert mich an das Salisbury Centre in Schottland, nur daß es in Berkeley ist. Dort findet ein Treffen statt, bei dem das, was im verflossenen Jahr erreicht wurde, besprochen wird. Es sind viele Leute da, doch die, die sich von der Menge abheben, sind – ich selbst, meine enge Freundin Mary, Marys erster und zweiter (jetziger) Mann, mein Mann John, meine beiden älteren Schwestern Sue und Lisa, Winifred, meine frühere Analytikerin und gute Freundin, Strephon, mein jetziger Lehrer und Analytiker, und eine junge Leiterin aus dem schottischen Zentrum.

Es wird ein Psychodrama aufgeführt: ein sechsjähriges Kind wird Zeuge, wie seine Mutter gequält wird. Zwei Personen spielen Mutter und Kind. Wir anderen nehmen auf der Gefühlsebene daran teil. Ich bin erschüttert und tief bewegt. Ich sehe die Qual des verstörten Kindes – ich kann sie spüren. Meine älteste Schwester Sue schlägt mit geballten Fäusten auf den Boden. Sie kniet mit geschlossenen Augen da. Lisa ist rechts hinter mir. Ich kann sie also nicht sehen, aber ich spüre, daß sie in dem großen Versammlungsraum auf dem Boden sitzt. Nach dem Psychodrama stehe ich auf und sage der Gruppe, wie positiv es mir erscheint, daß sie versuchen, zusammenzuleben und als Gemeinschaft zu arbeiten. Während ich noch rede, schließt sich Mary mir an und stimmt mir zu. Ich sage, daß ich das Gefühl habe, alle hätten sich im letzten Jahr, während ich weg war, sehr viel weiter entwickelt. Winifred ist von meiner ‹Rede› sehr gerührt.

Dann folgt eine kurze allgemeine Diskussion über die zukünftigen Aktivitäten des Zentrums, und es wird um eine Geldspende zur Unterstützung weiterer Entwicklung und des Weiterbestehens gebeten. Ein junger Mann tritt vor. Er hat selbstgemachte Abzeichen – sie sind rund und tragen ein rotes Emblem auf weißem Grund. Wir sollen Geld spenden und uns ein Abzeichen anstecken, um unser ernsthaftes Engagement zu bekunden.

Wir schreiten an einen langen, rechteckigen Tisch, auf dem Essen und Getränke aufgetragen sind. Ich lege mein ganzes Geld auf den Tisch. Ich zähle es. Es sind 83 Cent. Zuerst will ich 50 Cent geben – doch dann gebe ich 80. Die Spende wird, wie alle anderen, in einem Buch verzeichnet. Alle beginnen zu essen und zu trinken. Ich will mir gerade etwas zu essen nehmen, als Marys erster Mann anfängt, sie äußerst sarkastisch zu verspotten. Mary wird sehr traurig und fühlt sich vor allen Leuten gedemütigt. Ihr Mann packt sie am Arm und reißt sie vom Tisch fort. Sie versucht, ihren Arm aus seiner Umklammerung zu lösen, aber das gelingt ihr nicht, weil sie körperlich so schwach ist. Ich bin sofort entschlossen, ihr zu Hilfe zu eilen. Ich stelle mich zwischen die beiden und sage: «Laß sie in Ruhe! Hör auf, sie zu mißhandeln! Sie versucht genauso zu arbeiten wie ich auch. Ich arbeite an meinem Zentrum – ich WERDE!» Er weicht respektvoll zurück, als er meine stark empfundenen Worte hört. Ich sehe Strephon neben mir stehen, und ich weiß, daß er versteht, was ich sage.

Ich fasse Mary am Arm, führe sie aus dem Raum und bringe sie nach Hause, damit sie sich ausruhen kann.

Während ich dort bei ihr bin, besucht mich Winifred. Sie sagt, daß das Konzert bald beginne und ich auch mitspielen müsse.

Ich eile ins Zentrum zurück und setze mich zu Emma und Nina. Emma ist etwas aufgeregt, sie kennt das Stück nicht. Wie soll sie es also spielen können? Ich bin ganz ruhig und sage ihr, daß sie es schon schaffen werde. Wir sitzen hoch oben im Orchester bei den Blechbläsern, zwischen den Hörnern, obwohl ich glaube, seit Jahren wieder zum ersten Mal ein Solo singen zu müssen. Auch Strephon sitzt im Orchester, bei den Streichern. Wir nicken einander zu, als unsere Blicke sich begegnen.

Drei Stunden später träume ich:

John packt einen Koffer. Ich lasse ihn allein, er soll es selbst machen. Meine Schwester Lisa ist ein wenig bestürzt über meine Reaktion. Sie versucht, John behilflich zu sein, aber er will ihre Hilfe nicht.

John kommt den Gang entlang, um vor seiner Abreise mit mir zu sprechen. Er stellt sich mit dem Rücken zu mir und macht eine Bemerkung über Lisa, ‹die wie eine Henne herumrennt›. Ich sage, daß sie die Situation wirklich nicht verstehen würde. «Schließlich erreichen die wenigsten Ehepaare jemals diesen Punkt in ihrer Beziehung – meistens verdrängen sie ihre Gefühle.» Er hört das nicht gerne, weil es mich von ihm trennt.

Kommentar

Dieser Traum kam als Geschenk am frühen Morgen des Neujahrstages. Mit einem Gefühl der Demut empfand ich den Traum als Segen und war tief bewegt: Er kam zu mir als Antwort – ein klares Lied vom Ganz-Anderen ...

Ich spürte, daß es hier um eine Schicksalsentscheidung ging und um die Qual und tiefe Verwirrung, die mich angesichts der Frage befiel, ob ich den nötigen Mut aufbringen würde, nach dem zu handeln, was ich wirklich leidenschaftlich wünschte und was mir im Hinblick auf mein eigenes Streben, selbst Therapeutin zu werden, wirklich sinnvoll erschien. Das war mir in der Nacht vor diesem Traum im Kopf herumgegangen und hatte mich sehr aufgewühlt, bevor ich einschlief.

Dieser Traum und die Traumarbeit, die ich daran anschloß, zeitigte zwei wesentliche Ergebnisse: Das eine war, daß ich mich eine Woche später dafür entschied, mit der Ausbildung am Jung-Senoi-Institut zu beginnen. Und als zweites entschloß ich mich – mit Strephons warmherziger Unterstützung und Ermutigung –, mit vier Personen, die auch die Ausbildung am Institut machten, durch mein Psychodramaerlebnis, den Tod meines Vaters, zu gehen. Ich verschickte folgende Einladung:

Wandlung – Ein Anfang

Gayle – Harriet – Nick – Hilary – Strephon

Hiermit lade ich euch zur Teilnahme an einem Psychodrama ein, das mich durch mein Kindheitserlebnis führen soll. Es ist ein therapeutischer Prozeß, bei dem ihr Strephons Anweisungen folgen müßt. Bitte bringt eure Tagebücher und ein Heilungssymbol mit, wenn ihr eines habt.

Vertrauensvoll
Hilary

Neunter Traum: (24. Januar 1979)
«Die Schachtel mit dem ‹ICH› darauf»

Strephon gibt uns allen, auch sich selbst, je eine Schachtel mit einem Deckel und einem kleinen, silbernen Druckverschluß. Die Schachtel können wir (die Psychodrama-Gruppenmitglieder) beliebig verwenden, doch er empfiehlt uns, sie für unsere traurigen und traumatischen Erfahrungen zu benutzen und Geschriebenes zusammen mit symbolischen Gegenständen hineinzulegen. Auf meiner Schachtel steht in Blockbuchstaben ‹ICH›.

In derselben Nacht, am Vorabend des Psychodramas, hatte ich eine Vision.

Auf der Bettdecke liegend, schlief ich ein. Ich hatte drei weiße Kerzen in einer Schale angezündet, zwei große und eine kleine. Nach Stunden erwachte ich – oder erwachte ich doch nicht wirklich? –, weil ich hörte, wie jemand oder etwas die Tür öffnete und am Fuß des Bettes im Zimmer stehenblieb. Zuerst wollte ich es nicht beachten, weil ich so müde war und keine Lust hatte, etwas zu sagen, doch plötzlich leuchteten die Kerzen sehr hell auf. Ich erwachte, setzte mich halb auf und sah ein unglaubliches Licht. Von den beiden hohen Kerzen loderten Flammen von über einem Meter Höhe empor – ich schnappte hörbar nach Luft und fragte mich, ob ich wohl träumte. Ich blickte zur Tür. Jetzt war sie geschlossen, und es war niemand da. Ich sank zurück, vom strahlenden Licht ganz geblendet, und das Erlebnis erfüllte mich mit einer heiligen Scheu. Das war doch sicherlich der Geist meines Vaters gewesen?

25. Januar 1979

Meine jüngste Tochter Nina, sie ist fünfeinhalb, hatte am 24. Januar einen ‹schrecklichen› Traum: «Ich war in der Wüste und schaute mir Blumen an. Da kamen viele, viele Klapperschlangen auf mich zu, und ich schrie und schrie, und sie bissen mich, und ich wachte auf, weil ich mich so fürchtete.» Sie malte ein Bild von diesem Ereignis in ihr Traumtagebuch.

Kurz bevor ich in das Institut hineingehe, um mein Psychodrama zu erleben, schreibe ich noch in mein Tagebuch: «Ich bin jetzt so aufgeregt, daß mir fast übel ist. Erinnerungen an meine Mutter und an meinen Vater tauchen empor. Ich versuche sie wegzuschieben, und zum Teil gelingt es mir auch. Ich habe große Angst vor dem Psychodrama – vor meiner eigenen Entscheidung –, aber ich weiß dennoch, daß ich es durchstehen werde, weil der gesunde Teil in mir es so will.»

Psycho-Drama:

25. Januar 1979

Ich bin die erste. Strephon richtet gerade den Raum her. In einer Vase sehe ich sechs rosarote Rosen. Wir legen fünf Kissen im Kreis auf den Boden. Ich habe das Gefühl, bereit zu sein. Jetzt sind wir alle da und sitzen zusammen auf dem Boden. Jeder zeigt den anderen sein Heilungssymbol und erklärt, warum er es mitgebracht hat. Strephon erläutert kurz, wie wir beide, er und ich, eng zusammenarbeiten und erteilt mir dann das Wort. Ich erzähle, wie es zum Psychodrama gekommen ist. Zuerst erzähle ich ein bißchen von mir selbst, von meinen Eltern und von allen Geschwistern. Dann fange ich an, mich wieder an das zu erinnern, was am 18. Juni 1950 geschehen war, an dem Sonntag, als mein Vater am Morgen aus dem Haus ging und nicht mehr zurückkehrte. Ein paar Stunden später ertrank er zusammen mit zwei anderen Männern bei einem Unfall im Meer. Ich war damals sechs Jahre alt.

Ich kann ganz leicht loslassen. Ich versetze mich all die vielen Jahre zurück und erlebe von neuem die Tage vor und nach dem Tod – und die Wochen danach, die genauso traumatisch waren wie das eigentliche Ereignis. Ich erlebe bewußt die gräßliche Verwirrung, den Schock und den Schmerz darüber, daß ich bereits in meinem zarten Alter so viel weiß, aber kein Erwachsener mir mein Wissen bestätigt. Man spricht mir statt dessen meine intuitive Einsicht ab, zum Teil aus Angst und Betretenheit, zum Teil auch aus Unverstand, weil man nicht damit umzugehen weiß. Ich wußte, daß mein Vater gestorben war, doch tagelang wurde mir dies nicht bestätigt. Als man es mir dann doch sagte, kurz, sachlich und nüchtern, war die Angelegenheit damit auch schon erledigt; keine Fragen, keine Antworten, kein Gespräch. Stille – innen wie außen. Das war mein größtes traumatisches Erlebnis. Ich bekam weder seinen Leichnam zu sehen, noch nahm ich an der Beerdigung teil. Außerdem wußte ich sowieso nicht richtig, was das Wort ‹tot› bedeutet.

Eine Woche später schickte man mich ohne Begleitung fort. Ich stieg an der falschen Haltestelle aus dem Fernbus. An diesem fremden Ort, der Hunderte von Meilen entfernt von den Menschen und dem Ort war, die ich kannte und liebte, weinte ich voller Schmerz und Verzweiflung vor mich hin – bis mich ein älterer Mann sanft und freundlich zum richtigen Bus zurückbrachte, in den ich wieder einsteigen mußte, um meine als echte Höllenfahrt empfundene Reise ans ‹richtige› Ziel fortzusetzen. Am Tag der Abreise hatte ich meiner kleinen Schwester ins Ohr geweint. Vor allen anderen aber gab ich mich beherrscht, weil ich glaubte, daß man das von mir erwartete. Während ich von meiner Mutter und meinen Geschwistern getrennt war, ängstigte ich mich jeden Tag in der Meinung, daß auch sie ‹sterben› könnten. Dann würde ich ganz allein sein – verlassen, so verlassen, wie ich mich jetzt schon fühlte. Als ich zurückkehrte, wohnten wir in einem anderen Haus, in einem anderen Dorf, in einem anderen Teil des Landes. Alle Spuren, die darauf hinwiesen, daß mein Vater je gelebt hatte, waren ausgelöscht. Sein Ehering und seine salzverkrustete Uhr waren das einzige, was ich von ihm finden konnte. Aber auch das war weggeräumt worden, in die oberste Schublade der großen Schlafzimmerkommode meiner Mutter, wo die Taschentücher lagen. Es roch nach Eiche und Lavendel.

Diesen unendlich tiefen Schmerz und die entsetzliche Verstörung mit anderen teilen zu können und zu erfahren, wie vier andere Menschen mit mir weinten, bewegte mich nicht nur zutiefst, es war auch äußerst heilsam.

Dann ertönt Strephons Stimme. Er sagt mir, ich werde meinen Vater sterben sehen und ihn bestatten können. Ich fürchte mich davor, doch ich weiß, daß ich es erleben will, daß ich es schon immer erleben wollte und daß ich mich dieser Erfahrung stellen muß.

Nick soll mein Vater Louis sein. Ja, das paßt gut! Nick besitzt tatsächlich viele der guten und auch schlechten Eigenschaften, die Louis hatte. Strephon spielt die beiden Männer, die nicht schwimmen konnten und um Hilfe riefen. Gayle ist Lisa, meine siebeneinhalbjährige ältere Schwester, die jahrelang meine geliebte Spielgefährtin war. Wer soll mit mir am Ufer stehen und den Tod meines Vaters mitbeobachten? Natürlich Kate, Kate Hill, die starke, erdverbundene, weibliche Kate, die mir ein positives Mutterbild und jetzt auch eine gute Freundin ist. Harriet soll Kate sein.

Nick hat Angst davor, Louis zu sein. Wir halten einander fest. Es gibt mir so viel positive Kraft, daß ich ihn liebhaben, für ihn sorgen und ihm eine Stütze sein kann.

Und so gehen wir das Erlebnis durch. Wieder war es leicht, nein, es war nicht nur leicht, es war ganz natürlich, loszulassen und in das Drama hineinzugehen, in das Lebensdrama, in *mein* Lebensdrama. Was für mich die größte Wandlung brachte, war die Szene, als Nick/Louis versuchen mußte, zwei um Hilfe schreiende Ertrinkende zu retten, und ich wußte, daß er es tun mußte. Und ich konnte ihn lieben, ich konnte diese Liebe spüren und ihn dann loslassen und auch das fühlen. Ich spürte Louis durch Nick. Und das wurde für mich Wirklichkeit. Welche Wandlung erlebte ich in diesen wenigen Augenblicken! Und dazu fähig zu sein, Gayle/Lisa beim Weinen zu helfen und mitzuempfinden, was Lisa damals nicht hatte tun können, zu erleben und zu spüren, wie Kate/Harriet mich liebevoll in den Armen hielt und selbst weinte, was meine Mutter nicht mit mir zusammen hatte tun können.

Und dann wird der Tote an Land gebracht, und ich kann den Kopf auf seine Brust legen und ihn zärtlich umarmen. Er liegt da, und in diesem Augenblick ist er für mich wieder Louis.

Und dann zur Beerdigung. Strephon führt die Zeremonie in jeder Beziehung mit großer Einfühlsamkeit durch. Ich suche die Menschen aus, die ich dabeihaben will. Ich zünde die Kerze an, eine weiße Kerze in einem roten Glasständer. Jeder von uns hält eine rote Rose in der Hand. Ich höre Strephon mit tiefer Stimme die schönen Worte aus dem Prediger Salomo, Kapitel 1 und 3, lesen und dann in seinen eigenen Worten über den Menschen Louis und von dessen hellen und dunklen Eigenschaften sprechen – sehr bedeutungsvoll für mich, angemessen und wahr. Einer nach dem anderen legt seine Rose auf Nicks/Louis' Brust.

Und jetzt das Ende, das tatsächlich zu einem Anfang wird.

Wir schreiben etwa eine Viertelstunde lang in unsere Tagebücher. Dann tauschen wir unsere Gedanken und Gefühle aus, die das gemeinsame Erlebnis in uns geweckt hat. Jeder hat etwas Bedeutungsvolles über seinen eigenen Vater zu sagen. Wir sind tief bewegt. Ich sitze da und fühle mich den anderen ganz nahe, eins mit ihnen.

Synchronizität im Umfeld des Psychodramas

1. Die Vision von der Kerze – der Geist meines Vaters kommt in der Nacht vor dem Psychodrama zu mir in mein Zimmer.

2. Ninas Schlangentraum in derselben Nacht.

3. Genau zu der Zeit, als das Psychodrama begann, wurde Nina in der Schule ins Sekretariat gebracht, weil sie über Halsschmerzen mit Erstickungsgefühl klagte. Es wurde so schlimm, daß man sie in das Haus einer Freundin bringen mußte, bis ihr Vater sie abholen konnte. Die Beschwerden dauerten genau so lange, wie das Psychodrama lief.

4. Am 25. Januar 1978, genau zum gleichen Zeitpunkt, an dem ich ein Jahr später das Psychodrama begann, wurde ich in den Operationssaal in Edinburgh in Schottland gefahren, um meine Gebärmutter entfernen zu lassen. Das fiel mir erst nachher auf.

5. Mein Vater, Louis Fitch, starb am selben Tag und im selben frühen Alter wie der Mann, nach dem er benannt worden war, sein Großonkel Louis Edgar, ein begabter französischer Pianist. Es war der 18. Juni.

6. Die vier Personen, die mit mir durch das Psychodrama gingen, steuerten selbst eine Fülle von synchronistischen Ereignissen bei.
   a) **Harriet,** die im Psychodrama Kate **Hill** spielte, hatte am Vortag unter einem falschen Namen im Institut angerufen, um den Telefondienst des Instituts zu überprüfen. Sie hatte den Namen Jeanette **Hill** gewählt.
   Harriets Bruder hat am gleichen Tag Geburtstag, an dem das Psychodrama stattfand – am 25. Januar. Harriets kleine Tochter hat am 9. März Geburtstag, am gleichen Tag wie mein Vater. Vor Jahren hatte Harriet bei ihrem ersten Besuch bei einem Medium erfahren, daß sie in einem früheren Leben ein französischer Pianist gewesen sei, der jung gestorben ist.
   Harriet ist Kate Hill auf geradezu unheimliche Weise ähnlich und hat auch eine ähnliche Lebensgeschichte.
   Niemand, auch ich nicht, hatte vorher gewußt, daß ich mir Kate aussuchen würde, um im Psychodrama bei mir zu sein. Ich hatte zuvor nie zu einem der Anwesenden von ihr gesprochen. Niemand außer Strephon wußte etwas über meinen Vater, seine Todesumstände usw.
   b) **Gayle** hatte ein Heilungssymbol aus dem Meer mitgebracht. Sie wußte nicht, wie mein Vater umgekommen war. Der Ozean hatte ihr 10 Jahre zuvor die Muschel ans Land gespült. Am Ende des Psychodramas gab sie sie an mich weiter, als Geschenk des Meeres. Sie ist meiner Schwester Lisa in vielem ähnlich.
   c) **Nick** ist wie ich das dritte von sechs Kindern. Auch er gleicht meinen Verwandten, sowohl Louis als auch meinem Bruder James. Er ist mir wie ein ‹Blutsbruder›.
   d) **Strephon** erlebte auch mit sechs Jahren eine traumatische Trennung von seinen Eltern, wurde wie ich durch die Erziehung im Internat und durch die Quäkerreligion beeinflußt und hatte wie ich begabte, neurotische Eltern.

7. Meine zweite Tochter Emma, die siebeneinhalb Jahre alt ist, hatte drei Nächte nach dem Psychodrama, am 28. Januar 1979, einen Traum. (Keines meiner Kinder hat Louis gekannt, weil er ja schon 29 Jahre zuvor gestorben ist.) «Nina und ich sind in Opa Louis' Geschäft. Ich frage ihn, ob wir ein bißchen auf der Straße spazierengehen dürfen, und er sagt ‹ja›. Wir gehen die Straße entlang. Schließlich kommen wir an eine sehr breite Hauptstraße mit einer Verkehrsinsel in der Mitte. Und dahinter war eine andere Straße. Es gab also zwei Straßen mit dichtem Verkehr, und wir konnten nicht allein auf die andere Seite.
   Ich fragte einen Mann, ob er mich über die Straße führen wolle. Er sagte ‹ja› und hob mich und Nina einfach auf, nahm uns unter seine Arme und trug uns über die Straße. Als wir auf der anderen

Straßenseite waren, hatte ich das Gefühl, daß wir vielleicht zu weit fortgegangen waren, und bat ihn deshalb, uns wieder zurückzubringen. Er sagte ‹ja› und tat es. Dann gingen wir einen Hügel hinunter. Unten am Fuß des Hügels fuhr eine Mutter mit drei halbwüchsigen Töchtern im Auto vorbei. Sie waren bösartig, hielten unsere Arme durch die Fenster fest und fragten uns, ob wir mit zu ihnen nach Hause kommen wollten. Wir sagten ‹nein›, aber dann fuhr das Auto an, und sie nahmen uns mit. Dann brachten sie uns in ihr Haus und fesselten uns. Wir warteten und warteten und hofften, daß Opa Louis kommen würde. Schließlich kam er, und Nina und ich liefen zu ihm die Treppe hinunter. Doch eine der Töchter hatte eine große Axt in der Hand und schlug damit Opa Louis entzwei und tötete ihn auf diese Weise. Nina und ich weinten und weinten, und wir wurden alleingelassen – wir waren ganz allein. Dann kam die Polizei und führte die Mutter und die Töchter ab. Später kam ein alter Mann, und wir erzählten ihm, was geschehen war. Er brachte uns heim zu unserer Mutter, und wir erzählten Hilary alles.»

Neues Leben – die Suche nach der Vision

Einen Tag nach dem Psychodrama ging ich sofort ans Meer – auf der Suche nach meiner eigenen Vision. Ich brauchte Zeit, mußte allein sein – meditieren, nachdenken –, um das Erlebnis der letzten Stunden und die Bedeutung dessen, was ich gerade durchlebt hatte, in mich aufzunehmen.

Der 26. Januar 1979, der Tag am Meer, hat sich unauslöschlich in meine Seele geprägt. Ich erzähle hier ein wenig davon, das übrige muß unausgesprochen bleiben.

Es war eine Reise für sich. Sie begann oben auf dem Mount Vision, wo ein kleiner grauer Vogel mit einem weißen Streifen an der linken Seite zu mir kam, seinen Kopf schräg stellte und mich bat, ihn zu streicheln, was ich auch tat. Zärtlich strich ich über die feine, zerbrechliche Gestalt mit ihrem seidigen Gefieder und fühlte mich geehrt, dies tun zu dürfen. Durch diesen kleinen, wilden Vogel kam ich wieder in Berührung mit dem Naturkind in mir. Ich bin auf dem Land aufgewachsen. Als Kind lief ich frei in den Hügeln herum, streifte den Seen und Flüssen entlang und wanderte in den Wäldern von Nordwestengland. – Auf dem Gipfel des Mount Vision war ich wieder glücklich, und das frohe Kind schwang sich frei empor. – Diese Höhe, dieser tiefblaue Himmel, kein Mensch außer mir! – Nur ich, ein kleiner freier Vogel und das weite Himmelszelt, braune Erde, grüne Hügel, purpurne Gipfel in der Ferne und ein atemberaubender Blick auf das

Meer, das sich zum Horizont ins Unermeßliche erstreckte. Ich fühle mich zu Hause, eins mit der Natur, als ich den Grat entlangwandere. Doch der Ozean ruft mich, und ich entschließe mich, ans Ufer des Meeres zu gehen.

Wieder bin ich ganz allein dort. Ich gehe am Rand des Wassers entlang. – Wellen mit weißen Schaumkronen brechen donnernd auf dem Sand – die Flut hat ihren höchsten Stand erreicht.

Ich finde ein Stück Holz, das wie ein Kruzifix geformt ist. Die spiraligen Windungen des Holzes formen ein verzweifeltes Menschengesicht und zwei Arme, die sich in die Höhe recken – ein Aufschreien. Plötzlich realisiere ich, daß ich ein Kirchenlied singe: «Es ist ein grüner Hügel fern.» Ich singe die gleiche Stelle immer wieder: «Wo unser Herr gekreuzigt ward, der starb, um uns zu retten all. Wir wissen nicht, wir kennen nicht die Qualen, die er litt, doch daß er für uns litt, uns starb, das glauben wir.» Ich schreite durch den Sand und spreche zum erstenmal seit vielen Jahren mit meinem Vater. Ich singe ein schottisches Volkslied für ihn, damit er hören kann, was für eine schöne Stimme ich habe.

Ich begegne dem Tod in Form eines riesigen, gräßlichen, toten Stechrochens. Von seiner rechten Seite fehlt ein Stück. Er liegt auf dem Rücken. Ich drehe ihn mit dem Fuß um, weil ich sehen will, wie er oben an der Vorderseite aussieht. Noch grauenerregender – zwei Augenschlitze, eine rötliche, ledrige Haut und ein dicker Schwanz wie ein Tau – pfui!

Ich gehe zu den Klippen, trotz des unheilvollen Murmelns und des Brausens der Gischt, das von dort zu mir dringt. In regelmäßigen Abständen werden kleine Felsbrocken und Geröllstücke ausgespuckt, und ich bin bereit, notfalls sofort die Flucht zu ergreifen!

Wieder begegne ich dem Tod. Diesmal wird mir bei seinem Anblick das Herz schwer. Eine große, aufgedunsene schwarz-weiße Kuh ist abgestürzt und ertrunken. Sie liegt auf dem Rücken, den Hals zurückgereckt, den Kopf mit Sand bedeckt. Sie streckt alle viere steif in die Höhe. Ich bin von der Gewaltsamkeit ihres Todes überwältigt und erschüttert, aber ich zwinge mich, ganz nahe heranzugehen, um sie richtig anzusehen. Mit Erstaunen bemerke ich, daß sie geschlechtlos ist – kein Anzeichen, ob es einst ein Bulle oder eine Kuh war –, doch vielleicht ist das, was ich dort erkennen kann, der Überrest von einem Euter? – Ich bin mir nicht sicher.

Ich verlasse die Stelle und setze mich. Inzwischen bin ich der inneren Zwiegespräche müde, die sich in mir abgespielt haben. Ich kämpfe innerlich mit mir wegen meiner Beziehung zu meinem Mann – wir sind einer Trennung näher als je zuvor. Ich stelle jede Beziehung, die ich zu irgend jemandem habe und die mich mit anderen verbindet, in Frage. Ich frage mich, wohin ich wohl jetzt gehen mag. Wo liegt meine Bestimmung, und wie sieht sie aus? –

Ich schlafe ein, als die Mittagssonne hoch am Himmel steht. Nach zweieinhalb Stunden wache ich auf und bin ausgeruht, ruhiger, fühle mich lebendig und wohl ...

Ich gehe dicht am Meer entlang zurück. Als ich meinen Blick über das Wasser schweifen lasse, sehe ich kristallklar, wie ein großer silbriger Fisch einen Sprung durch eine smaragdgrüne Welle macht, hoch und höher, bevor er wieder in die Fluten eintaucht. Ich habe die Hälfte des Heimwegs zurückgelegt und kann am Horizont ein paar menschliche Gestalten ausmachen. Plötzlich springt genau zwischen meinen Füßen ein Wasserstrahl aus dem Sand und schießt fast zwei Meter empor – dann fällt er rasch zurück. Ich schnappe laut nach Luft und bleibe regungslos stehen, für den Fall, daß es sich nochmal ereignet. Neptun, der du die Tiefen meines Fische-Meeres regierst, du hast sicher deine Hand im Spiel gehabt?!

Am späten Nachmittag kehre ich nach Berkeley zurück. Seit halb neun Uhr morgens hatte ich mit keinem Menschen mehr ein Wort gewechselt. Zwölf Stunden später teilte mir mein Mann mit, daß er ausziehen werde – wir würden uns trennen, sobald er ein Zimmer gefunden habe. Nach einer Woche zog er aus – wieder ein Ende, wieder ein Anfang.

Abschluß

1. Bemerkenswert ist der zunehmende Reichtum meiner Träume und Visionen: Geschenke, die heilbringend sind – nicht immer erfreuliche, auch schmerzliche, dunkle und lichte –, aber beides vermengt sich nun, trägt und umfaßt die Gegenstände.
2. Ich spüre eine zunehmende, weiter wachsende Fähigkeit, das zu leben, was ich bin und werde.
3. Ein tiefer Sinn erfüllt mein Leben, dem ich mich vollständig, mit meinem ganzen Wesen, hingegeben habe.
4. Auch bin ich eher in der Lage, sinnvolle, bereichernde, befriedigende Beziehungen zu anderen einzugehen – nicht nur zu denen, die mir lieb sind und mir nahestehen, sondern auch zur ganzen Gemeinschaft.

Strephons Schlußbemerkungen

Ich kann dem nichts hinzufügen – weder als Mensch noch als Therapeut –, außer daß ich durch Erfahrungen wie der von Hilary zutiefst in meinem Glauben an den Wandlungsprozeß bestärkt werde. Hilary ist seit einem Jahr wieder in Schottland und geht ihren Weg weiter. Sie schreibt mir, wie stark ihr Erlebnis nachwirkt und weiterhin Teil jener Kraftquelle ist, die sie trägt und stützt, während sie weiter durchs Leben schreitet.

Vielleicht muß sich nicht jeder auf solch ergreifende Weise wandeln. Doch ich vermute, daß sogar jene, die in der Kindheit kein schweres Trauma erlebt haben, als Erwachsene erschütternde Erfahrungen machen werden.

Wieviel besser ist es da doch, nicht erst darauf zu warten, daß der Tod und das Sterben uns dies antun! Vielleicht sind die Traumatisierten gerade diejenigen, die wahrhaft Glück gehabt haben; denn sie sind ‹zur Wandlung gezwungen›. Menschen, die es leicht haben oder nach absoluter Sicherheit und Abschirmung streben, können extreme Schmerzen und somit auch die Wandlung leichter meiden. Doch am Ende werden sie entweder gelangweilt und dem Lebenssinn gegenüber abgestumpft sterben, oder sie erleiden in der Sterbephase einen Schock, wenn sie kaum darauf vorbereitet sind.

Glücklich sind jene, die erkennen, daß die Zeit der Wandlung hier und jetzt ist, daß man nicht auf einen Unfall, auf Krankheit oder Tod warten muß.

Heuzutage gibt es freilich neben der tiefen Trauer wegen des Todes eines geliebten Menschen noch eine weitere Form der Gemütserschütterung, nämlich das Trauma der Scheidung, unabhängig davon, ob man nun rein rechtlich gesehen verheiratet gewesen sein mag oder nicht.

Das Zerbrechen einer wichtigen Beziehung ist die hauptsächlichste Form der Auseinandersetzung mit dem Prozeß der Wandlung für jene, die noch mitten im Leben stehen – dadurch werden sie gezwungen, sich voll und ganz mit der Wirklichkeit des Verlustes und dem Schmerz dieses Ereignisses zu beschäftigen.

Wie kann ich das wahre Ausmaß meines Leidens unvoreingenommen erkennen? Wie kann ich den Schmerz nutzen, um mich als den anzunehmen, der ich wirklich bin, um mich zu einer neuen und wesentlicheren Persönlichkeit zu wandeln?

Methoden ähnlich denen, die bei Hilary angewandt wurden, können einen Menschen durch jedes große Trauma seines Lebens zur Wandlung führen.

Doch es gibt noch einen anderen Weg, den Prozeß der Wandlung, die ‹zweite Geburt› zu erleben: durch bewußt gewählte Initiations- und Wandlungsriten. Dies ist eine Wahrheit, die von fast allen großen Religionen anerkannt wird.

Fortlaufende intensive Traumarbeit und meditative, therapeutische und rituelle Erfahrungen machen unsere Arbeit am Institut aus. Dies gab es schon in der Antike, zum Beispiel in Form des Heilungskultes des Asklepios, zu dem Menschen aus der ganzen damals bekannten

Welt kamen, um eine persönliche Wandlung zu durchlaufen. In den dort vollzogenen Riten war der Heilungstraum von zentraler Bedeutung.

Viel von jener Weisheit ist uns heute verlorengegangen. Doch die Mysterien leben fort, wenn und indem wir individuell und als kulturelle Einheit, die die ganze Welt umspannt, nach Wandlung streben. Vielleicht ist viel mehr möglich, als irgend jemand sich jemals hätte träumen lassen.

Die Beziehung zum eigenen Weg

Welche Gefühle hat das, was Sie bisher gelesen haben, in Ihnen wachgerufen? Welche Wertvorstellungen wurden berührt?

Gewiß ist Hilarys Geschichte ergreifend, nicht nur deswegen, weil sie sich mit vielem auseinandersetzen mußte, um es zu verwandeln, sondern auch wegen der Gefühlstiefe, mit der sie ihr Leben als eine Reise zu begreifen vermochte.

Das Leben als Reise zu empfinden bedeutet für mich, daß man sein Leben bewußt lebt, im Einklang mit einer sich entfaltenden Bestimmung, der man aus freier Wahl gestattet, das eigene Dasein zu erfüllen und zu durchdringen. Wie in Hilarys Geschichte können dabei sowohl im Inneren als auch im Äußeren lenkende Kräfte am Werk sein. Warum sollten wir zu diesen Kräften in unserem eigenen Leben nicht eine Beziehung aufnehmen, um sie zum Ausdruck zu bringen? Wir beschäftigen uns deshalb ganz besonders mit den Träumen und der Traumarbeit, weil das spirituelle Element, das Gefühl, von Kräften, die nicht vom Ich abhängen, geführt zu werden, in dem, was in der Nacht zu uns kommt, so deutlich durchschimmert.

Was ist der Sinn des Lebens?

«Was ist der Sinn des Lebens?», das ist immer eine zentrale Frage. Genügt es denn nicht, sein Leben voll zu leben? Das ist die Einstellung der Humanisten und Existentialisten. Von diesem Standpunkt aus betrachtet, können wir unsere Träume ausschließlich dafür benutzen, persönliche Probleme zu lösen und Dinge zu tun, die wir im Leben gerne tun möchten. Unser Ich und unser Wille bleiben die dominierenden Faktoren. Wir würden in den Schacht unserer Seele hinabsteigen und das verborgene Erz nur für unsere eigenen Zwecke fördern. So würden wir in einem personalistischen, rein ichbezogenen Kosmos leben.

Wäre es nicht besser, die Höhle zu betreten, sich dort hinzusetzen und zu warten, bis eine Verständigung mit dem stattfindet, was auch immer dort wohnen mag – um dann mit vertieftem Verständnis und einem erweiterten Wertsystem wieder hervorzutreten und das Gelernte im Alltag in die Praxis umzusetzen? Ist es wirklich ausreichend, das Leben als Selbstzweck voll zu leben? Oder leben wir, um einen letzten Sinn zu erfahren, der das Leben wandelt und transzendiert?

Nur den biologischen und den psychologischen Aspekt zu leben würde heißen, an einem Übermaß an Leben zugrunde zu gehen, weil das Leben nach bestimmten Maßstäben bemessen wird. Ja, wir können uns dafür entscheiden, das Leben vollständig zu leben, doch keine Lebensweise, die nur um ihrer selbst willen gelebt wird, kann dem Sinn des Todes Rechnung tragen. Der Tod berichtigt derartige und andere Fehler. Erst durch den Tod bekommt das Leben einen Sinn. Der Tod ist unbestechlich, in ihm offenbart sich jede Lebenslüge, und durch ihn zeigt sich die Wahrheit.

Bedenken Sie, daß wir jede Nacht, wenn wir einschlafen, unser Tagesbewußtsein loslassen. Wir geben die Kontrolle auf und sterben irgendwie. Jedesmal beim Einschlafen erstirbt für uns der Alltag. Doch viele widersetzen sich diesem kleinen Tod, sie essen und lesen bis tief in die Nacht hinein oder bleiben einfach auf und weigern sich, die Notwendigkeit anzuerkennen, daß man Tag für Tag vom Leben Abschied nehmen und sterben muß. Und wie ist es mit dem morgendlichen Erwachen? Da wird doch oft die Nacht als totes Gefilde zurückgelassen, denn jede Erinnerung an einen Traum, an jenes Juwel der Nacht, das den kleinen Tod transzendiert, ist verlorengegangen.

Wohin ist die Nacht verflogen?

Was bringe ich aus der Nacht mit für das neue Leben am Tag?

Die Nacht vergessen heißt, ein Drittel unseres Lebens zu verschwenden. Jedem steht es frei, die Nacht zu nutzen oder zu vernachlässigen. Wenn ich so vom Alltag gefesselt bin, daß ich der Nacht keine Beachtung schenke, wer bin ich dann? Wofür habe ich mich entschieden? Wovon wird mein Leben beherrscht? Wir sterben im Schlaf. Doch mit dem Traum erwachen wir und erleben eine Wiedergeburt. Neues Leben wird möglich – und dem Tod kommt die Ehre zu, als mächtige, treibende Kraft der Wandlung gewirkt zu haben.

Soll ich also nach dem suchen, das übergeordnet und wichtiger ist, oder einfach nur im Alltag pflichtgemäß leben?

Für mich ist diese Suche der Weg des Lebens. Wohin führt diese Reise? Große Epen und Mythen erzählen davon. Die Biographien bedeutender Persönlichkeiten zeigen, wie das Wissen um den eigenen Lebensweg im Leben des Einzelnen Gestalt annimmt. Auch die Geschichte lehrt – egal, ob es nun die Geschichte der Ideen oder der Ereignisse ist –, daß etwas Richtungsweisendes, umfassender als das Individuum, uns alle lenkt und formt.

Der Weg zur Ganzheit kann – nach C. G. Jung – als Individuation bezeichnet werden. Es ist der Weg, durch den meine Bestimmung – sei diese nun groß oder klein – verwirklicht wird. Für mich äußert sich die Individuation als gewaltiger innerer Drang, den tiefsten Sinn zu erfahren, das tiefste Gefühl der Verbundenheit mit allen Dingen, die das große Netz des Universums bilden, wahrhaft zu erleben und mit dem Wesenskern des Seins eins zu werden.

Selbstverwirklichung auf der Ebene des Alltags, in meiner nächsten Umgebung voll zu leben, bedeutet, sich einige fundamentale Voraussetzungen anzueignen und mit ihnen zu arbeiten.

Einige Grundsätze für unterwegs

In jedem Augenblick ist die Möglichkeit gegeben, den Sinn zu erkennen, wenn ich nur bereit bin, ihn bewußt zu machen und zu verwirklichen. Nichts, auch nicht der widrigste Umstand, steht für sich allein und ohne größeren Zusammenhang mit dem Ganzen. Ich kann mich mit der mir zu Gebote stehenden Kraft diesem größeren Ganzen, von dem jeder einzelne Augenblick nur ein Teil ist, zuwenden.

Mein Leben und das Leben eines jeden Menschen enthält eine wesenhafte Bestimmung, die spirituell beeinflußt wird und die mich selbst und meine Entscheidungsmöglichkeiten übersteigt. Es gibt etwas, eine lenkende Kraft, die auf meine Handlungen einwirkt und von mir die größtmögliche individuelle Entfaltung fordert. Ich möchte mir dieser Quelle bewußt werden – wann immer ich kann – und ihr auf jede mir mögliche Weise Form und Gestalt verleihen.

Ich will mich entwickeln und mich vor dem Leben nicht verstecken oder etwas verdrängen. Bei diesem Prozeß gibt es nur ein Übel, das darin besteht, daß ich einem Aspekt der Realität ausweiche. Alles Verdrängte hat eine zerstörende und vernichtende Wirkung, die größer ist als das, was geschehen kann, wenn ich mich dem, was mir in den Weg kommt, stelle und mich damit auseinandersetze. Damit ich mich zu einem vollständigen Wesen entwickeln kann, muß ich danach streben, möglichst offen und ehrlich und ganz als der, der ich bin, in eine Beziehung hineinzugehen.

Ich bin dazu bereit, mein Ich mit seinen Vorstellungen, Verhaltensweisen, Wünschen und Bedürfnissen nicht immer und überall an erste Stelle zu setzen. Aber ich darf mein Ich auch nicht herabsetzen oder schwächen, denn es ist ja meine Entscheidungsinstanz. Ich muß es vielmehr fortwährend stärken, damit es mithelfen kann, ein Ziel und einen Wandlungsprozeß, die größer sind als es selbst, in der Realität Gestalt annehmen zu lassen.

Ein Teil meiner Hingabe an den Lebensweg soll darin bestehen, unablässig danach zu streben, meine Beziehung zur Quelle durch Bemühungen wie Traumarbeit, Meditation und schöpferische Betätigung zu vertiefen. Möglichst viele dabei hinderliche Wesenszüge müssen entweder geopfert oder umgewandelt werden, damit die Ganzheit der Person und die Gesamtheit von Leben und Tod Wirklichkeit werden können.

Individuation ist für jene da, die den Wunsch haben, sie zu erleben. Spiritualität allein oder das Versinken in transzendente Erfahrungen wird uns nicht zu uns selbst bringen. Die Selbstverwirklichung führt uns irgendwohin. Um seinen eigenen Platz, seinen persönlichen Ort, zu finden, muß man bereit sein, das eigene Ich zu relativieren und anstelle des Ichs die alles umfassende Ganzheit in den Mittelpunkt des Lebens zu stellen.

Einige Aphorismen für die Reise

- Leben, sterben und wiedergeboren werden.
- Das Leben muß gelebt werden, doch dabei werden wir von der Vielfalt der Möglichkeiten beflügelt.
- Liebe dich selbst, dann kannst du auch deinen Nächsten lieben.
- Wenn wir dem Guten nicht widerstehen, werden wir auch dem Bösen nicht widerstehen.
- Sogar Gefühle müssen sich im Handeln ausdrücken und bestätigen.
- Verlange keine Visionen, wenn du nicht bereit bist, die Konsequenzen daraus zu ziehen.
- Tun ist die Ekstase des Seins.
- Wer den Krieg in seinem Inneren beendet, lebt in Frieden.
- Entscheide dich für das Richtige, dann lebst du wirklich.
- Nicht mehr Wunschvorstellungen nachjagen, sondern die eigenen Grenzen erkennen – ein schwieriges Unterfangen.
- Es fällt schwer, den Erfordernissen gemäß zu handeln und nicht mehr die eigenen Fertigkeiten als einzige Richtschnur zu verwenden.
- Wir wählen unser Schicksal selbst und nennen dies Bestimmung.
- Das einzige Heilmittel gegen den Idealismus ist die Realität.
- Bedaure nichts, was du nicht ändern kannst.
- Ich bin zum Sterben geboren, doch ich sterbe, um zu leben.

2. Teil

TRAUMARBEITS-METHODEN

Zum Gebrauch dieses Handbuchs

Willkommen zu diesem Abenteuer!

In diesem Buch finden Sie einen vollständigen und praxisorientierten Zugang zu den Träumen. Er ist das Resultat der intensiven Traumarbeit von Hunderten von Menschen.

Wir kennen die Quelle nicht, aus der die Träume stammen. Aber wir wissen, wie wichtig und bedeutungsvoll die Träume und die Traumarbeit sein können. In diesem Handbuch sind über 40 der wichtigsten Traumarbeitstechniken dargestellt, die am Jung-Senoi-Institut und andernorts entwickelt worden sind.

Dieses Handbuch will Sie Schritt für Schritt in die Grundlagen der Traumarbeit einführen. Selbstverständlich können Sie das Buch einfach lesen, um sich auf diesem Gebiet Anregungen zu holen und um Näheres über das Thema zu erfahren. Das hier vorgelegte Material kann aber auch immer wieder durchgearbeitet werden, während man sich durchs Leben träumt. Dadurch lassen sich Ihre Träume und Ihr ganzes Leben vervollständigen und weiterentwickeln. Sie können allein damit arbeiten oder mit Freunden, in der individuellen Therapie oder Analyse, aber auch in Traumarbeitsseminaren oder -gruppen.

Wer sich auf diese Weise schult, entwickelt eine Reihe wichtiger neuer Fähigkeiten, mit deren Hilfe sich das innere Wachstum beschleunigen und mit Leben erfüllen läßt.

Dabei wird man nicht nur geschickter im Umgang mit den Träumen, sondern man erfährt auch eine Intensivierung des eigenen Erlebens und vertieft die Beziehung zu den eigenen Quellen, zur inneren Führung. Durch die Arbeit mit den Träumen entsteht ein völlig neues Bewußtsein, und es wächst eine neue Persönlichkeit heran.

Nur auf die Entwicklung kommt es an.

Es genügt nicht, einfach nur zu leben und das Leben passiv zu erfahren. Leben heißt auch nachdenken, und alles muß zu einem umfassenden Ganzen zusammengefaßt werden. Die Quelle der Träume sendet uns ständig Traumerfahrungen, die auf die bedeutendsten Wandlungsmöglichkeiten in unserem Leben hinweisen.

Wer im Alltag leben möchte, darf die Reise in sein Inneres nicht vernachlässigen. Zu oft lassen wir uns von äußeren Ereignissen und Umständen einfangen und identifizieren uns damit. Deshalb reagieren wir auch besonders stark und wahllos auf alles, was uns widerfährt. Mit Hilfe der Traumarbeit wird nun der Traum zum Erprobungsfeld von Möglichkeiten, bevor wir uns daran machen, sie im äußeren Leben zu verwirklichen.

Die Entwicklung einer eigenen Traumarbeits-methodologie

Die Reihenfolge der in diesem Buch geschilderten Methoden der Traumarbeit soll Sie nach und nach in die Traumarbeit einführen. Es ist zu empfehlen, diese Reihenfolge so lange einzuhalten, bis man mit einer gewissen Anzahl von Träumen gearbeitet hat. Am Anfang werden Sie vielleicht bei einem Traum gleich mehrere Methoden anwenden oder bei jedem Traum ein anderes Verfahren wählen. Wenn Sie aber eine Weile mit verschiedenen Techniken gearbeitet haben, werden Sie wohl feststellen, daß es am ergiebigsten ist, bei jeder Traumarbeit mehrere Methoden miteinander zu kombinieren.

Jeder Hauptmethode ist ein eigenes Kapitel gewidmet, in dem auch etwas zu den besonderen Begleitumständen gesagt wird. Meistens ist auch ein ausführliches Beispiel von jemandem gegeben, der mit dieser Methode gearbeitet hat. Nach dem Beispiel kommt ein Abschnitt, der die Überschrift ‹Anleitung für die Traumarbeit› trägt. Darin wird ein spezifisches Schritt-für-Schritt-Programm beschrieben, mit dessen Hilfe die betreffende Methode angewandt und das Ergebnis beurteilt werden kann.

Die wichtigsten Techniken

Die wichtigsten und grundlegendsten Techniken der Traumarbeit sind folgende:

- Die Jung-Senoi Traumarbeit
- Trauminkubation
- Objektivierung des Traumes
- Schlüsselfragen
- Das Traum-Ich beobachten
- Zwiegespräch
- Symbol-Vertiefung
- Konfliktlösung im Traumzustand
- Unmittelbares Wiedererleben des Traumes
- Aktualisierung des Traumes und Verwirklichung spezieller Traumaufgaben im Alltag.

Dies sind die ‹zehn grundlegenden Methoden›. Wenn Sie sie durch ständige Praxis gründlich erlernen, stehen Sie schon mitten in der eigentlichen Traumarbeit. Es gibt aber noch weitere wichtige Techniken in diesem Handbuch. Zum Beispiel:

- Traumerinnerung
- Symbol-Amplifikation
- Das Neuschreiben des Traumes
- Träume als Entscheidungshilfe
- Traumarbeit mit künstlerischen Mitteln
- Traum-Fortsetzung
- Der Traum und die Tagebucharbeit
- Die Methode der vier Quadranten
- Metaphorische Verarbeitung
- Transpersonale Traumarbeit
- Traummeditation
- Die Umwandlung von Alpträumen

Beachten Sie, daß es am sinnvollsten ist, mit einer Vielzahl von Techniken und Träumen zu arbeiten. Die zehn Grundtechniken sollten regelmäßig und häufig auch miteinander kombiniert eingesetzt werden. Die Möglichkeiten eines Traumes werden am ehesten durch die Verwendung verschiedener Techniken in kombinierter Form ersichtlich. Die übliche Reihenfolge ist die folgende:

- Objektivierung des Traumes
- Schlüsselfragen
- Zwiegespräch
- Wiedererleben des Traumes
- Verwirklichung spezieller Traumaufgaben im Alltag.

Die Arbeit mit diesen fünf Methoden beansprucht ein bis zwei Stunden. Um Ihren Traum vollständig wiederzuerleben, brauchen Sie also ziemlich viel Zeit. Doch die Bewußtwerdung und die Persönlichkeitswandlungen, die dadurch möglich werden, machen diesen Einsatz um ein Vielfaches wieder wett. Träume, die sehr wichtig oder ‹hochenergetisch› scheinen, werden am besten mit einer kombinierten Traumarbeit ausgewertet. Das kann einmal die Woche der Fall sein, mindestens aber einmal im Monat.

Wenn Ihnen für die Traumarbeit nur eine halbe Stunde zur Verfügung steht, dann sind ein oder zwei der folgenden Methoden am besten dafür geeignet:

- Schlüsselfragen
- Zwiegespräch
- Wiedererleben des Traumes
- Verwirklichung spezieller Traumaufgaben im Alltag.

Was aber soll man tun, wenn man nur ein paar Minuten zur Verfügung hat?

Wenn möglich sollte der Traum aufgeschrieben werden. Außerdem wären folgende Regeln zu beachten:

Beim Arbeiten mit den Schlüsselfragen sind nur die wichtigsten Fragen und Probleme, die sich aus dem Traum ergeben, aufzulisten.

Wenn Sie sich für das Zwiegespräch entschieden haben, achten Sie auf das stärkste Traumsymbol und befragen Sie nur dieses. Schreiben Sie ganz automatisch alles auf, was Ihnen dazu in den Sinn kommt. Diese Methode wird von vielen bevorzugt, und sie führt auch am schnellsten zu einem neuen Bewußtsein der eigenen Situation.

Bei der Methode ‹Wiedererleben des Traumes› genügt eine noch so kurze Zeitspanne, um sich still, mit geschlossenen Augen, hinzusetzen. In diesem meditativen Zustand kann noch einmal der Teil des Traumes angeschaut werden, der am energiegeladensten schien. Auf diese Weise erwacht der Traum zu neuem Leben. Er wird stärker empfunden, und Sie werden durch dieses Erlebnis neue, sinnvolle Einsichten gewinnen.

Wenn Sie eine spezielle Traumaufgabe im Alltag verwirklichen wollen, wählen Sie ein besonderes Traumereignis, das Ihnen als Vorbild für eine bestimmte Handlung dienen kann, die Sie an diesem Tag oder in dieser Woche noch ausführen.

Und so etwas soll hilfreich sein? Eine derartige Vielzahl von Methoden und Techniken wirkt zunächst überwältigend, und man fühlt sich leicht davon überfordert. Wo anfangen? Bin ich denn tatsächlich fähig, ganz allein zu arbeiten? Werde ich Erfolg haben? Ich könnte doch von etwas, was aus mir hervorbricht, überwältigt werden, weil ich nicht darauf vorbereitet bin. Es gibt so viele Fragen und kaum Antworten! Lassen Sie sich nicht von Zweifeln, Widerständen und dem ‹Talent›, alles zu verschlafen, unterkriegen! Lassen Sie sich vielmehr von Ihrer natürlichen Begeisterungsfähigkeit angesichts neuer Lebensmöglichkeiten beflügeln und arbeiten Sie mit dieser, um zu neuen Ebenen zu gelangen. Fangen Sie einfach irgendwo an! Sie werden bestimmt eine Antwort und ziemlich sicher auch eine Unterstützung bekommen.

Einige Techniken werden Ihnen mehr zusagen als andere, und gewisse Techniken mögen Ihnen gefahrloser erscheinen. Es kann zum Beispiel so sein, daß Sie bei der Methode ‹Zwiegespräch mit einer Traumgestalt› Ihre Ich-Vorstellungen eher loslassen und als Ich zurücktreten können als beim direkten Wiedererleben des ganzen Traumes. Beim Zwiegespräch fühlen Sie sich als Ich-Instanz sicherer und fähiger, die beherrschende, steuernde Funktion des Ichs etwas zurückzustellen. Beim direkten Wiedererleben des Traumes jedoch spüren Sie, daß angsterregende Dinge emporsteigen und Sie gewissermaßen überrannt werden. Sie haben dann Schwindelanfälle und verschiedene andere heftige und unangenehme Empfindungen. Deshalb werden Sie von der Technik des direkten Wiedererlebens Abstand nehmen und das Zwiegespräch bevorzugen. Dieses Vorgehen ist völlig richtig und unbedingt einzuhalten – tun Sie nur das, was Ihnen wirklich zusagt. Sie dürfen sich niemals überfordert fühlen. Wagen Sie sich erst dann weiter und machen Sie erst dann einen Schritt vorwärts, wenn Sie sicher und in Ihrer Traumarbeit gefestigt sind.

Wenn Sie das vorliegende Material studieren und die Techniken auf Ihre eigenen Träume anwenden, müßte es Ihnen gelingen, Ihre Träume mit guten Resultaten zu aktualisieren. Natürlich kann es eine große Hilfe sein, mit anderen über einen Traum zu reden und die Traumarbeit innerhalb einer kleinen Gruppe zu machen. Man wird dabei in seiner Arbeit unterstützt und lernt auch noch andere Gesichtspunkte kennen, welche die Sache vertiefen. Die Gruppen unseres Institutes sind auf vier Teilnehmer begrenzt, die wöchentlich einmal eine zweieinhalbstündige Sitzung abhalten. In anderen Kapiteln dieses Buchs finden Sie Material und Texte, die Ihnen für die Gruppenarbeit Anregungen geben.

Es ist naheliegend, bei der Traumarbeit dem Aufbau dieses Buches zu folgen und auf die eigenen Träume nach und nach jede der hier geschilderten Methoden anzuwenden. Wenn Sie erst einmal das Prinzip des Vorgehens verstanden haben, können Sie jede beliebige Reihenfolge wählen und vor allem jene Techniken anwenden, die Ihnen am meisten zusagen.

Es ist wichtig, während der Arbeit mit Träumen das natürliche Fließen der Psyche ungehindert geschehen zu lassen. Deshalb ist es von Vorteil, gleich mehrere Techniken, die am wirkungsvollsten scheinen, auf ein und denselben Traum anzuwenden.

Dies kann sich unter Umständen positiv auswirken, muß es aber nicht. Verwendet man dagegen eine einzige Technik, dann wäre zu bedenken, daß man damit der Entfaltung der eigenen Ganzheit gewisse Beschränkungen auferlegt. Das Ich ist oft ziemlich engstirnig und läßt deshalb andere Aspekte einer erweiterten Persönlichkeit nur ungern zu. Es schenkt ihnen entweder keinerlei Beachtung, oder es bekämpft sie sogar. Jede einzelne Technik hat einen ganz bestimmten Stellenwert innerhalb des Wandlungsprozesses. Kreativität ist die treibende Kraft im Leben. Wer sich also für die Begrenzung und Abgrenzung entscheidet und sich weigert, seine Persönlichkeit zu entfalten, kann niemals wirklich vital sein.

Es wäre deshalb von Vorteil, wenn Sie sich zuerst unvoreingenommen mit allen Techniken vertraut machen. Dabei sollten Sie versuchen, wenigstens zeitweise auf das ‹Herrsch- und Dominanzrecht des Ichs über das Leben› zu verzichten. Gestatten Sie dem Selbst, daß es seine lebenswichtigen und seinsnotwendigen Anliegen in Form synchronistischer Ereignisse offenbaren kann – und achten Sie darauf.

Dies kann in folgender Form geschehen: Schreiben Sie die Nummern der einzelnen Techniken auf einzelne Papierstücke und greifen Sie blind eines der Papierchen aus dem Haufen. Jetzt wissen Sie, mit welcher Technik sie arbeiten werden. Diese ‹Auslosungsmethode› stellt eine Ergänzung dar, denn schließlich muß auch das Ich bewußt seine Wahl treffen und in eigener Verantwortung handeln können. Manchmal ist es am sinnvollsten, beide Methoden, das Losverfahren und die bewußte Wahl, miteinander zu kombinieren.

Wenn Sie glauben, mit diesem Buch überhaupt nichts anfangen zu können, dann schenken Sie es weiter! Nicht jeder Mensch ist nämlich gewillt, sich der inneren Führung anzuvertrauen, die sich in Träumen und durch die Arbeit mit Träumen offenbart – um einen Lebenssinn und eine Lebensrichtung zu finden.

Träume werden in der Nacht geboren und am Tag verständlich. Da niemand ganz eins mit sich selbst ist und sich vollständig kennt, ist es notwendig, das Unbekannte und sogar das große Geheimnis zu erforschen und mit Hilfe der dabei gewonnenen Erkenntnis die Ganzheit durch Vervollständigung zu erlangen. In gewisser Weise wird aus jeder Tatsache eine Lüge, wird jede Wertvorstellung überflüssig, wenn sie mit dem konfrontiert wird, was erst noch erfahren und verwirklicht werden muß.

Ohne Träume sind wir arm, ohne Traumarbeit mittellos.

Ein aktualisierter Traum ist wie ein unbezahlbares Juwel, das man dem ewigen Nichts entgegenschleudert. Einfach und schlicht wie eine offene Hand.

Die Vorgehensweise bei der Traumarbeit

Wie sieht nun ein Traumtagebuch aus? Ein leeres Heft genügt, auch eine Loseblatt-Sammlung läßt sich verwenden. Das Führen eines Traumtagebuches ist mehr als das bloße Sich-an-einen-Traum-Erinnern oder das Notieren einiger Stichworte auf irgendwelche Papierfetzen. Ein Traumtagebuch verlangt nach einer inneren Gliederung und einem systematischen Aufbau. Vielleicht kaufen Sie sich sogar ein gebundenes Heft oder fertigen sich selbst eines mit einem ausgeschmückten Umschlag an. Auf diese Weise geben Sie dem Traumtagebuch eine besondere Bedeutung und drücken aus, wie ernsthaft Sie sich mit Ihrer Traumwelt auseinandersetzen wollen.

Man kann ein Traumtagebuch auf verschiedene Weise führen. Ein Beispiel soll hier gegeben werden: Man schreibt den Traum als Ganzes samt Titel und Datum auf die linke Seite des Heftes. Auf der rechten Seite wird die Traumarbeit festgehalten. Ob Sie diese Traumarbeit nun sofort nach der Aufzeichnung des Traumes durchführen oder erst später, in jedem Fall bleibt die rechte Seite des Heftes der auswertenden Traumarbeit vorbehalten. Wenn ein bestimmter Traum nicht verarbeitet wird, können statt dessen die Alltagsbelange an dieser

Stelle genauer geschildert werden. Ein Traumtagebuch wäre in diesem Falle folgendermaßen gegliedert:

LINKE HEFTSEITE
Titel des Traumes   Datum
Traumaufzeichnung

RECHTE HEFTSEITE:
Bezeichnung der angewandten Methode
Traumarbeit
Auswertung

Die Auswertung besteht normalerweise aus einer spontanen Zusammenfassung der Ergebnisse der Traumarbeit. Sie drückt aus, was einem der Traum gegeben hat. Oft ist es auch wesentlich, sich auf etwas festzulegen, was man verbindlich – als Ergebnis der Traumarbeit – im Alltagsleben umzusetzen gedenkt.

Ein normales Tagebuch enthält Aufzeichnungen, die nicht unbedingt etwas mit den Träumen zu tun haben müssen. In ihm sind eher Ereignisse festgehalten, die den Alltag betreffen, etwa Episoden mit Bekannten und Freunden, philosophische Merksätze oder auch Gespräche. In einem späteren Kapitel wird noch ausführlicher auf die reine Tagebucharbeit eingegangen.

Man kann das Traumtagebuch auch so führen, daß man den Traum mit Titel und Datum aufschreibt, dann das Tagebuch umdreht und nun auf der anderen ersten Seite Titel und Datum des Traums, die Traumarbeit und die Auswertung festhält.

Der hintere Teil des Traumtagebuches kann für die Symbole freigehalten werden. Die Seiten werden mit dem Alphabet versehen, so daß an der entsprechenden Stelle stichwortartig die wichtigsten Symbole und Traumerkenntnisse aufgezeichnet werden können.

Wie man ein Buch der Symbole herstellt

Wenn man im Laufe eines Jahres etwa drei bis fünf Träume pro Woche aufschreibt, ergibt das im Jahr etwa 150 bis 250 Träume. Nun stellt sich die Frage, was mit diesem Material getan werden soll. Genügt es schon, die Träume aufgeschrieben und über sie nachgedacht zu haben? Geht nicht gerade deshalb viel zu viel verloren, weil man es versäumt hat, wenigstens das allerwichtigste Traummaterial gesondert zusammenzustellen?

Eine Möglichkeit, den Reichtum unseres Traumlebens übersichtlich zu ordnen, ist das Buch der Symbole. Am Institut benutzen wir in den Traumgruppen ein schönes Symbolbuch. Jeder Teilnehmer kann nach dem Erzählen seines Traumes oder seiner Traumarbeit eine kurze Beschreibung eines besonders wichtigen Symbols oder einer wesentlichen Aussage seines Traumes in das Buch eintragen. Es lohnt sich auch, ein eigenes Symbolbuch anzulegen:

Als erstes besorge man sich ein dickes Buch mit Leerseiten. Verzieren Sie den Umschlag und kennzeichnen Sie die Seiten alphabetisch, indem Sie die Buchstaben in die oberen Außenecken schreiben. Wenn Sie nun im Traum einem wichtigen Symbol begegnen, eine besondere Handlung vollziehen oder eine wesentliche Aussage bemerken, schreiben Sie es in Ihrem Symbolbuch auf. Notieren Sie als erstes die Symbol-Bezeichnung, dann das Datum des Traumes und beschreiben Sie schließlich das Symbol, wie es Ihnen im Traum erschienen ist. Auch ein oder zwei Sätze zur Bedeutung des Symbols können noch hinzugefügt werden.

Nach einem Jahr oder sogar schon nach wenigen Monaten wird man beim Durchblättern des eigenen Symbolbuches gewisse Zusammenhänge erkennen und den bisherigen Weg überblicken können.

Die Auswertung der Traumarbeit

Wie kann man Traumarbeit oder irgendeine andere Lebenserfahrung auswerten? Ziehen wir die richtigen Schlußfolgerungen aus unseren Erfahrungen, oder sind wir nicht häufig einfach zu sehr nur damit beschäftigt, in den Tag hinein zu leben, so daß wir gar keine Zeit mehr zum Nachdenken haben? Dafür müssen wir schon erst krank werden.

Über das Leben nachdenken bedeutet nicht, sich vom Leben abzuwenden. Es ist eine Zuwendung und Bereicherung. Wenn ich nur so dahinlebe und einfach auf das reagiere, was gerade geschieht, bin ich wie ein Ball, der von unzähligen Spielern hin und her geworfen wird. Ich selbst beteilige mich nicht am Spiel meines Lebens, sondern werde von anderen herumgestoßen, bin völlig hilflos und ein Fremder im eigenen Haus.

Lernen, wie man Erfahrungen auswertet, bedeutet gleichzeitig, das Spiel des Lebens aufzunehmen, ein Spiel, in dem wir sowohl Ball als auch selbständiger Spieler sind.

Die Reflexion ist die Grundlage des Bewußtseins, und das Handeln ist das gewünschte Ergebnis, aber auch die Überprüfung dieses Bewußtseins.

Wenn ich mir dessen bewußt bin, was ich gerade tue, und darüber nachdenke, dann ist das Ich sowohl Beobachter- als auch Wechselwirkungspartner. Wenn ich jedoch nicht über die Verhaltensweisen, Standpunkte und Zielsetzungen nachdenke, die mein Handeln mitbestimmen, bin ich nur ein Gefangener meiner Motivationen und in meine Umwelt verstrickt, ein Opfer der Umstände und Schicksalsmächte. Ich reagiere nur noch und bin unfähig, eigenständig zu handeln. – Wer ein Sklave seiner eigenen Vorstellungen und Verhaltensweisen ist, neigt dazu, immer und immer wieder das gleiche zu tun und sich ständig zu wiederholen. So etwas ist lästig und kann kaum noch als ‹lebendige Wirklichkeit› bezeichnet werden.

Die Maßstäbe der Bewertung

Auswertung und Bewertung sind eine rituelle Handlung, die für das Leben notwendig ist, wenn es sinnerfüllt sein soll, denn wir entdecken dabei, wer wir wirklich sind und wer wir werden können. Wir kommen in Einklang mit dem Wesen der Wirklichkeit und ihren Möglichkeiten, schaffen uns ein Umfeld, einen Freiraum, in den wir Wertmaßstäbe einbringen, die wir bewußt gewählt haben. Auf diese Weise entsteht eine Harmonie mit der eigenen Schicksalsquelle, die mehr umfaßt und bedeutungsvoller ist als alles, was das Ich allein hervorzubringen vermag. Der persönliche Handlungsspielraum wird erweitert – und zwar in dem Maße, wie die unbewußten Lebensmuster bewußt erkannt werden, wodurch ihr zwingender Einfluß verlorengeht. Für uns selbst wie für andere wird das Leben interessanter – eben durch das Akzeptieren der eigenen Persönlichkeit. Und gerade deshalb werden wir auch von jener Quelle anerkannt, die tiefer gründet als das Ich und das Persönliche transzendiert.

Die Kunst der Auswertung

Jede Auswertung hat innerhalb eines bestimmten Kontextes zu erfolgen, den wir uns selbst aussuchen und der das Umfeld bietet, in dem wir die innere und äußere Lebenserfahrung durchführen wollen.

Der Kontext stellt ein Gefüge von Maßstäben und Erkenntnissen dar, die anhand früherer Erfahrungen gesammelt worden sind. In welcher Beziehung steht beispielsweise die Traumarbeit von heute zu der vor einigen Monaten? Welches sind die Hauptthemen in meinen Träumen und in meinem Alltagsleben?

Oder anders ausgedrückt: Um welchen thematischen Schwerpunkt gruppieren sich meine Träume und die Traumarbeit, welche Reihenfolgen und Entwicklungsstadien sind zu beobachten?

Und welchen Platz nimmt mein Ich als Entscheidungsinstanz in diesem Geschehen ein? Was empfinde ich angesichts dessen, was hier passiert? Was bedeutet das alles? Welche neuen Einsichten und Werte kann ich aus dieser Erfahrung ziehen? Zu welchen neuen, weiterführenden Schritten kann mich diese Erfahrung veranlassen? Und wie kann ich meiner Dankbarkeit Ausdruck verleihen für das, was bisher geschehen ist?

Stellen Sie sich diese Fragen bei der Auswertung. Und lassen Sie die Antworten frei aus sich herausströmen. Ihr Unbewußtes wird diese Arbeit schon leisten – gemeinsam mit Ihrem Bewußtsein.

Auswertung und Bewertung bedeuten also, den Kontext zu entwikkeln, das Wertgefüge für das, was Sie in Ihrem Leben in all seinem Fließen, all seinem Neu-Sein und all seinen Bezügen erfahren. Aus dieser bewußten Aufmerksamkeit entsteht das Bewußtsein – die Verbindung von Aufmerksamkeit und angemessenem Tun.

Eine Auswertung ist für das zukünftige Handeln von ausschlaggebender Bedeutung. Und die Reflexion als gedankliche Vertiefung ist eine wesentliche Vorbereitung auf das Handeln.

Jung-Senoi Tagebucharbeit

Das Führen eines Tagebuches ist auf dem Weg der *Integration* und *Bewußtwerdung* von fundamentaler Bedeutung, wenigstens bei der hier gewählten Art des *Individuationsprozesses.*

Was ist nun Bewußtsein? Was ist Integration?

Auf diese Fragen gibt es keine einfachen Antworten. Weichen wir diesen Fragen aber aus, dann leben wir, ohne jemals zu erfahren, ob wir wahrhaftig gelebt haben.

Antworten auf diese Fragen ergeben sich aus der eigenen Tagebucharbeit, d.h., indem man sich bewußt mit seinem Leben und seinen Erfahrungen auseinandersetzt.

Niemand kann Ihnen beibringen, wie ein Tagebuch geführt werden muß. Am besten fängt man einfach damit an, lernt aus seinen Fehlern und wird mit der Zeit geschickter.

Niemand lernt etwas über die Tagebucharbeit, indem er lediglich darüber liest.

Lesen Sie nur das, was Sie auch in die Praxis umsetzen wollen, dann wird sich Ihr Leben radikal verändern. Im folgenden nun einige prinzipielle Regeln, Hinweise und Arbeitshilfen, welche die Tagebucharbeit erleichtern können und vertiefen helfen. Sie sind das Ergebnis der Erfahrung vieler Menschen. Wenn Sie sie beherzigen, dann bewegen Sie sich in einem freundlichen und anregenden Umfeld.

Sie sind dann in der Gesellschaft jener, die schon immer das Gefühl hatten, wenigstens ein bißchen anders zu sein als die anderen. Sie sind auch ein Teil einer Gruppe, die es als Fluch oder als Segen empfindet, von etwas Unfaßlichem dazu gezwungen zu werden, sich zu einem echten Individuum entwickeln zu müssen. Sie gehören zu jenen, die sich manchmal einsam fühlen, die nur in sich selbst einen Halt finden und in der Masse keine Stütze haben. Gleich Ihnen gibt es viele Wanderer auf dem Lebensweg, bekannte und unbekannte, die sich dazu verpflichtet und aufgerufen fühlen, teilzunehmen am Wachstum und an der Ausweitung der Lebensmöglichkeiten, damit sich unsere universelle Bestimmung erfüllen kann.

Ihr eigenes Tagebuch ist Ihr persönliches Geheimnis. Es kann die Grundlage zu Ihrer Verwirklichung in dieser Welt darstellen. Und niemand außer Ihnen braucht zu wissen, was darin geschrieben steht. Auf seinen Seiten sprechen Sie mit sich selbst. Sie sind nicht mehr einsam, sondern allein mit sich selbst.

Grundsätzliches und Definitionen

- Bewußtsein ist wache Aufmerksamkeit plus angemessenes, situationsadäquates Tun.
- Fragen führen zur Bewußtwerdung, Antworten ohne Fragen zum Stillstand.
- Reflexion, die gedankliche Vertiefung, bewährt sich im Handeln und kann nicht durch weitere Reflexion bestätigt und bewältigt werden.
- Bewußtsein bedeutet auch Bewußtwerdung. Unbewußtsein erzeugt nur noch weiteres Unbewußtes.
- Das Bewußtsein ist die Voraussetzung für das Erwecken der Kräfte des Unbewußten.
- Um zur Ganzheit zu finden, muß jeder Teil unserer Persönlichkeit, und sei er noch so unscheinbar, akzeptiert werden.
- Integration verlangt die Verschmelzung aller Lebensaspekte zu einem vielfältigen Ganzen.
- Wahre Reife hängt entscheidend davon ab, ob die eigene innere Autorität auch auf äußere Dinge einwirken kann.
- Der beste Lehrer ist man selbst.
- Grundsätzlich kann uns niemand etwas lehren, was wir nicht schon wissen.
- Kein Guru und kein Lehrer kann für einen anderen Menschen antworten.
- Ein Lehrer unterrichtet nur sich selbst.
- Ein Therapeut gibt nur den Anstoß, den Impuls zur Selbstheilung.

Diskussion

Mit dem Führen eines Tagebuches übernimmt man grundsätzlich die Verantwortung für das eigene Leben. Es ist wie eine Verpflichtung, am Buch des eigenen Lebens mitzuschreiben. Solange dies geschieht, erlebt und gestaltet man die eigene Existenz, indem man sich ihrer bewußt bleibt und über sie nachdenkt.

Wer ein Tagebuch schreibt, muß sich nicht ständig mit dem Alltagsgeschehen identifizieren und ist fähig, als selbständiges Wesen in eine Beziehung hineinzugehen, statt vom äußeren Geschehen dominiert zu werden. Das reflektierende Nachdenken befreit von äußeren Zwängen und ermöglicht es uns, eine schöpferische Beziehung zu den Dingen der Außenwelt aufzunehmen.

Ohne Bewußtwerdung gibt es keine Integration. Wir sind nicht vollständig, sondern haben gewaltige Lücken und Probleme – innen und außen. Mit Hilfe der Tagebucharbeit lernen wir, mit einem nicht-integrierten Leben zurechtzukommen.

Bewußtwerdung muß zielgerichtet sein, wenn sich daraus Bewußtsein entwickeln soll. Dieses Ziel ist die Integration der Persönlichkeit.

Es genügt nicht, mit Hilfe von Drogen, Meditation oder anderen Mitteln mit einer Art ‹Über-Bewußtsein› zu verschmelzen. Das reine Bewußtsein, das niemals zum Handeln führt, bleibt leer und beziehungslos – es ist ein wertloses, falsches Bewußtsein. Das Tagebuch ist also ein Ort der Reflexion, während die innere und die äußere Welt Orte des Handelns sind. Das Tun ist der Prüfstein des Bewußtseins – viel mehr als jedes ‹höhere Bewußtsein›.

Kein äußerer Lehrer kann einem etwas beibringen. Lassen Sie Ihr Tagebuch Ihr Lehrer sein. Nur in Ihrer eigenen Arbeit werden Sie auch zu Ihrer eigenen Wahrheit finden. Widerstehen Sie der Versuchung, andere um Antworten anzugehen. Finden Sie sich damit ab, daß kein anderer Ihnen irgendeine Wahrheit zu geben hätte. Selbst wenn es eine solche gäbe, so wären Sie ohnehin nicht in der Lage, sie zu übernehmen.

Die einzige Fähigkeit, die zu lehren sich lohnt, ist die Fähigkeit der Selbstbelehrung.

Das Aufschreiben

Warum sollte man etwas aufschreiben? Man kann es sich doch einfach durch den Kopf gehen lassen!

Wer genauer hinschaut, wird merken, daß beim Aufschreiben und der Auseinandersetzung mit dem Gefühl unerwartete Möglichkeiten entdeckt und neue Einsichten gewonnen werden. Sollte dies bei Ihnen nicht der Fall sein, dann verdrängen Sie wahrscheinlich etwas, oder Sie gehen zu analytisch oder sachlich vor. Versuchen Sie, schneller zu schreiben. Lassen Sie es fließen! Lesen Sie beim Schreiben nicht, was Sie schreiben – erst nachdem alles aufgeschrieben ist!

Das Zwiegespräch mit Teilen der eigenen Persönlichkeit

Ein Zwiegespräch oder ein Dialog ist ein Austausch von Gefühlen, Gedanken und Handlungen zwischen zwei Menschen. Beide hören zu und beide reden. Auch im Gespräch gibt es eine nicht von Anfang an feststehende und voraussehbare Entwicklung, die zur Problemlösung führt.

Ein Dialog kommt dadurch zustande, daß wir einen bestimmten Aspekt unserer Persönlichkeit, einen inneren Wesenszug, ‹hervorholen› und uns mit ihm unterhalten. Am besten stellt man dem Dialogpartner Fragen, auf die er antworten kann. Hören Sie genau zu und zensieren Sie nichts. Bleiben Sie aufmerksam und kooperativ. Reagieren Sie nur auf das Gesagte und stellen Sie es unter Umständen in Frage. Fragen Sie Dinge, welche dazu geeignet sind, das Gespräch weiterzuführen, oder reagieren Sie gefühlsmäßig auf das Gesagte, etwa indem Sie sagen: «Ich liebe dich», «Das macht mich traurig», «Ich schließe dich in mein Herz ein», «Ich hasse dich», «Ich hasse alles und jeden» und so weiter. Sie können auch einen Augenblick lang darüber meditieren, welches Gefühl sie am liebsten ausdrücken möchten.

Oft ist es so, daß das Ich als Entscheidungsinstanz daran gewöhnt ist, nur wieder auf sich selbst zu hören. Wenn das Ich es aber zuläßt, daß sich auch andere Teile der Persönlichkeit äußern können, wird es als dominierender Faktor relativiert und dazu herausgefordert, zu erkennen, daß seine Wahrheit nicht die einzige ist.

Der Integrationsprozeß gelingt nur, wenn die verschiedenen Persönlichkeitsaspekte miteinander verbunden werden. Dafür ist das Zwiegespräch ganz besonders gut geeignet.

Will man einen echten Dialog, bei dem nicht nur das Ich zu Wort kommt und zuhört, als solchen erkennen, so muß man sich fragen, ob man neue Informationen oder neue Sehweisen vermittelt bekommt. Ein erfolgreiches Zwiegespräch ist immer beeindruckend.

Wir sprechen, um uns selbst zu hören – und indem wir reden, werden wir auch von den tief in unserem Inneren liegenden Zentren vernommen.

Die wichtigsten Zwiegespräche

Es folgt nun eine Liste der Personifikationen der wichtigsten menschlichen Wesenszüge und Erfahrungen, mit denen man den Dialog suchen und die man fragen sollte, solange man seine Wanderung weiterführt.

- *Der eigene Tod.* Was muß ich tun, um mein Leben vollständig zu leben?
- *Die eigene Geburt.* Weshalb bin ich geboren worden?
- *Der eigene Körper.* Inwiefern mißbrauche ich dich?
- *Die eigenen Wunden.* Was muß ich tun, um euch zu heilen?
- *Der innere Führer oder Schutzgeist.* Was hast du mir zu sagen? Ich will dir zuhören.
- *Die eigenen Traumgestalten.* Warum tretet ihr in meinem Traum auf?

- *Die eigenen Feinde.* Weshalb spielt ihr eine Rolle in meinem Leben?
- *Der eigene Schatten.* Wo bist du? Was muß ich tun, damit wir uns wieder miteinander versöhnen?
- *Das eigene Schicksal.* Was muß ich tun, um meine Bestimmung zu erfüllen?
- *Der eigene Liebespartner.* Wie kann ich dich akzeptieren und für dich sorgen?
- *Die eigenen Eltern.* Warum bestimmt ihr immer noch mein Leben?
- *Die eigene Quelle.* Warum bist du versiegt?
- *Das eigene Tagebuch.* Wie steht es um mich, sowohl im Positiven als auch im Negativen?
- *Die eigenen Kinder.* Wie kann ich euch freier aufwachsen lassen?
- *Die eigenen Leidenschaften.* Welcher Sache kann ich mich voll und ganz verschreiben?
- *Die eigene Gier.* Welche Seelenängste sind Ursache meiner Not und meines Verlangens?
- *Der eigene Lehrer.* Sage mir, worin du nicht vollkommen bist!
- *Das eigene Symbol.* Was muß ich tun, um dich angemessener zu ehren?
- *Der eigene Geburtstag.* Was hält das neue Jahr für mich bereit?
- *Das eigene Ich.* Wer bist du wirklich?

Es gibt natürlich auch noch speziellere Personifikationen, mit denen man Zwiesprache halten kann. Welche?

Gehen Sie die obige Liste durch und suchen Sie sich einen Gesprächspartner aus. Zu welchem Ergebnis sind Sie im Gespräch gekommen? Sie haben genügend Zeit, um mit jedem einzelnen Aspekt ausführlich zu sprechen. Überstürzen Sie nichts, denn diese Gespräche sind keine bloßen Alibiübungen, sie sind das Leben selbst.

Man kann es sich auch zur Aufgabe machen, die Liste durchzugehen und für jede dieser Wesenheiten bzw. Wesenszüge weitere Fragen zu formulieren. Sie werden wahrscheinlich feststellen, daß ein Gespräch mit derselben Personifikation zu verschiedenen Zeitpunkten zu ganz unterschiedlichen Ergebnissen führt.

Gefühlsausdruck und Tagebucharbeit

Jeder gefühlsbetonte Mensch wird sich gelegentlich stark emotional gefärbt und unbeherrscht äußern. Offensichtlich haben nun Schimpfwörter und Flüche einen Bezug zu den vier – nicht zwei! – Hauptinstinkten des Menschen: zur Sexualität, dem Zerfall, der Wut und dem Spirituellen.

Worte können selbst dann, wenn sie aus tiefster Seele kommen, nicht immer auf angemessene Weise im äußeren Leben ausgesprochen werden. Deshalb wird das Tagebuch zum Ort, wo Sie den Gefühlen freien Lauf lassen können.

Schreiben Sie – wenn Ihnen danach zumute ist – mit großer, fließender Schrift. Lassen Sie die Worte so mächtig erscheinen, wie es Ihre Empfindungen sind.

Niemand muß fluchen, wenn er seine Gefühle immer und überall zum Ausdruck bringen kann. Ein Fluch muß also gar nicht bewußt unterdrückt werden, wie dies von der traditionellen religiösen Erziehung vorgeschrieben wird. Denn Gefühle, die geäußert werden dürfen, bilden kein überschüssiges Energiepotential, das in Zeiten erhöhter emotionaler Belastung plötzlich in Form von Schimpfwörtern ausbricht.

Das Wesentliche einer Erfahrung herausarbeiten

In das Tagebuch tragen Sie einfach alles ein, was Sie heute oder in der vergangenen Woche erlebt haben. Auf diese Weise schildern Sie Ihr Leben. Aber das, was Sie erzählend festhalten, ist nicht die Totalität Ihres Leben, ist nicht die ganze Wirklichkeit, sondern ein Ausdruck der Voreingenommenheit, mit der die eigenen Erlebnisse ausgesucht werden.

Sie sind nicht identisch mit Ihren Erfahrungen, sondern Sie verarbeiten diese Erfahrung.

- Welches Bezugssystem benutzen Sie als Rahmen für die Verarbeitung der eigenen Lebenserfahrung?

Das ist die zentrale Frage, die mehr vom Zustand unseres eigenen Bewußtseins erkennen läßt als davon, wer wir wirklich sind. Beschreiben Sie Ihre Erfahrungen, indem Sie stärker auf Einzelheiten achten, oder betonen Sie mehr die Gefühle oder das, was Ihnen angetan wird? Worüber reden Sie öfter, über die Natur oder über die Erotik? Ist Ihre Welt- und Lebenssicht eher philosophisch oder eher spirituell?

Vertreten Sie beim Schreiben hauptsächlich Ihren eigenen Standpunkt, oder fragen Sie sich meistens, was andere in Ihrem Leben für eine Rolle spielen?

«Gestern kam Jim vorbei und wir haben uns gestritten. Er war ziemlich wütend und wollte gar nicht mehr aufhören ...»

«Gestern habe ich mich wieder mit meinem Freund gestritten. Werde ich es denn niemals lernen? Müssen wir uns wirklich so viel zanken?»

Die ‹Quintessenz einer Erfahrung herausdestillieren› bedeutet, beim Tagebuchschreiben auf eine oder alle der folgenden Fragen zu antworten:

- Warum ist mir dies widerfahren?
- Inwiefern ist diese Erfahrung für mein Leben notwendig?
- Was will mich diese Erfahrung lehren?
- Wie kann ich mich aufgrund dieser Erfahrung ändern?
- Weshalb ist diese Erfahrung wesentlich, und welchen Nutzen kann ich daraus ziehen?

Es gibt wohl noch viele andere Fragen, die zum Kern der Sache führen. Bei dieser Methode zeigt es sich deutlich, daß das ‹Rohmaterial› der Erfahrung durch die Tagebucharbeit übersetzt und in eine Form gebracht wird. Dabei entsteht ein Kontext, und das einzelne Erlebnis wird mit einem größeren Ganzen verbunden.

Der Hauptwert der Tagebucharbeit besteht unter anderem darin, daß Beziehungen zwischen Dingen, Menschen usw. entdeckt und geschaffen werden. Die Erkenntnis, daß Verbindungen bestehen, führt zur Erfahrung der Bedeutung und des Sinnes der Einzelergebnisse.

Schreiben Sie ein Erlebnis so auf, daß Sie sich gewissermaßen vom Geschehen tragen lassen und es wie von selbst aus der Feder fließt. In die Tagebucharbeit soll ja wesentlich mehr einfließen als das, was vom bekannten Ich beigesteuert werden kann. Was äußert sich also beim Schreiben, was wird faßbar, was entwickelt sich? Ist da zum Beispiel etwas, was das Ich lieber verdrängen möchte, was es nicht wahrhaben will? Wann genau geht es irgendwie nicht mehr weiter, weil sich die Energie zu verflüchtigen scheint? Liegt dies möglicherweise daran, daß man an ein Hindernis geraten ist, das die Ausdrucksfähigkeit blockiert? Oder ist die Beschreibung und Verarbeitung einer bestimmten Erfahrung einfach zu einem natürlichen Ende gekommen und bewältigt worden? Wie sieht in diesem Fall die Lösung aus? Wie müßte der Satz lauten, in dem die Schlußfolgerungen zusammengefaßt sind, die Sie aus einer bestimmten Erfahrung gezogen haben? Wie wollen Sie die neugewonnenen Erkenntnisse in der kommenden Woche in die Praxis umsetzen?

Der zurückbehaltene Brief

Briefe sind eine Mitteilungsform, die weniger flüchtig und vergänglich ist als die meisten Formen der direkten Kommunikation.

Doch wer schreibt schon wirklich das, was er tatsächlich meint, ohne dabei auf die Gefühle und Vorstellungen des Empfängers Rücksicht zu nehmen? Man hat da so seine Erfahrungen: Ein unverschämter oder offener Brief kann großen Schaden anrichten. Man sollte keine Türen einrennen, wenn man nicht gewillt ist, die Folgen zu tragen. Und es gibt Schäden, die nie wieder gutzumachen sind.

Wenn wir aber einen Brief schreiben, den wir zurückbehalten und nicht absenden, können wir darin Gefühle aussprechen, die wir sonst verheimlichen, weil wir es nicht wagen, sie direkt auszudrücken. Schreiben Sie einen Brief – ganz offen –, so, als wollten Sie ihn tatsächlich auch abschicken. Vielleicht werden Sie ihn doch noch in den Briefkasten einwerfen – zumindest in einer abgeänderten Form. Wichtig ist, beim Schreiben nichts zu zensieren, und außerdem muß der Brief an einen Empfänger gerichtet sein.

Schreiben wir also Briefe an jene, die wir lieben, und an jene, die wir hassen, an Tote und an Ungeborene – oder auch an die elfjährige Tochter, die den Brief erst mit achtzehn lesen soll. Manche dieser Briefe dürfen ihre Empfänger ruhig erreichen. Andere halten wir vielleicht besser zurück, schreiben sie in unser Tagebuch oder vernichten sie.

Wenn ein mir nahestehender Mensch gestorben ist, schreibe ich ihm meistens einen Brief. Als ich dies das letztemal tat, erhielt ich am nächsten Morgen eine ‹Antwort› in einem Traum, in dem der Tote sich neben mein Bett stellte und mir sanft Vorhaltungen machte, weil ich in meinem Brief auch etwas Negatives über ihn geschrieben hatte. Ich hatte beschlossen, das Gute und das Schlechte unserer Beziehung auszusprechen, und er reagierte entsprechend darauf.

Egal, ob wir einen Brief abschicken oder nicht – wir werden nie wissen, in welche Tiefen des Mysteriums die geschriebenen Worte eingedrungen sind. Vielleicht gibt es stets eine Antwort, aber uns mangelt das entsprechende Bewußtsein, um für sie empfänglich zu sein?

Tagebuch- und Traumarbeit

Sowohl die Tagebuch- als auch die Traumarbeit sind wichtige und meistens auch notwendige Methoden auf dem Weg zur Individuation. Ein Großteil der speziellen Traumaufgaben fließt einerseits ins Tagebuch ein, andererseits beeinflußt das Schreiben eines Tagebuches auch direkt die Träume. Jede Methode, die für die Tagebucharbeit benutzt wird, kann auch zur Bearbeitung eines Trauminhalts verwendet werden. Wenn ein verstorbener Elternteil zum Beispiel in einem Traum erschienen ist, dann halten Sie mit ihm Zwiesprache oder schreiben Sie ihm einen Brief.

Tagebucharbeit ist eine Form der Traumarbeit, die nicht direkt die Träume, sondern andere Lebensbereiche und -erfahrungen betrifft, wobei die Träume durchaus berücksichtigt werden.

Das Tagebuch und die Fragen

Es ist wichtiger, die passenden Fragen zu stellen, als die richtigen Antworten zu erhalten.

Die Frage ist die wesentlichste Antwort auf das Leben.

Die Frage ist ein großes Mysterium. Sie eröffnet Möglichkeiten, schafft Entscheidungsfreiheit und verhindert, daß man sich einkapselt und einengt. Lebensbejahung bedeutet, daß man Fragen stellt. – Wenn Sie jemandem eine Antwort geben wollen, sollten Sie zuerst versuchen, ob Sie die Antwort nicht in eine Frage ummünzen können. Erleben Sie selbst, was dann geschieht!

Wer auf eine Frage eine Antwort gibt, reagiert nicht, weil Antworten kaum jemals angemessene Erwiderungen auf Fragen sind. Die einzigen lohnenden Fragen sind jene, die Reaktionen hervorrufen und keine Antworten.

Diese Feststellungen sind keine Antworten auf die Frage «Was ist eine Frage?», sondern lediglich Reaktionen, die einen Bezug zu einem Mysterium herstellen sollen.

Je mehr wir uns selbst und unser Leben in Frage stellen, um so besser. In einem Dilemma sollten Fragen gestellt und nicht Antworten gegeben werden.

Fragen machen bewußt, Antworten engen das Bewußtsein ein.

Je vielfältiger die Fragen sind, desto mehr Möglichkeiten tun sich auf, das Leben wirklich zu leben.

Möge mein Leben als Frage enden, als Mysterium, und nicht als Antwort. Antworten beenden die Wirklichkeit. Fragen erneuern sie.

Wie lautet die nächste Frage in meinem Leben?

Der Zweck der Tagebucharbeit

Die Tagebucharbeit ermöglicht den Aufbau eines reflektierenden und aktiven Bewußtseins, das gewillt ist, die eigene Persönlichkeit zu einem geeinten und hingebungsvollen Ganzen zu formen. Dabei schauen wir zurück, um nach vorn zu blicken. Und wenn unsere von der Natur gewährte Lebensspanne beendet ist – dann stellt sich auf jeden Fall die Frage, ob wir sterben, ohne zu wissen, was ein verwirklichtes Leben ist, oder ob wir sterben und uns dessen bewußt sind, was der Sinn unseres Lebens war.

Was ist ein Traum?

Nehmen wir einmal an, wir wüßten nicht, was ein Traum ist. Gehen wir davon aus.

Wir haben nur den Traum und haben nicht einmal den Traum als solchen, denn wir erinnern uns ja nur daran. Fangen wir also damit an.

Aber auch der erinnerte Traum entspricht nicht dem ursprünglichen Geschehen, denn er ist vom Ich ‹gefiltert› worden. Das ‹sich erinnernde Ich›, die Entscheidungsinstanz, der Brennpunkt des Bewußtseins, bringt den Traum in den Wachzustand hinüber. Dabei verändert sich der Traum, denn das Ich ist kein neutraler Übertragungskanal. Es hat seine eigenen Ansichten und filtert den ursprünglichen Traum durch seine eigenen Einstellungen und Fähigkeiten. Aber sogar ein erinnerter Traum enthält noch vieles, was das bewußte Ich nicht willentlich zu verzerren vermochte. Woher wir das wissen? Zum Teil daher, daß die Traumarbeit aus einem Traum Dinge hervorholt, mit denen sich das Ich nicht besonders gerne auseinandersetzt.

Aufgabenstellung

Lesen Sie nun den folgenden Traum und beschreiben Sie, was es mit diesem Traum Ihrer Meinung nach auf sich hat, welche innere Gliederung er aufweist und was Sie beim Lesen empfinden. Anschließend vergleichen Sie Ihren Text mit dem, was in diesem Buch über diesen Traum geschrieben wurde.

Traumtitel: Das silberne Auto 5. Februar 1979

Ein schwarzhaariger, hochgewachsener schlanker Mann parkt seinen Wagen vor einem Gebäude. Er sieht indisch aus. Das Haus ist ein im viktorianischen Stil erbautes Hotel. Ich stehe davor und erwarte ihn, denn wir haben abgemacht, daß ich seinen Wagen irgendwohin fahren soll. Das Auto sieht sehr modern aus, in mattem Silbermetallic und mit einem Armaturenbrett wie in einem Flugzeug. Er verlangt – rasch und sachlich –, daß ich seinen Wagen zur Center Street bringen soll, und sagt, daß er dort wohne und den Wagen morgen früh dort brauche. Ich fühle mich überfordert, denn das moderne Aussehen des Wagens schüchtert mich ein. Dennoch sage ich zu, weil ich mich vorher schon dazu verpflichtet hatte.

Ich trete vom Gehsteig herunter und laufe zur rechten Wagenseite hinüber, wo der Mann sitzt (es ist ein britisches Automodell) und die Tür für mich öffnet. Plötzlich merke ich, daß ich auf die Knie gesunken bin. Meine Beine haben nachgegeben, und ich gerate in eine leichte Panik. Ich will möglichst schnell zur Fahrerseite kommen, bevor der Mann fortgeht, denn ich will mir einige der kompliziert aussehenden Knöpfe, Schalter, Hebel und Lämpchen des Armaturenbrettes erklären lassen, denn ich weiß nicht, welche Funktion sie haben. Als nächstes merke ich, daß ich mich auf den Knien ziemlich gut fortbewegen kann, erreiche auf diese Weise die Fahrertür und erwische den Mann gerade noch. Ich stehe auf und frage ihn: «Wie fährt man dieses Auto? Ich bin noch nie am Steuer eines solchen Fahrzeugs gesessen.» Ich spreche, ohne mir etwas von meiner Nervosität anmerken zu lassen, in einem fast schon scherzhaften Ton. Der Mann durchschaut mich und sagt: «Sie werden es schon merken, es ist überhaupt nicht schwierig, diesen Wagen zu fahren!» Dann betritt er das Hotelgebäude. Ich laufe hinterher, denn ich glaube immer noch nicht, daß ich ein derart kompliziert aussehendes Auto lenken kann.

Die Eingangshalle des Hotels ist mit dunklem Holz getäfelt, und überall sind gewaltige grüne Pflanzen aufgestellt. Ich suche den Mann, aber es ist nichts von ihm zu sehen. Deshalb beschließe ich, es auf einen Versuch ankommen zu lassen; ich will darauf vertrauen, daß der Mann recht hatte und ich es doch schaffen würde. Ich gehe nach draußen und lasse den Motor an – sachte und ohne Hast –, schalte die Scheinwerfer ein, denn es ist Nacht, und fahre schließlich vorsichtig davon. Ich stelle fest, daß er recht gehabt hat; bis jetzt hat es jedenfalls keine Probleme gegeben.

Kommentar

Nach dem Erwachen war ich seltsam erregt und fand es interessant, daß ein Auto in einem Traum eine solch herausragende Rolle spielen konnte. Bisher hatte ich im inneren wie im äußeren Leben nie besonders viel für Autos übrig gehabt!

Wie man das Wesen eines Traumes herausarbeitet

Dieser Traum könnte eventuell mit der Unsicherheit der träumenden Person im Umgang mit Macht zu tun haben oder darauf hinweisen, daß ein Mann in ihr Leben treten wird, der ein besonderes Auto besitzt. Als orthodoxer Jungianer würden Sie vielleicht eher zu dem Schluß kommen, daß im Traum eine typische Animus-Figur auftritt: der dunkle, männliche Fremde mit seinem Wagen.

Vielleicht glauben Sie aber auch, daß die träumende Person ein Mann ist und keine Frau. Weil Sie der Meinung sind, daß es wichtig ist, das Geschlecht der träumenden Person zu kennen, wollen Sie wissen, ob ein Mann oder eine Frau diesen Traum gehabt hat.

Möglicherweise wünschen Sie etwas über die Lebensumstände der betreffenden Person in Erfahrung zu bringen und auch darüber, was sie am Vortag erlebt hat. Erst dann, so glauben Sie, wären Sie in der Lage, den Traum zu verstehen.

Das sind nur ein paar typische Beispiele für die Art der Informationen, die zur Durchführung der Traumarbeit mit Hilfe bestimmter Ansätze verlangt werden.

Wir dagegen befassen uns *mit dem Traum und nur mit dem Traum allein!* Es ist nicht einzusehen, weshalb zuerst einem äußeren Bezugsrahmen Genüge getan werden muß, um anschließend die Bedeutung eines Traumes zu erfahren und zu entwickeln! Manche Psychologen behaupten zwar, daß es für die Traumarbeit wichtig sei, etwas über das Alltagsleben der träumenden Person zu wissen. Aber worauf stützen Sie sich bei dieser Behauptung? Etwa auf Gott? Zögern Sie nie, das, was in diesem Buch und auch sonst über Träume behauptet wird, in Frage zu stellen. Träume sind ein großes Mysterium und werden es auch immer bleiben. Wer bis zum Äußersten geht, für den öffnet sich eine neue Tür. Bleiben wir also offen für alles und für jede Möglichkeit.

Ein grundlegendes Prinzip

Nun kehren wir zum Traum zurück! *Der Traum ist für uns das Wesentliche. Deshalb gehen wir grundsätzlich immer vom Traum selbst aus, um ihn zu objektivieren.* Es geht nicht darum, irgendein Bezugssystem beizuziehen, das im Traumgeschehen nicht enthalten ist. Derartige Systeme ergeben manchmal ein vollständigeres Bild und können deshalb mitberücksichtigt werden. Dies bedeutet aber nicht, daß sie als Kontext den Traum als solchen ersetzen dürfen. Der Traum ist der Mittelpunkt, er ist eine Realität für sich – und diese Wirklichkeit muß befragt werden, zum Beispiel so:

- Was genau tut das Traum-Ich, das Ich, am Anfang des Traumes?
  Das Ich steht da, es wartet, denn es ist mit jemandem verabredet.
- Was ist das für ein Treffen? Kommt es im Traum zustande? Worum geht es?
- Wie fühlt sich das Traum-Ich?
  Das Ich ist verängstigt und eingeschüchtert.
- Aber woher wissen wir das? Hat das Traum-Ich diese Gefühle, oder ist es das erwachende, sich erinnernde Ich, das diese Gefühle empfindet? Wie sollen wir das feststellen? Welche traum-internen Hinweise liegen dafür vor?

Wir erkennen die Gefühle des Traum-Ichs an seinen Handlungen. Die Beine sind ihm weggesackt.

- Gibt es in Träumen überhaupt echte Gefühle? Oder sind es nur Handlungen? Was ist der Unterschied?
- Was empfindet das Traum-Ich gegenüber seiner Verpflichtung? Was bedeutet sie ihm? Wie äußert sie sich im Traum?
- Was symbolisiert das Auto? Stellt es etwas anderes dar als ein Auto? Oder symbolisiert es sich selbst? Wie sieht der Wagen aus? Beschreiben Sie ihn Wort für Wort. Warum stellt er für das Traum-Ich eine solche Herausforderung dar? Was bedeutet diese Herausforderung für den Verlauf des weiteren Traumgeschehens?
- Beschreiben Sie alle Reaktion des indisch aussehenden Mannes auf die Handlungen des Traum-Ichs. Behaupten Sie nichts, was sich nicht im Traum wiederfindet!
- Ist die Reaktion des Mannes angesichts der Reaktion des Traum-Ichs hilfreich oder hinderlich?
- Was halten Sie von den Leistungen des Ichs im Traum?

Am Anfang fürchtet sich das Traum-Ich vor einer scheinbar gewaltigen Aufgabe. Weil es aber eine Verpflichtung eingegangen ist, will es vor dieser auf keinen Fall kapitulieren. Die ‹ablehnende Haltung› und das Vertrauen des Mannes helfen zudem dem Traum-Ich, mit der einmal übernommenen Aufgabe allein fertig zu werden.

Der Traum erfährt also insofern eine Lösung, als das Traum-Ich die Forderung, den Wagen zu fahren, erfüllt. Wohin aber geht die Fahrt? Diese Frage bleibt am Ende des Traumes unbeantwortet.

Die bisherigen Ausführungen haben gezeigt, daß das Festhalten am inneren Aufbau des Traumes zu seiner Objektivierung führt, zur Entdeckung des Ist-Zustandes. Wie es bei den Träumen ist, so ist es auch im Leben.

Es könnte doch so sein, daß wir die äußere Realität ebenso mißdeuten und mißverstehen wie die innere Wirklichkeit. Oder sind wir etwa im Alltag objektiver? Vielleicht – aber dennoch werden wir noch viel über unser eigenes Bewußtsein lernen müssen.

Über die speziellen Traumaufgaben bei diesem Traumbeispiel

Für diesen Traum wurden von der träumenden Person in Zusammenarbeit mit dem Analytiker folgende vier speziellen Aufgaben entwickelt:

1. Mit dem dunklen Mann sprechen.

2. Zehn Möglichkeiten herausfinden, wie im Alltag ein wenig Geld verdient werden kann.
3. Die eigene ablehnende Haltung als negative Aussagen aufschreiben und diese dann in positive umformulieren. Dreimal am Tag ist dieses Verfahren durchzuführen. Jeweils daran anschließend auf der rechten Hälfte des Blattes alles aufschreiben, was einem durch den Kopf geht – Negatives wie Positives. Eventuell die positiven Zusagen so umgestalten, daß in der neuen Form auch die negative Seite berücksichtigt wird.
4. Herausfinden, welche Unterstützung und Förderung dieser Traum bietet.

Ich als träumende Person habe zunächst während der Therapie-Sitzung den Traum wiedererlebt und den silberfarbenen Wagen ausführlich beschrieben. Dies war mir eine größere Hilfe, als ich zunächst geglaubt hatte, denn es erleichterte mir den Zugang zur Fortsetzung der kreativen Traumarbeit – besonders aber für das wirklich packende Gespräch mit dem Mann.

1. Das Gespräch

Mann: Würden Sie bitte meinen Wagen zur Center Street fahren?

H: Zur Center Street? Wo ist die denn? Warum soll ich das Auto gerade dort hinbringen?

Mann: Die ist dort drüben (er zeigt in die Richtung) – geradeaus. Ich wohne dort, und ich möchte, daß der Wagen vor meinem Haus geparkt wird, damit ich ihn am Morgen zur Verfügung habe.

H: Aber warum muß ich das tun? Warum wollen Sie, daß gerade ich diesen Wagen dorthin fahre? Wie kommen Sie bloß auf die Idee, daß ich das könnte? Ich bin noch nie am Steuer eines derart kompliziert und modern aussehenden Fahrzeuges gesessen!

Mann: Sie werden schnell merken, daß es ganz einfach geht. Sie können das ganz bestimmt.

H: Ich fühle mich aber sehr unsicher! Dieses kompliziert aussehende Armaturenbrett macht mich ganz nervös. Es sieht ja aus wie ein Computer. Woher soll ich denn wissen, an welchen Knöpfen ich drehen und welche Schalter ich drücken muß? Und wie werden die Scheinwerfer eingeschaltet?

Mann: Das wissen Sie doch selbst! Aber Sie werden es erst dann merken, wenn Sie es versuchen – indem Sie nämlich einsteigen und losfahren.

H: Sie sind so kühl, so ruhig und so sachlich. Woher wollen Sie denn wissen, daß ich dieser Aufgabe gewachsen bin? Ich bin doch ein ganz anderer Mensch als Sie.

Mann: Weil es *mein* Auto ist, das Sie vor mein Haus fahren sollen. Ich kann Ihnen ja helfen, wenn Sie wollen. Sie müssen nur einsteigen, das Steuer in die Hand nehmen, losfahren und – vor allem – mir vertrauen. Vertrauen Sie ganz mir. Haben Sie ein bißchen Zutrauen.

H: Irgendwie habe ich plötzlich das Gefühl, daß Sie recht haben. Ich will es versuchen, denn ein Teil von mir möchte das wirklich ganz gern, müssen Sie wissen.

Mann: Gut! Es ist schon lange her, seit wir uns begegnet sind. Damals hast du dich dafür entschieden, mir zu vertrauen, um mit mir zusammenarbeiten zu können, falls es notwendig werden sollte.

H: So ganz sicher bin ich mir der Sache immer noch nicht, aber ich bin dir dankbar, daß du in meinem Traum erschienen bist, um mich auf diese Weise herauszufordern. Ich bin tief gerührt und den Tränen nahe. Es sind Tränen der Freude und der Dankbarkeit.

Mann: Lenke also meinen Wagen und schenke mir und den anderen Traumgestalten mehr Vertrauen, Zuversicht und Glauben.

H: Ich werde es *ganz bestimmt* versuchen. *MIT MEHR VERTRAUEN, MEHR GLAUBEN UND MEHR MUT.*

Mann: Gut!

H: Darf ich dir noch eine Frage stellen? Warum soll ich in die Center Street fahren?

Mann: Wenn du mir und auch dir selbst vertraust, wirst du aufgrund meiner Vermittlung eine Seite von mir kennenlernen, die in der Mitte, im Zentrum, wohnt. Erinnerst du dich noch an das Traumbruchstück vor ungefähr einer Woche? Da hattest du fürchterliche Angst. Eine Stimme sagte zu dir: «Geh weder auf der rechten noch auf der linken Seite, sondern in der Mitte.» Na ja, und wenn du den Wagen in die Center Street fährst, kannst du genau das tun.

H: Was du sagst, ist ungemein beeindruckend. Plötzlich löst sich ein Teil des inneren Nebels auf, und ich erkenne eine greifbare Gestalt. Ich spüre, daß du ein Ratgeber bist, eine erhabene und bemerkenswerte Erscheinung. Ich werde dich malen, wenn ich kann.

Mann: Du *kannst!*

2. Zehn Möglichkeiten herausfinden, wie im Alltag ein wenig mehr Geld verdient werden kann

1. Das Zimmer, das mein Mann nicht mehr benötigt, teurer vermieten, als ursprünglich beabsichtigt. Dies ergibt einen höheren Betrag als nur J.s Miete für sein neues Zimmer.

2. Kinder in kreativem Töpfern unterrichten. Dabei könnten wir Gefäße herstellen und Traumfiguren modellieren – Menschen, Tiere, Hexen und Ungeheuer. Ein Kurs pro Woche mit Kindern im Alter von 5–9 Jahren, entweder bei mir daheim oder im Jugendhaus, denn am Anfang brauche ich vielleicht etwas Publizität.
3. Im Jugendhaus eine allgemein zugängliche Traumgruppe ins Leben rufen, um bekannt zu werden. Damit beabsichtige ich, eine kleine Anzahl von Frauen dafür zu gewinnen, an einer ständigen Traumgruppe teilzunehmen.
4. Einmal pro Woche vormittags eine 2½stündige Frauen-Traumgruppe bei mir zu Hause leiten.
5. Wieder als Modell an die Kunstschule gehen.
6. Für das Institut mehr Arbeiten übernehmen, um für meine Behandlung aufzukommen.

3. Auswertung

Ich habe auch die dritte spezielle Aufgabe intensiv bearbeitet, kann aber an dieser Stelle nicht näher darauf eingehen, denn das würde zu weit führen. Auf jeden Fall wurde mir dabei bewußt, wie stark ich noch immer von negativem Zeug belastet wurde. Auf diesem Gebiet hat sich die Traumarbeit als äußerst hilfreich und teilweise sogar als heilsam erwiesen.

4. Worin werde ich unterstützt und gefördert?

Ich habe den Mann und das Auto gemalt und in Großbuchstaben geschrieben: ICH *KANN* VERTRAUEN! TÄGLICH GLAUBE ICH *MEHR* AN MICH UND MEIN MUT *WÄCHST*.

Der Traum vom silbernen Auto war für mich von großer Bedeutung. Dazu hat vor allem die Traumarbeit beigetragen.

1. Ich habe das Zimmer meines Mannes, von dem ich getrennt lebe, mit dem Zuschlag vermietet, den ich mir vorgenommen hatte. Inzwischen wohnt eine dreiköpfige Familie bei uns, die verzweifelt eine Wohnung gesucht hatte. Ihre Gegenwart hat mir und meinen Töchtern im täglichen Leben viel Positives gegeben.
2. Innerhalb der nächsten zwei Wochen beginnen sowohl der Töpferkurs wie die öffentlich zugängliche Traumgruppe.
3. Das Bild meines positiven Animus hängt nun an der Wand – genau mir gegenüber, während ich den Bericht über meine Traumarbeit in die Schreibmaschine tippe. Der Mann hat großartige Eigenschaften, und ich spüre jedesmal, wenn ich in meiner Arbeit innehalte und ihn betrachte, wieviel Kraft und Mut von ihm ausströmt und in mich einfließt. Das silberne Auto auf dem Bild schimmert genauso metallisch glänzend wie in meinem Traum.

4. Ich habe täglich mehr Arbeiten für das Institut übernommen! Ich mache sie wirklich gern. Außerdem kann ich damit die Behandlungskosten abgelten. All dies ist mir im inneren wie im äußeren Leben eine große Hilfe. Ich muß meine männliche Seite zum Ausdruck bringen, denn sie wurde von mir bisher nicht entwickelt. Als schöpferische Energie habe ich sie jedoch zu würdigen und genauestens und ständig zu beachten. Dieser Traum und die Arbeit daran haben mich wieder deutlich an diese Tatsache erinnert.

Die Beziehung zwischen Traum und Traumarbeit

Nachdem nun der Traum objektiviert und die Traumarbeit dargestellt worden ist, stellt sich die Frage, wie Traum und Traumarbeit zusammenhängen. Zum Beispiel:

- Wozu ist Traumarbeit erforderlich? Inwieweit bereichert sie die Traumerfahrung, inwieweit lenkt sie von ihr ab?
- Bezieht sich die Traumarbeit wirklich auf den Traum? Auf welche Weise ist dies der Fall? Auf welche Weise nicht? Warum sollte man überhaupt mit einem Traum arbeiten?

Es können auch Fragen zu den Kommentaren der Träumenden gestellt werden, die sie zum Traumgeschehen gegeben hat:

- Ist die seltsame Erregung der Träumenden schon im Traum vorhanden gewesen?
- Wie läßt sich ihr Gefühl bei der Traumarbeit mit den Gefühlen vergleichen, die sie im Traum gehabt hat?
- Die Träumende spricht von innerer und äußerer Realität. Hat der Traum notwendigerweise etwas mit der äußeren Wirklichkeit zu tun? Auf welche Weise ist dies der Fall, auf welche Weise nicht?

Allgemein läßt sich sagen, daß man nach der Beantwortung der Fragen über die Traumsituation und die jeweiligen Standpunkte im Traum dazu übergehen kann, ähnliche Standpunkte und Situationen in der äußeren Realität ausfindig zu machen, indem man etwa fragt:

- Wie verhalten sich die auf den Alltag bezogenen speziellen Traumaufgaben zum Traumgeschehen als solchem?
- Auf welche Weise ergänzt die Traumarbeit die Traumerfahrung?

Über dieses Traumbeispiel und die damit verbundene Traumarbeit ließe sich noch einiges sagen, doch haben wir uns auf das Wesentlichste beschränkt. Eine schulgemäße Interpretation war deshalb nicht nötig, weil der Traum weitgehend aktualisiert worden ist. Sinn, Bedeutung und Anregungen haben sich aus dem Traum selbst ergeben. Was wollen wir mehr?

Der Traum ist eine Wirklichkeit, er existiert und wartet nur darauf, entdeckt zu werden.

Maßnahmen zur Steigerung des Traumerinnerungsvermögens

Das *Gedächtnis* ist ein Hauptbestandteil des *Bewußtseins*. Ein inneres oder äußeres Ereignis wird nicht infolge eines Mangels an geistiger Erinnerungsfähigkeit vergessen, sondern aufgrund einer Abwehrhaltung, weil irgendwann einmal die Entscheidung getroffen wurde, etwas als negativ zu betrachten. Auf diese Weise wird das Gedächtnis blockiert.

Wenn Sie sich also nur selten lebhaft an Träume erinnern, untersuchen Sie Ihren eigenen Verdrängungs-Mechanismus. Er könnte mit einem der folgenden Standpunkte zu tun haben:

- Ich will gar nicht wirklich wissen, was das Unbewußte mir zu sagen versucht. Schließlich könnte es mich schmerzlich berühren und von mir verlangen, daß ich mich ändere.
- Dieses abstruse, ärgerliche oder sexuelle Zeug hat nicht wirklich etwas mit mir zu tun.
- Ich möchte alles lieber ausleben, als es als inneres Geschehen anzuerkennen.
- Ich habe so viel anderes zu tun, daß ich zu müde bin, um auch noch mit meinen Träumen zu arbeiten.
- Wenn ich nicht acht Stunden ruhig durchschlafen kann, bin ich am nächsten Tag nicht voll einsatzfähig.
- Ich bin viel zu ängstlich und beschränkt, um überhaupt mit irgendetwas Erfolg zu haben.
- Ich muß um jeden Preis die Kontrolle über mein Leben behalten.
- Ich fürchte mich vor dem Erwachen, weil sich vieles als traumatisch erweisen könnte.
- Normale Menschen erinnern sich nicht an ihre Träume.

Die erinnerungblockierenden Begründungen wie diese sind häufig anzutreffen. Stellen Sie fest, welche davon auf Sie zutreffen. Und wenn es noch andere gibt, die bei Ihnen eine Rolle spielen, schreiben Sie sie auf.

Natürlich vergessen wir nicht nur unsere Träume, wir vergessen auch Namen, Prüfungsstoff, Verabredungen und Dinge, die wir gestern oder sogar heute getan haben.

Wenn wir nach Gründen dafür suchen, müssen wir uns an folgenden Grundsatz halten:

- Wenn ich etwas vergessen habe, dann wollte ich es auch vergessen!

Das Gedächtnis ist ein Segen für das bewußte Leben. Wir vergessen nichts, was wir wirklich erinnern möchten. Ohne Gedächtnis wird die Vergangenheit nicht in die Zukunft mit einbezogen, um beide zu verwandeln. Ein entwickeltes Gedächtnis ist das Kennzeichen eines bewußten Wesens. Menschen ohne besondere Interessen sind enorm vergeßlich. Folgende Standpunkte haben eine positive Wirkung auf die Entwicklung und Steigerung des Erinnerungsvermögens, ob es sich nun auf Träume oder auf andere Ereignisse beziehen mag:

- Um das Leben vollständig leben und schätzen zu können, trachte ich danach, alles im Gedächtnis zu behalten.
- Es ist sinnvoll, den Schlaf wegen eines Traumes oder einer anderen Erfahrung, die ich mir notieren und mit der ich arbeiten will, zu unterbrechen oder zu beenden.
- Mein Engagement für das Leben umfaßt alles und schließt nichts aus.
- Um wahrhaftig zu leben, überantworte ich mich ganz den Lebensquellen.
- Ich strenge mich nicht willentlich und in höchstem Maße an, um etwas ins Gedächtnis zurückzurufen. Statt dessen lasse ich die Erinnerung geschehen. Ich werde zu ihrem Träger, zum Vermittler.
- Das Vergessen ist ein Teil der Unvollkommenheit des Lebens – ich lasse es zu.
- Was ich liebe, bleibt stets in meiner Erinnerung.
- Für das Wesentliche im Leben habe ich immer Zeit.
- Ich bemühe mich darum, das Leben anzunehmen, und nicht darum, es zu beherrschen oder mich vor ihm zu verstecken.

Zuerst muß man sich die eigene negative Einstellung gegenüber dem Erinnerungsvermögen bewußt machen. Dann vergleiche man sie mit den hier dargestellten positiven Standpunkten und mit weiteren, die einem dazu einfallen.

Praktische Regeln zur Steigerung des Traumerinnerungsvermögens

Warum sollte es nicht möglich sein, jeden Tag von neuem aufzuwachen, als gelte es, ein schwieriges und manchmal auch sehr schwer faßbares Abenteuer zu erleben? Warum sollte man nicht beim Erwachen gespannt sein dürfen auf das, was die Nacht an Träumen gebracht hat, und danach trachten, diese Produkte einzufangen? Wer seine Träume vergißt, vergeudet ein Drittel seines Lebens – vielleicht ist es sogar das schöpferischste Drittel überhaupt!

Es wäre deshalb sehr wichtig, folgende Fragen zu beantworten:

- Welche Standpunkte vertrete ich in bezug auf den Schlaf und das Erwachen? Welchen Einstellungswandel habe ich zu vollziehen, um das Leben bewußter zu erfahren?

Um sich besser an Träume erinnern zu können, sind folgende Regeln zu beachten:

- Schreibwerkzeug, Licht und Papier (z. B. das Traumtagebuch) neben dem Bett bereithalten.
- Sofort nach dem Aufwachen alles aufschreiben, was Ihnen durch den Kopf geht – ob es sich um einen Traum handelt oder nicht.
- Stets mit den Träumen arbeiten und sie irgendwie verwenden. Sonst liegen sie brach und sind der Mühe nicht wert, die Sie sich mit dem Erinnern gemacht haben.
- Lernen, sofort nach einem Traum aufzuwachen. Zwischen zwei Träumen liegt normalerweise eine Zeitspanne von 1½ Stunden. Eventuell die Schlafgewohnheiten ändern und zu einer Zeit erwachen, die durch 1½ teilbar ist, also nach 4½, 6 oder 7½ Stunden und *nicht* nach 7 oder 8 Stunden. Versuchen Sie herauszufinden, welche Schlafdauer für Sie am besten ist, um einen Traum zu erinnern. Es ist wichtig, gerade im Anschluß an eine Traumphase zu erwachen.
- Sich fest vornehmen, sogar die unscheinbarsten Traumfragmente aufzuschreiben – und nicht nur die eindrücklichsten und lebhaftesten Träume.
- Während des Aufschreibens vermehrt auf Details achten.
- Mit der festen Absicht einschlafen, am nächsten Morgen einen Traum aufzuschreiben. Zum Beispiel kann man diesen Vorsatz in Gedanken auf eine imaginäre Wandtafel schreiben – und dabei langsam einschlafen.
- Lassen Sie sich nicht von lauter Musik oder schrillem Läuten wekken. Meistens geht dadurch die Erinnerung an den Traum verloren, weil der Wechsel vom Schlaf- zum Wachzustand zu abrupt erfolgt. Man kann lernen, kurz *vor* dem Schrillen des Weckers oder dem Einschalten des Radios zu erwachen. Dies gelingt um so eher, je größer die Freude darüber ist, wieder einen neuen Tag zu erleben.
- Nach dem Aufwachen sofort das aufschreiben, was zuerst erinnert werden kann – ohne zuvor das Material zu ordnen oder den ganzen Traum ins Gedächtnis zurückzurufen. Vor dem definitiven Eintrag in das Traumtagebuch können die Notizen immer noch in die richtige Reihenfolge gebracht werden.
- Sich nach dem Erwachen nicht abrupt bewegen. Nicht sofort aufstehen und mit dem Frühsport beginnen oder über die Alltagsbelange nachdenken.

- Bemühen Sie sich nicht krampfhaft darum, einen Traum zu erinnern. Auch der Mißerfolg gehört dazu. Wer vor dem Versagen Angst hat, dem wird nichts gelingen.
- Vor dem Einschlafen die Ereignisse des Tages noch einmal vorüberziehen lassen. Diese meditative ‹Gewissenserforschung› hat eine klärende Wirkung und bringt gleichzeitig den Alltag zu einem Abschluß, so daß man am nächsten Morgen nicht gezwungen ist, hektisch zu erwachen – inmitten unerledigter Gedanken.
- Alle Träume aufschreiben, sogar die schlimmsten, schrecklichsten und widersprüchlichsten! Wir sind keine guten Wesen, sondern ganze, vollständige. Die Traumarbeit bringt alles an den Tag! Wir weichen am meisten dem aus, was wir am dringendsten erkennen sollten.
- Wer mit seinem Partner im selben Bett schläft, sollte in bezug auf die Träume auch die gleichen Interessen haben. Mann und Frau können ein Traumtagebuch führen, aber keiner sollte lesen, was der Partner geschrieben hat. So etwas wäre eine Verletzung der Privatsphäre. Man trägt die Verantwortung für das, was man liest. Ist man tatsächlich willens und bereit, auch die Verantwortung für die Psyche eines anderen Menschen zu übernehmen und sich mit ihr zu befassen?
- Achten Sie auf die Gefühle und Stimmungen in Ihren Träumen, und halten Sie sie schriftlich fest.
- Darauf gefaßt sein, daß sich wichtige Tagesereignisse in einem Traum widerspiegeln bzw. ihn beeinflussen.
- Wenn Sie sich nicht lebhaft genug an Ihre Träume erinnern können, versuchen Sie es einmal mit einer Veränderung der Schlafgewohnheiten: das Bett an einen anderen Ort stellen, das Schlafzimmer wechseln usw.
- Manchmal hilft es auch, vor dem Einschlafen intensiv an eine bestimmte Person oder ein besonderes Ereignis zu denken. Man hat dann am nächsten Morgen eine Art ‹Aufhänger› beim Versuch, das Traumgeschehen zu fassen, und kann sich fragen, ob jene Dinge Bestandteile des Traumes gewesen sind.
- Beim Aufschreiben des Traumes muß man sich der Wichtigkeit dieser Arbeit bewußt sein, um negativistischen Tendenzen keinen Raum zu geben.
- Schlafen Sie nach dem Aufwachen nicht wieder ein – bleiben Sie wach und versuchen Sie, sich an einen Traum zu erinnern.
- Wir leben das, woran wir uns erinnern. Das Gedächtnis ist das Leben!

Die Objektivierung des Traumes

Wichtig ist allein der Traum, der Traum und nur der Traum! Kehren Sie immer wieder zum Traum zurück.

- Ist dies tatsächlich ein Bestandteil des Traumes?
- Was mag der Traum sonst noch aussagen?
- Welche Standpunkte außer den persönlichen sind im Traum ausgedrückt?
- Wenn Sie alles bereits verstehen, warum haben Sie denn gerade diesen Traum geträumt?
- Warum haben Sie sich noch nicht mit diesem oder jenem Traumbestandteil auseinandergesetzt?

Es ist eine bedauerliche Tatsache, daß viele Leiter von Traumarbeitskursen, viele Therapeuten und andere ‹Helfer› nur zu oft bei ihrer Arbeit den Traum weit hinter sich lassen. Sie befassen sich mit anderen Dingen, etwa mit Gefühlszuständen, Lebensproblemen, Kindheitserlebnissen und Deutungen. Daraus ergeben sich zwar eine Menge interessanter Anregungen, aber mit einer Traumarbeit hat dies nur noch wenig zu tun. Traumarbeit heißt, sich dem Traum zu nähern, und nicht, sich von ihm zu entfernen.

Deshalb müssen wir lernen, den Traum als solchen zu objektivieren.

- Welche Dynamik kennzeichnet den Traum? Welche Symbole finden sich darin, und in welcher Beziehung stehen sie zueinander?
- Welche Kernprobleme bleiben im Traum anscheinend ungelöst?
- Welche Situationen bleiben offenbar ungelöst oder werden nur angedeutet?
- Welche Gegensätze und welche Gemeinsamkeiten kennzeichnen den Traum?
- Was tut das Traum-Ich im Traum, und was unterläßt es?

Durch die Beantwortung dieser Fragen ergibt sich ein sehr unmittelbarer, literarischer Zugang zum Traum. Das Traumgeschehen wird wie ein Gedicht der äußeren Form nach beurteilt. Ohne diese *Objektivierung* ist es kaum möglich, den Traum in der Art wieder-zuerleben, wie er ursprünglich gewesen ist.

Den Objektivierungsversuchen stehen jedoch schwerwiegende ‹Subjektivierungstendenzen› gegenüber, von denen nur sehr schwer loszukommen ist:

- Der Versuch, die Trauminhalte psychologischen Theorien oder konfessionellen Überzeugungen gemäß zu erklären und zu deuten. Die Träume werden nur durch diese Brille gesehen.
- Der Psychotherapeut oder man selbst will eigene Auffassungen und Voreingenommenheiten nicht in Frage stellen. Deshalb wird versucht, die ‹Traumwahrheiten› mittels Interpretationen zu beherrschen und zu lenken.
- Gewisse unbewußte Komplexbereiche wirken derart stark, daß ihnen leicht nicht eigentlich dazugehörige Trauminhalte unterschoben werden können. In diesem Falle muß man im Hinblick auf die Traumobjektivierung zum Beispiel einwenden: «Aber hier geht es um eine unbekannte, weinende Traumfigur und nicht um die Hysterie der Mutter, für die es in diesem Traum keine direkten Hinweise gibt.»

Soviel zu den Problemen und zur Notwendigkeit, den Traum in den Mittelpunkt der Betrachtungen zu stellen. Die Ausgangslage ist also die, daß es darum geht, die Träume für die Traumarbeit zu benutzen – und nicht für andere Zwecke, z. B. für Gruppentherapie, Theoriebildung oder irgendeine andere bestimmte Zielvorstellung. Der Jung-Senoi Ansatz zeichnet sich dadurch aus, daß stets mit dem Traum begonnen wird und man dabei bleibt. Dies geschieht durch die Objektivierung, worauf verschiedene Manifestationsebenen angegangen werden.

Es ist nicht so wichtig, ob eine Analyse der Traumstruktur letzten Endes objektiv ist oder nicht. Alles wird schließlich durch das Bewußtsein gefiltert und bekommt dadurch stets eine bestimmte Färbung. Doch läßt sich nicht auch unter diesen Umständen eine gewisse Objektivität erreichen? Vielleicht besitzen wir in unserer eigenen Subjektivität die größtmögliche Objektivität. Die Innenwelt ist nicht subjektiver als die Außenwelt, sie ist nur anders. Die Außenwelt wird ebenso durch bestimmte, persönliche Vorurteile gefärbt wie die Innenwelt.

Weil unsere Weltanschauung von Voraussetzungen und Vorstellungen bestimmt wird, die uns unbewußt sind, streben wir danach, diese Rahmenbedingungen durch den Bewußtwerdungsprozeß zu objektivieren.

Dazu bedarf es der Einstellung, daß ein ausreichendes Maß an Objektivität erreichbar ist, Selbstvertrauen in die eigenen Fähigkeiten und eine gewisse Hingabebereitschaft für diese Arbeit.

Die Objektivierung braucht nicht verbal ausdrücklich formuliert zu werden. Sie kann in gedanklicher Form und beiläufig geschehen. Man gewinnt dadurch Zeit für andere Traumarbeitsaufgaben, etwa für die Frage, was mit dem Traum getan werden soll und wie dies zu bewerkstelligen ist.

Durch die Anwendung der Objektivierungsmethode erübrigt es sich mehr oder weniger, alles über das Leben einer träumenden Person zu wissen oder danach zu suchen, was den Traum ausgelöst haben mag. Der Traum kann als eigenständiges, in sich zusammenhängendes und dynamisches Ganzes aufgefaßt werden.

Die Objektivierung eines Traumes geschieht der Reihe nach wie folgt:

- Das Traum-Ich beschreiben, das Bild der träumenden Person im Traum. Was tut oder unterläßt es im Traum?
- Welches sind die hauptsächlichsten Gegensätze und Gemeinsamkeiten? Listen Sie sie auf. In welcher Beziehung stehen sie zueinander?
- Welche Ereignisabfolgen lassen sich beobachten – sofern es überhaupt welche gibt?
- Die Hauptsymbole und deren Zusammenhänge erläutern.
- Die Ausgangslage, die konfliktreichen Auseinandersetzungen und die ungelösten Situationen herausarbeiten.
- Welche positiven Symbole, Problemlösungen, Beziehungen usw. sind vorhanden?
- In welcher Beziehung stehen die einzelnen Teile dieses Traumes zu früheren Träumen?
- Welche Beziehungs- und Lösungsmöglichkeiten sind bisher noch nicht im Traum zum Ausdruck gekommen?

Nach der Objektivierung des Traumes kann man sich für eine bestimmte Methode entscheiden, die für die Weiterentwicklung der jeweiligen Traumdynamik am angemessensten zu sein scheint. Bei einem mangelhaften oder fehlenden Zusammenhang zwischen den verschiedenen Traumsymbolen läßt sich eine Verknüpfung mit Hilfe des neuerlichen Wiedererlebens des Traumes herstellen. Ein im Traum begonnenes Gespräch findet seine Fortsetzung dank der Dialogtechnik. Die Möglichkeiten der Traumarbeit sind so vielfältig wie die Traumdynamik überhaupt. Wenn wir also eine objektive Ausgangsgrundlage geschaffen haben, sind dem schöpferischen Umgang mit dem Traum keine Grenzen mehr gesetzt.

Beispiel für Traumarbeit – Objektivierung eines Traumes

Strephons Kommentar

Die folgende Traumobjektivierung wurde von jemandem durchgeführt, der mit der Traumarbeit noch kaum vertraut war. Dieses Beispiel zeigt deutlich, daß beinahe jeder mit den in diesem Buch beschriebenen Methoden seine eigenen Träume ebenso gründlich bearbeiten kann wie ein Analytiker oder Therapeut.

Das Beispiel zeigt – was auch dieses Buch demonstrieren will –, daß jeder einzelne Mensch erfolgreich mit seinen eigenen Träumen arbeiten kann. Experten haben nur die Aufgabe, den Entwicklungsprozeß und die Traumarbeit zu unterstützen und zu fördern.

Traumarbeit ist nicht mehr das Privileg der Spezialisten!

Traumtitel: Ein Schiff auf dem Meer 29. September 1979

Ich befinde mich zusammen mit anderen an Bord eines Schiffs auf dem Ozean. Wir haben einen Kreis gebildet, um Gedanken und Erfahrungen auszutauschen. Einer hat soeben aufgehört, etwas vorzulesen. Ich würde gerne vortreten und ein paar Yoga-Stellungen oder Tanzschritte mit den anderen einüben. Doch aus irgendeinem Grunde lese ich statt dessen einen Text von einem alten Plakat ab, das an der Wand hängt. Er ist in einer mir fremden Sprache geschrieben, vielleicht in Deutsch oder in Altenglisch. Ich lese langsam, stockend und lasse mir Zeit beim Aussprechen der Wörter. Als ich mit dem Lesen des kurzen Textes fertig bin, möchte ich immer noch die Yoga-Übungen leiten, doch da steht bereits jemand anders auf (wahrscheinlich glaubt er, daß ich fertig bin) und will nun seinerseits zu diesem Ritual, oder was immer es sein mag, seinen Beitrag einbringen. Tatsächlich finde ich das völlig in Ordnung. Ich setze mich.

Jetzt befinde ich mich mit den meisten anderen Leuten in der Nähe des Hecks. Es herrscht eine fröhliche, festliche Stimmung, wie bei einer Party, wenn man um den Swimmingpool steht. Es macht mich nervös, über die Reling zu steigen, deshalb halte ich auch etwas Abstand. Andere kühlen sich ihre Füße im Wasser. Das Meer scheint ziemlich ruhig zu sein, trotzdem macht es mich nervös. Fast alle Leute sind jetzt hier, so daß der Bug hoch aus dem Wasser emporragt. Es sieht so aus, als würde niemand das Schiff steuern.

Dann sehe ich auf der einen Seite ein großes Schiff, das auf uns zukommt. An der anderen Seite kommt ebenfalls eines auf uns zu – nun bilden die drei Schiffe zusammen eine Art Pfeil- oder Keilformation. Ich kann aber nur an einen Zusammenstoß denken, vor dem mir graut. Ich frage die Frau neben mir, ob wir vielleicht jemanden nach vorne schicken sollten, um das Ruder in die Hand zu nehmen. Doch sie scheint nicht beunruhigt zu sein.

Ab nun wird alles sehr undeutlich …

Doch plötzlich befinden sich einige wenige von uns in einem kleinen hölzernen Boot aus ungehobelten Brettern. Es läuft an Land auf, und alle Bootsinsassen werden sanft hinausgeworfen. Mein erster Impuls ist es, das Boot wieder aufzurichten. Ich drehe es also um und zerre es in die Richtung, aus der wir gekommen sind (wo das Wasser sein muß). Doch um mich herum ist nichts als trockenes Land – Hügel und Unkraut, die dem trockenen Gestrüpp der sommerlichen Hügel im Tilden Park ähneln.

Kommentar

Ich erwachte und war beunruhigt – irgend etwas stimmte nicht.

Mein Traum-Ich hatte zu Beginn nichts unternommen. Für mich war dies eine Enttäuschung. Dazu kam noch, daß das Eingreifen – als es endlich dazu kam – der Situation nicht angemessen und bedeutungslos zu sein schien.

Spezielle Traumaufgaben

1. A. Wie handelt das Traum-Ich, und was hat es nicht getan?

Das Traum-Ich nimmt an einer Erfahrungsaustauschgruppe teil und möchte gewisse Bewegungsabläufe vermitteln und mit den Teilnehmern einüben. Statt dessen liest die Träumende aber einen Text von einem alten Plakat ab, langsam und stockend. Dann faßt sie die Geste eines anderen, der nun seinerseits etwas beitragen will, als Stichwort auf, sich zu setzen. Das tut die Träumende, ohne ihre ursprüngliche Absicht zu verwirklichen. Sie ist zusammen mit anderen auf einem Schiff – und nervös, trotz der festlichen Stimmung der anderen. Sie bleibt hinter der Reling stehen, während andere hinübergeklettert sind, um die Füße im Wasser zu kühlen. Nachdem die Träumende zwei Schiffe entdeckt hat, die auf Kollisionskurs fahren, befürchtet sie das Schlimmste. Sie fragt ihre Nachbarin, ob man nicht besser jemanden nach vorne schicken sollte, um das Steuer zu übernehmen. Da die Befragte nicht beunruhigt scheint, unternimmt die Träumende nichts. Dann befindet sie sich mit ein paar anderen in einem kleinen Boot auf dem Trockenen. Gemeinsam werden sie an Land geworfen. Sofort dreht die Träumende das Boot wieder in die richtige Lage und zerrt es, wie sie glaubt, in Richtung Wasser. Schließlich erkennt sie, daß sie von trockenem Land umgeben ist.

1. B. Liste der wichtigsten Gegensätze und Gemeinsamkeiten im Traum. In welcher Beziehung stehen sie zueinander?

1) Ozean – trockenes Land.
2) Bewegungsabläufe vormachen – einen Text vorlesen (aktiv – passiv).
3) Meine Handlungsabsicht kontra die Worte eines anderen.
4) Nervosität kontra festliche Stimmung.
5) Mein Wunsch, noch mehr in die Gruppe einzubringen kontra die Gebärde eines anderen, der nun seinerseits etwas einbringen will.

6) Ähnlichkeit der Schiffsform (Keil) und der Schiffsformation (Pfeil).
7) Großes Schiff – kleines hölzernes Boot.

Die meisten dieser Gegensätze haben mit dem Gegensatz ‹Ich – Gruppe› zu tun, denn die Wünsche des Ichs und die Handlungen der anderen stimmen nicht miteinander überein.

1. C. Welche zusammenhängenden Abläufe gibt es im Traum, sofern solche überhaupt vorhanden sind?

1) Jemand liest vor; ich stehe auf und lese selbst; eine andere Person bringt etwas ein.
2) Von einer rituellen Erfahrungsaustauschgruppe zu einem fröhlichen Fest am Heck des Schiffs.
3) Eine allgemeine Nervosität wegen des Überkletterns der Reling wird zur Sorge über die fehlende Steuerung des Schiffes und steigert sich zur Furcht vor einem Zusammenstoß.
4) Die Furcht vor dem Zusammenstoß wird zur Befürchtung, das kleine Boot könnte an Land umkippen.
5) Verlagerung vom Meer aufs trockene Land.
6) Nach dem Umdrehen des Bootes der Versuch, es ins Wasser zu zerren.

1. D. Welche wichtigen Symbole kommen vor und in welcher Beziehung stehen sie zueinander?

1) Ozean
2) Schiff
3) Ritualkreis
4) Schiffsreling
5) Pfeil oder Keil
6) Kleines Holzboot
7) Trockenes Land und Hügel

Das Schiff fährt auf dem Meer, dem Ozean. Der Ritualkreis wird auf dem Schiff gebildet. Die Reling des Schiffs ist eine Grenze zwischen Deck und Wasseroberfläche. Die Pfeil- oder Keilformation entsteht durch die Lagebeziehung der drei Schiffe zueinander. Das Holzboot ist wesentlich kleiner als das große Schiff. Im Boot scheint es weniger bedrohlich zu sein als auf dem trockenen Land.

1. E. Die Ausgangssituationen, Konflikte und ungelösten Probleme im Traum:

1) Obwohl das Traum-Ich behauptet, daß es ihm nichts ausmache, keine Yoga- oder Tanzübungen einbringen zu können, scheint dieses Problem ungelöst.
2) Anstatt Bewegungsabläufe vorzumachen, tut das Traum-Ich etwas, mit dem es nicht vertraut ist. Dies steht irgendwie im Gegensatz zu dem, was das Traum-Ich wirklich ist.
3) Die Nervosität des Traum-Ichs und die festliche Stimmung der Leute an Bord sind Ausdruck eines bestimmten Konflikts.
4) Die Tatsache, daß offenbar niemand das Schiff steuert, scheint eine wichtige Ausgangssituation zu sein.
5) Das Traum-Ich schlägt vor, daß jemand nach vorne gehen sollte, um das Steuer in die Hand zu nehmen. Dieser Vorschlag wird im Traum nicht realisiert.
6) Spannungs- und konfliktgeladen ist auch das Bild der drohenden Kollision. Zu einer Lösung kommt es nicht, denn plötzlich sitzt das Traum-Ich in einem kleinen Holzboot an Land.
7) Der Versuch, das Boot zum Wasser zu zerren, obwohl es nirgends welches gibt, scheint einen situationsbedingten Konflikt auszudrücken.

1. F. Welche Aspekte sind positiv?

1) Der rituelle Kreis der Erfahrungsaustauschgruppe ist ein positives Symbol.
2) Das Traum-Ich scheint mit dem kleinen hölzernen Boot und dem trockenen Land besser zurechtzukommen. Obwohl es in dieser Situation lächerlich wirkt, tut es immerhin etwas. Insofern sind diese Symbole positiver als das große Schiff und das Meer. Positiv ist die Tatsache, daß das Traum-Ich handelt; negativ die Handlungsweise, da sie absurd und nutzlos ist.
3) Die festliche Stimmung auf dem Schiff könnte positiv gewertet werden (wenn man annimmt, das Fest werde zu Ehren des Meeres gefeiert).

1. G. In welcher Beziehung stehen die Einzelheiten dieses Traumes zu früheren Trauminhalten?

Ich habe schon oft vom Meer und von Schiffen geträumt – von Schiffen, die manchmal außer Kontrolle gerieten und heftig hin und her geworfen wurden; manchmal wurden sie auch gesteuert – aber nicht von mir.

1. H. Was wurde im Traum nicht verwirklicht und müßte deshalb noch realisiert werden?

1) Das Einbringen der Yoga-Übungen und Tanzschritte.
2) Das Verständnis für das Vorgelesene.
3) Das Überklettern der Reling und das Kühlen der Beine im Meer.
4) Die Übernahme der Kontrolle des Schiffes.
5) Daß eine andere Person vom Traum-Ich dazu veranlaßt wird, das Steuer in die Hand zu nehmen.
6) Der Zusammenstoß.
7) Das Verhindern des Zusammenstoßes.
8) Das Zurückziehen des kleinen Bootes ins Wasser, um die Handlungsweise des Traum-Ichs sinnvoll abzuschließen.
9) Die Beteiligung an den Feierlichkeiten an Bord.

2. *Welche Möglichkeiten ergeben sich durch die Realisierung des Zusammenstoßes?*

Einheit – Explosion – lauter Knall – Expansion – Veränderung – Verwandlung – Verschmelzung.

In meinem Tagebuch habe ich mir ausgemalt, was möglicherweise geschehen könnte – ohne das Traum-Ich daran zu beteiligen. Es ließ alles zu und beobachtete neugierig die Ereignisse.

3. *Auf welche Weise treffe ich als Traum-Ich meine Entscheidungen? Über den Weg des geringsten Widerstands? Was habe ich zu tun, und was erwartet man von mir? Das, was mir am schwersten fällt?*

Das Traum-Ich handelt so, *wie man es von ihm erwartet* – es beteiligt sich am Erfahrungsaustausch.

Vielleicht beruht die Entscheidung, das Plakat vorzulesen, anstatt Yoga-Unterricht zu geben, *nur auf Ängstlichkeit*. Das Traum-Ich *geht das geringste Risiko ein* und tut *nichts Außergewöhnliches, was bedrohlich* sein könnte. Bisher hatte keiner der Teilnehmer einen Bewegungsablauf eingebracht, also handelte das Traum-Ich *gruppenkonform* und hielt sich an das *traditionelle* Vorgehen.

Später setzt sich das Traum-Ich hin, obwohl es nun seine Absichten hätte verwirklichen können – es entscheidet sich also wiederum *erwartungsgemäß und angepaßt*, um nicht aufzufallen und Unsicherheit zu erzeugen, was als bedrohlich hätte empfunden werden können.

Ängstlichkeit und Nervosität hindern das Traum-Ich daran, über die Reling zu steigen.

Es befindet sich am Heck des Schiffes, *weil alle anderen dort sind.*

(Ich habe noch weiter an diesen Problemen gearbeitet, aber dies hier genügt, um die wesentlichen Punkte aufzuzeigen.)

Auswertung

Die Objektivierung dieses Traumes hat mir unglaublich viel gegeben. Ich glaube Therapeuten gesehen zu haben, die eine Objektivierung schweigend während des Zuhörens durchführten. Aber es muß unbedingt begriffen werden, daß es sich dabei um einen Entwicklungsvorgang handelt. Während ich mich nämlich mit den einzelnen Aufgaben auseinandersetzte, merkte ich, wie mir viele weiterführende Vorgehensweisen und Aufgaben einfach so einfielen. Sie erlaubten es mir, bestimmte Punkte genauer anzusprechen oder auch gewisse Lösungsansätze zu vertiefen. Ich habe das Gefühl, daß diese Methode von enormer Bedeutung für die Arbeit mit den eigenen Träumen oder für die Anleitung zur Traumarbeit ist.

Die Objektivierung des Traumes: Zusammenfassung und Anleitung für die Traumarbeit

Mit Hilfe der Traumobjektivierung kann jene Traumarbeitsmethode gefunden werden, die am ehesten dafür geeignet ist, eine bestimmte Traumdynamik zur Entfaltung zu bringen. Wenn z.B. zwischen den verschiedenen Symbolen kein innerer Zusammenhang besteht, kann das Wiedererleben des Traumes Beziehungen herstellen. Wird dagegen ein Gespräch im Traum nicht beendet, empfiehlt es sich, die Dialogmethode anzuwenden. Die Möglichkeiten der Traumarbeit sind ebenso vielfältig wie die Träume. Zuerst geht es also darum, eine objektive Arbeitsgrundlage zu schaffen – und dann sind der kreativen Entfaltung bei der Traumarbeit keine Grenzen mehr gesetzt.

Bei der Objektivierung der Träume werden die Antworten auf folgende Fragen schriftlich festgehalten und ausgewertet:

- Wie handelt das Traum-Ich und was unterläßt es?
- Welche Gegensätze und welche Gemeinsamkeiten sind deutlich zu erkennen? Wie sind sie aufeinander bezogen?
- Welches sind die wichtigsten Symbole, und wie hängen sie miteinander zusammen?
- Welche Ereignisabfolgen handlungs- und gefühlsmäßiger Art gibt es?
- Welche dynamischen Entwicklungstendenzen ergeben sich aus der Verallgemeinerung der wichtigsten Symbole?
- In welcher Beziehung steht das Traum-Ich zu den wichtigsten Symbolen?
- Welche Ausgangssituationen, Konflikte und ungelösten Probleme sind vorhanden?

- Welche Lösungen und heilenden Umstände treten bereits im Traum auf?
- Welche Beziehungs- und Lösungsmöglichkeiten wurden nicht realisiert und müssen deshalb noch verwirklicht werden?
- In welchem Zusammenhang steht dieser Traum zu anderen Träumen? Sind gewisse Symbole schon früher aufgetreten?
- Wie ist der spezielle Charakter oder das Wesen des Traumes zusammenfassend zu beschreiben?
- Was konnte man bis jetzt aus dieser Traumarbeit lernen?

Allein durch die Beantwortung dieser Fragen läßt sich manchmal der Sinn eines Traumes verstehen. Als nächstes wären nun spezifische, auf die persönlichen Verhältnisse zugeschnittene Aufgaben für die Traumarbeit zu planen, die auf der inneren Dynamik des Traumes aufbauen. Entwickeln Sie also spezielle Traumaufgaben, die den Trauminhalt erweitern und dazu führen, eine engere Verbindung zwischen den einzelnen Teilen des Traumes herzustellen. Arbeiten Sie auch mit jenen Einzelheiten, die der Lösung bedürfen, ferner mit jenen, die sich im Alltag und in bezug auf Ihre Persönlichkeit anwenden lassen.

Die Objektivierung einer Erfahrung ist eines der besten Mittel, um sich mit der Wirklichkeit auseinanderzusetzen.

Schlüsselfragen zum Traum

Was ist eine Frage?

Ist sie ein Geheimnis, das sich niemals beantworten läßt? Gibt es nicht Momente, in denen es viel wichtiger wäre, nach einer passenden Frage zu suchen, als die richtige Antwort zu kennen?

Ohne Fragen kann es kein Bewußtsein geben. Eine Tatsache ist nur halb so interessant wie eine Ungewißheit. Antworten sind trügerisch, denn sie sind von Raum und Zeit begrenzt. Mit der richtigen Frage transzendieren wir die Grenzen des rein Faktischen.

Mit einer endgültigen Antwort, die keine neuen Fragen mehr zuläßt, bleiben wir gefesselt im Netz der Zeitumstände und den sich daraus ergebenden Konsequenzen.

Und wenn der größte Entwicklungsschritt der Evolution die Entdekkung der Frage war? Stellen Sie sich jenen dramatischen Augenblick in der fernen Vergangenheit vor, als die erste Frage gestellt wurde – von einem Menschen, der nicht gewillt war, die bestehenden Verhältnisse zu akzeptieren.

Ein Traum ist eine Frage und keine Antwort.

Die Träume sind die Quellen der Lebensmöglichkeiten im Alltag. Diese Auffassung ist nicht in dem Sinne zu verstehen, daß Träume gottgegebene Antworten seien, die bestimmen, wie wir leben sollen. Dies wäre nur wieder ein weiteres Dogma als Ersatz für die aufgegebenen. So etwas kommt aber vor, denn manche fassen ihre Träume als buchstäbliche Wahrheit auf und übersehen dabei die Tatsache, daß schon ein einzelner Traum in sich widersprüchlich ist. Es ist das Ich, das sich für die Realisierung einer bestimmten Möglichkeit entscheidet. Also trägt das Ich die Verantwortung. Und schließlich ist es auch das Ich – und nicht der Traum –, das die bitteren oder erfreulichen Konsequenzen seiner Entscheidungen zu tragen hat.

Antworten sind immer vorläufig und provisorisch. Dies wird sich vor allem bei der Beantwortung der Liste der Schlüsselfragen zeigen. Aber sogar ‹Halbwahrheiten› sind beachtenswert – und es lohnt sich, sie mit der Realität zu konfrontieren. Versuchen Sie es! Meistens entstehen dann neue Fragen. Das Ergebnis ist ein weiterer Schritt auf dem Weg der Individuation, eine Erweiterung des Bewußtseins. Bei der Bearbeitung der Liste der Schlüsselfragen werden Ihnen vielleicht zusätzliche Fragen einfallen, Fragen, die aus Ihrem eigenen Unbewußten stammen.

Lassen Sie bei der Beantwortung Ihrer Intuition freien Lauf und schreiben Sie alles auf, was Ihnen zu den Fragen einfällt.

Es gibt keine ‹richtigen› Antworten. Nur Sie selbst können sich ein

Urteil über das eigene Unbewußte bilden, nur Sie haben darüber zu bestimmen, wie vollständig und realitätsbewußt auf das Leben einzugehen ist – sei es nun zum Guten oder zum Schlechten.

Schlüsselfragen zu einem Traum

Beantworten Sie beliebig viele Fragen. Gehen Sie vor allem auf jene Fragen ein, die Sie besonders positiv oder negativ berühren.

- Wie verhalte ich mich als Traum-Ich?
- Welche Symbole sind für mich wichtig?
- Welche unterschiedlichen Gefühlszustände treten während des Traumgeschehens auf?
- Zu welchen Handlungen kommt es?
- Gibt es einen Zusammenhang zwischen dem Traum und einer momentanen Alltagssituation, einem zukünftigen Ereignis oder einem bestimmten Persönlichkeitsaspekt meiner selbst?
- Welche feindschaftlichen Begegnungen geschehen?
- Was hat eine helfende oder heilende Wirkung?
- Was wird verletzt?
- Was wird wieder gesund?
- Was würde ich lieber vermeiden?
- Welche Handlungsvorschläge müßten von mir beachtet werden?
- Was wird von mir verlangt?
- Mit welchen Fragen werde ich konfrontiert?
- Welche Entscheidungen kann und werde ich aufgrund der Traumarbeit treffen?
- Welche Unterstützung wird mir zuteil – von wem oder durch was?
- Weshalb brauche ich gerade diesen Traum und keinen anderen?
- Warum verhalte ich mich in dieser Situation so und nicht anders?
- Warum handle ich im Alltag nicht in derselben Weise?
- Welche Fragen habe ich an die Traumgestalten?
- Weshalb fürchte ich mich manchmal vor den Traumwesen?
- Warum habe ich jetzt gerade von dieser Person geträumt?
- Wo finden sich im Alltag und in meinen Träumen Wesen, die mich unterstützen und mir helfen?
- Was ist der Unterschied zwischen einer ‹Warum›- und einer ‹Wozu›-Frage?
- Was geschieht, wenn ich mich mit diesem Traum auseinandersetze, was, wenn ich es nicht tue?
- Was wird in diesem Traum akzeptiert?
- Welche neuen Fragen entstehen bei dieser Traumarbeit?

- Bemerke: Warum haben wir nicht gefragt: «Was bedeutet dieser Traum für mich?»

Diese Art der Fragestellung bezieht sich auf Träume, in denen sich das Ich seines Zustandes nicht bewußt ist. Sie soll das, was in der Dunkelheit entstanden ist, ans Licht bringen, damit es leben kann. Es gibt aber auch den luziden Traum, in dem das Ich weiß, daß es träumt. Aber nur das bewußtgewordene Ich träumt wissend.

Beispiele zur Schlüsselfragen-Methode

Einleitung

Dieses Beispiel spricht für sich selbst. Eine Vielzahl von ausgewählten Fragen bildete den Rahmen für die Traumarbeit. Gewisse Aspekte des Traums wurden zwar durch den Fragenkatalog nicht erfaßt, aber auch so förderte der Träumende ein reichhaltiges Material zutage. Er gestaltete seine Traumarbeit ohne jedwelche Hilfe von außen. Niemand interpretierte ihm seinen Traum. Diese Fähigkeit, selbst mit den Träumen zu arbeiten und sie verstehen zu lernen, ist uns allen gemeinsam.

Traumtitel: Das fünfte Rad am Wagen — 25. März 1979

Ich fahre mit meinem Bus eine Schnellstraße entlang, die der Jacksonstraße ähnelt, und wende das Fahrzeug. Bei einer Tankstelle sehe ich, wie jemand vor der Druckluftsäule über ein paar Ersatzreifen stolpert. Ich merke, daß es Anna ist. Im Vorbeifahren blicke ich in den Seitenspiegel, um festzustellen, ob sie mich auch gesehen hat. Das ist tatsächlich der Fall: Sie blickt zu mir herüber und lächelt.

Dann bin ich in der Wohnung von Gilbert und Margie. Ich fühle mich dort unwohl und fehl am Platze. Ich merke, wie verschieden wir voneinander sind. Margie trägt ihr Haar schlicht zusammengebunden, und ich bemerke, daß sie einige graue Haare hat (ihr übriges Haar ist – abweichend von der realen Situation im Alltag – braun). Sie will für eine Weile fortgehen, und ich frage mich, ob sie wohl mit dem Auto fahren wird, denn ich weiß, daß sie keinen Führerschein hat. Sie bleibt eine kurze Zeit draußen vor der Tür (ähnlich der von Roys Wohnung) stehen. Dann kommt sie wieder herein und lacht – ob uns denn nichts Seltsames aufgefallen sei? Sie trägt immer noch ihren Bademantel (er ist lang, türkisfarben und ausgebleicht) und hat ihre Naturhaar-Perücke wie eine Kappe über ihr langes Haar gestülpt. Es war mir durchaus aufgefallen, aber ich hatte nichts gesagt. Sie lacht uns aus, weil wir es nicht erkannt hätten bzw. unaufmerksam gewesen seien. Dann zieht sie sich zum Ausgehen um. Nun ist sie in Rot gekleidet und trägt einen hohen, kegelförmigen roten Hut, der mit Mondsicheln und Sternen verziert ist. Ich sage scherzend zu Gilbert, daß der Hut aussehe wie der einer Hexe. Er erwidert in ernsthaftem Ton, daß er ihm gefallen würde. Dann erscheint er selbst, wohlangezogen, um einkaufen zu gehen. Auch er trägt einen spitzen Hut. Verlegen stimme ich ihm zu und sage, daß die Hüte wirklich recht hübsch seien; sie würden jenen Hüten gleichen, die ich bei Darstellern in Shakespeare-Stücken gesehen hätte.

Es sind noch andere bei Gilbert und Margie, darunter auch Nela – eventuell mit ihrer Familie. Ich vermute dies, weil Kinder und Teenager im Haus sind (die mir bekannte Nela ist allerdings zu jung, um schon Kinder in diesem Alter zu haben). Ich merke, daß alle ganz besonders gut angezogen sind, sogar Gilbert, der ein Hemd mit Blumenmuster und eine Weste trägt. Ich überlege mir, daß man sich in Mexiko immer etwas Besseres anzieht, wenn man ausgeht – unabhängig vom Anlaß. Darüber will ich später mit George reden.

Als sie beim Hinausgehen alle an einem Balkongeländer vorbeikommen, hebt einer von Nelas Teenagern den Fuß hoch und sagt lächelnd zu mir: «Sandalen. Siehst du?» Im schwachen Licht kann ich das Schuhwerk nicht gut erkennen, aber ich stimme ihm dennoch zu. Es scheint ihn zu freuen, etwas zu tragen, was ich sonst immer trage. Nela, die hinter ihm steht, lächelt mir zu.

Als ich allein in der Wohnung zurückbleibe, fühle ich mich unwohler denn je. Was mache ich eigentlich hier? Es ist nicht meine Wohnung, und wenn sie es wäre, würde ich sie ganz anders einrichten.

Ich schaue mich um. Überall liegen hübsche Teppiche, sogar in Toms Zimmer. Der Raum ist bunt gemustert, alles sieht überladen und bequem aus, vorwiegend in Rosa- und Blautönen. Im Bad sind die Handtücher wie Toilettenpapier auf Rollen gewickelt. Sie sehen gut aus, sie sind offensichtlich sehr teuer gewesen. Ich frage mich: «Wieviel hat Gilbert wohl dafür bezahlt? Es sind teure Stücke – wie kann man nur so viel dafür ausgeben?» In Toms Zimmer komme ich an einem Spiegel vorbei und sehe mich selbst. Der Spiegel hängt tief, denn Tom ist noch ein Kind. Ich muß mich bücken, um meinen Kopf und schließlich meinen ganzen Körper sehen zu können, und bin erstaunt, wie attraktiv ich aussehe. Ich trage einen hellblauen, kurzärmeligen Pullover. Die Halspartie ist offen, weil der Reißverschluß nicht hochgezogen wurde. Das sieht sportlich und salopp aus, denn der Kragen hängt locker herab. Meine Hosen sind weiß, mit weitem Schlag und eng an den Hüften. Ich bin barfuß. Die Kleidung ist ‹bequem›, weil der Pullover so kurz ist, daß ich ihn nicht in die Hose zu stecken brauche. Ich könnte eigentlich ausgehen – offenbar bin ich darauf vorbereitet.

Ich erwache beim Versuch, den Pullover in die Hose zu stecken, gehe im Wohnzimmer umher, fühle mich immer noch fehl am Platze und meine, daß ich ausgehen sollte, weil ich gar nicht so schlecht aussehe.

Kommentar:

Das Spiegelbild meiner selbst ist wichtig. Ich kann mich nicht erinnern, jemals von Spiegeln geträumt zu haben. Mein Kopf ist abgeschnitten – er wird eben normalerweise nicht akzeptiert. Dies ist für mich von erheblicher Bedeutung, weshalb ich mich vorbeuge, um den Kopf zu sehen. In den Augen anderer bzw. in deren Welt ist mein Intellekt nämlich nicht gefragt und gilt als wertlos.

Der Traum scheint meine Beziehung zu anderen Menschen zu kommentieren und mein Gefühl der Entfremdung darzustellen. In letzter Zeit war ich oft in Gesellschaft von Leuten, die kaum etwas mit mir gemeinsam hatten. Meistens bin ich das fünfte Rad am Wagen, während die anderen unternehmungslustig, kontaktfreudig, liebenswürdig und oberflächlich sind. Ihr Leben ist zweigeteilt: einerseits in die Arbeit, die aus Geldverdienen besteht, was für sie meistens nicht sonderlich kreativ ist; und andererseits in das Vergnügen, die Freizeit, in der sie geradezu überborden vor lauter Lebenslust. Gilberts Haus ist charakteristisch für das extravertierte moderne Leben. Es ist, was Konsumgüter angeht, auf dem neuesten Stand (was recht teuer ist). Ich kann mich mit keinem seiner Bewohner wirklich unterhalten, denn sie haben andere Interessen und sind einkaufen gegangen. Mein Anderssein wird sehr undifferenziert gesehen und auf die Wunschvorstellungen eines Halbwüchsigen reduziert, der bloß Sandalen trägt, um mich zu imitieren.

Schlüsselfragen

- *Wie handle ich als Traum-Ich in diesem Traum?*
  Ich reagiere, ohne selbst Anregungen zu geben. Ich schaue die anderen wie einen Film an und bin nur ein Beobachter, der das Mobiliar und alles andere neugierig betrachtet, um bestimmte Aussagen abzuleiten. Die anderen Traumgestalten verhalten sich beinahe so, als sei ich unfähig zu reagieren. Margie bemerkt nicht, wie aufmerksam ich gewesen war. Der Teenager sagt zwar etwas, erwartet aber keine bestimmte Antwort – nur eine einfache Anerkennung. Ich sehe mich im Spiegel und bin mir fremd. Das Traum-Ich reagiert wie jemand, der abseits der Dinge steht und ihnen entfremdet ist.
- *Wozu träumte ich gerade diesen Traum?*
  Der Traum weist auf ein Alltagsproblem hin, dem ich ausweiche. Er geht auf das ein, was ich ausgeklammert habe, verleiht ihm Ausdruck und nennt es beim Namen.
- *Welcher Zusammenhang besteht zwischen diesem Traum und dem, was zur Zeit im Alltag geschieht?*
  Vergleiche die Antwort auf die Frage nach der Handlungsweise des Traum-Ichs.

- *Welche Konsequenzen hat die Traumarbeit für mich?*
  Ich kann – und will – mich nicht mehr so leicht von anderen kompromittieren lassen, die meinen, das als einfältig und naiv hinstellen zu müssen, was mir viel bedeutet. Schließlich verlange ich nicht, daß andere meine Wertvorstellungen und Angelegenheiten übernehmen. Folglich dürfen auch sie nicht von mir fordern, daß ich ihre Anschauung und Lebensweise übernehme oder meine eigene opfere – nur damit ihre Welt nicht komplizierter wird. Ihre Welt bleibt mir nicht verschlossen, wenn ich ihr Sympathie entgegenbringe. Dazu muß ich ihnen etwas entgegenkommen – aber auch sie müssen mir gegenüber dasselbe tun. Falls sie sich weigern, werde ich sie dazu auffordern. Wie dem auch sei, für mich ist dies zu einer Frage der Selbstachtung geworden.
- *Was ist der Unterschied zwischen der bewußten Auseinandersetzung mit diesem Traum und dem bloßen Träumen?*
  Einen Traum ignorieren heißt, einer Enttäuschung Dauer zu verleihen. Dies könnte zu noch schwerwiegenderen Problemen führen. Ich riskiere womöglich, mich weit von dem zu entfernen, was für mich von Bedeutung ist. Statt dessen gehe ich Schritt für Schritt in ein Leben hinein, das sinnlos wird.

  Wenn ich dagegen die Probleme zur Kenntnis nehme, wird es mir möglich, meine eigenen Werte besser zu verstehen und ihre Bedeutung zu bejahen. Ich verliere sie nicht mehr so leicht aus den Augen. Ich könnte sogar noch mehr tun und mir zum Beispiel eine Umwelt schaffen, in der ich ein schöpferisches, erfülltes Leben führen kann. Den Satz von Keats darf ich nicht vergessen: «Alles, was schöpferisch ist, muß sich selbst erschaffen.»

Unangenehme Fragen, die ich lieber ignorieren würde

- *Welche Gefühle sind in diesem Traum aufgetreten?*
  Diese Frage habe ich ignoriert, denn die Antwort müßte aus einem Teil meiner selbst kommen, der nur schwach entwickelt ist. Ich mißachte meine Gefühle meistens. Im Traum fühle ich mich verlassen, verhöhnt, innerlich verletzt und entfremdet. Aber ich nehme es gelassen hin. Diese Gefühle bleiben – im Traum wie im Alltag – innerlich verborgen und kommen nicht zum Ausdruck.
- *Was an diesem Traum würde ich lieber verdrängen?*
  Die Hinweise auf meine Eitelkeit: Ich erfülle die Wünsche der anderen, um ihnen zu gefallen. Zudem starre ich voller Selbstbewunderung in den Spiegel und denke daran, auszugehen, um gesehen zu werden.

- *Wo finde ich im Alltag (und in meinen Träumen) Unterstützung und Führung?*
  Die Traumarbeit gibt mir darauf eine Antwort, der ich mich stellen muß: Unterstützend und führend sind jetzt meine eigenen Instinkte, meine Ausbildung (Yoga, I Ging, Tai Chi) und meine Kenntnisse. Ich bin in einer selbstgewählten Situation, in der es keine äußeren Führer gibt, mit denen ich Kontakt aufnehmen könnte, und auch keine Helfer. Die Traumarbeit bietet sich selbst als Führung und Unterstützung an, um mich auf ihre Weise wieder mit den anderen zu verbinden.

Auswertung

Allgemeine Thematik – Im Konflikt zwischen Individuum und Gesellschaft wird zwar die Individualität benötigt, andererseits aber auch unterdrückt und zerstört. Es genügt nicht, sich der Tatsache einfach nur bewußt zu sein, daß es ‹sie› auch noch gibt – vielmehr muß die eigene Individualität aktiv durchgesetzt werden – etwa im Sinne eines Arjuna, der gegen seine eigene Familie kämpfen muß, wie in der Bhagavad Gita erzählt wird.

Fragen – Warum bemühe ich mich nicht um äußere Unterstützung, um Menschen, die meinem Weg und meinen Zielen gegenüber aufgeschlossen sind?

Wieviel kann ich von mir selbst erwarten, wenn ich mich mit Menschen umgebe, die die Dinge, die mir wichtig sind, gar nicht beachten?

NB. Diesen *Traum* habe ich so gut wie sofort verstanden. Damit gab ich mich etwas zu schnell zufrieden. Es hat sich dann gezeigt, daß die *Traumarbeit* nicht nur nützlich, sondern sogar *notwendig* war, um die Hinweise und den *angebotenen Rat* des Traums zu erkennen.

Schlüsselfragen zum Traum: Zusammenfassung und Anleitung für die Traumarbeit

- Nach dem Aufschreiben des Traumes ist die Liste der Schlüsselfragen durchzulesen. Wählen Sie eine Ihnen zusagende Frage aus und beantworten Sie sie im Hinblick auf den Traum. Schreiben Sie möglichst schnell, um die Antworten, die spontan kommen, nicht zu blockieren.
- Nehmen Sie sich eine zweite Frage vor. Sie ist wiederum so zu beantworten, daß dabei auf das Traumgeschehen eingegangen wird. Suchen Sie sich nun weitere Fragen aus. Die Anzahl hängt von der Zweckdienlichkeit und der Zeit ab, die Ihnen zur Verfügung steht.

- Überprüfen Sie die Frageliste und finden Sie heraus, was Sie ausgelassen haben. Das Ich weicht natürlich jenen Dingen aus, die schmerzvoll oder klärend sein könnten. Beschäftigen Sie sich also speziell noch mit dieser Frage.
- Nachdem Sie alle Antworten festgehalten haben, suchen Sie nach der allgemeinen Thematik und nach neuen Einsichten. Schreiben Sie eine Zusammenfassung. Welchen Nutzen haben die gewonnenen Erkenntnisse für den Alltag und das zukünftige Traumleben?
- Überlegen Sie, welche neuen Fragen sich aus der Traumarbeit ergeben haben, und schreiben Sie auch diese auf. Eine Beantwortung ist nicht unbedingt nötig. Lassen Sie die Fragen auf Ihr Inneres einwirken – zu einem späteren Zeitpunkt sehen Sie sich das Material nochmals an, um festzustellen, zu welchen Antworten Sie gekommen sind.

Das Traum-Ich beobachten

Was könnte einfacher und leichter zu bewerkstelligen sein als die Beobachtung des Verhaltens des Traum-Ichs!

Das eigene *Traum-Ich* ist in der Regel das getreuliche Abbild der eigenen Person im Traum.

Es kann z. B. etwas beobachten, vor etwas davonlaufen, irgendwohin reisen, auf Erkundung gehen oder in einem Auto fahren.

Eher selten wird es sich aktiv entscheiden, sich einer Alternative im Traum bewußt sein oder selbst wählen, was es tun oder lassen will.

Wenn man mit der Traumarbeit beginnt und das Traum-Ich beobachtet, wird man meistens feststellen müssen, daß es nicht besonders aktiv oder selbstbewußt handelt. Vielmehr ist es eine Gestalt, der etwas zustößt. Ähnliches kann auch bei anderen Traumfiguren beobachtet werden.

Im Leben ist es nicht anders als beim Träumen: Der Alltag ist eine Realität, die täglich bewußt geträumt wird – ein Wachtraum, ein Klartraum. Das Ich, das in diesem äußeren Bereich handelt, ist kaum jemals der Initiator seines Tuns. Und Menschen, deren Wirkungsfeld eingeengt und beschränkt wird, neigen auch dazu, deprimierende Träume zu haben.

Im Verlaufe der Traumarbeit zeigt es sich immer wieder, daß Zufriedenheit und Erfüllung in dem Maße größer werden, wie es gelingt, das Traum-Ich aktiv, selbstbewußt und initiativ werden zu lassen. Dies ist ein Sachverhalt, der auch im Alltag seine Bedeutung hat, denn je selbstbewußter wir im täglichen Wachtraum werden, desto eher wird es uns möglich, Entscheidungen zu treffen und unsere Fähigkeiten zu verwirklichen. Ein Ich mit diesen Eigenschaften weiß, daß gewisse Dinge ihre Zeit brauchen, und trifft keine voreilige Wahl.

Bei der Traumarbeit geht es darum, das Traum-Ich zu aktivieren, um dem kreativen Ich zu größerer Wirksamkeit zu verhelfen.

Falls Sie sich tatsächlich ein genaues Bild von Ihrem Ich machen wollen, beobachten Sie sorgfältig das Traum-Ich in Ihren Träumen.

Oft handelt das Traum-Ich auf eine Art und Weise, die im Alltag undenkbar wäre und nicht einmal erträumt werden könnte.

Wenn Sie im Traum etwas tun, was vorteilhaft, schöpferisch, neuartig oder bedeutungsvoll ist, sollten Sie die entsprechende Verhaltensweise auch in der alltäglichen Wirklichkeit ausprobieren. Wenn im Traum etwas negativ, andersartig oder destruktiv sein sollte, wäre zu prüfen, ob nicht im Alltag dieselben Verhältnisse herrschen. Das bloße Zuschauen im Traum könnte dem distanzierten Beobachten im Alltag entsprechen. Die Flucht des Traum-Ichs spiegelt vielleicht das ständige

Weglaufen vor den alltäglichen Dingen. Und das Töten eines Traumwesens ist möglicherweise ein Ausdruck jener subtilen Art des Umbringens, mit der sich das Ich tagsüber behauptet.

Bei Verhaltensweisen des Traum-Ichs, die nicht kreativ und sogar destruktiv erscheinen, können Sie sich fragen, welche Handlungsalternativen möglich sind. Dazu müssen Sie sich den Traum nochmals vornehmen, ihn wiedererleben oder so umschreiben, daß das Traum-Ich sich anders verhält.

Bei der Methode ‹Beobachtung des Traum-Ichs› beschreiben Sie möglichst genau, was das Traum-Ich tut oder unterläßt. Dann erstellen Sie eine Liste der Standpunkte und Meinungen, die das Tun des Traum-Ichs bestimmen. Beschreiben Sie auch die Gefühle des Traum-Ichs. Gefühle sind innerlich ablaufende Handlungsvorgänge. Sie werden einerseits von der persönlichen Einstellung hervorgerufen und sind andererseits die Ursache für die subjektive Färbung des eigenen Standpunktes.

Einstellungen bzw. *Standpunkte* gehören zu den subjektiven Voraussetzungen. Jeder Mensch hat gewisse Vorlieben und Meinungen, die seine Entscheidungen maßgeblich beeinflussen. Meinungen sind Vorurteile, die als Wertmaßstäbe bei der Beurteilung der eigenen Person oder eines anderen Menschen dienen.

Vor einem Gegner davonzulaufen bedeutet soviel wie: «Es ist sicherer, wegzurennen»; «Das Leben will mich vereinnahmen»; «Ich tue nichts, was ich nicht selbst entscheiden kann» und «Ich bin zu schwach, um mit dem Gegner fertigzuwerden». Außerdem *fürchtet* man sich, denn wegen der Vernichtungsgefahr fühlt man sich bedroht und angespannt. Welche persönlichen Voraussetzungen und Standpunkte sind nun für Ihr Handeln und Ihre Gefühle verantwortlich? Versuchen Sie, von den eigenen Denkmustern Abstand zu nehmen, und stellen Sie fest, was dann herauskommt.

Wenn Sie erkannt haben, was Ihr Traum-Ich vorhatte und welche Vorstellungen sein Tun bestimmt haben, ist es Ihnen möglich, sich für eine angemessene, sinnvolle und selbstbewußte Handlungsweise zu entscheiden. Formulieren Sie also Ihre Vorstellungen, die Sie in den Träumen und im Alltag zu verwirklichen gedenken. Verhaltensweisen und Standpunkte, die unangemessen sind oder sich destruktiv auswirken, sind irgendwie (z. B. durch die Methode des Neuschreibens des Traumes) umzuwandeln.

Der Wechsel vom ‹Es ist sicherer, vor einem Gegner davonzulaufen› zum ‹Es ist besser, sich dem Gegner zu stellen und um Hilfe zu bitten›, ist ein echter Wandel und ein Erfolg der geleisteten Traumarbeit. Dieser Einstellungswandel ist ein maßgeblicher Punkt der Senoi-Methode: Stellen Sie sich dem Gegner, und Sie werden oft Hilfe bekommen. Laufen Sie davon, gewinnt der Gegner noch mehr Macht über Sie.

Einige charakteristische Eigenschaften des Traum-Ichs

Das Traum-Ich ist in der Regel ein Abbild unserer selbst. Dies ist nicht immer der Fall. Wichtiger als das Bild des Ichs ist der Grad an Wachheit, an Bewußtsein. Denn das Ich ist das Zentrum des Bewußtseins und des Handelns. Träumende haben nämlich erzählt, daß sie in ihren Träumen Menschen des anderen Geschlechts gewesen sind oder Tiere und unbelebte Gegenstände, wie etwa Stühle oder Geschirr.

Wieviele verschiedene Ichs sind im Traumzustand vorhanden? Da ist zunächst das Traum-Ich als solches, das Abbild unserer Person, die im Traum handelt und Dinge erlebt. Ferner gibt es auch ein ‹Nicht-Ich›, das den Traum erlebt, ohne selbst darin zu sein, ein beobachtendes Ich, als Zentrum des Bewußtseins, das den ganzen Traum sieht und erinnert, um ihn bewußt in den Wachzustand zu überführen.

Im Traum können auch Gestalten auftreten, die gewisse Aspekte unseres Ichs verkörpern – manchmal solche, die ganz widersprüchlich zu den Einstellungen des Traum-Ichs handeln. Auch andere Figuren im Traum können Entscheidungen treffen oder Gefühle haben. – Gibt es also zwischen dem Traum-Ich und den anderen Traumgestalten einen wesentlichen Unterschied? Darüber wissen wir nichts Genaues. Es sieht jedoch so aus, als gäbe es ein ganz wichtiges Unterscheidungsmerkmal: Es ist eine Sache, in einem Traum einen Mord mitzuerleben, etwas ganz anderes ist es aber, im Traum den Mord selbst auszuführen. Zum Teil ist dies deshalb von Bedeutung, weil sich das Ich im Wachzustand mit dem Traum-Ich identifiziert. Bei einem *Alptraum* wird dieser Sachverhalt offensichtlich: Welches Ich läßt den Träumenden erschreckt aufwachen? Es muß das Traum-Ich sein, das direkte Opfer der Bedrohung. Was würde geschehen, wenn das beobachtende Ich sich vom Traum-Ich die Zügel nicht aus der Hand nehmen ließe? Man würde weiterschlafen und die Handlung zu Ende führen. Dies ist genau die Methode, wie mit Alpträumen umzugehen ist: Im Schlafzustand bleiben und sich der Bedrohung stellen. Entweder läßt man es zum Äußersten kommen, um zu sehen, was geschieht, oder man stellt sich dem Gegner entgegen, um einen Wandel herbeizuführen. Eine andere Methode ist die, jeden Alptraum nochmals aufzuschreiben, wobei man sich bewußt mit der Bedrohung auseinandersetzt und versucht, eine Lösung zu finden. Das Unbewußte will uns mit Träumen, die von Verlust, Tod und traumatischen Ereignissen handeln, dazu bringen, die Ich-Funktionen besser zu differenzieren. Doch bezeichnen die meisten Menschen den wachen, alltagsorientierten Zustand als die ‹wirkliche Welt›, während Träume, Gefühle, Fantasien usw. als unwirklich gelten. Die Ausdrücke ‹innere› und ‹äußere› Realität und die Unterscheidung zwischen dem bewußten Ich und dem Traum-Ich sind der Sachlage aber doch angemessener.

Die Eigenschaften des funktionsfähigen kreativen Ichs

Fragen wie «Wer bin ich?» (Ramana Maharshi) oder sogar «Was bin ich?» (C. G. Jung) werden überflüssig, wenn einfach nur gefragt wird: «Was tut das Ich?» oder «Wie funktioniert das Ich?» Das Ich wird nicht als statisches Wesen aufgefaßt, sondern als hochkreative Entität, die stets handelt, egal wie, ob schwach oder stark.

Wenn Sie mich fragen würden: «Wer sind Sie?», bekämen Sie zur Antwort: «Ich höre Ihnen zu und beobachte Sie und mich. Ich verarbeite den energetischen Austausch.» Falls Sie jetzt immer noch fragen sollten: «Ja, aber wer sind Sie nun wirklich?», dann müßte ich erwidern: «Jemand, der Ihre Fragen für unwichtig hält. Wir wollen nicht unsere Zeit vergeuden. Tun wir etwas zusammen.»

Wo gehandelt wird, ist Erleuchtung überflüssig. Das erleuchtete Handeln ist die Erleuchtung selbst. Erleuchtung ohne Handeln dagegen ist Leere.

In seiner reinsten Form ist das Ich Entscheidungsträger und Lenker der Energie, die ihm zur Verfügung steht. Es gebraucht das Gedächtnis und ist deshalb in der Lage, sich an die Sprache vergangener Ereignisse zu erinnern. Ferner ist es das Zentrum des Bewußtseins, es ist Bewußtsein plus angemessenes Handeln. Das Ich funktioniert als Organisator, es unterscheidet die Dinge, entwickelt oder entdeckt Beziehungen zwischen ihnen, baut sich ein Wertsystem auf, das als Lebens- und Entscheidungsrahmen dient, und entscheidet sich möglicherweise für bestimmte Lebenswerte. Am wertvollsten aber ist die Erschließung der innersten, sinngebenden Quellen, und um die sollte sich das Ich nach besten Kräften bemühen.

Ein undifferenziertes Ich ist sich seiner wichtigsten Funktionen überhaupt nicht bewußt. Seine Entscheidungsfähigkeit und sein Bewußtsein werden von unbewußten Vorstellungen und Gefühlen diktiert. Anstatt eine Beziehung zu den verschiedenen Archetypen wie Mutter, Kind, Priester, Therapeut, Schriftsteller usw. herzustellen, identifiziert es sich mit ihnen. Weil es sich noch nicht mit dem Problem des eigenen Todes auseinandergesetzt hat, handelt es zumeist furchtsam und ängstlich.

Die Kräftigung des Ichs

Die Entwicklung eines kreativen Ichs ist eine Lebensaufgabe. Es braucht viel Arbeit, um ein schwaches Ich zu stärken. Am umfassendsten läßt sich das Wesen des eigenen Ichs mit Hilfe einer regelmäßigen Traumarbeit beobachten. Man lernt auf diese Weise, die verschiedenen inneren und äußeren Ich-Zustände voneinander zu unterscheiden, und arbeitet so an der Entwicklung der inneren Ganzheit.

Beispielsweise führt die Anwendung der Methode der Traum-Ich-Beobachtung auf eine ganze Traumserie zur Entdeckung vieler – vormals unbewußter – Vorstellungen, die das eigene Handeln maßgeblich beeinflussen. Viele dieser Vorstellungen sind nicht bloß unterschiedlich, sondern sogar widersprüchlich. Das heißt also, daß man sich ständig auf eine höchst wirksame Art gegen sich selbst entscheidet.

Wer sich seiner eigenen Vorstellungen bewußt wird und sich mit ihnen beschäftigt, entwickelt und formt eine Persönlichkeit, die im Einklang mit seinem Ganzheitspotential steht. Standpunkte können geopfert und in positive Werte umgewandelt werden. Eine kreative Einstellung läßt sich fördern und besser verwirklichen. Eine Integration ergibt sich durch die schöpferische Verknüpfung verschiedener Vorstellungen und durch die Verbindung der archetypischen Aspekte des Ichs. Man könnte sogar sagen, daß durch die Bewußtwerdung die Einstellungen in Einschätzungen verwandelt werden. In diesem Sinne ist also eine Einschätzung eine bewußt realisierte Einstellung.

‹Das Traum-Ich beobachten› ist eine der unmittelbarsten und direktesten Methoden der Traumarbeit. Egal, wie unverständlich andere Symbole und Handlungen sein mögen, die Beschäftigung mit dem Traum-Ich führt zu fundamentalen Einsichten. Bei dieser Arbeit fällt ein Aspekt schwer ins Gewicht: *Man braucht ein Ich, um das Ich zu beobachten.* Die meisten Ichs ziehen den Schlaf und die Ekstase der eher unscheinbaren und doch lebensnotwendigen Befriedigung vor, die sich aus der Verwirklichung einer wichtigen und verantwortungsbewußten Entscheidung ergibt. Aber eine ekstatische oder unbewußte Erfahrung kann kein Ich aufbauen. In letzter Konsequenz, und wenn man die Angelegenheit zu Ende denkt, bleibt nur das Ich übrig. Und das Ich ist der Schöpfer des Ichs. Wenn dem aber so ist, nimmt man am besten die Angelegenheit selbst in die Hand, um sich als Ich zu entwickeln!

Das Traum-Ich beobachten – ein Beispiel

Einleitung

Dieser Traum könnte als Partnerschafts- oder Beziehungstraum bezeichnet werden. Er behandelt ein Problem, das wahrscheinlich so alt ist wie die Menschheit: die Eifersucht. Was soll man tun, wenn bestimmte Gefühle nicht nur ausschließlich dem Partner entgegengebracht werden? Ist es nicht die Eifersucht, die Besitzgier, die eine Partnerschaft schwer belastet? Das Feld der zwischenmenschlichen

Beziehungen ist nicht nur umfassend, sondern auch schwierig. Absolute Sicherheit bietet keine Beziehung, aber doch wenigstens Erfüllung. Die Traumarbeit kann dazu beitragen.

Mit Hilfe der Traumarbeit wird eine Beziehung realistischer gesehen, und man lernt, sie zu akzeptieren. Die Außenwelt läßt sich nicht kontrollieren. Wir müssen auf sie reagieren. Unsere Reaktionen sollten möglichst kreativ und konstruktiv sein.

In diesem Traumbeispiel wird eine aktuelle Partnerschaftssituation gespiegelt. – Dies ist nicht der einzige Zweck des Traumes, denn das Traum-Ich zeigt, wie die typische Reaktion auf das Außen aussieht. Sind die Reaktionen, Gefühle und Standpunkte erst einmal bekannt, kann man daran gehen, sie voneinander zu unterscheiden und zu verwandeln. Auf diese Weise verlagert sich der Schwerpunkt von der äußeren Situation auf eine innere. Deshalb ist diese Traumarbeit ein gutes Beispiel dafür, wie man sich Klarheit über die Einstellungen verschafft, die die eigenen Beziehungen beeinflussen. Ferner zeigt sie, wie man sie kreativ einsetzen kann.

Traumtitel: Partnerschaft 25. November 1979

Ich träumte, daß ich mit meiner Geliebten telefonierte und sie fragte, wie es ihr tagsüber ergangen sei. Sie schluchzte ein bißchen, denn sie hatte einen sehr netten Besuch verabschieden müssen.

«War es dein von dir getrennt lebender Mann?» fragte ich.

«Ja, er war es. – Und er will sich nun wirklich ändern. Er studiert jetzt seine Träume.»

«Wer hilft ihm dabei?»

Ich mußte nochmals fragen, denn ich bekam keine Antwort. Meine Freundin schwieg immer noch, und so fragte ich ein zweites und ein drittes Mal: «Wer hilft ihm dabei? – Man kann seine Träume doch nicht ohne Anleitung objektivieren.»

Da sagte sie, daß ihr Mann sich ihre Träume über ihn und seine Träume über sie vorgenommen und genau studiert habe. Er habe aber nicht lange bleiben und darüber berichten können, weil der Fahrer des Lastwagens, mit dem er gekommen war, wieder fort mußte.

Anmerkung: Dieser Traum entsprach der äußeren Situation insofern, als meine Freundin sich tatsächlich zwischen mir und ihrem von ihr getrennt lebenden Ehemann hin- und hergerissen fühlte. Wir hatten alle drei erst vor kurzem eine Krise durchlebt, weil sie ihre ambivalente Einstellung aufgeben wollte.

Ergänzungen

Dieser Traum kam in der Nacht, in der ich allein schlief, nachdem ich zwei wunderschöne Tage mit meiner Freundin verbracht hatte. Ihr Mann kam am nächsten Tag zurück, und ich war besorgt, ob sich die beiden wohl aussprechen würden. Zudem hatte er Besuch von seiner sehr selbstbewußten Schwester gehabt, und es war zu befürchten, daß er nun plötzlich einsichtiger geworden war – Grund genug für meine Freundin, wieder eine Beziehung zu ihm aufzunehmen. Womöglich schliefen die beiden gerade zusammen. Ich selbst war mit dem Wunsch zu Bett gegangen, einen telepathischen Traum hervorzurufen. – Ich telefonierte also mit meiner Freundin, um das Traumgeschehen nachzuprüfen. Sie sagte jedoch, daß sie nicht mit ihrem Mann gesprochen hätte, dafür aber mit ihrer Tochter, die ihr einen Traum ihres Mannes erzählt habe. – Ferner hatte ich die Vorstellung, daß meine Freundin mit einem Schwert mitten entzweigehauen wird und immer noch weiterlebt.

Aufgabestellung

- Ich muß das Traum-Ich beobachten, um den Grund meiner Unsicherheit abzuklären. Es geht weniger um die Handlungen als vielmehr um die Gefühle des Traum-Ichs. Durch welche Einstellung werden sie verursacht? Reagiere ich nun auf meine Geliebte oder auf eine Gefühlsebene im Traum? Um das herauszufinden, muß ich den Traum ein zweites Mal aufschreiben und ganz speziell auf die Gefühle achten.
- Ich habe mir auch zu überlegen, was Unsicherheit in bezug auf eine Partnerschaft bedeutet. Welche Kräfte verstärken die Beziehung, und welche reißen sie wieder auseinander? Hat eine Partnerschaft nur dann Bestand, wenn die Plus- die Minusfaktoren überwiegen? Geht es um Wettbewerb und Erfüllung von Erwartungen? Anmerkung: Ich bin unfähig, diese Traumaufgaben unmittelbar anzugehen, weil gewisse angstauslösende Einstellungen mich daran hindern, direkt die Partnerschaftsproblematik zu bearbeiten.

Beobachtung des Traum-Ichs, Beschreibung der Gefühle und Einstellungen

- Mit der Geliebten telefonieren und fragen, wie es ihr geht. Hinter dieser Handlung versteckt sich die Befürchtung, daß sich etwas zwischen ihr und ihrem Ehemann, von dem sie getrennt lebt, ereignet hat. Folgende Einstellungen sind dafür maßgeblich: 1.

Ohne Kontrolle der Situation werde ich vom Geschehen überwältigt und verliere das, was ich am meisten liebe. 2. Ich bin nicht besonders liebenswert, weshalb meine Geliebte nicht an mich gebunden ist. Diese beiden Standpunkte lassen deutlich die Angst hervortreten, daß ich sie mehr liebe, als ich es mir zugestehen will – und zwar trotz aller Schwierigkeiten.

- Das Traum-Ich reagiert auf die Sympathie der Freundin zu ihrem Mann mit zweifelnden Fragen, mit Überheblichkeit und unterdrücktem Zorn. Es ist unfähig, seinen Gefühlen Ausdruck zu verleihen und versucht, die Situation unter Kontrolle zu bringen, indem es Urteile fällt und bohrende Fragen stellt. Ferner versucht es, Informationen zu erhalten, um seine Befürchtungen durch Tatsachenmaterial zu bestätigen. Das Traum-Ich pocht auch auf seine Autorität und Logik, um die Freundin zu dominieren und auf seine Seite zu bringen. Hinter diesem Verhalten steckt die Furcht, die Freundin könnte mich zugunsten eines anderen Mannes zurückstoßen. Dafür sind folgende Einstellungen verantwortlich: 1. Eine positive Reaktion auf einen anderen Menschen bedeutet automatisch, daß das Ich nicht länger an erster Stelle steht und folglich an die letzte Stelle zurückfällt oder sogar verstoßen wird. Es kann nicht eingesehen werden, daß die Freundin positiv auf ihren von ihr getrennt lebenden Ehemann *und* auf das Ich reagieren kann. 2. Durch den Versuch, jemanden zu dominieren, der eine Beziehung auflösen will, kann der Bruch vermieden werden. Dies ist möglich, indem das Ich zornig aufbraust und logische Argumente vorbringt, die den anderen gewissermaßen dazu zwingen, bestimmte Entscheidungen zu treffen, auch wenn sie seinem Gefühl widersprechen. 3. Logik und Tatsachenmaterial sind stärker als alle Gefühle. 4. Gefühlen darf man nicht trauen, weil sie weder erklärt noch bewußt kontrolliert, noch der Logik unterworfen werden können.

Das Neuschreiben des Traumes

Ich träumte, daß ich meine Geliebte anrief und ihr sofort sagte, daß ich mir Sorgen wegen ihres Treffens mit ihrem getrennt lebenden Ehemann machen würde. Ich sagte ihr auch, daß ich alles über ihr Treffen wissen wolle, sofern sie bereit sei, darüber zu sprechen. Ich teilte ihr außerdem mit, daß ich mich ihr in letzter Zeit sehr eng verbunden gefühlt und richtig Angst davor hätte, ihr Ehemann könnte wieder auf der Bildfläche erscheinen, sie verwirren und unsere Beziehung durcheinanderbringen.

Meine Freundin sagte mir darauf, daß sie eine nette Unterhaltung mit ihrem Ehemann geführt habe und daß er seine Träume über sie und ihre Träume über ihn – die sie ihm gab – studiert habe. Da explodierte ich und sagte, daß ich es nicht ertragen könne, wenn sie zur gleichen Zeit mit ihm und mit mir intim sei. Das sei eine viel zu große Spannung, und meiner Meinung nach sei das Erzählen von Träumen ebenso intim wie eine Liebesbeziehung. Außerdem würde ich mir Sorgen machen, sie könnte zu ihm zurückkehren, wenn er sich ändern und anfangen sollte, ebenso an sich selbst zu arbeiten, wie sie und ich es gerade taten.

Sie antwortete darauf, sie könne sowohl ihrem Mann als auch mir gegenüber positive Gefühle hegen, und fragte mich, ob ich fähig sei, das zu akzeptieren.

Ich gab zu bedenken, daß ich mir dies wohl wünschte, aber eben auch nur ein Mensch sei. Und schließlich würde alles immer wieder auf dieses Problem ‹er oder ich› hinauslaufen, egal wo man anfinge. Ich könne mir meiner Beziehung zu ihr nicht sicher sein, solange sie immer noch mit ihm intim sei oder ihm eine Tür offenhalte. Ich sagte, daß ich ohne Konkurrenz geliebt und geschätzt werden und nicht ständig einem Vergleich ausgesetzt werden wolle.

Meine Freundin erwiderte, sie habe verstanden und sei froh, nun meine Gefühle zu kennen.

Wir beließen es dabei, ohne daß sie eine Entscheidung darüber fällte, wie sie nun mit ihrer Doppelbeziehung verfahren wollte. Meine eigene Entscheidung hing auf jeden Fall von ihrer ab.

Danach wollte ich laut aufschreien. Warum nur war ich in eine Lage geraten, in der ich niemals Sicherheit und Geborgenheit finden konnte?

Vielleicht müßte ich mich einfach nur lieben lassen und selbst lieben?

Sollte ich Schluß machen und mir eine andere suchen? Aber gibt es überhaupt interessante, vitale Frauen, die noch keinen Mann haben? Waren meine Gefühle zu oberflächlich – und könnte sich dies jetzt ändern?

Ich wußte nur so viel: Ich wollte meine Angst überwinden. Wenn ich sie in der konkreten Alltagssituation nicht bewältigen konnte, würde es mir dann innerlich gelingen? War es möglich, daß überhaupt alles zuerst innerlich eine Lösung finden mußte? Mit dieser Frage ‹erwachte› ich – das Neuschreiben des Traumes war beendet.

Auswertung

Es hat mich gepackt! Beim Schreiben spürte ich die Spannung und jedes einzelne Gefühl. Ich lebte mittendrin. Aber noch ist mir nicht alles klar, obwohl vieles deutlicher geworden ist. Außerdem weiß ich jetzt, wovon ich auszugehen habe.

- Kann man sich jemals einer Beziehung absolut sicher sein? Lauert nicht stets ein anderer hinter der nächsten Ecke? (Wie könnte ich dies positiver ausdrücken? Stimmt es, daß jemand, den ich liebe, so viel Liebe zu geben hat, daß es für mehrere Beziehungen reicht?)
- Wie soll ich mich in bezug auf meine Freundin entscheiden? Was muß ich tun, was in die Wege leiten?
- Wie kann ich unmittelbarer fühlen – unabhängig von den jeweiligen Umständen?
- Welche Ängste und Widerstände sind bei dieser Problemlage umzuwandeln?

Das Traum-Ich beobachten: Zusammenfassung und Anleitung für die Traumarbeit

Obwohl es manchmal nicht leicht ist, das Traum-Ich zu beobachten, lohnt sich die heikle Arbeit, denn sie kann sehr beeindruckend und sinnvoll sein. Bleiben Sie also beharrlich bei der Sache und machen Sie auch dann weiter, wenn Sie auf große Widerstände stoßen. Ein Ich, das sich mit Schwierigkeiten auseinandersetzt, ist ein Ich, das sich selbst aufbaut. Auf diese Weise läßt sich viel erreichen.

Der bewußt auszuführende Teil der Arbeit

- Wörtlich – von Anfang bis Ende des Traums – beschreiben, was das Traum-Ich *getan* oder *nicht getan* hat.
- Beschreiben, was das Traum-Ich *fühlt* und was nicht. Tun ist Handeln, Fühlen ist Sein.
- Einige wesentliche Stellen auswählen und sie verallgemeinernd umformulieren. Der Satz «Mein Traum-Ich läuft vor einem Tiger davon» wird z.B. so geschrieben: «Das Traum-Ich vermeidet eine Konfrontation mit einem Gegner.»
- Die Einstellungen und Standpunkte auflisten, die dem Verhalten und Fühlen des Traum-Ichs zugrundeliegen, beispielsweise – im Hinblick auf den Tiger – wie folgt: «Es ist besser, Gefahren aus dem Weg zu gehen, als sich ihnen zu stellen.» «Ich habe Angst – und muß deshalb davonlaufen.» «Ich bin zu schwach, um mich mit negativen Kräften auseinandersetzen zu können.»
- Herausfinden, welche Einstellungen für das Ich positiv, wertvoll und lebensbejahend sind und welche nicht. Als Bewertungsrahmen dient unter Umständen das Traumgeschehen als solches. Es können

aber auch andere Vorstellungen als Orientierungshilfe dienen. Im obigen Traumbeispiel versuchte der Tiger das Traum-Ich aufzufressen, weshalb der Träumende erschreckt aufwachte. Dieses Verhalten ist unbefriedigend. Es muß auch einen anderen Weg geben, um mit dieser Situation fertig zu werden – ohne dabei aus dem Traumgeschehen auszusteigen.

- Einige negative Einstellungen auswählen, die ganz besonders auf das Ich zutreffen. Diese sind in *positive* umzuwandeln. Dazu muß eine negative Einstellung derart umgeschrieben werden, daß sie zu einer lebensbejahenden und wirklichkeitsakzeptierenden Aussage wird. So wäre z. B. die Meinung «Es ist besser, sich einer Bedrohung durch Flucht zu entziehen» umzuformulieren in: «Es ist besser, sich einer Gefahr zu stellen und sich direkt mit ihr auseinanderzusetzen.» Schreiben Sie diesen Satz mehrere Male auf. Ferner alles, was Ihnen dazu in den Sinn kommt. Meistens wird es sich um Gegenargumente handeln, die der neuen positiven Einstellung widersprechen. Diese Einwände sind eine Reaktion auf den Versuch, den neuen Einstellungen, die wertvoll, integrativ und lebensbejahend sind, zum Durchbruch zu verhelfen. Fahren Sie mit der Bejahung so lange fort, bis sie die Oberhand über die negativen Argumente gewinnt – oder formulieren Sie derart, daß die neuen und die alten Einstellungen vereint werden, falls dies die Angelegenheit realistischer machen sollte.

  Ein Beispiel: «Es ist besser, Gefahren aus dem Weg zu gehen, als sich ihnen zu stellen» wird zur Bejahung: «Ich werde immer fähiger, mich den Bedrohungen in meinem Leben entgegenzustellen.» Wenn das Gegenargument massiv ausfallen sollte, etwa in der Form: «Nein, ganz bestimmt nicht!», so formulieren Sie den positiven Satz um: «Ich werde immer fähiger, mich *gewissen* Bedrohungen in meinem Leben entgegenzustellen.» Diese Methode hat Leonard Orr, der Begründer des *Rebirthing*, eingeführt.

Der vom Unbewußten abhängige Teil der Traumarbeit

- Den ganzen Traum nochmals imaginativ aufschreiben. Das Traum-Ich soll dabei die gleichen Szenen wiedererleben, und zwar mit den neuen, kreativeren Einstellungen den Traumgestalten gegenüber. Lassen Sie die Worte und Gefühle ungehemmt fließen.

Die Konkretisierung der Erfahrung

- Als erstes werden die Standpunkte des Traum-Ichs mit jenen des Ichs im Alltag in ähnlichen Situationen verglichen.
- Erstellen Sie eine Liste von dem, was Sie aufgeben wollen, und von dem, was Sie zu verändern gedenken.
- Formulieren Sie bestimmte Absichten, die mit Ihrer neuen, lebensbejahenden Einstellung direkt etwas zu tun haben und die Sie im Alltag realisieren möchten. Bei der Ausführung in den kommenden Tagen und Wochen ist ganz besonders darauf zu achten, welche synchronistischen Ereignisse und welche Träume auftreten, die diese neuen Einstellungen bestätigen.
- Schreiben Sie auf, welche Verhaltensänderungen des Ichs im Traumzustand Sie sich vornehmen und erhoffen. Achten Sie auf die Ergebnisse.

Zusammenfassende Auswertung

- Was haben Sie aufgrund Ihrer Traumarbeit über sich selbst und Ihr Leben erfahren? Welche Einstellungen bilden den Wertungsrahmen für diese Auswertung?
- Sie leben nun vollständiger und umfassender! Die Wirklichkeit braucht nicht verabscheut zu werden, denn jeder einzelne Mensch verwirklicht sich in ihr und ist an ihrem Aufbau beteiligt. Die Realität ist zudem nur der Prüfstein der persönlichen Einstellungen, denn jeder Standpunkt hat ganz bestimmte Konsequenzen. Und aus den Folgen wird ersichtlich, welche Einstellung paßt und welche nicht.

Das Zwiegespräch mit den Traumbildern

Das Charakteristische eines Zwiegesprächs

Das Sprechen ist eine bedeutende Fähigkeit des Menschen. Sprechen tun alle – außer jene, die das Gelübde des Schweigens abgelegt haben, oder jene, die in Isolationshaft sind. Aber auch die Schweigsamen hören den inneren Dialog. Gesprochen wird viel – warum und wozu? Geht es um Verarbeitung, Erfahrung und Sinnfindung? Geht es nur darum?

Wer sich zu etwas bekennt, ein Zugeständnis macht oder eingesteht, etwas getan zu haben, weiß, *daß der Mensch redet, um sich selbst anzuhören.* Er redet, um sich selbst – auch vor sich selbst – Gehör zu verschaffen, denn er muß das, was er getan oder unterlassen hat, akzeptieren. Gibt es überhaupt jemanden, der nicht mit sich selbst spricht, der keine Stimmen hört, keine Geräusche vernimmt, keinen Erinnerungen lauscht und die Rhythmen und Melodien des Kosmos nicht empfindet?

Können wir besser zuhören oder besser sprechen? Manche reden zu viel und sind deshalb unfähig, zuzuhören. Sie erläutern nur ihre eigenen Standpunkte. Andere wiederum nehmen nur auf, lauschen, bleiben zurückhaltend und setzen sich fast nie durch. Weder das eine noch das andere ist ein Dialog.

Bei einem Zwiegespräch müssen immer zwei beteiligt sein – und beide sind sowohl ‹Sender› wie auch ‹Empfänger›. Ein ‹Du› spricht zum ‹Ich›, ein ‹Ich› zum ‹Du›. Beide hören mindestens ebensoviel zu, wie sie selbst sprechen.

Dieser Vorgang zeigt sich z. B. deutlich bei einer Traumarbeitsgruppe, die einen Trauminhalt *deutet:* Jemand erzählt, im Traum habe sie eine Bekannte gesehen, die geflogen sei. Nun machen das halbe Dutzend Teilnehmer Vorschläge, wie dieses Fliegen gedeutet werden könnte. Die Träumende soll sich aussuchen, was am meisten Sinn ergibt. – Etwas wurde bei dieser Angelegenheit vergessen! Jeder der Beteiligten – außer der Träumenden selbst – hat seine persönliche Meinung gesagt, hat eine Symboldeutung gegeben, ohne selbst dabeigewesen zu sein. Woher wissen sie also, worum es geht? Und weshalb hat niemand daran gedacht, die fliegende Traumgestalt nach dem Grund ihres Fluges zu fragen?

Wer Informationen benötigt, muß bei den direkt Betroffenen nachfragen. Diese Regel gilt auch für das Gespräch mit den Gestalten des

Traumes und für die Auseinandersetzung mit den Traumsituationen. Deshalb gehört der Dialog zu den wichtigsten Techniken der Jung-Senoi Traumarbeit. Nach dem Aufschreiben des Traumes sind nur ein paar Minuten für einen solchen Dialog zu opfern – und fast ausnahmslos ergeben sich dadurch neue Informationen über den Traum. Das Gespräch ist häufig ein Ersatz für die bewußte Amplifikation, auch wenn man für die Traumarbeit wenig Zeit hat.

Feststellung der wichtigsten Probleme

Als erstes geht es bei der Dialog-Methode darum, *die wichtigsten Probleme festzustellen und herauszuarbeiten,* die im Traum vorgegeben sind. Bestimmt gibt es einige Aspekte, die unklar und verwirrend sind. Manche scheinen sogar absichtlich kaum durchschaubar ‹erzeugt› worden zu sein, um das Ich mit Situationen zu konfrontieren, deren Klärung eine Anstrengung der bewußten und der unbewußten Seite der Persönlichkeit verlangt. Ein Gespräch mit einer Traumgestalt oder -situation kann mit einer der folgenden Fragen eingeleitet werden:

- Was bist du? Wer bist du?
- Warum erscheinst du in diesem Traum?
- Warum handelst du so und nicht anders?
- Was hast du mir zu sagen?
- Warum geschieht gerade dies?
- Wie denkst du darüber? Wie fühlst du dich?
- Was willst du von mir? Was soll ich tun?
- Was gibst du mir?
- Was möchtest du mich fragen?
- Wie denkst du über dieses Gespräch? Was empfindest du dabei?

Fragen Sie, was Sie wollen. Oft ist es am besten, einen Dialog mit einer Frage zu beginnen. Aus dem Gespräch ergeben sich dann weitere Fragen. – Und mit der Zeit kommt es zu einem echten, frei fließenden Zwiegespräch, das beinahe automatisch abläuft.

Beim Fragen geht es nicht prinzipiell darum, Antworten zu bekommen, obwohl dies unter gewissen Umständen zum einzigen Zweck des Dialoges gemacht werden kann, z.B. wenn man wissen will, *weshalb* bestimmte Traumgestalten aufgetreten sind. Dies wäre dann eine ziemlich zweckrationale Gesprächsebene. Um ein frei fließendes Gespräch mit einer Traumgestalt zu führen, muß das Ich beharrlich bei der Sache bleiben und gleichzeitig loslassen können. In diesem Falle ist das Ich nicht nur Fragesteller, sondern auch Zuhörer und Antwortgeber – zustimmend wie ablehnend –, also ein Diskussionspartner.

Woher soll man nun wissen, ob ein derartiger Dialog nicht bloß ein Selbstgespräch ist, bei dem alle Antworten von vornherein bekannt sind? Auch wenn dem so sein sollte, dann stellt sich immer noch die Frage, ob das Ich den vermeintlichen Antworten traut und gewillt ist, sie in die Praxis umzusetzen. Ein Dialog beginnt dort, wo man gerade steht. Und manchmal hört das Ich eben nur sich selbst zu. Wenn sich also aus dem Dialog nichts Neues ergeben sollte, darf man nicht aufgeben. Statt dessen sage man der Traumgestalt, daß neue Informationen benötigt würden und daß man bereit sei, zuzuhören.

Falls es bei einem Dialog Probleme geben sollte, sind diese direkt mit dem Gesprächspartner zu besprechen, d.h. mit jener Traumgestalt, die davon betroffen ist. Sie ist nämlich am besten dafür geeignet, bei der Problemlösung zu helfen. Sie wird Ihnen offen und ehrlich mitteilen, was zu tun ist, damit das Gespräch frei fließen kann.

Ferner stellt sich die Frage, woher man weiß, daß die Informationen echt sind und nicht bloß eingebildet. Man kann natürlich der Meinung sein, daß alles aus dem Unbewußten kommt und einfach ein typischer Ausdruck der eigenen Psyche ist. Man kann aber auch annehmen, daß es verschiedene Ebenen der Auseinandersetzung und Beschäftigung mit dem Unbewußten gibt. Eventuell besteht sogar ein maßgeblicher Unterschied zwischen der Einbildungskraft und dem Entwicklungsrichtungsimpuls des tieferen Selbst. Wenn der Dialog in Gang gekommen ist und die Informationen sich vom eigenen, bewußt gewählten Standpunkt unterscheiden, dann ist das Zwiegespräch ziemlich sicher nicht mehr bloß ‹eingebildet›. Das Unbewußte muß vom Ich nicht erschaffen werden, sondern soll selbst zu Worte kommen. Hier geht es also um die Kernfrage, ob das bewußte Ich fähig und willens ist, seine Herrschaft über die Psyche aufzugeben, eine Herrschaft, die sich das Ich angemaßt hat und die es glaubt ausüben zu müssen. – Dominanz ist allemal trügerisch. Und für den Individuationsprozeß ist es von entscheidender Bedeutung, welche Entität die Psyche regiert.

Ist eine interpretative, schulpsychologische Traumarbeit nur ein Ausdruck des Versuches, die Vorherrschaft des Ichs aufrechtzuerhalten? Ein Ich, das sich selbst sagt, was ein Symbol bedeutet, braucht sich nicht mit der Frage zu beschäftigen, was der vom Ich unabhängige, richtungsweisende Teil der Psyche von ihm verlangt – es muß sich niemals ändern. Etwas, was das Ich in Frage stellt und vor dem es sich fürchtet, wird den Filter der Interpretationsverfahren nicht durchbrechen können. Ein Ich, das aber in Mißachtung der aktuellen Situation an seinen angemaßten Herrschaftsansprüchen festhält, muß für seinen Selbstbetrug mit fatalen, schmerzhaften Folgen rechnen!

In erster Linie geht es um die Integrität, um die unvoreingenommene, unbestechliche und freimütige Makellosigkeit. Integrität ist wohl die wichtigste Voraussetzung für das spirituelle und psychische Wachstum des Menschen.

Aber woher soll man wissen, daß man sich selbst nichts vormacht und nicht einfach ein Spiel treibt, mit dem man sich selbst und andere betrügt? Im Gespräch offenbart sich die Selbsttäuschung! Und wer gewillt ist zuzuhören, erfährt Neues und ist in der Folge dazu verpflichtet, zumindest ernsthaft zu erwägen, den Hinweisen zu folgen, wohin sie auch führen mögen. Eine faszinierende Möglichkeit! Statt ununterbrochen danach zu streben, alles zu kontrollieren, ist man gewillt, einer Anregung Folge zu leisten – und mitzuarbeiten an einem Lebenssinn, der weit über das hinausgeht, was das Ich von sich aus bewußt erschaffen kann!

Die Entwicklung der gefühlsmäßigen Reaktionen

Die Fragen, die gestellt werden, und die eigenen Reaktionen auf die Antworten seitens der Gesprächspartner bilden die eine wesentliche Ebene des Dialogs. Eine weitere ist die der Gefühle. Ein Gespräch mit einer aus irgendeinem Grunde übermäßig erregten Traumgestalt kann z.B. mit dem Satz «Ich liebe dich» beginnen. Dies bedeutet eine qualitative Veränderung der Reaktionsebene. Es geht nicht mehr um Information, intellektuelles Verständnis und um verstandesmäßiges Wissen, sondern um Gefühle, um Annahme oder Ablehnung.

Bevor mit dem Dialog begonnen wird, sollten Sie auch ein paar Minuten dazu verwenden, sich darüber Klarheit zu verschaffen, welche Gefühle Sie den Gesprächspartnern entgegenbringen und was Sie ihnen diesbezüglich sagen wollen:

- Ich liebe dich.
- Ich brauche dich.
- Ich hasse dich.
- Du machst mich zornig.
- Ich bin verwirrt und brauche deine Hilfe.
- Ich weiß nicht, was ich dir gegenüber empfinden soll.
- Ich öffne dir mein Herz.
- Ich habe Angst vor dir.
- Ich bin verzweifelt, kannst du mir helfen?
- Du amüsierst mich.
- Du faszinierst mich.

Ergänzen Sie diese Liste mit weiteren Sätzen, die Gefühlsreaktionen ausdrücken.

Wichtig ist auf jeden Fall die Beachtung der Gefühle bei allen Gesprächen, den inneren und den äußeren. Reagiert man überhaupt gefühlsmäßig, oder schließt man die Gefühle aus? Zu beachten ist auch der Unterschied zwischen Gefühlsreaktion und Gefühlsvermittlung, da beides maßgeblich von den eigenen Entscheidungen abhängt.

Die Wahl des Gesprächpartners

Jede Traumgestalt oder -situation eignet sich für einen Dialog, sei es nun ein Mensch, ein Berg, das Traum-Ich selbst, ein Ungeheuer, ein Freund, ein Kampfgeschehen oder irgendeine rituelle Handlung usw. Wählen Sie dasjenige aus, was besonders energiegeladen scheint oder Sie am meisten erstaunt hat. Besonders geeignet sind auch jene Traumwesen, die deutlich ausgeprägte Charakterzüge aufweisen – dabei kann es sich um mehrere oder nur um ein Traumwesen handeln.

Im allgemeinen bleibt das Ich beim Zwiegespräch aktiv, denn es braucht einfach jemanden, der zuhört und gewillt ist, sich mit dem auseinanderzusetzen, was der andere gesagt hat. Wenn Sie die gestaltpsychologische Gesprächstechnik anwenden und z. B. zwei verschiedene Teile der eigenen Psyche sich miteinander unterhalten lassen, wird dies eine konstruktive Erfahrung sein. Allerdings stellt sich die Frage, welche Rolle das bewußte Ich dabei übernimmt, das schließlich diese Erfahrung auch ins Alltagsleben integrieren soll.

Unterschiedliche Standpunkte werden leicht erkennbar, wenn – zeitlich gestaffelt – mit gegensätzlichen Traumgestalten gesprochen wird, die im gleichen Traum erschienen sind. Man kann diese konträren Wesen auch direkt miteinander reden lassen, wobei das Ich dafür sorgt, daß alles in Gang gehalten und verarbeitet wird.

Dialoge sind ein ganz wesentlicher Bestandteil der Tagebucharbeit, wobei es z. B. um folgende Lebensfragen geht, die auch in den Träumen in Erscheinung treten:

- Die Auseinandersetzung mit der eigenen Geburt. Warum wurde ich geboren?
- Die Frage nach dem eigenen Tod. Was ist der Zweck meines Lebens? Wofür arbeite ich?
- Das Gespräch mit einem Verstorbenen, um die Beziehung zu erneuern oder zu vollenden.
- Der Dialog mit dem eigenen geistigen Führer, jenem inneren Wesen, das die tiefere Lebensbestimmung wohl besser kennt als das Ich.
- Die Konfrontation mit dem schlimmsten Feind, sei er nun tot oder lebendig.
- Das Gespräch mit den Freunden, Geliebten und Gegnern, den inneren wie den äußeren.

Wenn wir miteinander sprechen, werden die Widersprüche und Gegensätze des Lebens versöhnt.

Bei der Wahl der Dialogpartner achte man darauf, daß sie einen anderen Standpunkt vertreten als das Ich. Wer nur das erfährt, was er ohnehin schon weiß, wird deswegen nicht hellhöriger und bewußter. Bewußtwerdung ist eine Folge der Entdeckung neuer Sachverhalte beim Hineingehen in neue Erfahrungsbereiche.

Gesprächsanfang

Vor jedem Gespräch ist abzuklären, wie groß unsere Bereitschaft, zuzuhören, tatsächlich ist. Ist man zudem bereit, offen in eine Diskussion hineinzugehen und bis zum Ende durchzuhalten – emotional und im Hinblick auf unerwartete Ergebnisse und Lösungen?

Ein Ich, das die Dialogmethode benutzt, muß sich dessen bewußt sein, daß es Zensur ausüben, die aus dem Unbewußten emporsteigenden Bilder verzerren und der inneren Landschaft aus dem Weg gehen kann. Diese Fähigkeiten sind nicht dasselbe wie die willentliche Entscheidung, eine Auseinandersetzung zu verweigern, weil die Eindrücke zu stark, zu schmerzhaft oder zu überwältigend werden. – Deshalb mache man sich vor dem Gespräch ein paar Gedanken etwa in der Form:

- Bin ich wirklich offen?
- Bin ich stark genug, durchzuhalten – wenigstens zum Teil?
- Wie groß ist mein Bedürfnis, die Wahrheit zu hören?
- Will ich wirklich psychische und geistige Heilung?

Nützlich – falls man sich arrangieren will – ist unter Umständen auch ein Gespräch mit der eigenen Zensurinstanz. Ein Dialog mildert die Gegensätze und ermöglicht es den verschiedenen Teilen der Psyche, eine harmonischere Beziehung aufzunehmen. Beide Seiten – die verdrängte wie die dominierende – können sich äußern, und sogar den Geistwesen ist es erlaubt, zu uns zu sprechen. Denn vielleicht gibt es eine Verbindung mit dem Seinsgrund eines anderen Menschen – sei er nun lebendig oder tot. Und die Brücke ist das Gespräch. Manche der Teilnehmer an den Traumarbeitsseminaren am Jung-Senoi-Institut haben schon ergreifende Gespräche mit ihren verstorbenen Eltern, Ehepartnern und anderen Toten geführt. Oft hatte man dabei das Gefühl, es sei ein ganz besonderer Geist anwesend. Niemand kann wissen, was alles möglich ist.

Ein Gespräch kann mit einer Frage eingeleitet werden. Man kann auch einfach warten, bis der Gesprächspartner etwas sagt, oder den

Wortwechsel an der Stelle wiederaufnehmen, wo er im Traum ein Ende gefunden hatte. Schließen Sie auf jeden Fall die Augen und visualisieren Sie die Gestalt, mit der Sie sprechen wollen, bzw. die Bilder, mit denen Sie sich auseinandersetzen wollen. Wenn Ihnen die Erscheinung fremdartig vorkommt, fragen Sie nach dem Grund.

Um das beobachtende und kommentierende Ich zu umgehen, sind die Fragen und Antworten so schnell wie möglich aufzuschreiben. Ein Ich, das zu aktiv wird, sagt z. B.: «Das ist ja verrückt!» «Stimmt gar nicht!» «Das weiß ich schon längst!» Ein meditativ geführtes Gespräch muß zwischendurch unterbrochen werden, denn für die definitive Bewußtwerdung ist es notwendig, alles aufzuschreiben. Nur so ist es möglich, einen Dialog genauso zu verarbeiten wie einen Traum.

Weil Sie als bewußtes Ich am Gespräch beteiligt sind, können Sie den Dialog jederzeit abbrechen und auch darüber entscheiden, ob und wie Sie die Auseinandersetzung beeinflussen wollen. Bleiben Sie beharrlich, denn es kann vorkommen, daß geschwiegen wird, da z. B. die Antwort nicht greifbar ist. Nur Beharrlichkeit führt zum Ziel und überwindet die größten Schwierigkeiten. Ohne Widerstände gibt es keinen Dialog, und Verständigung und Aussöhnung sind das Ergebnis der deutlichen Darlegung unterschiedlicher Standpunkte.

Ein Gespräch soll frei fließen und sich entwickeln können – in jede beliebige Richtung. Bleiben Sie dennoch aktiv, bringen Sie die Probleme zur Sprache, stellen Sie das, was gesagt wird, in Frage und stimmen Sie dort zu, wo Sie einverstanden sind. Sie sind als Ich am Dialog beteiligt und deshalb jederzeit reaktionsfähig. Sprechen Sie mit Ihrem Partner, bis es Ihnen genug scheint oder bis das Zwiegespräch zu einem natürlichen Ende kommt.

Gesprächsauswertung

Nach einem intensiven, aufwühlenden und besonders interessanten Gespräch weiß man oft nicht so recht, was geschehen ist. Man ist gefühlsmäßig tief bewegt und empfindet große Dankbarkeit, weil neue Einsichten möglich geworden sind. Oder man ist verwirrt, denn man hat keine Ahnung, woher das alles gekommen ist, und versteht nicht, was es bedeuten soll. Manchmal wird alles mit einem Schlag völlig klar, oder man fühlt sich bestärkt und dazu aufgerufen, sich für etwas zu entscheiden.

Wenn Sie einen Dialog aufgeschrieben haben, lesen Sie ihn sorgfältig durch – eventuell sogar mit lauter Stimme. Lassen Sie sich von den darin enthaltenen Gefühlen regelrecht durchtränken. – Um die Gesprächserfahrung bewußt zu machen, stelle man sich folgende Fragen:

- Was hat mich gefühlsmäßig erschüttert, betroffen gemacht und etwas in mir ausgelöst? Wie konnte das geschehen?
- Welche Einsichten habe ich gewonnen?
- Wie habe ich mich als Dialogpartner verhalten? Welche persönlichen Grundeinstellungen waren dafür maßgebend?
- Welche Wesensmerkmale und Charakterzüge sind für meinen Gesprächspartner typisch gewesen?
- Wie lautet die Botschaft?
- Welches sind die Konsequenzen, die ich aus diesem Gespräch zu ziehen habe?
- Welche speziellen Aufgabestellungen sind dafür geeignet, den Gesprächsinhalt zu aktualisieren?
- Ergeben sich aus dem Gespräch weitere Fragen und Probleme?
- Welche Auswirkungen hat dieser Dialog auf die ursprüngliche Gesprächssituation im Traum?

Das ernsthaft und engagiert geführte Gespräch kann zu Tränen rühren. Manchmal ist das Ich voller Scheu und von Ehrfurcht erfüllt, und manchmal findet es sogar die Wahrheit. Wer weiß schon, woher solche Erfahrungen kommen und was sie bedeuten? Traumarbeit ist Seelenarbeit, Auseinandersetzung mit etwas in uns, was mehr ist als das Ich, das wir kennen. Dieser wesentlichere Kern antwortet uns bei jeder Gelegenheit. Wer zum ersten Mal hinhört, ist oft tief betroffen, denn es ist etwas Außergewöhnliches. Aber ist nicht die Selbsterkenntnis etwas ganz Natürliches? Und dafür muß das bekannte Selbst eingesetzt werden – damit man lernt, eine Beziehung zum unbekannten Selbst herzustellen. Und wer sich selbst erkennen will, muß auch die verschiedenen Teile seiner eigenen Persönlichkeit kennenlernen.

In einem Gespräch trifft das Unbekannte auf das Bekannte, und die Isolation beider Bereiche wird auf diese Weise beendet. Man hat nun die Wahl: Entweder hört man nur das, was man schon kennt, oder man wagt es, ein Gespräch mit jenem Fremden gleich an der nächsten Ecke aufzunehmen, der immer schon darauf gewartet hat, daß das Ich seine abwartende Einstellung aufgibt und einen Schritt auf ihn zugeht.

Jeder Dialog geht über das Bekannte hinaus – und dann lauscht man nicht mehr nur dem Echo des eigenen, vereinzelten Wesens.

Beispiel für ein Gespräch mit den Traumbildern

Ein gutes Beispiel für den Dialog im Rahmen der Traumarbeit findet sich im Kapitel ‹Ein Weg zur Wandlung› (S. 45). Dort erfährt das aktive, engagierte Ich von einer Traumgestalt einige sehr wesentliche Dinge. Das Gespräch ist erfolgreich, weil es frei fließen kann und das

Ich die innere Anleitung durch andere Teile der Psyche akzeptiert. Das gleiche Ich hätte wahrscheinlich stärkere Widerstände entwickelt, wenn die Anweisungen von außen gekommen wären.

Das Zwiegespräch mit den Traumbildern: Zusammenfassung und Anleitung für die Traumarbeit

Nach dem Aufschreiben des Traumes besonders folgende Punkte beachten:

- Angefangene und nicht zu Ende geführte Gespräche.
- Handlungen und Situationen, die problematisch sind und für die keine Lösung gefunden werden konnte, oder solche, die hochenergetisch oder außerordentlich wichtig zu sein scheinen.

Nach der Feststellung dieser Punkte gehen Sie folgendermaßen vor:

- Machen Sie sich ein paar Gedanken über die eigene Einstellung diesen problematischen Sachverhalten gegenüber und formulieren Sie diese als Frage, z. B.: «Will ich überhaupt mit ihm sprechen?»
- Entscheiden Sie sich für eine bestimmte Gestalt oder Situation – eine positive oder eine negative –, mit der Sie sich auseinandersetzen wollen. Auch das eigene Traum-Ich eignet sich für ein Gespräch! – Es ist in der Regel leichter, mit personifizierten Gestalten zu sprechen als mit unpersönlichen Figuren oder toten Gegenständen.
- Stellen Sie sich Ihre Gesprächspartner so vor, wie sie Ihnen im Traum erschienen sind. Nach der Visualisierung beginnen Sie das Gespräch mit einer Schlüsselfrage. Bleiben Sie beharrlich und schreiben Sie alles auf, was Sie zu hören bekommen.
- Beenden Sie den Dialog sofort, wenn Sie erschöpft sind, wenn die Angelegenheit befriedigend gelöst werden konnte oder wenn Sie selbst Widerstände entwickeln. Versuchen Sie allerdings, Ihre eigenen Widerstände zu überwinden und sich dem zu stellen, was Sie lieber verdrängen und vermeiden möchten.
- Lesen Sie das aufgezeichnete Gespräch nochmals durch und stellen Sie fest, was es zu bedeuten hat. Achten Sie darauf, ob Ihre Fragen beantwortet wurden, ob sich neue Fragen ergeben haben und welche Informationen für Sie neu gewesen sind.
- Machen Sie einen Plan, wie Sie das, was Sie gelernt haben, in die Praxis umsetzen können. Überlegen Sie sich, welche Einstellungen, Denk-, Glaubens- und Verhaltensmuster verändert werden müssen. Fixieren Sie alles schriftlich!

- Nun fragen Sie sich, was Sie dem Geschehen gegenüber empfinden. Schätzen Sie das, was Ihnen gesagt wurde? Sind Sie Ihren Gesprächspartnern dafür dankbar, daß sie mit Ihnen gesprochen haben? Wenn das nicht der Fall sein sollte, was gedenken Sie zu tun?
- Bitten Sie Ihre Traumgestalt, sie möge Ihnen eine spezielle Aufgabe für die Traumarbeit angeben, und sagen Sie ihr, Sie seien bereit, die Arbeit auszuführen, wenn sie angemessen sei, d.h. den Gesetzen der Realität oder der Menschlichkeit nicht widerspreche.
- Wie verhalten Sie sich während des Gespräches? Was tun Sie, was unterlassen Sie?
- Welche ganz besondere Einsicht haben Sie aufgrund des Traumes und des Dialoges gewonnen?
- Zu welchen Entscheidungen sind Sie gekommen? Welche Aufgaben werden Sie nun in Angriff nehmen?

Traum und künstlerischer Ausdruck

Die ursprüngliche Sprache des Unbewußten ist die der Bilder. Sie sind voller Gefühle und Emotionen und tauchen aus dem Ur-Ozean aller Gedankenformen auf, um eine Symbolsprache zu schaffen, die alle Völker verstehen – weniger durch analytische Zergliederung als vielmehr durch das unmittelbare Wiedererleben aus den mitschwingenden, hochenergetischen Tiefen des Seelengrundes.

In der Entwicklungsgeschichte des Bewußtseins manifestieren sich die Archetypen zunächst als Energieströme, die auf bestimmte Funktionen bezogen sind, die den ‹essentiellen› Aspekt des Archetypus ausmachen. Dann kommt es zur Aufsplitterung in einzelne Bilder, Gefühle und triebhafte bzw. automatische Handlungen. Schließlich wird die Bewußtseinsgrenze erreicht, und die Archetypen geben sich nun als Vorstellungen und Handlungsveranlagungen zu erkennen. Dies ist die Grundlage für die bewußten Entscheidungen und die Reflexion, die gedankliche Durchdringung. Dieser reflektierende, bewußtseinsbildende Prozeß ist absolut notwendig, wenn man sich mit der Wirklichkeit bewußt auseinandersetzen und seine Persönlichkeit entwickeln und integrieren will. Man kann aber auch zu bewußtseinsbetont und rational sein. Ein Zuviel an Reflexion läßt die Persönlichkeit veröden und führt dazu, daß zumindest ein Teil der Vitalität, Flexibilität und Offenheit verlorengeht – und mit ihr die Wandlungsfähigkeit.

Wegen der Überbetonung des normalen, alltäglichen Bewußtseinszustandes, der Rationalität und der gesellschaftlichen Organisiertheit verlangt unser eigentliches Wesen nach einer Rückkehr auf die ursprüngliche Erfahrungsstufe der sich in Symbolen manifestierenden Archetypen. Die Symbolerfahrung – z. B. mittels gewisser Drogen, Rituale, Musik oder sexueller Erlebnisse – bringt uns zum ‹Ursprung der Quelle› zurück, wo wir in den seit Anbeginn der Zeiten bestehenden universellen Energien Erneuerung finden. Danach müssen wir wieder in den bewußten Alltagsbereich zurückkehren und versuchen, das Erlebte in gedanklicher Form zu entwickeln, in Gefühlen auszudrücken und ihm in spezifischen Handlungen Gestalt zu verleihen. Ein Ich, das dies nicht versucht, bleibt mit der archetypischen Realitätsebene identisch. Es ist dann auf der Alltagsebene funktions*un*fähig und kann sich als individuelles Wesen nicht zum Ausdruck bringen!

Bei der Arbeit mit Träumen und anderen visionären Erfahrungen ist es unter Umständen angebracht, bestimmte Symbole auf die eine oder andere künstlerische Art auszudrücken, zum Beispiel durch Malen, Zeichnen, Modellieren, Poesie, Musik, Meditation, Rituale oder Tanz.

Auf diese Weise soll die archetypische Energie als ‹Essenz destilliert› werden. Diese Essenz ist ein Teil des ursprünglichen Traumbildes und des damit verbundenen Gefühls und wird auch später wieder jene Energien erfahrbar werden lassen, die damit verbunden sind. Durch den künstlerischen Ausdruck von Traumsymbolen lenkt man die Energie bewußt in jenen Teil des Unbewußten zurück, wo das Symbol entstanden ist. Das Ich benutzt dabei etwas Energie aus seinem eigenen Energiespeicher – eine Energie, die es zuvor aus dem Unbewußten gewonnen hat. Es lenkt auch Energien aus anderen Teilen der Psyche um. So wird beispielsweise ein ‹Schürzenjäger›, der beginnt das Weibliche zu malen, die Energie seines Unbewußten umlenken und seinen Archetypen einen Teil ihres Zwangscharakters nehmen. Dasselbe gilt für eine Frau, die ihre eigene Männlichkeit auf diese Weise ausdrückt, statt sie ständig auf Männer zu projizieren.

Hat das Symbol erst einmal einen künstlerischen Ausdruck gefunden, dann ist es ‹draußen›. Es kann nun so lange erfahren und wiedererlebt werden, bis seine Energie bewußt integriert und die Projektion zurückgenommen ist. Eine häufige Projektion ist die der gegengeschlechtlichen Komponente auf den geliebten Partner. Dies ist ein natürlicher Vorgang, denn zunächst muß – wie Jung festgestellt hat – die Energie außerhalb der eigenen Person wahrgenommen werden, bevor sie zurückgenommen und integriert werden kann. Die Integration eines Archetypus zerstört seinen Zwangscharakter. Seine Wirkung drückt sich dann in einer Steigerung der kreativen Fähigkeiten im Hinblick auf seinen funktionellen Charakter aus.

Je weniger ein Mann seine eigene Weiblichkeit auf eine Frau projiziert, um so mehr wird er aus seinem Inneren heraus weibliche Komponenten wie Empfänglichkeit, Herzensgüte und Hingabebereitschaft ausdrücken können.

Die Darstellung der Archetypen mit künstlerischen Mitteln ist eine Zwischenstufe des Integrationsprozesses. Kunst und Kultur sind möglicherweise allein deshalb als symbolische Ausdrucksformen geschaffen worden, um dem Menschen dabei behilflich zu sein, sich von der durch die Projektionen bedingten totalen Identifikation mit äußeren Formen zu lösen. Bei einem Theaterbesuch z. B. werden Beziehungsprobleme auf der Bühne dargestellt. Dies veranlaßt die Zuschauer, über ihre eigenen Probleme und Projektionen in bezug auf eine Partnerschaft nachzudenken.

Kunst kann auch archetypische Energien wachrufen und durch die Vielzahl der Ausdrucksmöglichkeiten das Alltagsleben bereichern. Bei der Manifestation und Integration der Archetypen spielen die Träume und die Traumarbeit eine entscheidende Rolle, denn in den Träumen spiegeln sich die archetypischen Energien. Träume sind den meisten kulturellen Produkten überlegen, weil sie die universellen Energien der Psyche auf eine einmalige, ganz dem jeweiligen individuellen

Entwicklungsprozeß entsprechende Weise Ausdruck verleihen. In ihnen findet sich meistens das, was dem Ich am ehesten entspricht und womit es sich auseinandersetzen kann. Bei den kulturellen Produkten wird hingegen zu viel Energie freigesetzt. Es kommt zum ‹Museumseffekt›, bei dem der Betrachter nur eine gewisse Anzahl von Gemälden betrachten kann. Dann muß er hinausgehen, sich ins Gras setzen und alles verarbeiten. Ähnliches gilt für Theaterstücke und Filme.

Was nicht bewältigt und umgewandelt werden kann, lasse man auf sich beruhen. Sonst wird die Energie der Archetypen überwältigend und die eigene Entscheidungsfähigkeit geschwächt. Oder es bleibt einem nichts anderes übrig, als die Gefühlsfunktionen auszuschließen, wodurch die Sensibilität für die Lebensenergien vermindert wird.

Selbst künstlerisch tätig zu sein, ist etwas ganz anderes, als Kunst zu konsumieren. Letzteres ist zwar auch wertvoll, aber es ist eindeutig integrationsfördernder, wenn die archetypischen Energien in Form eigener künstlerischer Vorhaben ausgedrückt werden.

Subjektiv und objektiv

Werden Gegenstände nur deshalb zu Symbolen, weil etwas in sie hineinprojiziert wird? Stammt die Energie also ausschließlich aus der eigenen Psyche, oder ist sie eine inhärente Eigenschaft der Objekte? Und wie kann der Subjektanteil eindeutig vom Objektanteil unterschieden werden?

Dieses Problem ist angesichts der Tatsache, daß es mehr oder weniger weltweit verbreitete Symbole gibt, die einen starken Einfluß auf das Leben haben, von einiger Bedeutung. Das Mandala, z. B. in Gestalt des heiligen Kreises, ist ein Symbol, das überall auf der Welt vorkommt – in den Religionen und in der Architektur.

Man kann eine Religion als ein Symbolsystem bezeichnen, das – wie die Architektur und andere Kulturformen – die Archetypen zum Ausdruck bringt. Religionen sind keine ‹An-sich-Wahrheiten›, sondern Symbolsysteme, welche die Eine umfassende Wirklichkeit und ihre Transformation, die wir Gott nennen, ausdrücken. Manche Religionen mögen über einen reichhaltigeren Schatz an Symbolen, Mythen und Dogmen verfügen, aber eines ist ihnen allen gemeinsam: das Bestreben ihrer Mystiker, die Form und das Symbolsystem als solches hinter sich zu lassen, um das Ursprüngliche zu erfahren. – Die Träume und die Traumarbeit bieten uns die Möglichkeit, zur ursprünglichen Erfahrung der Lebensenergien vorzustoßen. Wenn man die Träume aber einfach nur Träume sein läßt, ohne sie in kulturelle Produkte umzusetzen, verkennt man die Weisheit, die hinter der Notwendigkeit der Erschaffung eines Symbolsystems steht. Denn innerhalb der kulturellen Formen können wir die Archetypen sichtbar machen, verarbeiten und umwandeln. In diesem Sinne müssen alle auf irgendeine Weise zum Künstler werden – egal, welches Ausdrucksmedium am persönlichkeitsadäquatesten ist: die traditionelle Kunst oder irgendein bestimmter Lebensbereich.

Zum Künstler werden

Die künstlerische Bearbeitung von Träumen und anderen archetypischen Manifestationen verlangt, daß gewisse Ansichten in Frage gestellt und verändert werden. Typisch ist die Meinung, daß man ein Profi sein oder Talent haben müsse, um schöpferisch tätig sein zu können. Dem ist aber keineswegs so, denn in jedem Menschen gibt es den Archetypus des Künstlers, der vermutlich eng mit dem zentralen Archetyp verbunden ist.

Die Fähigkeit, sich selbst lebhaft und abwechslungsreich auszudrücken, hängt eher davon ab, wie sehr man im Einklang mit den Strömen des Unbewußten ist, als damit, was man alles auf der Kunstakademie oder in der Tanzschule gelernt hat. Hier geht es nicht darum, künstlerische Fähigkeiten zu entwickeln, die den ästhetischen und kulturellen Ansprüchen der Gesellschaft oder Ihren eigenen Vorstellungen genügen – denn Sie sind weder für andere noch für sich selbst künstlerisch tätig. Vielmehr geht es darum, sich selbst von den Archetypen und vom persönlichen Bedürfnis nach Ganzheit bewegen und anspornen zu lassen. – Was Lehrer und Eltern einem in der Kindheit eingeredet haben, spielt überhaupt keine Rolle. Um Künstler zu sein, braucht man weder Talent noch Geschick, denn wir sind keine professionellen Künstler! Wir sind als Wanderer unterwegs und geben dem Selbst die Möglichkeit, sich in Form unserer Schöpfung auszudrücken.

Lassen Sie sich also nicht von der Kritik und den Kommentaren anderer aus der Fassung bringen! Identifizieren Sie sich auch nicht mit Ihren Werken. Die meisten Leute projizieren nur und beobachten nicht.

Der Individuationsprozeß umfaßt nicht nur das innere Wachstum und die Bewußtseinserweiterung, sondern auch die Entfaltung der persönlichen Kreativität. Dies ist von grundlegender Bedeutung, denn ohne Kreativität ist der Mensch nicht besonders vital und ziemlich unflexibel. Das Selbst ist auch die Quelle des Schöpferischen – und dessen Vernachlässigung führt schnell einmal zu einer Intellektualisierung der Individuation. Dieser Sachverhalt stellt eine klare Herausforderung dar: Die Archetypen müssen auch in einer symbolisch-kreativen und künstlerischen Form ausgedrückt werden. Dadurch kommen wir vom rein rationalen Verstehenwollen weg und erreichen einen kreativen Bewußtseinszustand, in dem das Gefühl mitgelebt werden kann.

Das Malen und Modellieren in der Traumarbeit

Nicht nur das Malen und das Modellieren können in der Traumarbeit Verwendung finden, sondern auch das Zeichnen, das Schnitzen, die Bildhauerei, die Herstellung von Ritualobjekten und vieles andere mehr, z. B. das Weben und Sticken. Prinzipiell geht es darum, ein Traumsymbol künstlerisch umzusetzen. Sie können aber auch andere Elemente Ihrer Psyche in die Arbeit einfließen lassen. Auf diese Weise wirkt das Traumsymbol als Anhaltspunkt und Durchgang für jene archetypischen Energien, die nach einer Verarbeitung verlangen. Dies gelingt aber nur, wenn Sie dem Symbol gegenüber offen bleiben und nicht von starren Vorstellungen eingeschränkt werden. Bleiben Sie spontan und lassen Sie sich – im Einklang mit dem Symbol – mitreißen. Bevor mit der künstlerischen Umsetzung begonnen wird, kann man die Methode der Symbol-Vertiefung anwenden, um sich voll und ganz einzustimmen.

Die Verwendung von Farben soll spontan geschehen – und nicht gemäß irgendeiner Farbkompositionslehre, denn es geht um den Ausdruck von Gefühlen und nicht um die Erfüllung von Konzepten. Was die Interpretation von Farben betrifft, so gehört auch sie zur rationalen Verstandesebene. Sie brauchen nicht zu interpretieren, denn der kreative Geist ist nicht so leicht zu fassen.

Bei der künstlerischen Bearbeitung eines Traumsymbols gibt es zwei Möglichkeiten: entweder konzentriert man sich ganz auf die Umsetzung des Symbols, oder man arbeitet spontan und offen und läßt noch anderes mit einfließen. Traumsymbole können also in der Form gemalt werden, in der sie im Traum gesehen wurden. Aber auch z. B. ein Mandala bzw. ein runder oder viereckiger Rahmen eignet sich als Kontext, in den das Symbol eingebaut werden kann. Das Modellieren mit Ton hat übrigens gegenüber dem Malen und Zeichnen den Vorteil, daß es dem Symbol eine dreidimensionale Festigkeit verleiht, die mit Händen greifbar ist und deshalb mit der Erde verbunden wird.

Um der künstlerischen Umsetzung eine bewußte Dimension zu verleihen, ist es sinnvoll, anschließend eine Meditation durchzuführen oder einen Dialog zu schreiben.

Dichtung und Erzählkunst in der Traumarbeit

Die Poesie ist die Sprache der Gefühle. Sie ermöglicht es, Dinge auszudrücken, die in einer anderen Form im Alltag nicht geäußert werden könnten. Man denke beispielsweise an die Liebeslyrik und an an den Blues. Poesie ist als Ausdrucksform für alle Arten archetypischer Energieströme geeignet, weil sie – wie die anderen künstlerischen Umsetzungsformen – ein Produkt des Bewußtseinsprinzips ‹Essenz – Destillation› ist. Ein Erlebnis bleibt niemals als Ganzes und in der ursprünglichen Form über die Zeit hinweg erhalten. Es liegt nun am Ich, einen schöpferischen Akt zu vollbringen und die Essenz einer Erfahrung symbolisch auszudrücken. Denn für das Ich ist nur das Wesentliche von dauerndem Wert, und nur die Essenz ist eine Quelle, die in der Zukunft das Leben bereichert und vertieft.

Für das Gedichteschreiben gilt dasselbe wie für das Malen und Modellieren: Vergessen Sie alles, was Sie darüber wissen! Da Sie sich schon seit Jahren und Jahrzehnten sprachlich ausdrücken, brauchen Sie nichts über Versmaß, Reime und ausgefeilte Sprachbilder zu wissen – lassen Sie einfach Ihre Gefühle und Ihre bildhaften Vorstellungen in das Gedicht einfließen. Die Dichtung arbeitet mit Symbolen, die Gefühle beinhalten und wachrufen. Um die Sprache auf diese Weise verwenden zu können, ist es notwendig, die Essenz eines Traumes oder irgendeines Lebensaspektes herauszufiltern und bestimmten Worten zuzuordnen.

Allgemein betrachtet ist die künstlerische Umsetzung eines Traumes auch eine Art der Aktualisierung und des neuerlichen Wiedererlebens. Dazu bedarf es keiner Interpretation, sondern nur der Bereitschaft, sich dem Geschehen anzuvertrauen – und dann ergibt sich die Bedeutung der Erfahrung ganz von selbst.

Eine weitere Traumarbeitstechnik ist die der Umsetzung des Traumgeschehens in eine Erzählung, eine Parabel, eine Fabel oder in ein Märchen, wobei eine kulturell gewachsene Methode der Strukturierung archetypischer Energien zur Anwendung kommt, insbesondere die der Märchenerzählung. In uns allen steckt ein unschuldiges Kind und eine alte Hexe oder ein böser Zauberer. Aber wir kennen noch lange nicht alle Figuren, die sich als Teile der eigenen Psyche in den Träumen offenbaren. – Lesen Sie einige Märchen, um deren Aufbau zu erkennen. Wie fängt die Geschichte an, wie entwickelt sie sich, wie endet sie? Haben die Träume eine ähnliche Struktur? Prüfen Sie es nach. Eine weitere spezielle Aufgabe, die sich bei der Traumarbeit ergeben kann, ist die der Schilderung der eigenen Kindheit in Form eines Märchens – dies ist meistens eine sehr beeindruckende Erfahrung.

Es ist schon schwieriger, eine Parabel bzw. eine gleichnishafte belehrende Erzählung zu schreiben, aber es gibt doch Träume, die dafür geeignet sind. Und vielleicht – wer weiß – sind viele Gleichnisse von Jesus ursprünglich Träume gewesen.

Musik und Tanz in der Traumarbeit

Die Energie der Archetypen ist Musik. Jedes Musikstück besteht aus untereinander gleichen Abschnitten, die man Takte nennt. Der Abstand zweier Töne voneinander heißt Intervall. Diese regelmäßig sich wiederholenden rhythmischen Strukturen stellen wenigstens zum Teil die Grundlage für das Zeitempfinden dar. Repetition ist außerdem ein wesentliches Element verschiedener Rituale. Bestimmte Rhythmen versetzen in Trance, wobei das Ich seine Vorherrschaft zugunsten der pulsierenden Energien der Archetypen aufgibt. Auch gewisse psychotische Zustände sind durch Wiederholungen, zwanghafte Verhaltensweisen und die Erfahrung von Primärenergien gekennzeichnet. Schon das regelmäßige Tropfen eines Wasserhahns zerrt auf eine geradezu überwältigende Weise an den Nerven – es weckt einen archetypischen Pulsschlag.

Die Melodie ist ebenfalls ein wesentlicher Aspekt der Musik. Sie beruht nicht auf der Wiederholung des Gleichen, sondern auf der Verschiedenheit der Elemente. Der Rhythmus gehört eher zum Archetypus des Weges, die Melodie zu dem des Kreislaufs von Tod und Wiedergeburt.

Die beiden Grundstrukturen Rhythmus und Melodie verbinden sich in einem Musikstück auf unendlich komplizierte und vielseitige Weise und bringen eine gewaltige Anzahl Variationen archetypischer Gefühle hervor. Sei es nun der sanfte, volle Klang des Weiblichen oder das scharfe Stakkato des Männlichen, der Triumph des Heroischen oder der Zusammenprall des Gegensätzlichen – die Musik ist immer eine Sprache der Archetypen.

Beim Wiedererleben des Traumzustandes mit Hilfe der Methode der aktiven Imagination können die Bilder in Gefühlszustände umgesetzt werden, die sich in Musik ausdrücken. Lassen Sie sich von den Klängen davontragen. Versuchen Sie diese festzuhalten – z.B. mittels Kassettenrecorder, wenn Sie die Melodie mitsummen –, um das Gehörte reproduzieren und ganz ins Bewußtsein übernehmen zu können.

Eine weitere Methode, die Archetypen auszudrücken, ist der Tanz in einem Zustand der teilweisen Trance, wobei man sich ganz den Bewegungsimpulsen überläßt. Eine Traumumsetzung in dieser Form führt oft zur Entdeckung bestimmter grundlegender Schrittfolgen und Bewegungsmuster. Deshalb frage man sich in bezug auf das Tanzen:

- Welche Gebärden, Körperhaltungen und Schrittfolgen treten immer wieder auf?
- Warum sind gerade diese für mich charakteristisch?
- Drückt sich in ihnen meine Persönlichkeit als Ganzes oder nur zum Teil aus?
- Wie müßte ich tanzen, um alle Teile des Traumes ausgewogen darzustellen?
- Wie könnte ich mittels Tanzen ein Traumproblem lösen?

Nach dem Tanzen sind noch folgende Fragen zu beantworten:

- Was muß ich tun, um die Tanzerfahrung ins Bewußtsein zu integrieren? Gibt es eine dafür geeignete Meditation, Mitteilungsform oder Tagebucharbeit?
- Wie kann ich als eher vernunftbetonter Mensch einen Traum tänzerisch umsetzen, um meinen Körper in Einklang mit den archetypischen Energien zu bringen?

Das mythische Drama in der Traumarbeit

Die Darstellung der eigenen Träume in Form eines dramatischen Schauspiels ist besonders ausdrucksstark und sollte deshalb unter fachkundiger Anleitung geschehen. In einem mythischen Drama werden die in einem Traum aufgetretenen Gestalten von verschiedenen Personen gespielt, die mit dem Träumenden zusammen eine Theatergruppe bilden. Als Handlungsrahmen dient das Traumgeschehen, das zuvor erzählt wurde. Um nicht einfach Gefühle und Energien wachzurufen, die nicht verarbeitet werden können, sollte das Spiel stets so gestaltet werden, daß es eine überzeugende Lösung findet, ob diese nun im Traum gegeben war oder nicht. Ferner sind zwei Regeln zu beachten:

1. Nichts wachrufen, was nicht bewältigt werden kann.
2. Alles vermeiden, was sich nicht verwandeln läßt.

Vor dem mythischen Drama sollten die Teilnehmer ihre Rollen diskutieren. Nach der Aufführung muß das Geschehene unbedingt besprochen und verarbeitet werden.

Das ‹mythische Drama› unterscheidet sich vom ‹Psychodrama›, dem ‹Gestalt-Theater› oder dem ‹gewöhnlichen Drama› insofern, als es einen Konflikt nicht nur ausdrückt, sondern prinzipiell einer *Lösung* zuführt. Mythen enden eben nicht tragisch, sondern sie ermöglichen eine Heilung. Darin drückt sich ein uraltes Wissen aus, das Tausende von Jahren zurückreicht. Das mythische Drama hat aber auch kein glückliches Ende, denn Glück ist ein Zustand und keine Problemlösung. Tragödien und Verzückungszustände verunmöglichen jede Art von konstruktiven Lösungen. Hamlet z.B. hätte kein tragisches Ende gefunden, wäre er dazu fähig gewesen, eine konstruktive Lösung zu suchen, statt mit großem Bedauern die zugegebenermaßen schrecklichen Umstände einfach so zu akzeptieren. Dann hätte er weiterleben und regieren, das Königreich einen und die maßlose Gier und Faulheit beseitigen können. Eine Tragödie fordert eine Lösung, aber es ist zu spät dafür. Man kann daraus lernen, daß es unsinnig ist, alles stoisch hinzunehmen. Dies sollte zu einer Schärfung des Bewußtseins führen, die es möglich macht, Konflikte als das wahrzunehmen, was sie sind – eben Konflikte, mit denen man sich auseinanderzusetzen hat, solange sie noch gelöst werden können und genügend Kräfte dafür zur Verfügung stehen. – Überlegen Sie sich einmal die Geschichte Ihrer eigenen Tragödien und werten Sie sie aus.

Man muß überaus vorsichtig mit dem mythischen Drama umgehen. Wenn man aber diese Technik als Traumarbeitsmethode zur Heilung der psychischen Verletzungen richtig anwendet, kann sie äußerst wirkungsvoll sein. Dies dürfte die Begründung dafür sein, daß die antiken Heiligtümer des Asklepios in ihre Tempel auch Theater integriert hatten.

Das Spielen von Mythen und Märchen kann ebenfalls ungemein beeindruckend sein – deshalb gehe man dabei ebenso umsichtig und behutsam zu Werke wie beim mythischen Drama.

Sexualität als Ausdrucksform von Traumzuständen

Die Sexualität sollte endlich als kulturelle Kunstform und nicht bloß als biologischer Trieb oder sogar als Beziehungszwang aufgefaßt werden, denn durch die Kunst werden die groben und triebhaften Instinkte verwandelt. Große Liebende wußten schon immer, daß Sexualität sowohl eine Kunst als auch ein Instinkt ist.

Im Traumzustand tritt die Sexualität regelmäßig in Erscheinung. Physiologisch betrachtet haben Männer während der REM-Phasen häufig Erektionen, während bei Frauen die Vagina feucht wird. In den Träumen hat das Traum-Ich alle möglichen sexuellen Beziehungen zu Partnern beiderlei Geschlechts. Dies ist nichts Beunruhigendes – im Gegenteil, man sollte es genießen oder – wenn das Traumverhalten negativ zu sein scheint – versuchen, damit klarzukommen. Sexuelle Begegnungen im Traum sind einerseits ein Ausdruck des Bedürfnisses nach Wiedervereinigung mit einem abgespaltenen Persönlichkeitsteil, andererseits zeigt sich in ihnen die Art der Beziehung oder die Beziehungslosigkeit zu den Lebenskräften. Auf diese Weise wird man sich dessen bewußt, wie offenherzig, lebensbejahend und lebendig das Ich tatsächlich ist. Oder man erkennt, ob das Ich eher gehemmt und gefühlskalt ist und sich davor fürchtet, die animalische Natur mitzuleben. In den Träumen wird deutlich, welche sexuellen Verhaltensweisen zu ändern und welche unter Umständen zu realisieren sind, um eine größere Vollständigkeit zu erreichen. Gewisse sexuelle Traumerfahrungen eignen sich besonders zur Aktualisierung, weil man sich dadurch mit inneren Seinszuständen auseinandersetzen kann, was mit Hilfe der künstlerischen Umsetzung auf verschiedenen Ebenen möglich ist:

- Man erzählt den Traum dem eigenen Partner, worauf man sich gemeinsam überlegt, wie die sexuelle Thematik aktualisiert werden kann. Im Traum kam es z. B. zu einer leidenschaftlichen Liebesszene mit einer fremden Person. Dieses Traumgeschehen wird nun detailliert dem Partner bzw. der Partnerin beschrieben. Anschließend versucht man es gemeinsam zu verwirklichen.

  Es muß aber unbedingt darauf geachtet werden, daß die Konventionen der Traumwelt sich von denen des Alltags zum Teil stark unterscheiden. Wenn also innerlich eine Energie zum Ausdruck kommt, die sich in der Außenwelt destruktiv auswirken könnte, ist sie zunächst psychisch – auf einer inneren Ebene – auszuleben, zu akzeptieren und umzuwandeln.
- Sexuelle Energien lassen sich auch durch künstlerische Umsetzung symbolisch darstellen.

Sex ist nicht Sexualität. Sexualität ist die schöpferische Triebkraft des Lebens, der *élan vital.* Diese Energie manifestiert sich unmittelbar, sowohl durch sexuelle als auch durch symbolische Aktivität. Sie offenbart sich auch bei Menschen, die aus religiösen Gründen im Zölibat leben. Ob sie nun kreativ oder unkreativ sind, hängt nicht von der sexuellen Enthaltsamkeit ab, sondern von der Persönlichkeit. Für einen gefühlskalten und gleichgültigen Menschen ist das Zölibat eher ein Mittel der Unterdrückung als eines der Verwandlung. Sexuelle Enthaltsamkeit kann einen Menschen aber auch einfühlsamer und spontaner werden lassen und scheint dann die Transformation auf eine höhere Entwicklungsstufe bewirkt zu haben.

Sinn und Zweck der Enthaltsamkeit oder der regelmäßigen sexuellen Aktivität ist die Akzeptierung der Sexualität als schöpferische Lebenskraft, die für die volle Entfaltung der Persönlichkeit unabdingbar ist. Es geht also nicht darum, sich des sexuellen Höhepunkts zu enthalten, sondern dem Höchsten in allem, was wir tun, Ausdruck zu verleihen. Sind wir nicht in allem irgendwie sexuell ausgerichtet, sei es nun eine geschlechtliche Liebesbeziehung oder nicht?

Träume scheinen den Menschen ständig auf die nächstliegenden Wandlungsmöglichkeiten auf seinem Lebensweg hinzuweisen. Diesen

Prozeß kann man unterstützen, indem er durch die Kunst symbolisiert und dadurch aus seiner buchstabengetreuen Identifikation abgelöst und in die Außenwelt getragen wird. So wurden z. B. in der Antike Geschlechtsorgane aus Ton geformt und auf den Hausaltar gestellt: Phallus und Vulva als Darstellung des Göttlichen bzw. der archetypischen Energien. Diese Praktik ist vielleicht auch für die eigene Entwicklung von Bedeutung. Um nämlich nicht ständig gezwungen zu sein, sich mit dem Außen identifizieren zu müssen, ist es notwendig, symbolische Handlungsweisen zu praktizieren.

Wer kann schon sagen, was Sexualität wirklich ist? Die Liebespaare erleben sie. Und die großen Liebenden identifizieren sich nicht mit der Macht der genitalen Sexualität und sind deshalb fähig, sie in eine der schönen Künste zu verwandeln.

Die Traumarbeit und das Ritual

Ritualausübung ist eine Heilkunst, denn das Ritual ist möglicherweise die wirkungsvollste Art, die Archetypen wachzurufen und umzuwandeln. Deshalb werden rituelle Formen seit jeher von Regierungen und konfessionellen Organisationen ausgeübt und monopolisiert. Die Mächtigen wissen oft sehr genau, daß das Ritual die wirkungsvollste Art der Heraufbeschwörung, Lenkung und Bändigung der Archetypen der Massen ist. Ein Ritual kann unbewußte Kräfte entfesseln und Energien freisetzen, unter deren Einfluß die bewußte Entscheidungs- und Reflexionsfähigkeit des Ichs verlorengeht. Staaten und Kirchen machen sich diese Tatsache zunutze, um ihre eigene Macht, ihre Dogmen und ihre Institutionen zu sichern. – Auch in sogenannten primitiven oder schriftlosen Kulturen kommt ähnliches vor, denn in diesen Gesellschaften werden oft vorwiegend rituelle Praktiken ausgeübt.

Wir brauchen heute einen bewußten Zugang zum Ritual, eine Betrachtungsweise, die das Rituelle als die vielleicht mächtigste aller Kunstformen begreift und die versucht, es zum Wohle des Individuums wie zum Aufbau der Gemeinschaft einzusetzen.

Eine negative Bewertung des Rituals hat folgende Ursachen: Einerseits ist sie eine Reaktion des Individuums auf sinnentleerte rituelle Praktiken, die als Glaubenssätze dargestellt werden, und andererseits ist sie die Folge der Angst vor der Macht des Unbewußten. In Form der Schwarzen Magie wird die Macht der Archetypen zu egoistischen Zwecken mißbraucht. Die Gefahr bei der Beschäftigung mit der ‹Schwarzen Kunst› liegt darin, daß man entweder ein Übermaß an archetypischer Energie freisetzt oder hauptsächlich den negativen Aspekt der Archetypen heraufbeschwört. – Auch die Durchführung von Ritualen, die ausschließlich positiv und heilend wirken sollen, ist letztlich einseitig und deshalb gefährlich. Denn durch die Einseitigkeit könnte auch das genaue Gegenteil von dem heraufbeschworen werden, was ursprünglich beabsichtigt gewesen war; oder es wird zu viel archetypische Energie freigesetzt, so daß das individuelle Bewußtsein und das persönliche Wertgefüge überrannt werden.

Für die Arbeit mit dem Unbewußten und der Suche nach Erneuerung in seinen Urquellen eignen sich am besten schlichte Rituale. Am Jung-Senoi-Institut läßt man z. B. während der Traumarbeitssitzung eine Kerze brennen, und am Ende erklingt eine Glocke, um das Gefühl für das Transzendente anzusprechen. Bei der Arbeit wird auch ein Bezug zu symbolischen Gegenständen hergestellt – meistens sind es natürliche Objekte –, die die geistige Energie in der Materie verkörpern können. Auf diese Weise wird die Teilnahme an der Traumarbeitsgruppe intensiviert, eine bedeutungsvollere Ebene erreicht und der *Archetypus der Mitte* von innen und außen angesprochen. Um es nochmals zu betonen: Es geht um den Archetypus der Mitte und um nichts anderes. Bei denjenigen, die eine ‹schwarzmagische› Einstellung haben, ist es anders. Sie lenken vermutlich einen großen Teil ihrer rituellen Aktivität auf den Archetypus des Widersachers, indem sie Flüche und andere Ausdrucksformen des Bösen einsetzen. Und in Kriegszeiten benutzt eine Regierung bestimmte Rituale dazu, in ihrem Volk den Archetypus des Helden wachzurufen.

Die meisten Religionen scheinen sich dem Archetypus der Mitte hinzugeben, aber in Wirklichkeit kreisen sie um den Archetypus des Erlösers und Helden und klammern das Böse bzw. den Archetypus des Widersachers aus. Wahre Integration aber ist die Integration der Gegensätze, und deshalb brauchen wir eine erneuerte Religion, nämlich eine, die alle möglichen Gegensätze des Lebens in sich vereint.

Was nun die Traumarbeit angeht, so kann man bestimmte Rituale erfinden und einsetzen, um z. B. das Geschenk eines besonders wichtigen und eindrücklichen Traumes zu feiern. Manchmal gibt es sogar im Traum selbst bestimmte Ritualhandlungen, die sich in der äußeren Welt wiederholen lassen. Dieses Verfahren wird häufig am Jung-Senoi-Institut angewandt.

Was wäre, wenn keine Rituale irgendeiner konfessionellen Organisation benutzt werden müßten, weil das Ich die Traumquellen akzeptiert und nur noch Rituale ausführt, die der Gemeinschaft durch Träume der Mitglieder nahegelegt werden? Würde das Ego dabei nicht auf eine kreative Art und Weise umgangen?

Traum und künstlerischer Ausdruck: Zusammenfassung und Anleitung für die Traumarbeit

- Eine wesentliche künstlerische Ausdrucksmöglichkeit ist das Zeichnen oder Malen der Traum-Szenerie. Das bildhafte Festhalten kontrastierender Symbole oder auch nur des wichtigsten Trauminhaltes ist eine Variationsmöglichkeit. Eine ganze Serie von ‹Traumgemälden› beschleunigt den Individuationsprozeß. Man kann sich z.B. vornehmen, einmal pro Woche ein Traumgemälde zu malen oder ein Symbol jedesmal dann zeichnerisch festzuhalten, wenn es wieder im Traum erscheint. Letzteres eignet sich besonders in bezug auf bestimmte negative Gestalten, weil man sich ihnen auf diese Weise besser stellen und ihre Energie abbauen kann. Bei der Dialog-Methode wirkt ein Bild des Gesprächspartners, das man zuvor gezeichnet hat, energieverstärkend. Es ist auch hilfreich, die Bilder mit bestimmten Titeln zu versehen und sie kurz zu beschreiben.
- Eine weitere künstlerische Umsetzung von Trauminhalten ist die der Zusammenstellung einer Reihe von Symbolen aus ein und demselben Traum oder aus verschiedenen Träumen zu einem einzigen *Mandala,* einem kreisförmig aufgebauten Gemälde. Mandalas sind Symbole der Integration und der Ganzheit und deshalb hilfreich für die Freisetzung des Ganzheitspotentials. Achten Sie vor allem darauf, was Sie in die Mitte des Mandalas plazieren: Was ist für die Darstellung der Mitte geeignet? Sind Sie es selbst? Oder ist es eine negative Gestalt? Oder ist das Symbol ganzmachend und heilend?
- Hängen Sie Ihre Traumbilder so an die Wand, daß Sie sie gut sehen können. Auf diese Weise verleihen Sie ihnen eine zusätzliche Wertschätzung. Datieren Sie die Bilder und machen Sie einen Hinweis auf die entsprechenden Träume.
- Die künstlerische Traumarbeit eignet sich ganz besonders für eine zusammenfassende Darstellung sämtlicher Arbeitstechniken, die zur Bearbeitung eines einzigen Traumes angewandt worden sind, denn mit Hilfe der Kunst kann alles miteinander verbunden werden.
- Achten Sie auf die *wichtigsten heilenden Figuren und Symbole,* die in den Träumen auftreten, und stellen Sie sie künstlerisch dar. Dadurch entfaltet sich mit Ihrer Hilfe mit der Zeit die Landschaft Ihres eigenen Unbewußten. Und durch die Betonung des Heilungsaspektes werden Integration und Individuation herbeigeführt. Auch die hauptsächlichsten Feinde und Gegner, die in den Träumen erscheinen, sind mit künstlerischen Mitteln darzustellen. Ferner stellt sich die Frage, wie das eigene Traum-Ich zu porträtieren wäre.

- Bei der Arbeit *mit Ton* sollten vor allem Heilergestalten und Heilungssymbole modelliert werden. Vielleicht sind die Penaten oder Hausgötter vieler alter Religionen auf diese Weise entstanden. Stellen Sie sich einmal vor, in Ihrem Haus würden überall Symbolfiguren stehen, die Sie an die wahre Natur Ihrer Seele erinnern.
- Eine weitere, sehr interessante Methode ist die Herstellung einer ‹Traum-Bühne›. Bauen Sie ein Gebilde aus Ton (oder einem anderen Material) mit den verschiedensten, auch halbversteckten Nischen und Räumen, in die Sie Figuren und Symbole aus den eigenen Träumen hineinstellen. Dieses ‹Puppenhaus› ist ein Ausdruck Ihrer Innenwelt. Sie können hineinblicken und die Figuren und Symbole umstellen, um die unterschiedlichsten Effekte und Bedeutungen zu erzielen.
- Eine weitere Möglichkeit der künstlerischen Symbolisierung der psychischen und spirituellen Energien ist die Einrichtung eines *geheiligten Bezirkes* im eigenen Zimmer, wo die ‹geistigen Symbole› bzw. die ‹energiegeladenen Gegenstände› aufgestellt werden. In der modernen Zivilisation lebt der Mensch derart einseitig, daß in einer Etagenwohnung oder einem Einfamilienhaus oft nur das Zweckmäßige Platz findet. Aber kann die Seele vom bloßen Anblick von geputzten Fensterscheiben, einem Toaster und einem Fernsehapparat leben? Falls Sie nun einen ‹heiligen Platz› in Ihrer Wohnung einrichten, verwenden Sie bei der Ausstattung einen besonderen Stoff und benutzen Sie diesen Ort auch zur Meditation.

Die Jung-Senoi Traumarbeit in bezug auf die Realisierung einer speziellen Traumaufgabe

Eine spezielle Traumaufgabe ist ein bestimmtes Vorhaben, dessen Realisierung das Ich bzw. der bewußte Teil der Persönlichkeit innerhalb eines bestimmten Zeitraumes erreichen will. Diese Aufgaben sind es, die das spirituelle Leben Wirklichkeit werden lassen und prüfen. – Es ist eine Sache, z.B. in einem lebhaften Traum etwas Schönes und Aufwühlendes zu erleben. Eine ganz andere Sache aber ist es, die Konkretisierung und Überprüfung dieser Erfahrung in der Alltagswirklichkeit zu übernehmen. Einsicht allein genügt nämlich nicht, es bedarf auch der Tat. Nicht nur das zählt, was man sagt, sondern auch das, was man tut. Im Handeln verbindet sich die Arbeit wieder mit dem Gefühl. Wenn das, was ich sage, als Handlungsgrundlage dient, ist das Gefühl mit eingeschlossen – und auf diese Weise werden aus Gefühlen Taten.

Wer sich in eine verwirrende und bestürzende Menge bzw. in ein Übermaß an Einsichten verstrickt, weiß oft keinen Ausweg mehr. Was tun? Man muß sich entscheiden, einen bestimmten Weg wählen, dann wieder einen und nochmals einen – immer wieder, denn der Pfad des Handelns ist der Ausweg. Im Tun zeigt sich der Wert der Reflexion, wird der Gedanke überprüft. Träume müssen mit Hilfe der Traumarbeit aktualisiert werden, um verwirklicht zu werden.

Eine spezielle Traumaufgabe ist gleichzeitig Grundlage und Bezugspunkt für eine bestimmte Handlungsweise. – Aus jedem Traum ergeben sich eine Vielzahl möglicher Aufgaben bzw. Traumarbeitsvorhaben für Projekte sowohl der inneren wie der äußeren Realität. Alles, was den Traum wiederbelebt, ist der Sache dienlich. Hierzu einige Beispiele:

- Eine Frau träumte, sie habe Glückskekse bekommen, in die keine Papierchen mit Glückssprüchen eingebacken waren. Deshalb bestellte sie in einem Restaurant hundert Glückskekse und klebte die meisten Glückssprüche in ihr Traumarbeitsbuch. Nun hatte sie eine große Auswahl, wodurch sich ihr Gespür für das Schicksal erheblich verbesserte.
- Eine Frau wollte wissen, ob echte Gespenster in den Träumen erscheinen können oder ob es sich bei derartigen Figuren nur um innere Gestalten oder Symbole handelte. Sie bat also um einen Traum, in dem ein Gespenst vorkommen sollte. Ihr Wunsch ging in

Erfüllung, und sie hielt Zwiesprache mit dem ‹Gespenst›, um festzustellen, ob es wirklich ein Gespenst war oder nicht. Die Ergebnisse waren für sie äußerst aufschlußreich und erweiterten ihren Horizont.

- Eine ältere Frau träumte, sie würde mit der Bahn fahren und hätte zwei Koffer bei sich, die mit derart viel wertlosem Zeug vollgestopft waren, daß ohne weiteres vier Koffer hätten damit gefüllt werden können. Aufgrund dieses Traumes reduzierte sie ihre Verpflichtungen im äußeren Leben, was ihrem zunehmenden Alter auch mehr entsprach. Daraufhin träumte sie, sie würde mit zwei mit wertlosem Zeug normal gefüllten Koffern reisen.
- Ein Mann träumte, er und seine ehemalige Frau hätten eine Beziehung. Er handelte dementsprechend, was beider Leben entscheidend veränderte.
- Jemand, der aus einem Alptraum erwachte, ließ sich sofort wieder in den Schlaf zurückgleiten, um den Traum fortzusetzen und einer Lösung zuzuführen.
- Eine Frau, die nach ihrer spirituellen Bestimmung suchte, träumte von einem schönen Heilungssymbol. Sie gestaltete es aus Ton und Kieselsteinchen, die sie am Strand gesammelt hatte, und stellte es an ihrem Meditationsort auf.
- Ein Mann meditierte seinen Traum und erlebte dabei noch einmal dessen Bilder und Dynamik. Auf diese Weise gelang es ihm, einen Verlust wirklich zu betrauern, die dabei auftretenden Gefühle zu verarbeiten, umzuwandeln und sich von ihnen zu befreien, so daß er ein neues Leben beginnen konnte.
- Ein Mann träumte, er habe sich mit seinem ehemaligen Führer und Lehrer versöhnt – und schrieb daraufhin einen versöhnlichen Brief an die betreffende Person, in dem er auch seinen Traum schilderte.

Es gäbe noch eine ganze Reihe ähnlicher Beispiele. Wenn man pro Woche nur an einem einzigen Traum arbeitet, hat man nach Ablauf eines Jahres gut fünfzig spezielle Aufgaben bewältigt. Das heißt, die Traumarbeit in bezug auf die Realisierung einer speziellen Traumaufgabe ist eine bedeutende Lebensquelle, zumal viele dieser Traumaufgaben sich ein Leben lang wiederholen lassen. – Für einen Leiter einer Traumarbeitsgruppe geht es also prinzipiell darum, eine Reihe spezieller Aufgaben zu einem bestimmten Traum vorzuschlagen. Es liegt nun an derjenigen Person, die den Traum erzählt hat, eine oder mehrere Anregungen auszuwählen und in die Tat umzusetzen. Und während der Bearbeitung kann sich die Aufgabenstellung verändern, oder es treten sogar neue Gesichtspunkte auf. Dies entspricht durchaus dem kreativen Strom des Unbewußten, der ja nicht versiegt, sondern immer weiter fließt. Die Anregungen können natürlich auch von den Teilnehmern der Traumgruppe oder vom Träumenden selbst kommen.

Die eigentliche Herausforderung besteht aber niemals darin, eine Interpretation für die Bedeutung eines Traumes zu liefern, sondern darin, derartige Intuitionen, Projektionen usw. in Fragen umzusetzen, aus denen wieder neue Traumaufgaben entstehen. Schließlich geht es um Fragen und nicht um Antworten. Diese Einsicht ist entscheidend! Ich erinnere mich an einen freudianischen Analytiker, der ganz versessen darauf war, seine Projektionen bei der Traumbesprechung als Antworten darzustellen. Er konnte seine persönlichen Probleme nicht in Fragen umsetzen, weil er um seine Haut fürchtete. Wer ernsthaft eine Frage stellt, gibt zu, daß er die Antwort nicht weiß. Doch wer ist schon bereit, vom hohen Roß herunterzusteigen und angesichts eines Mysteriums Demut zu zeigen? Nur das eigene Leben gibt eine Antwort, es *ist* die Antwort. Die Meinung eines anderen Menschen ist niemals eine Antwort. Antworten sind nicht gefragt, aber Fragen werden akzeptiert, wenn sie einen anderen dazu veranlassen, die Suche nach der Wahrheit in sich selbst aufzunehmen. Und außerdem – wie reagiert man eigentlich auf die eigenen Fragen?

Im ersten Teil einer Jung-Senoi Traumsitzung berichten die Teilnehmer, wie sie ihre speziellen Traumaufgaben gelöst und die damit verbundenen Vorhaben realisiert haben. Dies ist ebenso wichtig wie das Erzählen der Träume. In der zweiten Hälfte der Sitzung werden dann die neuen Träume mitgeteilt und Vorschläge für die ihnen entsprechenden Traumaufgaben gemacht. Dabei handelt es sich immer um Vorschläge und nicht um Meinungen darüber, wie nun jemand sein Leben führen soll. Der Leiter ist nicht berechtigt, jemandem eine Traumaufgabe in Form eines Befehls zu erteilen und für die betreffende Person eine Entscheidung zu treffen. Dadurch unterscheidet er sich von den meisten spirituellen Führern.

«Sie sollten diese Beziehung abbrechen; sie bringt Ihnen doch nur Kummer ein», wäre beispielsweise eine Meinung über eine bestimmte Lebensweise, aber keine Traumaufgabe. – «Wie wird im Traum die Beziehung zwischen Ihnen und Ihrem Partner dargestellt? Vergleichen Sie sie mit den tatsächlichen Verhältnissen im Alltag. Welche Unterschiede und welche Gemeinsamkeiten gibt es? Stellen Sie daraus eine Liste der Faktoren zusammen, die für oder gegen die Fortführung dieser Beziehung sprechen.» Diese Vorschläge sind echte Aufgabenstellungen, denn sie erschließen einem Menschen seine eigene Urteilskraft und fordern sein Entscheidungsvermögen heraus, was eines der Ziele des ganzen Prozesses ist.

Es ist kaum zu glauben: Noch immer gibt es viele Therapeuten, Analytiker, Gurus, Führer, Lehrer, Eltern, Freunde usw., die den Leuten sagen, was sie tun müssen, anstatt ihnen dabei zu helfen, sich selbst zu entscheiden. Wenn dem so sein sollte, lebt man tatsächlich noch in einem finsteren Zeitalter, wo einer über den anderen urteilt.

Voraussetzungen für die Festlegung einer speziellen Aufgabe

Wandelt man sich, weil man einsichtig geworden ist? Verhält man sich allein deswegen nicht mehr destruktiv, weil man die Ursachen seiner Destruktivität kennt? Wodurch entsteht eigentlich jene Integrität, die einen Menschen dazu befähigt, auch dann nach seinem persönlichen Gefühl für die Wahrheit zu handeln, wenn es mit Leid verbunden ist? Geht es darum, ein Leben lang ständig zu reflektieren, oder darum, andauernd aktiv tätig zu sein? – Es ist die *spezielle Traumaufgabe,* in der beides miteinander verbunden wird, denn sie ist sowohl die Grundlage für die Reflexion als auch das Testfeld des aktiven Handelns. Ihre Verwirklichung führt zur Erfahrung und damit zu neuen Überlegungen. Kreativität bedeutet, alles, was in der Realität geschieht, anzunehmen und die damit verbundenen Möglichkeiten zu einem sinnvollen Ganzen zu verknüpfen. Dies kann mit Hilfe einer Traumaufgabe als dem Medium der Kreativität geschehen.

Bewußtsein ist bewußte Aufmerksamkeit in Verbindung mit situationsadäquatem Handeln. Ohne die Verwirklichung einer Traumaufgabe läßt sich die Aufmerksamkeit nicht mit einer relevanten Tat verbinden. Erst wenn man sich mit einer Traumaufgabe befaßt und sie ausführt, macht man Erfahrungen. Und ohne Traumaufgabenstellung ist es beinahe unmöglich, Rahmenbedingungen für das eigene Handeln festzulegen.

Was verschafft Heilung? Ist es nicht die Beschäftigung mit jenen Dingen, von denen man getrennt wurde, mit dem, was unfähig scheint, sein ganzes Potential mitzuleben? Auch hier ist es wieder eine spezielle Traumaufgabe, die den Kontext, das Umfeld, für den Heilungsprozeß abgibt, denn sie knüpft die Verbindung zu jenen Quellen, die die Heilung ermöglichen.

Um spielen zu können, muß man arbeiten. *Arbeiten* heißt nämlich, seinen Verpflichtungen nachzugehen, um ein bestimmtes Ziel zu erreichen. *Spielen* kann man erst nachher – um das Erreichte zu feiern und die Strapazen zu vergessen. Indem man sich nun eine spezielle Traumaufgabe vornimmt, kommen Arbeit und Spiel in ein Gleichgewicht, denn in der Traumarbeit sind diese beiden Aspekte ausbalanciert.

Durch die *Bewältigung einer Traumaufgabe* wird ein echtes Ego aufgebaut. Dies ist etwas ganz anderes als die Herbeiführung einer Ekstase mit Hilfe einer Ego-Auflösung, denn das Ich arbeitet an der Manifestation des Potentials der archetypischen Energien in der äußeren Welt der konkreten Formen. – Nun gibt es Leute, z.B. auch Jungianer, die fragen: «Kann durch die Arbeit mittels spezieller Traumaufgaben überhaupt ein dem Traum zugrundeliegender unbewußter Einfluß erkannt werden? Es ist doch besser», sagen sie, «den Traum als Ganzes stehenzulassen, ohne aus ihm eine Traumarbeit abzuleiten. Man muß doch nur durch Interpretation herausfinden, was er für das Leben bedeutet.» Das Unbewußte wird also als gewaltiger Ozean aufgefaßt, an dessen Ufer der Träumende immer stehenbleiben muß, um das Wasser zu beobachten. Der methodische Ansatz der Jung-Senoi Traumarbeit verlangt dagegen meistens, daß man in ein Boot klettert, auf das Meer des Unbewußten hinaussegelt und sich mit dem Wasser intensiv auseinandersetzt. – Wer sich in eine Sache verwickeln läßt, leidet mit. Und man wandelt sich, weil man bei der Beschäftigung mit etwas Ungewohntem neue Gesichtspunkte kennenlernt. Dies ist immer irgendwie schmerzhaft und außergewöhnlich erregend. Wenn das neue Leben eine unnachgiebige, starre Haltung aufgibt, geschieht diese Befreiung mittels Schmerzen. Dieses Leiden gibt dem Ich wenigstens die Gewißheit, daß es real existiert, denn niemand lebt oder weiß um seine Existenz, der keine Schmerzen wahrnimmt. Schmerz und Ekstase, Freud und Leid, was sind sie anderes als einander ergänzende Gegensätze? Braucht der Mensch nicht beide Seiten, um ein erfülltes und sinnvolles Leben führen zu können? Eine mühsam errungene Ekstase zeigt dann den Durchbruch zu den lebensnotwendigen neuen Quellen an.

Spezielle Traumaufgaben machen viel Arbeit, aber auch Vergnügen – und sie lassen uns leiden. – Schmerzen sind die Folge der Spannung zwischen dem, was ist, und dem, was nicht ist. Also muß die Bewältigung einer Traumaufgabe schmerzhaft sein. Gibt es außer dem Wandlungsschmerz sonst noch einen Grund, die Bewältigung einer Traumaufgabe als reales Geschehen zu bezeichnen? – Wenn die Aufgabe erledigt ist und die Resultate greifbar werden, ist die Freude groß und man fühlt sich herrlich vital.

Das Wesen der speziellen Traumaufgaben

Es sei nochmals ausdrücklich betont: Um eine spezielle Traumaufgabe zu realisieren, braucht man keinerlei Diagnose. Daran sollten vor allem die interpretativ arbeitenden Psychologen, die Psychoanalytiker, Therapeuten und spirituellen Lehrer denken. Es ist tatsächlich so: Man kann alle psychologischen Tests und Persönlichkeitsprofile in den Abgrund der Vergangenheit werfen und alles vergessen, was in den diagnostischen Handbüchern der Geisteskrankheiten steht, denn dieses Kauderwelsch verbannt allzu viele Menschen – Patienten wie Ärzte – in die Nervenheilanstalten. Es ist ein schwerwiegender Irrtum, die Persönlichkeit eines anderen mit äußeren Mitteln zu behandeln und zu interpretieren. Dies ist nur ein Akt der subjektiven Beschränktheit, ein

Ausdruck der Projektionen seitens des Beobachters. Gleichzeitig versucht der Patient zu überleben, indem er sich der Weltanschauung des Arztes unterwirft und dessen Rollenverständnis übernimmt.

Die Traumaufgabenstellung und ihre Bewältigung machen Persönlichkeitsbeschreibungen überflüssig, weil jedem einzelnen Menschen greifbare Werkzeuge in die Hand gegeben werden, mit deren Hilfe er sich verwirklichen kann. Deshalb wird jede Diagnose überflüssig. Wichtig ist vielmehr, daß jeder grundsätzlich erlebt, daß es eine Weiterentwicklung gibt.

Nach diesen kritischen Bemerkungen, die naturgemäß auch auf die politischen Verhältnisse bezogen sind, ist noch darauf hinzuweisen, daß spezielle Traumaufgaben auch die persönlichen Einseitigkeiten kompensieren sollten. Wer z. B. stark gefühlsmäßig orientiert ist, hat eine Aufgabe zu bewältigen, die viel Denkarbeit erfordert; einseitig malerisch Begabte könnten es mit der Poesie versuchen usw. Dabei handelt es sich stets um funktional ausgerichtete Aufgabenstellungen mit besonderer Berücksichtigung der betreffenden Persönlichkeit. Die Aufgaben sollten zweckmäßig sein. Das heißt aber nicht, daß sie auf Einteilungsschemen basieren, die jemanden als neurotisch, paranoid, introvertiert, hyperaktiv oder sonstwie klassifizieren – und zwar aufgrund einer Typologie, die angeblich die gesamte Persönlichkeit abdecken soll.

Alle speziellen Traumaufgaben sind zweckmäßig und beruhen auf einem Vorgehensplan. Andererseits sind auch alle Methoden in diesem Buch aufgabenorientiert und haben das Ziel, den Traumzustand auf bestimmte Weise zu aktualisieren und neu zu beleben. Bestimmte Aufgaben können bei jeder Traumarbeit wiederholt werden. Im allgemeinen beginnt man folgendermaßen:

- Man beginnt mit der Arbeit am Traum als eines solchen, um dessen zentrale Probleme und Dynamik herauszufinden und ihn auf diese Weise verallgemeinernd zu erweitern.
- Als nächstes versucht man, die Traumkonflikte auf einer inneren Ebene zu lösen.
- Dann ist die Frage zu beantworten, wie das Entdeckte, Neugeschaffene usw. allgemein mit dem Innenleben zusammenhängt.
- Anschließend stellt man die Beziehungen zum äußeren Leben fest.
- Und schließlich muß man herausfinden, wie sich die Traumarbeit auf weitere Träume auswirkt.

Es ist manchmal einfacher, eine spezielle Traumaufgabe auf eine eher philosophische Art anzupacken, indem man sich z. B. sagt: «Jetzt schreibe ich eine Seite über den Stellenwert des Leidens im Leben des Menschen.» Diese Form eignet sich auch gut für die Arbeit in der

Gruppe. Persönlichkeitsbezogener und deshalb affektgeladener ist z. B. folgende Thematik: «Ich beschreibe alle Leidenselemente, die in meinem Traum vorhanden sind, und die Gründe, weshalb das Traum-Ich jeweils Schmerzen empfindet.» In der Gruppe ist darauf zu achten, ob die Bereitschaft für diese Auseinandersetzungsebene vorhanden ist. Möglicherweise zeigt die Darstellung von Leid und Schmerz, daß sich die Teilnehmer überfordert fühlen. Dann ist es sinnvoller, es mit einer allgemeineren Aufgabe zu versuchen.

Einige allgemeine Regeln, die bei der Suche nach speziellen Traumaufgaben von einem Gruppenleiter besonders zu beachten sind

- Stets dort beginnen, wo die Energie am stärksten oder am schwächsten ist.
- Eine spezielle Traumaufgabe in der Regel als Frage formulieren.
- Einen erweiternden, ganzheitlichen und ausgleichenden Ansatz verwenden.
- Die Traumaufgaben so präzise formulieren, daß sie bewältigt werden können.
- Sinn und Zweck der speziellen Traumaufgabe deutlich machen.
- Etwa acht bis zehn verschiedene Aufgaben pro Traum angeben. Werden nur eine oder zwei gestellt, kommt die Voreingenommenheit des Vorschlaggebers möglicherweise zu stark zum Ausdruck. Die Wahl der Art und Anzahl der auszuführenden Traumaufgaben bleibt stets denjenigen überlassen, die die Traumarbeit auszuführen haben.
- Ganz besonders darauf achten, daß die Aufgaben traumbezogen sind.
- Dafür sorgen, daß die Aufgabenempfänger sich an der Erarbeitung der speziellen Traumaufgaben beteiligen können, und sich dessen vergewissern, ob sie überhaupt zur Mitarbeit bereit sind.
- Während jeder Sitzung für die Mitteilung der Resultate der Traumaufgabenbearbeitung genügend Zeit einräumen.
- Bei der Auswertung der speziellen Traumaufgaben geht es vor allem darum, sich dessen bewußt zu sein, daß der Traum empirisch bzw. erfahrungsmäßig bearbeitet worden ist. Die Ergebnisse müssen sich allerdings nicht unbedingt mit dem Traum oder der Aufgabenstellung decken. Die Frage ist nur, ob es sich um eine lebendige Erfahrung gehandelt hat, bei der positive oder negative Energien freigesetzt worden sind und ein neues Bewußtsein entstanden ist. Die Auswertung einer Traumarbeit obliegt denjenigen, die sie ausgeführt haben. Der Gruppenleiter hat bloß die Aufgabe, die

Erfahrung bedeutungsmäßig zu erweitern. Es liegt nicht an ihm, sie positiv oder negativ zu bewerten.

Die Leitung einer Traumarbeitsgruppe

Wer eine Traumarbeitsgruppe leitet, ohne voreingenommen zu sein, kann sich selbst von der Last befreien, von anderen als Autoritätsperson betrachtet zu werden, die Entscheidungen darüber zu fällen hat, wie andere zu leben haben. Offenheit bedeutet in diesem Fall, jemandem, der um einen Rat bittet, ein paar Traumaufgaben vorzuschlagen – etwa mit diesen Worten:

«Ich kann Ihnen unmöglich sagen, wie Sie sind oder was Sie tun sollen. Ich kann Ihnen weder eine Entscheidung abnehmen noch die Konsequenzen Ihrer Entscheidungen tragen. Ich kann Ihnen allerdings Vorschläge machen, mit denen Sie arbeiten können. Sie müssen mir allerdings helfen, einige Fragen zu formulieren, in denen Ihre momentane Situation zum Ausdruck kommt. Ziemlich sicher wird es darauf weder richtige noch falsche Antworten geben, sondern nur Konsequenzen. Und Sie entscheiden sich selbst und werden dadurch zu dem, was Sie sind.»

Wichtig ist bei der Aufgabenberatung nicht das Mehr an Wissen oder die unterschiedliche Perspektive. Entscheidend ist nur, daß die eigene Meinung über einen anderen Menschen oder einen Traum nicht als unumstößliche Wahrheit verkauft wird. Deshalb sind alle Gefühle und Intuitionen über irgend jemanden oder irgend etwas nicht als definitive Behauptungen, sondern als Fragen auszudrücken. Wer dies nicht tut, wirkt perspektivenverengend und möglichkeitseinschränkend und vergißt, daß jeder Mensch die Welt wieder anders betrachtet.

Die Vorschläge für die speziellen Aufgaben sollten sich auf eine Vielzahl von Ebenen beziehen und sich niemals nur auf eine einzige Aussage beschränken, die die ganze Wahrheit darstellen soll.

- Keine Wahrheit ist eindeutig.
- Jede Eindeutigkeit ist an eine Lüge gebunden.
  Nur der Wahrheit, die nicht eindeutig festgelegt ist, kann man trauen.
- Jede Wahrheit ist die Anerkennung einer Möglichkeit.
- Absolute Sicherheit ist der Untergang der Gewißheit.

Diese Paradoxa erschüttern die Position einer Autoritätsperson, d. h. die Stellung jener Menschen, die dazu neigen, Wahrheiten auf eine eher absolute Weise von sich zu geben, anstatt andere dazu anzuregen, zu ihrer eigenen Wahrheit zu finden. Nun sind wir aber alle irgendwie autoritär und haben uns damit eine große Last aufgebürdet. Deshalb denke man einerseits daran, daß die wahre Freiheit darin besteht, anderen nicht andauernd sagen zu müssen, was sie tun sollen. Andererseits braucht man doch solche, die spezielle Aufgaben formulieren, und solche, die sich die Aufgabenstellung erst einmal anhören. Nun werden wohl die besten Traumarbeitsgruppenleiter jene sein, die schon eine Menge Aufgaben bewältigt haben, um sich selbst besser kennenzulernen. Und ein Vorschlag ist eine Art ‹Ich-Ausleihe› an jemanden, der selbst nicht ganz auf der neuen Entwicklungsstufe steht, die ihm als Lebensmöglichkeit angeboten wird. (Aufgabenvorschläge zur Aktualisierung eines bestimmten Traumes sind im Kapitel ‹Was ist ein Traum› zu finden.)

Es ist ja immer eine bestimmte Person, die spezielle Traumaufgaben vorschlägt. Wer formuliert also letzten Endes die Aufgaben?

- Ist es der Gruppenleiter oder der Teilnehmer, oder sind es beide gemeinsam? Oder gibt es hinter allem noch eine weitere Quelle?
- In welcher Hinsicht ist der erinnerte Traum selbst eine Aufgabe, die erfüllt und ausgeführt werden muß?
- Welche Aufgaben scheinen sich unmittelbar aus dem Traumgeschehen zu ergeben?
- Welche Aufgabe stellt das Leben?
- Gibt es überhaupt eine Lebensaufgabe? Und wenn ja, wie kann sie jemals in Erfahrung gebracht werden?
- Lebe ich, um eine wichtige Aufgabe zu erfüllen?
- Ist mein Leben nur eine einzige Frage, auf die es keine Antwort gibt?
- Auf welche Fragen gibt mein Leben eine Antwort?
- Mit welcher Frage wird mein Leben enden?

Eine Traumaufgabe ist immer eine Frage und keine Antwort. Und vielleicht sind die Anstrengungen, die zur Erfassung der Lebensfragen unternommen werden, die einzigen Antworten. Aber auch diese und alle anderen Antworten sollen stets neue Fragen an das Ich und an das Universum als Ganzes sein! Denn möglicherweise gibt es in dieser Existenz tatsächlich keine Antworten auf die wichtigsten Fragen, sondern nur Reaktionen.

Die Symbol-Vertiefung

Das Sich-in-ein-Symbol-Hineinversenken bzw. die vertiefende Betrachtung eines Symbols ist eine Methode, bei der das Unbewußte in bezug auf ein bestimmtes Symbol stärker zum Zuge kommt. Die *Symbol-Vertiefung* dient der Erweiterung und dem Wiedererleben eines Symbols, das sich – bei einer imaginativen und meditativen Haltung des Ichs – auf verschiedenen Ebenen des Bewußtseins äußern kann. Das Ich geht gewissermaßen um das Symbol herum und schaut es von allen Seiten an. Während das ‹Traum-Ich› und das Symbol sich noch gegenseitig beeinflußt hatten, geht es bei der *Symbol-Vertiefung* darum, das Symbol nicht zu verändern, sondern es in seinem momentanen Zustand zu belassen. Um dies zu erreichen, schließt man die Augen, man entspannt sich und konzentriert sich ganz auf das Symbol. Jetzt wird das Symbol wieder in seiner ursprünglichen Lebendigkeit entstehen, und das Ich kann sich tiefer und tiefer in es hineinversenken. Hierzu ein Beispiel: Im Traum wurde ein schwarzes Telefon gesehen. Nun konzentriert sich das Ich meditativ darauf und setzt sich mit seiner Funktionalität auseinander. Es läßt das Telefon läuten, hebt den Hörer ab, stellt fest, wer angerufen hat, legt wieder auf, läßt es erneut klingeln, hebt wiederum ab usw. – so lange, bis das Ich begreift, worum es in diesem Traumabschnitt ging.

Symbol-Vertiefung ist nicht dasselbe wie *Symbol-Entfaltung,* bei der man sich meditativ auf ein bestimmtes Symbol konzentriert und es sich ungehemmt weiterentwickeln kann. Wenn man also z.B. ein im Traum gesehenes Auto visualisiert und es imaginativ benutzt, d.h. einsteigt und losfährt, um zu erleben, was geschehen wird, wäre dieses Vorgehen als Symbol-Entfaltung zu bezeichnen. Mit Hilfe dieser Methode kann sich ein Symbol entwickeln und zu neuen Formen ausgestalten. Das Ich löst einen dynamischen Prozeß aus. Es ‹hüpft› nicht von einem Symbol zum anderen wie bei der Symbol-Assoziation, sondern es beteiligt sich an einem fortlaufenden Entwicklungs- und Entfaltungsprozeß.

Wieder etwas anderes als Symbol-Vertiefung ist die *Symbol-Regression,* bei der es darum geht, herauszufinden, wie es zu einer bestimmten Situation im Traum kommen konnte. Praktisch sieht das so aus, daß das Ich z.B. versucht, sich auf ein im Traum gesehenes brennendes Haus zu konzentrieren und Schritt für Schritt zu visualisieren, wie es überhaupt zu einem Brandausbruch kam. Auf diese Weise entdeckt das Ich ‹Ursachen› und ‹Bedingungen›, denn es fragt nach den Anfängen, nach den Entwicklungslinien und nach dem, was in seinem Leben wirkt. Die Symbol-Regression ist nicht assoziativ, denn der Charakter der Kontinuität und Ähnlichkeit muß gewahrt sein. Auch die Symbol-Regression ist themenzentriert.

Diese drei Vorgehensweisen – Vertiefung, Entfaltung und Regression (wobei die letzteren beiden als Sonderformen der Symbol-Vertiefung aufgefaßt werden können) – bringen viel von der spezifischen Lebendigkeit eines Symbols zum Ausdruck. Der ersten Methode, nämlich der Symbol-Vertiefung, ist jedoch der Vorzug zu geben, weil sie sich auf die gegebene Form des Symbols konzentriert. Warum taucht also z.B. gerade diese Frau und keine andere im Traum auf? Sie verhält sich auf charakteristische Art, und das Traum-Ich handelt ihr gegenüber ebenfalls auf eine bestimmte Weise. Nun wird das Ich bei der Symbol-Vertiefung versuchen, die Frau in ihrer Ganzheit zu erfassen, und sich wesentlich stärker, auf jeden Fall aber differenzierter, mit ihr auseinandersetzen. Durch die intensivere Beschäftigung mit dem Symbol kommt der Traumkontext klarer zum Ausdruck. Dadurch gewinnt das Symbol an Lebendigkeit und Eigenständigkeit, denn die vertiefte Auseinandersetzung liefert einen Kontrast zur ursprünglichen Erfahrung im Traum.

Eine Symbol-Vertiefung kann entweder unter Anleitung oder in eigener Regie durchgeführt werden. Wichtig ist nur, daß der Strom der Gefühle und Bilder, welche die spontanen Äußerungen des Symbols sind, erhalten bleibt. Ein Leiter wird diesen Vorgang höchstens unterstützen, indem er bei der Überwindung von Blockaden behilflich ist und das Symbol unter anderen Gesichtspunkten darstellt. Wer die Methode ohne äußere Anleitung anwendet, lernt vor allem, die Grenzen zwischen dem Bewußten und dem Unbewußten fließender werden zu lassen.

Die Symbol-Vertiefung und die anderen Arbeitstechniken mit dem Unbewußten unterscheiden sich insofern von der *Psychosynthese,* als letztere rationaler vorgeht. Bei der Traumarbeit hat jede einzelne Person ein eigenes Hauptsymbol, mit dem sie arbeitet. Es werden also keine Symbole aus irgendwelchen Fremdsystemen benötigt. Von der Gestaltpsychologie unterscheidet sich die Symbol-Vertiefung durch die Aufrechterhaltung der Ich-Selbst-Achse während der Auseinandersetzung mit dem Unbewußten. Ein Gestalttherapeut würde z.B. sagen: «Seien Sie selbst der Ozean, von dem Sie geträumt haben.» Der Klient antwortet: «Ich bin ein Ozean, ich zerfließe, in meinen Tiefen schwimmen große Fische, ich bin flüssig und unbeständig, ich steige und falle», usw. Diese Technik führt unter Umständen zu einer eindrücklichen Erfahrung. Das Ich wird aber auch daran gewöhnt, sich mit den Inhalten des Unbewußten zu identifizieren, statt sich mit ihnen auseinanderzusetzen. Eindrückliches erlebt das Ich ebenfalls bei der Symbol-Vertiefung, aber es bleibt dabei als interagierende Instanz erhalten, d.h. es kommt zu einer bewußten Wechselwirkung mit einem Inhalt des Unbewußten. Es geht nicht darum, sich mit dem

Leben zu identifizieren, sondern darum, sich mit dem Leben auseinanderzusetzen – wie man sich ja auch nicht mit der geliebten Person identifiziert, sondern auf bestimmte Art und Weise auf seine Liebe bezogen ist. Man identifiziert sich nicht mit dem Vaterland, mit seinem Beruf, mit der Rolle als Mann oder als Frau, sondern man hat eine Beziehung zu diesen Erfahrungsbereichen. Sich mit etwas zu identifizieren heißt, daß die eigene Identität zugunsten von etwas anderem aufgegeben wird. Dadurch wird und bleibt das Ich unbewußt. Wer sich mit einer bestimmten Erfahrung identifiziert, verschließt sich anderen Erfahrungsbereichen gegenüber. Bei der Verschmelzung mit einem Symbol kann dies geschehen, bei der Symbol-Vertiefung nicht.

Ein wichtiger Aspekt der Symbol-Vertiefung besteht darin, daß das Ich sich für ein ganz bestimmtes Traumsymbol entscheidet, das bewußter erlebt werden soll. Es ist nämlich unmöglich, sich mit jedem Traum und jedem einzelnen Trauminhalt zu befassen. Wenn nun das Ich auswählt, strukturiert es den Zugang zum Unbewußten selbst.

Das Ziel der Symbol-Vertiefung ist es, durch die vertiefende Betrachtung eines Symbols den Sinn und die Bedeutung eines Archetypus in Erscheinung treten zu lassen. Die dabei gemachten Erfahrungen haben einen Einfluß auf das Bewußtsein, sie führen zu Einsichten, zum Meinungswandel, hinterlassen ein gutes Gefühl und ermöglichen sogar eine neue Weltanschauung. Die Symbol-Vertiefung beeinflußt aber auch das Unbewußte, denn das Ich lenkt seine Aufmerksamkeit auf einen bestimmten Aspekt des Unbewußten und konzentriert sich darauf, sei es nun ein Zentrumsbereich, ein unbewältigtes Trauma, ein Animus- oder Anima-Problem oder etwas anderes. Diese gelenkte Energie scheint das Unbewußte zu verwandeln und neue Ströme der Lebensenergien freizusetzen.

Ein Beispiel für die Symbol-Vertiefung unter Anleitung

Einleitung

Der hier als Beispiel angeführte Traum und die damit verbundene Traumarbeit zeigen eine zentrale Problematik, die für die Bewußtwerdung des spirituellen Aspektes des Menschen typisch ist. Die Träumende hatte sich mit verschiedenen esoterischen Traditionen beschäftigt und kennt eine Hopi-Indianerin (eine spirituelle Lehrerin) und eine für übersinnliche Einflüsse empfängliche Person. Beide erschienen in ihrem Traum, außerdem noch der dreijährige Sohn der Träumenden, der im Traum das Perlenhalsband erhält.

Dieser Traum ist für die Symbol-Vertiefung besonders geeignet, denn er enthält ein einziges zentrales Symbol. Mit einer vertiefenden Betrachtung des Symbols sollten dessen Eigenschaften und Zusammenhänge besser herausgearbeitet und der Träumenden damit geholfen werden, eine kreative Beziehung zur vorhandenen Problematik herzustellen. Im Traum geht es nämlich darum, die einzelnen Teile der Halskette wieder in der richtigen Reihenfolge zusammenzusetzen. Außerdem muß die Halskette profanisiert, d.h. in einen eher weltlichen und weniger heiligen Gegenstand umgewandelt werden.

Die unterstützende Anleitung für die Symbol-Vertiefung galt vor allem der Konzentration auf die Art der Perlenkette und der Frage der Problemlösung. Es war ein ganz bestimmter Teil des gesamten Traumes wiederzuerleben, aber eben nur ein Teil, und das unterscheidet die Symbol-Vertiefung von der Methode des Wiedererlebens eines Traumes, bei der mehrere Symbole erforscht und zur Entfaltung gebracht werden.

Zu beachten sind auch die Spannungen zwischen dem Leiter der Traumarbeit und der sie ausführenden Frau. Diese Differenzen werden von der Frau geschildert. Die Beschreibung zeigt, daß es vorteilhaft oder nachteilig sein kann, einen Leiter zu haben, der einen anderen Standpunkt vertritt. Um die Differenzen abzubauen, versenkte sich die Frau nochmals in das Symbol – aber ohne Anleitung – und berücksichtigte dabei sowohl die traditionelle als auch die moderne Betrachtungsweise.

Viele Menschen fühlen sich angesichts der Verdrängung der alten Kulturen durch die Massentechnologie und die modernen Kommunikationsmittel entwurzelt. Mit dem Verlust des Traditionellen geht auch eine reiche, symbolisch-spirituelle und über die Jahrtausende hinweg entstandene Kultur verloren. Was kann dagegen getan werden? – Eine Möglichkeit besteht darin, daß der Mensch wieder zum Träger archetypischer Erfahrungen wird. Dies kann auf verschiedene Arten geschehen, z.B. durch Traumarbeit, rituelles Tun, Meditation, Musik, körperliche Betätigung, Naturverbundenheit und Hingabe an die spirituelle Suche. Die gefühlsmäßige Verbindung zur archetypischen Grundlage des Lebens erschafft eine neue, lebensfähigere Kultur. Es gibt keine Alternative, denn Evolution bedeutet, sich der Realität so anzupassen, wie sie ist, um sie in das zu verwandeln, zu dem sie werden kann.

Nun zum Traum und zur Traumarbeit. Beides wird von der Träumenden selbst beschrieben. Der Traum gehört zu den Inkubationsträumen und wurde an einem heiligen Ort auf Hawaii vorbereitet.

Traumtitel: Die Halskette aus Perlen 24. April 1978

Carlita, eine mit mir befreundete ältere Hopi-Indianerin, gibt meinem Sohn Edi eine Halskette – sie holt sie aus ihrem Beutel oder ihrer Tasche –, zuerst erkenne ich einfach nur die Heishi, aber dann sehe ich an der Vorderseite verschieden große Steine oder Glasperlen (blaue, wie ich mich erinnere), die herunterhängen. Sie legt sie Edi um den Hals.

Irgendwie (vielleicht legt Edi die Halskette ab, oder er zerrt daran) fallen einige Lochkugeln auf den Boden. Alle sind verschieden, nur die Lochkügelchen dazwischen bzw. die (kleineren) Steine sind gleichartig. Ich lasse nun eine ganze Menge von Leuten je eine Lochkugel in die Hand nehmen und sich in einer Reihe aufstellen. Dann versuche ich, die einzelnen Steine Stück um Stück aufzufädeln. Es ist schwierig, die Kette wieder in der richtigen Reihenfolge zusammenzusetzen. Ständig muß ich Leute und Lochkugeln aufs neue zusammenstellen. Irgendwann ist auch meine spirituelle Beraterin da, nicht Carlita, und schließlich versuche ich, die Kette ohne Hilfe zusammenzusetzen. Jetzt sehen die verschiedenen Lochkugeln aus wie Abziehbilder aus buntem, durchsichtigem Plastik mit Jagdmotiven: verschiedene Szenen mit einem Jäger (vielleicht zu Pferd) mit Gewehr und Jagdhund. Ich stelle noch immer alles neu zusammen. Schließlich spreche ich mit Irma darüber (da weckt Edi mich auf, denn er träumt und ruft laut: «Nein! Nein!»).

Ergänzungen

Das war ein wichtiger Traum. Tags zuvor saß ich am Nachmittag meditierend in einem hawaiianischen Hula-Tempel in Kaui. Bevor ich dann zuhause einschlief, bat ich den Geist dieses Tempels, mir im Traum zu erscheinen und mir einen Hinweis zu geben, wie es weitergehen könnte. Ich dachte auch an Hesses Glasperlenspiel und beschäftigte mich mit Numerologie.

Die Symbol-Vertiefung als Traumarbeit

Strephon (der Leiter der Traumarbeit) bittet mich, zeitlich an den Punkt zurückzukehren, bevor die Halskette in Erscheinung trat. Ich sehe Carlita auf einer Bank sitzen, neben ihr liegt ihre schwarze Handtasche. Edi steht in der Nähe. Carlita greift in ihre Tasche und holt eine kleine Halskette aus hellbraunen Heishi hervor. Vorne hängen an der Kette acht unregelmäßig geformte, blaue und braune Steine herab, die Heishi liegen verdreht und zusammengefaltet in ihrer Hand. Sie nimmt die Kette und legt sie Edi über den Kopf. Er will sie berühren und zerrt an den größeren Steinen, um sie zu betrachten. Die

Halskette scheint ein wenig zu schwer für ihn zu sein – ihm scheint sie aber zu gefallen. Ich fühle mich nicht recht wohl – ich merke, daß ich die Halskette selbst haben möchte. Aber sie wäre viel zu klein, als daß ich sie über meinen Kopf hätte ziehen können. Als Edi die Kette berührt und an den Steinen zieht, reißt sie. Die länglichen Steinperlen fallen hinab, zusammen mit einigen Heishi, aber die meisten Heishi bleiben an der Schnur, die ich ergreife und neben Carlita auf die Bank lege. Dann hebe ich die Steine und die Heishi vom Boden auf. Ich habe jetzt sechs oder sieben Steinperlen in der Hand, und Edi findet noch eine. Die Steine sind blau und braun und von dunklen Schatten durchzogen. Manche sind glatt, andere rauh, aber alle fühlen sich kalt an. Einige scheinen alt, andere neuer. Sie sind für das Auffädeln durchbohrt worden. Mir fallen die Halsketten ein, die die polynesischen Männer tragen – kleine Perlen, mit größeren, die dazwischen eingestreut sind – aber diese Halskette sieht nicht polynesisch aus. Es ist aber auch keine Hopi-Halskette. Ich frage mich, woher die Steine wohl kommen. Einige von ihnen sehen wirklich sehr alt aus.

Strephon fragt mich, ob ich sie wieder aufreihen kann. Ich habe ein Stück Nylonfaden und eine Nadel dabei und beginne, die Heishi von der alten Schnur auf die neue zu ziehen. Ich frage mich, wie ich die Steine ordnen kann, denn ich weiß die alte Reihenfolge nicht mehr. Strephon fragt mich, ob ich eine neue Reihenfolge schaffen kann und nach welchem Prinzip ich dabei vorgehen will. Ich spreche über Symmetrie und Ästhetik, und er fragt mich, ob es noch andere Möglichkeiten gäbe. Ich sehne mich danach, die alte Reihenfolge zu kennen, und ich bin unsicher, wie ich die Steine neu zusammenstellen soll. Ich wünschte, ich könnte mich an die alte Reihenfolge erinnern. Ich habe das Gefühl, daß es leichter wäre, eine neue Anordnung zu schaffen, nachdem ich die Bedeutung der alten Reihenfolge erkannt habe. Strephon sagt, daß ich herausgefordert sei, eine neue Anordnung zu schaffen, und fragt mich, ob ich die Steine auch ungeordnet aneinanderreihen könnte. Es ist zwar möglich, aber ich fühle mich nicht wohl dabei. Deshalb schließe ich die Augen und fädle die Steine willkürlich auf. Das Resultat gefällt mir nicht, denn die einzelnen Steine stehen in verschiedenen Winkeln voneinander ab. Es sieht chaotisch aus und ist überhaupt nicht hübsch. Dann bittet mich Strephon, die Steine nach meinen eigenen Vorstellungen zu gruppieren. Ich entscheide mich für eine symmetrische Anordnung und plaziere den längsten Stein in der Mitte. Ich erinnere mich nur noch daran, daß sich außen links ursprünglich ein blauer Stein befunden hatte, und lege ihn an diese Stelle. Strephon fragt mich, ob ich ihn in die Mitte legen könne. Ich tue es, aber es widerspricht meinem Gefühl und sieht auch nicht richtig aus, also lege ich ihn wieder zurück. Noch immer fühle ich mich unwohl (vor allem im Bereich meines Sonnengeflechtes).

Strephon fragt, wie Carlita sich fühle und wie sie über die Halskette denke. Ich sehe nun Carlita mich anlächeln und sagen, daß es doch nur um eine einfache Halskette ginge und daß mein Wunsch, sie in der ursprünglichen Weise aufzufädeln, etwas mit meinem Mond im Sternbild der Jungfrau zu tun habe. Alles sei, so wie es ist, in Ordnung, und dies sei eine meiner Lektionen.

Strephon fragt, ob ich die neue Anordnung akzeptieren könne. Ich fühle mich zwar immer noch unwohl, aber ich habe das Gefühl, daß ich diese neue Anordnung akzeptieren muß, da ich die alte offenbar nicht mehr herausfinden kann. So sieht eben die Realität aus, aber es fällt mir nach wie vor schwer, von meinem Wunsch, die alte Anordnung zu begreifen, abzulassen. Habe das Gefühl, daß ich dafür verantwortlich bin, die Kette wieder zusammenzufügen – und zwar in ihrer ursprünglichen Gestalt. Eine Weile halte ich die Halskette in meinen Händen. Strephon fragt mich, ob ich sie anlegen wolle. Sie ist aber zu klein für mich, und ich weiß auch, daß sie eigentlich für Edi gedacht war. Noch immer fühle ich mich in der Gegend meines Sonnengeflechts etwas unwohl und spüre dort eine Energieansammlung. Strephon schlägt vor, daß ich mir das Sonnengeflecht reibe. Ich nehme meinen Kristall (den kraftgeladenen Gegenstand, den ich mitgebracht habe) in die Hand und bewege ihn kreisförmig über der Stelle. Etwas von der Energie strömt weg, und ich fühle mich ein wenig wohler, obwohl ich mich nach der alten Ordnung sehne.

Nun lege ich Edi die Halskette um – ihn scheint das Ganze nicht weiter zu berühren. Carlita amüsiert sich über mein Dilemma und lächelt.

Strephon fragt, ob ich demütig und einsichtsvoll genug sei, die Sache anzunehmen. Ich bejahe seine Frage, obwohl sich ein Teil von mir noch immer danach sehnt, die alte Anordnung zu erfahren, die Steine entsprechend aufzufädeln und die innere Bedeutung dieser Anordnung zu begreifen. Jetzt fühlt sich die Halskette schon besser an, und ich beschäftige mich nun mit dem Problem der Jagdszenen.

Die Steine verwandeln sich in Abziehbilder aus buntem, durchsichtigem Plastik, die wie Glasmalereien aussehen. Es sind verschiedene Jagdszenen eines berittenen Jägers mit Gewehr und Hund. Sie gefallen mir nicht. Strephon läßt mich Carlita über sie befragen. Sie sagt, die Verwandlung sei eine Folge meiner unablässigen Suche nach dem Schlüssel für die alte Ordnung.

Nun liegt die Kette am Rande des Tisches in einer Ecke, während die Abziehbilder mitten auf dem Tisch sind. Ich versuche die Plastikgebilde aufzuheben, um sie loszuwerden, aber sie kleben fest. Strephon sagt irgend etwas über meinen Widerwillen gegenüber der Halskette. Ich antworte, daß ich sie wesentlich mehr möge als diese Plastikbilder. Nachdem ich gesehen habe, in was sich die Steine verwandeln können, wenn ich die neue Anordnung nicht akzeptiere und weiterhin nach dem alten Muster suche, gefällt mir die Halskette schon wesentlich besser. Ich nehme die Kette in die Hand und möchte sie festhalten und spüren, einfach nur so mit der Halskette in den Händen dasitzen, damit ich lernen kann, sie zu akzeptieren und mich mit ihr wohler zu fühlen.

Symbol-Vertiefung: Zusammenfassung und Anleitung zur Traumarbeit

- Nachdem man den Traum aufgeschrieben hat, wird ein wichtiges Symbol herausgesucht. Nun stellt sich die Frage, was schwerpunktmäßig betrachtet werden soll und nach welchen Entscheidungskriterien die Auswahl erfolgt. Hierzu gibt es einige Anhaltspunkte: Diejenigen Symbole berücksichtigen, die
  a) am energiegeladensten und deshalb am kraftvollsten,
  b) am heilsamsten und bedeutungsvollsten und
  c) am fremdartigsten und angsterregendsten zu sein scheinen.
- Sich gefühlsmäßig und intuitiv für ein bestimmtes Symbol entscheiden.
- Sich in jedem Falle entscheiden und auswählen, denn ohne Entscheidungen und ohne Wahl zwischen verschiedenen Dingen geht die Reise nicht mehr weiter.
- Um sich auf ein bestimmtes Symbol zu konzentrieren, schließe man die Augen, dann entspanne man sich, um in einen meditativen Zustand zu kommen und von allen äußeren Sorgen befreit und innerlich ganz klar und leer zu werden. Falls die Symbol-Vertiefung unter Anleitung geschieht, hat der Leiter oder die Leiterin dasselbe zu tun. Es ist dafür zu sorgen, daß die Erfahrung ohne Unterbrechung und Störung geschehen kann.
- Als nächstes soll das Traumsymbol möglichst lebhaft und deutlich imaginiert werden, indem man sich vollständig darauf konzentriert. Man muß es bis ins kleinste Detail erspüren und von ihm regelrecht erfaßt werden. Das Symbol soll zu einem eigenständigen Leben erwachen und sein eigenes Wesen zum Ausdruck bringen.
- Man muß allerdings darauf achten, daß das Symbol sich nicht verändert, d. h. sich weiterentwickelt oder zurückverwandelt. Es soll so bleiben, wie es ist, und sich dennoch entfalten, ausdehnen, voll auswachsen, in seiner umfassenden Funktionalität zeigen und in seinen charakteristischen Eigenschaften ausdrücken dürfen. Nicht – wie beim Wiedererleben eines Traumes – die Aufmerksamkeit auf ein anderes Symbol lenken, sondern auf das eine Symbol konzentriert bleiben und es voll und ganz ausschöpfen. Das Ziel ist ja die Verlebendigung des Symbols, was durch eine umfassende und erschöpfende Auseinandersetzung geschieht. Wenn man dies getan

hat, wird man spüren, daß eine Art Lösung eingetreten ist und man aufhören kann.

- Es ist hilfreich, das Geschehen entweder fortlaufend jemandem laut zu erzählen oder direkt auf Band zu sprechen. Es kann natürlich auch gleichzeitig mit der Schreibmaschine getippt oder sonstwie aufgeschrieben werden. Auf jeden Fall sollte es so schnell wie möglich schriftlich festgehalten werden.
- Aus dem Symbol scheinen manchmal regelrecht eine ganze Menge beschreibbarer Eigenschaften, Einsichten und Gefühle zu entspringen. Andererseits kann man das Symbol auch plastisch vor sich sehen und sich direkt mit ihm auseinandersetzen, wobei es eventuell sogar zu einem Gespräch kommt.
- Man soll nicht versuchen, schon während der Symbol-Vertiefung die Erfahrung auszuwerten. Nur beobachten und das Geschehen im Gedächtnis behalten, während man sich gleichzeitig auf das Symbol konzentriert und sich mit ihm auseinandersetzt.
- Spätestens nach Abschluß der Symbol-Vertiefung alles aufschreiben und wenn möglich auswerten. Sich z. B. fragen, wodurch sich diese Symbolerfahrung von dem unterscheidet, was im Traum geschehen ist. Was ist durch die vertiefende Betrachtung offensichtlich geworden? Gab es ein zentrales Gefühl, eine besondere Einsicht oder einen essentiellen Sachverhalt?
- Manchmal hat man auch das Gefühl, als würde man einer ehrfurchtgebietenden und bedeutungsvollen Größe begegnen, denn durch die Symbol-Vertiefung werden die Energien des Unbewußten wachgerufen, und man spürt, daß die eigene Person mehr ist als das, wofür sie normalerweise gehalten wird. Man begegnet der Quelle des Lebens und arbeitet mit dem Unbewußten, um das Sein zu beleben und umzuwandeln.
- Wenn die Symbol-Vertiefung in einer Gruppe durchgeführt wird, sollen die ausführende Person und die Teilnehmer die Erfahrungen *nicht analysieren*. Sogar die Unterbrechung durch eine Frage stellt unter Umständen einen massiven Eingriff dar und zerstört die Stimmung. Die Teilnehmer können statt dessen schildern, wie sie selbst das Symbol erlebt haben. Jeder der Anwesenden versenkt sich also in einen meditativen Zustand und macht seine eigenen Erfahrungen. Auf diese Weise wird verhindert, daß die Teilnehmer nur beobachten oder sogar analysieren. Dieses Verfahren gilt für jede Art von Traumgruppenarbeit.
- Sowohl die Symbol-Vertiefung als auch andere Techniken, die der Entwicklung des Unbewußten dienen, können mit Mythen und Geschichten ergänzt werden, um eine stärkere Verbindung mit dem Traummaterial zu erzielen. – Es ist nämlich etwas anderes, einen Mythos selbst zu erleben, als darüber zu lesen; es ruft die Kräfte des Unbewußten hervor und fördert die Entwicklung.

Die Amplifikation

Wichtige Begriffsbestimmungen und Unterschiede: Mit Hilfe der *Amplifikation* wird *ein bestimmtes Symbol genauer charakterisiert.* Das Symbol als solches steht im Mittelpunkt der Betrachtungen, es wird nach den ihm innewohnenden Eigenschaften gefragt und auf diese Weise eine möglichst große Objektivität angestrebt. Die *Assoziation* ist dagegen *eine Verknüpfung von unterschiedlichen Symbolen* durch die Erinnerung, das persönliche Wissen, die Glaubensvorstellungen und den momentanen Standpunkt. Diese Verbindungen sind für das Symbol, von dem ausgegangen wird, nicht charakteristisch. Sie werden ihm von außen aufgezwungen, weshalb eine Assoziation stets sehr subjektiv gefärbt und für das ursprüngliche Symbol unwesentlich ist. Durch die Assoziation wird ein Symbol unwirklich, während es durch die Amplifikation verwirklicht wird.

Bei der Amplifikation kehrt man nach jedem Querverweis wieder zum ursprünglichen Symbol zurück. Das einmal gewählte Symbol bleibt Ausgangs- und Mittelpunkt aller Betrachtungen, denn es geht nur um dessen Erschließung und um die Herausarbeitung der symbolinhärenten Eigenschaften. Man stürzt sich gewissermaßen mitten in das Symbol hinein. – Bei der Assoziation entfernt man sich immer weiter vom ursprünglichen Symbol, indem schon der erste Querverweis bzw. das erste verwandte Symbol selbst wiederum zum Ausgangspunkt gemacht wird. Der nächste Verweis wird also an diesen angehängt und nicht auf das Ursprungssymbol bezogen. Schließlich entsteht eine Assoziationskette, die linear strukturiert und nicht mittelpunktsbezogen ist.

Durch die Amplifikation eines Symbols tritt im allgemeinen das kollektive Unbewußte, das Reich der jeglichen Existenz – der inneren wie der äußeren – zugrundeliegenden Archetypen, stärker in Erscheinung. – Durch die Assoziation eines Symbols wird in der Regel das persönliche Unbewußte, der Bereich der während des bisherigen Lebens angesammelten und immer wieder aktivierten individuellen Belange, sichtbar gemacht.

In bezug auf die Amplifikation von Mythen ist zu beachten, daß mit Hilfe der amplifizierenden Methode nur die den mythischen Figuren und Situationen selbst innewohnenden Eigenschaften sichtbar gemacht werden können. Werden dagegen mythische Ereignisse mit Trauminhalten verknüpft, ist dieses Vorgehen als assoziativ zu bezeichnen. Dieser Unterschied wird in der Jungschen Psychologie nicht immer genügend deutlich ausgesprochen.

Die Stufen der Amplifikation

Ein Archetyp ist ein funktionsspezifisches Energiekontinuum, das sich in Bildern, Gefühlen, funktionellen Eigenarten und Gedanken manifestiert.

Die Annäherung an einen Archetypus mittels Amplifikation beginnt auf einer begrifflichen Ebene mit der Frage nach den verschiedenen Eigenschaften, die ein Symbol charakterisieren. Dabei kann man sich auf die in der *Außenwelt* sichtbaren Darstellungen des Symbols beziehen. Denn die Traumsprache ist eine Sprache der Bilder. Und diese Bilder scheinen der zeitgenössischen Kultur der träumenden Person und der universalen und natürlichen Symbolsprache, die sich über Jahrhunderte entwickelt hat, entlehnt worden zu sein. Es stellt sich also die Frage, welche Funktion ein bestimmtes Symbol in der Außenwelt hat und welche Eigenschaften dafür ausschlaggebend sind. Auf diese Weise wird durch eine Verallgemeinerung des Symbols dessen Spielraum erweitert, damit möglichst viele Möglichkeiten mitberücksichtigt werden.

Als nächstes untersucht man, welche Eigenschaften und Funktionen das Symbol im Traum gehabt hat, in welchem Zusammenhang es in Erscheinung getreten ist und wie sich die betreffende Konstellation in ihrer Gesamtheit ausgewirkt hat. Interessant ist auch die Frage nach den Gefühlsqualitäten des Symbols. Auf diese Weise wird eine – in ihrer Vielfalt etwas verwirrende – Menge verschiedener Eigenschaften erfaßt. Das Symbol scheint nun alles bedeuten zu können. Bei gewissen Symbolen kann dies durchaus der Fall sein, zumal es verschiedene Bedeutungsebenen gibt. Deshalb bleibt die Amplifikation nicht nur auf eine einzige beschränkt.

Um den Überblick nicht zu verlieren, wendet man das Prinzip der ‹Reduktion auf das Wesentliche› an und fragt nach dem gemeinsamen Nenner und dem Wesentlichen der verschiedenen Charakteristiken des Symbols. Welche Qualität ist besonders herausragend und beinhaltet am meisten Energie?

Mit Hilfe von Assoziationen zu den allgemeinen Charakteristiken des Symbols kann nun die Vielfalt der Eigenschaften nochmals beschränkt werden. Dieses – bisher nicht angewandte – assoziative Vorgehen bringt das persönliche Unbewußte ins Spiel, was aber keineswegs bedeutet, daß das Symbol größtenteils ein Ausdruck des Subjektiven ist. Vielmehr soll auf diese Weise ein Ausgleich zwischen persönlichem und kollektivem Unbewußten geschaffen werden, denn allzuoft wird die eine oder die andere Seite überbetont und kosmischer oder weltlicher Aspekt werden gegeneinander ausgespielt.

Ein anderer Weg, zum Wesenskern des Symbols vorzustoßen, besteht darin, so lange spezifische Fragen zu stellen, bis die wichtigste

Eigenschaft in Erscheinung tritt. Dabei werden die einzelnen Qualitäten des Symbols gewissermaßen vom Kern abgeschält, wofür sich z. B. die Methode der Symbol-Vertiefung eignet, wie sie im vorherigen Kapitel beschrieben worden ist.

Nach der Durchführung der einzelnen Schritte der Amplifikationsmethode erkennt man schließlich die ‹archetypische Grundlage› des Symbols. So entpuppt sich z. B. eine Höhle, die im Traum gesehen wurde, zuerst als Gefäß und schließlich als Archetypus des Weiblichen, während der Mann, der im Traum in die Höhle eindrang, den Archetypus des Männlichen darstellt. Aus der Vereinung ergibt sich dann das Kind als eine der vielen Ausdrucksmöglichkeiten des Selbst. – Dagegen ließe sich einwenden, es handle sich bloß um eine Anwendung des Modells der Sieben Basis-Archetypen, doch wurde gerade dieses Modell durch die Reduktion auf die wesentlichen Eigenschaften bzw. die grundlegenden Qualitäten gewonnen. Deshalb muß bei jeder Herausarbeitung der wichtigsten Charakteristiken eines Symbols der ihm zugrundeliegende Archetypus in Erscheinung treten. Denn entweder gibt es nur eine Manifestation ohne inneren Kern, oder es gibt eine Essenz, die es lohnt, daß man sie erlangt.

In den Träumen drückt sich ein Archetypus hauptsächlich bildhaft und gefühlsmäßig aus. Die Traumarbeit ergänzt diese Ausdrucksweisen durch andere funktionsspezifische Manifestationsformen des Archetypus, nämlich durch die wirksame Tätigkeit der gedanklichen Auseinandersetzung, die gerichtet ist und bewußt durchgeführt wird. Man beschäftigt sich also bei der Arbeit mit Träumen und anderen visionären Erfahrungen mit Dingen, die archetypischen Quellen entspringen. Dabei findet eine Erneuerung statt. Anschließend wendet man sich wieder seinen Tätigkeiten im Alltag zu und macht sich auch darüber seine Gedanken. Vielleicht ist es sogar möglich, Träume so zu verwenden, daß man zu einer Wirklichkeit hingeführt wird, die hinter den Träumen liegt, sofern es überhaupt etwas Derartiges gibt. – Träume können aber auch als Metaphern, als in sich schlüssige Symbolsysteme, benutzt werden, die dem Leben eine gewisse Orientierungshilfe geben. Irgendein Symbolsystem verwendet man so oder so, sei es nun das buddhistische, christliche, mittelständische oder was auch immer. Aber sind nicht alle diese ‹äußerlichen› Systeme ziemlich starr und unflexibel, obwohl sie manchmal wunderbar ästhetisch und spirituell scheinen. Vielleicht können diese traditionellen Systeme einfach nicht die gleiche Tiefe, Dynamik und Flexibilität zur Lebensbewältigung anbieten wie die Träume und die Traumarbeit. Gerade in dieser Hinsicht möchte dieses Traumarbeitshandbuch Fertigkeiten und Techniken vermitteln, mit deren Hilfe die Träume als Metaphern voll ausgeschöpft werden können. Dadurch wird es für jeden einzelnen Menschen möglich, sich für sein eigenes Symbolsystem zu entscheiden und danach zu leben!

Traumarbeitsbeispiel: Amplifikation und Assoziation

Einleitung

Das folgende Beispiel zur Amplifikation und Assoziation zeigt, wie man sich dessen bewußt werden kann, welche Aufgabe einem Symbol in der äußeren Realität zukommt und wie allgemeine Charakteristiken herausgearbeitet und Bezüge zu Kultur und Mythos hergestellt werden. Ferner wird man sehen, daß die Symboleigenschaften zur Persönlichkeit und Lebenssituation des Träumenden passen und zur Verdeutlichung dieser Eigentümlichkeiten herangezogen werden können. Diese Anwendung beruht auf der *Hypothese,* daß Traumsymbole die subjektive Dynamik widerspiegeln. – Bei der Traumarbeit wurde in diesem Fall die Assoziations-Methode dazu verwendet, um die allgemeinen Symbolcharakteristiken übersichtlicher zu ordnen. Schließlich wird auch der Wirkung des Symbols im Verlauf des Traumgeschehens nachgegangen und untersucht, welche Bedeutungen daraus abzuleiten sind.

Traumtitel: Der Speerwerfer 15. April, 1979

Auf einem großen Sportplatz treibe ich Sport mit einigen anderen, Karl ist auch dabei. Er redet zuviel – wie immer. Auch Anatol, ein jüdischer Kollege, ist anwesend (er belehrt mich, die letzte Silbe seines Namens als ‹o-l› auszusprechen). Karl und ich werfen Speere, die dicken Stricknadeln ähneln. Sie sind unterschiedlich lang, manche stark gebogen. Anatol ist auf den Sportplatz gekommen, um mit jemandem (mit Dean?) zusammen ein Lauftraining zu absolvieren. Er bittet mich, den Speer nicht in seine Richtung zu werfen, während er läuft. «Selbstverständlich», antworte ich und frage dann: «Hab ich dich nicht im Radio gehört? Ein Interviewer stellte Fragen über das Erziehungssystem in Jerusalem, über Schulen, die den Kindern eine ganz besondere, fortgeschrittene Ausbildung vermitteln.» Anatol kennt offenbar das Erziehungsprogramm, aber das Interview hat er nicht gegeben.

Karl und ich werfen Speere – mehr schlecht als recht. Anatol ist mittlerweile bis fast ans andere Ende des Sportplatzes gelaufen. Mein Speer geht in seiner Nähe nieder, ohne daß er es bemerkt. Ich bin froh darüber, hatte ich ihm doch versprochen aufzupassen. Ich werde keinen Speer mehr werfen, solange Anatol in der Wurfzone läuft. Karl und ich gehen die Speere holen. Nach dem zweiten Wurf bringt Anatol einen der Speere zurück – es ist meiner. Ich gehe los, um Karls Speer zu holen. Der Speer ist beinahe kaputtgegangen, er sieht schlimm verbogen und völlig unförmig aus. Ich biege ihn wieder gerade und beseitige die Knicke, aber Karl will ihn nicht mehr benutzen. Er hat jetzt einen langen Speer, den er werfen will.

Ergänzungen:

Der Speer ist das deutlichste Symbol in diesem Traum, das mir allerdings nicht geläufig ist. Das Symbol scheint einiges zu beinhalten und auf verschiedenes hinzuweisen. Ich denke, daß da eine ganze Menge von zumindest lose miteinander verknüpften Möglichkeiten drinstecken, aber alles ist noch ein bißchen vage. Dies dürfte wohl auch dem entsprechen, was sich C.G. Jung unter einem Symbol vorstellt, sofern ich seine Ausführungen in *Der Mensch und seine Symbole* richtig verstanden habe.

Aufgabenstellung: Traum-Amplifikation

In der ‹äußeren Realität› ist der Speer eine Art Ritualwerkzeug, eine Jagdwaffe, die bei Sportveranstaltungen als Wettkampfgerät dient. Für die Gemeinschaft ist die Speerwurfdisziplin ein Ritual des Stärke- und Kraftvergleichs zwischen einzelnen Menschen und Gruppen. – Ein Speer kann – was ebenfalls zu beachten ist – auch zur Nahrungsbeschaffung und Feindabwehr dienen. Er hat also als Gerät eine defensive und eine offensive Bedeutung, sowohl eine Schutz- als auch eine Machtausweitungs- und Eroberungsfunktion. Seine Träger sind stark – es sind Jäger, Krieger oder einfach ‹Tapfere›.

Speer und Lanze sind ausgesprochen männliche Symbole. Mit ihnen kann zugestoßen werden, und dieser Stoß kann schöpferisch sein, insofern er der Nahrungsbeschaffung dient. Zum Speer gehören folgende Eigenschaften: Schnelligkeit, Zielgerichtetheit und Schärfe. Außerdem durchschneidet er schnell die Luft und erzeugt dabei einen Pfeifton.

In verschiedenen Mythen und Ritualen werden Speer und Lanze oft als Opferwaffen dargestellt. In *Der goldene Zweig* beschreibt J.G. Frazer, daß die Lanze in mystischen Zeremonien Verwendung fand, die den Tod des *Attis* feierten. Mit der geweihten Waffe wurde der Stier getötet. Mit dem Blut des Tieres wurden die Schulden reingewaschen und die Teilnehmer getauft. Auch in diversen ‹Sündenbock-Riten› wird ein Speer als geweihte Opferwaffe gebraucht. Mit einer Lanze wurde ferner Jesus durchbohrt, so daß aus der Wunde Blut und Wasser flossen.

Biblisch bedeuten Speer und Lanze Krieg. In den Psalmen wird das Wort *Speer* als Metapher oder Symbol für Krieg verwendet. Saul schleudert zweimal einen Speer gegen David, um ihn damit an die Wand zu nageln. David konnte beide Male entweichen, woraus gefolgert wurde, daß Jahwe mit David und nicht mit Saul war. Pinechas, ein Enkel Aarons, tötete mit einem Speer einen sündigen Israeliter und dessen Konkubine, wodurch er Jahwes Zorn besänftigte und das Volk Israel vor weiteren Plagen rettete. Für diese Tat dehnte Jahwe seinen Friedensbund auf Pinechas aus und belohnte ihn mit dem erblichen Primat im Priestertum. Auch das deutet wieder auf ein Opfer hin.

Im Abendland scheint der Speer in erster Linie eine Kriegswaffe und ein Requisit für Opferhandlungen zu sein, das dem auserwählten Opfer den Tod und den Gläubigen das Leben bringt. Man kann ihn also als Mittel zur Herbeiführung des Höhepunktes des Opfermysteriums betrachten.

Zur *psychologischen Dynamik* gehört zudem die Vorstellung des Stoßens und der Aggression.

Persönliche Assoziationen: Wichtig ist mir die Beobachtung einer Freundin, daß die im Sternzeichen des Schützen Geborenen etwas von einem Pfeil an sich hätten – sie hätten eine Zielgerichtetheit, die sie unbeirrbar beibehielten, eine gewisse Spitzfindigkeit und Sicherheit. Deshalb könnten sich Schützen auf ein einziges Ziel konzentrieren und es nachdrücklich verfolgen. Außerdem seien sie hingabefähig. Der Nachteil, so folgerte meine Freundin weiter, liege aber darin, daß sie sich weniger locker und zwanglos gäben. Dies ist nun haargenau eine Charakterisierung meiner selbst: Alles oder nichts – wie ein Pfeil, der abgeschossen wurde. Positiv sind Scharfsinnigkeit und Unterscheidungsvermögen, die recht nützlich sind, wenn es um die Verwirklichung eines bestimmten Vorhabens geht und dazu Disziplin verlangt wird.

Meine Zielstrebigkeit drückt sich im Traum auch darin aus, daß ich sogar einen verbogenen Wurfspeer wieder geradebiegen will – in dieser Handlung kommen meine Schützenqualitäten maximal zum Ausdruck.

Im Traum sind die Speere gleichzeitig auch Stricknadeln, d.h. Werkzeuge, mit denen z.B. Wollsachen hergestellt werden können. Es geht also ums ‹Stricken› in allen Bedeutungsnuancen des Wortes. Für diese Verbindung ‹Speer-Stricknadel› gibt es in der Mythologie kein Beispiel, sie ist persönlicher Art. Demnach hängt der Speer bei mir mit dem Stricken zusammen. Die mythischen Elemente verleihen dem Symbol ‹Speer› ein gewisses Gewicht, aber nicht allzuviel – bloß ein bißchen, etwas Stärke und sogar so etwas wie Spannung.

Wenn ich den Traum auf die äußere Welt beziehe, würde ich meinen, daß in ihm die Ausübung meiner Kräfte und Fertigkeiten dargestellt wird, die – zusammen mit meinen Kenntnissen – die Quellen sind, aus denen ich mein Leben gestalte. Diese Quellen sind mir oft ein Anlaß zur Sorge, vor allem ihre Mangelhaftigkeit. Das gemeinsame Training mit einem Studenten weist auf meine beruflichen Aktivitäten hin, nämlich darauf, daß ich fähig wäre, mein Können einmal als Lehrer einzusetzen. Das ergibt einen Sinn: Tatsächlich überlege ich mir ständig, wie es um mein Können bestellt ist, und habe ein schlechtes Gewissen, wenn ich mich nicht noch mehr darum bemühe, es nutzbringend anzuwenden.

Daß ich den Speer in die Nähe von Anatol geworfen habe, ist ein Hinweis auf Ungeschicklichkeit und Konzentrationsmangel. Im Traum schämte ich mich deswegen.

Die Amplifikation: Zusammenfassung und Anleitung zur Traumarbeit

- Nach dem Aufschreiben des Traumes werden die wichtigsten Traumsymbole herausgesucht und nochmals ausführlich – und zwar im Hinblick auf das Traumgeschehen – beschrieben. Dabei geht man detaillierter auf das einzelne Symbol ein, indem z.B. Form, Farbe und Ausdruck stärker beachtet oder die Gefühle vermehrt mit berücksichtigt werden.
- Als nächstes wird ein Gegenstand aus der alltäglichen Wirklichkeit ausgewählt, der dem Traumsymbol am ehesten entspricht. Nachdem seine hauptsächlichsten Qualitäten und charakteristischsten Züge festgestellt worden sind, geht es auch darum, seine Funktionsweise herauszufinden und zu beschreiben, in welcher Beziehung es zu seiner Umgebung steht.
- Nun nehme man sich wieder das Traumsymbol vor und gehe auf dieselbe Art und Weise vor wie beim äußeren Gegenstand. Nach der Beschreibung der Qualitäten und Charakteristiken, der Funktionalität und der Relationen sind außerdem noch folgende Punkte genauer zu beachten: die Gefühlsebene, die beim Traum-Ich und den anderen Traumfiguren angesprochen wird; die Handlungen, die durch das Symbol ausgelöst und beeinflußt werden; die Reaktionen des bewußten Ichs auf das Symbol und der Unterschied zwischen diesen Reaktionen und denen des Traum-Ichs.

Hat man erst einmal ein paar Symbole auf diese Weise untersucht, so zeigt sich schnell, daß jedes einzelne eine Fülle spezieller und eigentümlicher Eigenschaften aufweist. Eine Auswahl aus diesem Reichtum beruht nun auf der Annahme, daß nicht alle Charakteristiken in einem Traum gleich stark zum Ausdruck kommen und in ihrer Bedeutung gleichwertig sind. Das Ich muß dasjenige auswählen, was ihm am wichtigsten scheint und im Gesamtzusammenhang am meisten Sinn ergibt. Diese Auswahl kann nach folgenden Gesichtspunkten erfolgen:

1. Kontrast-Prinzip: Es werden diejenigen Symboleigenschaften besonders beachtet, die sich deutlich von anderen Charakteristiken und Symbolen des Traumes abheben.

2. Ähnlichkeits-Prinzip: Bei der Auswahl sind diejenigen Symboleigenschaften maßgebend, welche die größte Ähnlichkeit mit anderen Symbolen und Charakteristiken des Traumes haben.
3. Detail-Prinzip: Das Symbol selbst besitzt eine oder mehrere stark hervorgehobene und überbetonte Eigenschaften: Zum Beispiel hat das Flugzeug im Traum zehn Propeller, statt nur deren zwei wie in der äußeren Realität.
4. Beziehungs-Prinzip: Die Auswahl konzentriert sich auf Eigenschaften, die dadurch hervorgehoben sind, daß das Traum-Ich sich mit dem betreffenden Symbol so und nicht anders auseinandersetzt. Z.B. *schält* und *ißt* das Traum-Ich die Apfelsine, statt sie in die Erde *einzupflanzen*.
5. Zusammenhangs-Prinzip: Auswahl aufgrund der engen Beziehung zu anderen Symbolen. Bsp.: Ein Mann schießt Enten auf geringe Entfernung.
6. Veränderlichkeits-Prinzip: Beachtet werden vor allem die sich verändernden oder unterschiedlichen Eigenschaften eines bestimmten Symbols, das in mehreren Träumen in Erscheinung getreten ist. Beispiel: In einem früheren Traum hatte das Flugzeug nur zwei Propeller, statt deren zehn.
7. Assoziations-Prinzip: Es werden Symboleigenschaften ausgewählt, zu denen das Ich etwas Persönliches assoziieren kann. Wenn z.B. ein Haus, das im Traum gesehen wurde, unter anderem einen Raum hatte, der ein Theater war, und das Ich im Alltag schauspielerisch tätig ist oder war, wird man vor allem Eigenschaften beachten, die mit dem Theater zu tun haben.
8. Gefühls-Prinzip: Die Auswahl der Eigenschaften geschieht unter einem Gesichtspunkt, der nicht durch das Symbol, sondern durch eine Gefühlsreaktion des Ichs auf eine der Symboleigenschaften bestimmt wird. Ein Charakteristikum ist also z.B. deshalb von besonderer Bedeutung, weil das Ich darauf gefühlsmäßig stark positiv oder negativ reagiert oder weil die Eigenschaft mit der eigenen Werteinschätzung und der momentanen Lebensproblematik zu tun hat. Bsp.: Die Tatsache, daß der verstorbene Vater im Traum erschienen ist und wieder lebt, weckt bei der Traumarbeit den Wunsch, sich mit dem Problem des Todes und des ihm innewohnenden neuen Lebens auseinanderzusetzen.

Das Auswählen ist für das Bewußtsein eine Methode, die es anwenden muß und die jeder Mensch benutzt. Nun stellt sich die Frage, welcher Teil der Reizvielfalt besonders beachtet wird und welcher Rahmen die Auswahl bestimmt, denn all dies entscheidet maßgeblich darüber, wie sinnvoll das Leben gelebt werden kann.

Nach der Herausarbeitung der Symboleigenschaften und der Auswahl bestimmter Charakteristiken besteht der nächste Schritt darin, alles zu einem reichhaltig gegliederten, in sich zusammenhängendem Ganzen zu ordnen und es zu beschreiben. Auch die Schlüsselfragen, die sich daraus ergeben, sind schriftlich festzuhalten. Dabei ist zu beachten, daß es zwei grundsätzliche Ebenen der Fragestellung gibt. Die eine ergibt sich aus dem Symbol und dessen Bildhaftigkeit, indem man z. B. nach den Unterschieden zwischen einem Flugzeug mit zehn Propellern und einem mit zwei fragt. Die andere aus der Verallgemeinerung der Problematik, d. h. in bezug auf das Beispiel mit den Propellern wird nach den Sachverhalten gefragt, die in der gegenwärtigen Lebenssituation eine übertriebene Geltung bekommen haben.

Schließlich kann man sich noch überlegen, welche besonderen Traumaufgaben oder Projekte sich aus der Amplifikation ergeben, die geeignet sind, die Eigenschaften des Symbols zu manifestieren. Denn es kommt darauf an, etwas zum Ausdruck zu bringen, was die Möglichkeiten, die von den Archetypen in Form von Symbolen geboten werden, Wirklichkeit werden läßt. Und für diese Umsetzung ist das Ich verantwortlich. Nach der Amplifikation und Assoziation kann also noch eine *Symbol-Vertiefung* durchgeführt und beobachtet werden, was dabei geschieht. Oder man führt mit dem Symbol ein *Zwiegespräch,* um mit Hilfe des Dialogs und direkt durch Befragung herauszufinden, welche der Eigenschaften die größte Relevanz besitzt. Möglicherweise wird das Symbol selbst noch zusätzliche Charakteristiken offenbaren. Auch das *Wiedererleben* des Traumes eignet sich dazu, die Amplifikation und Assoziation zu ergänzen, denn auf diese Weise wird das Symbol in einem umfassenderen Ausmaß und auf eine andere, neue Art mit den restlichen Traumsymbolen in Beziehung treten können. Man kann schließlich auch die Methode der *Symbol-Entfaltung* benutzen. Es handelt sich um eine Technik, die von C.G. Jung entwickelt wurde, wobei man sich auf das Symbol konzentriert, das Geschehen beobachtet und eine aktive Imagination durchführt.

Die Überprüfung der Amplifikation

Bei der Überprüfung der Resultate der Amplifikation geht es nicht nur um die Feststellung, ob die Arbeit einen Sinn ergibt. Vielmehr geht es auch darum, herauszufinden, ob sie Hand und Fuß hat und sich in der Realität bewährt, denn eine Idee muß sich im Testgelände der Wirklichkeit bewähren.

Ein Ich, das Symbole interpretiert, hält sich schnell einmal selbst zum Narren. Denn Träume sind allemal symbolisch, weshalb das Ich beliebig mit ihnen verfahren kann und stets das entdeckt, was es finden will. Es ist tatsächlich viel schwieriger, die Möglichkeiten des

Traumes zu objektivieren. Dies kann z.B. mit einer Amplifikation geschehen, mit einer Methode also, welche eine innere Objektivierung ermöglicht.

Eine innere Einsicht läßt sich auch in der äußeren Realität, im Alltag, überprüfen. Dies ist die Stufe der äußeren Objektivierung. Falls die Beschreibung der Möglichkeiten eines Symbols nämlich ‹wahr› ist, müßte sich dies in der äußeren Realität überprüfen lassen. Also kann man diesbezüglich etwas unternehmen und z.B. jenen Lebensweg einschlagen, den die Träume aufgezeigt haben. Dann wird es sich zeigen, was geschieht. Sollte sich in der Realität die Angelegenheit in einem Sinne entwickeln, der den Absichten des Ichs entgegenläuft, dann ist das Ich wahrscheinlich den Anforderungen, welche die Traumobjektivierung stellt, nicht ganz gewachsen. Derartige Abweichungen bzw. Differenzen zur Realität, die beim Objektivierungsprozeß entstehen, kommen auch in den Folgeträumen zum Ausdruck. Deshalb ist es so wichtig, jeden Traum, der erinnert wird, aufzuschreiben – egal, was man von ihm denkt oder welche Gefühle ihm entgegengebracht werden. Denn auch das Ich muß sich an der Verwirklichung des Individuationsprozesses beteiligen – und sich dabei stets seiner Vorurteile bewußt bleiben. Das Ich ist nämlich ein Werkzeug, das keineswegs fehlerlos arbeitet, sondern vor allem zur Realisierung der eigenen Bedürfnisse eingesetzt wird. Dabei spielt es dann keine Rolle, ob dies den Ansprüchen der Gesamtpsyche widerspricht oder sogar gegen die Realität gerichtet ist. – Sollte man sich also einer Sache sicher sein, ist danach zu fragen, wonach das Ich insgeheim verlangt. Gewißheit ist die größte Voreingenommenheit und die letzte Blockade auf dem Weg zur Objektivität.

Eine ergänzende und abschließende Stufe der Amplifikation besteht also darin, ein spezifisches Vorhaben auszuführen, das dafür geeignet ist, die eigene Beschreibung der Bedeutung des Symbols zu testen. Anschließend kann man über die Resultate nachdenken. Allerdings muß hier noch eine *Warnung* hinzugefügt werden:

- Die innere Realität des Traumes darf nicht mit der konkreten äußeren Realität verwechselt werden.
- Die Träume im Alltag nicht wörtlich befolgen. – Es stimmt zwar, daß bestimmte Träume zukünftige Ereignisse darstellen oder zumindest zukünftige Möglichkeiten aufzeigen. Aber es ist auch zu bedenken, daß sich in den Träumen die innere Dynamik spiegelt – und daß man auf jeden Fall vorsichtig sein muß, zumal Träume schon seit jeher und überall jede Art von Wahnsinn, Macht und Herrlichkeit legitimiert haben.
- Die Träume nur wortgetreu im Alltag ausleben, wenn die äußeren Umstände dies zulassen.

Mit den in diesem Handbuch beschriebenen Methoden, die für die Auseinandersetzung mit dem Unbewußten geeignet sind, lassen sich auch viele emotionale Situationen auf einer inneren Ebene bewältigen. Es ist eben die Imagination, die den Menschen von seinen Verhaftungen und Identifikationen mit der äußeren Realität befreit. Dies bedeutet nun keineswegs, daß man vor den alltäglichen Belangen flieht und den Alltag hinter sich zurückläßt, um im unermeßlichen Abgrund des Unbewußten zu verschwinden. Im Gegenteil – die Auseinandersetzung mit dem Unbewußten schärft den Blick und steigert die Anpassungsfähigkeit im Umgang mit dem Äußeren, denn das Ich gibt dabei seine Identitäten auf. Eine Warnung ist also bloß eine Vorsichtsmaßregel. Schließlich können nur die Gesetze der inneren und äußeren Wirklichkeit jemanden davon abhalten, irgend etwas zu tun.

Die Stufen der Amplifikation: Zusammenfassung

1. Ein Symbol von besonderer Eindrücklichkeit und hohem Energiegehalt aussuchen.
2. Einige Eigenschaften, die das Symbol möglicherweise besitzt, aufschreiben bzw. auflisten.
3. Die Charakteristiken des Symbols unter Verwendung folgender acht Gesichtspunkte herausarbeiten: Kontrast, Ähnlichkeit, besondere Details, Beziehung zum Traum-Ich, Zusammenhang mit anderen Traumsymbolen, Abweichungen in anderen Träumen, persönliche Assoziationen und Gefühlsreaktionen bzw. Bewertung durch das Ich.
4. Die Eigenschaften des Symbols zu einem in sich zusammenhängenden Ganzen ordnen und durch Schlüsselfragen ergänzen.
5. Mittels Traumaufgaben die Objektivität der Amplifikation überprüfen und die Konsequenzen bedenken. Auf die Folgeträume achten, welche die Traumarbeit von einer anderen Seite erhellen.

Ergänzungs- und Überprüfungsmöglichkeiten: Symbol-Vertiefung, Zwiegespräch, Wiedererleben des Traumes, Symbol-Entfaltung.

Metaphorische Bearbeitung

Ist ein Traum mehr als ein Traum? Spiegelt die Symbolik eines Traumes die innere Dynamik der Psyche, oder ist sie lediglich Ausdruck einer spontanen Erfahrung? Ist der Traum ausschließlich eine Manifestation der kreativen Imagination der Psyche auf der Ebene der Symbole? In welcher Hinsicht ist er *nicht* bloß Ausdruck von inneren Zuständen? Ist es möglich, daß sich in den Träumen manchmal Menschen und Situationen aus dem Alltag widerspiegeln oder der innere Zustand der Persönlichkeit auf eine dramatische Art und Weise enthüllt wird? Eine Vermutung wie die folgende scheint der Sache angemessener zu sein: Es gibt eine ‹metaphorische Seite› des Menschen, welche die Lebensbedingungen eher symbolisch als begrifflich verarbeitet. Es ist der bewußtere Teil des Menschen, das Ich, das sich in der Regel etwas gedanklich erarbeitet.

Nun gibt es zahlreiche Traumsituationen, die überhaupt keinen Bezug zum Alltag zu haben scheinen. Was soll man mit diesen anfangen? Man kann nun – wie dies viele Tiefenpsychologen und Psychoanalytiker tun – annehmen, es handle sich dabei um stärker verschleierte Darstellungen der Persönlichkeitsdynamik und der Lebenssituation. Aber weshalb drückt sich dann die Traumquelle nicht klarer aus? Entweder liegt es am Unvermögen des Ichs, Symbole als deutliche Darstellung von Sachverhalten durch die Traumquelle zu erkennen, oder die Quelle der Träume verschleiert vorsorglich Material, das sonst abgelehnt würde. Hier finden wir die traditionelle Freudsche Auffassung vom Widerstand wieder, bei der davon ausgegangen wird, daß der Mensch keinen unmittelbaren Ausdruck von sexuellen und stark aggressiven Impulsen zuläßt. Und doch gibt es Menschen, die träumen von Kotausscheidung, von sexuellen Begegnungen und vom Töten – und zwar ohne jegliche Zensurierung. C.G. Jung hat auf einem der ersten psychoanalytischen Kongresse an Freud die berühmte Frage gerichtet: «Aber Herr Professor Freud, was, wenn nun jemand von einem erigierten Penis träumen sollte, was dann?» Damit stürzte für viele das ganze Gebäude der Freudschen Theorie zusammen. Denn die Freudianer glaubten, das Unbewußte würde die Dinge durch Symbole verschleiern und den Geschlechtstrieb nur indirekt darstellen. Der Mensch träumt also nicht von einem erigierten Penis, sondern von einem hochaufragenden Gebäude. Auf diese Weise wurden Symbole sexualisiert, während der wirkliche Penis jede sexuelle Eigenschaft verlor. Jung fragte sich: «Warum meint das Unbewußte nicht genau das, was es in Träumen sagt?» Und trotz dieser Fragestellung beschäftigte er sich mit anderen Symbolsystemen, wie der Mythologie und der Alchemie, um die Bedeutung der Symbole in Erfahrung zu bringen.

Bei der Jung-Senoi Methode gibt es dagegen eine Art der Fragestellung, bei der es um folgendes geht: «Inwiefern bringt dieser Traum eine bestimmte Einstellung oder eine bestimmte Dynamik meiner selbst zum Ausdruck?» Dabei wird von der Annahme ausgegangen, Träume seien eine der Natur des Menschen entsprechende Widerspiegelung seines seelisch-geistigen Zustandes. Demzufolge werden die Träume vom Unbewußten gegeben, damit die unbewußten Vorgänge bewußt gemacht werden können. Dies mag zwar stimmen, aber es ist doch nur eine Annahme. Es könnte auch so sein, daß ein Traum einfach *als Metapher* verwendet wird, um eine Dynamik des Unbewußten oder eine bestimmte Lebenssituation zu verarbeiten. Dabei wird – mit anderen Worten – eine Symbolstruktur, nämlich der Traum, an eine bestimmte Situation angepaßt: Die Ergebnisse sind oft sinnvoll. Wenn also beispielsweise gefragt wird: «Wie spiegelt dieser Traum den momentanen Zustand meiner partnerschaftlichen Beziehung?», gewinnt man durchaus wertvolle Einsichten. Aber dennoch läßt es sich nicht mit absoluter Gewißheit sagen, daß der Traum geträumt wurde, weil das Unbewußte ein Interesse daran hatte, daß man sich dessen bewußt werde, wie man zu einem anderen Menschen steht.

Man kann in der Regel denselben Traum als Metapher für zahlreiche äußere und innere Situationen benutzen und damit durchaus sinnvolle Ergebnisse erzielen. Mit anderen Worten: Man kann mit einem Traum niemals vom rechten Weg abkommen.

Die Gefahr liegt eher in der Annahme, der Traum habe nur eine einzige mögliche Bedeutungsebene und daß es unsere Aufgabe sei, diese wie ein Detektiv aufzuspüren. Manche haben mit dieser Annahme gelebt und dabei einiges verpaßt.

Der Blickwinkel ist bei den Traumarbeitsmethoden weiter. Obwohl es manchmal nur eine einzige Ebene geben mag, die – wie C.G. Jung sagt – ‹einschnappt›, d.h. exakt zu einer Person paßt, könnte der Traum gerade dadurch dogmatisiert werden. Warum also nicht mehrere zutreffende Ebenen erforschen und bewußt offen bleiben, statt eine Ausschließlichkeit zu beanspruchen? – Bestimmtheit wird auf der Entscheidungsebene erreicht und nicht auf einer Ebene, bei der es um Einsichten geht. Eine Methode sollte das Spektrum der Einsichten ausweiten, damit möglichst viele Auswahlmöglichkeiten zur Verfügung stehen. Diese Alternativen werden sichtbar, wenn man den Traum als Metapher auf mehr als eine Situation anwendet. Daraus ergibt sich dann jenes Spektrum, aus dem der gewinnversprechendste Bereich zur Weiterentwicklung ausgewählt werden kann.

Eindrucksvoll ist z.B. ein Traum, in dem man gestorben ist und genau weiß, daß man tot ist. Dennoch erwacht man völlig lebendig, aber schockiert und verängstigt. Bedeutet nun dieser Traum, daß man bald sterben wird? Bedeutet er, daß es ein Leben nach dem Tode gibt?

Bedeutet er, daß das Unbewußte dem Ich einen Schock versetzt, damit es seinen Lebenswandel ändert? Heißt das, daß sich das Ich mit seiner eigenen Angst vor dem Sterben und dem Altern auseinandersetzen soll? Bedeutet der Traum, daß das Ich als Persönlichkeit sich nicht mehr mit sich selbst identifizieren kann? Weist der Traum darauf hin, daß eine neue Bewußtseinsstufe in Erscheinung tritt? Bedeutet er eine außerkörperliche Erfahrung? Es gibt noch viele Fragen, denn offensichtlich gibt es Leute, die davon träumen, tot zu sein, und trotzdem lebendig aufwachen. Worum geht es?

Und wenn ich nun eines nachts davon träumte, tot zu sein – und dies wäre tatsächlich der Fall? Vielleicht wäre gerade dies – der Tod – der lebhafteste Traum meines Lebens! Und wie sollte ich jemals wissen, daß ich tot war, wenn dem nicht so gewesen ist? – Wer vom Tod träumt, ist vielleicht im Leben tot gewesen und steht nun knapp davor, dies zu erkennen.

Ist der Traum eine Metapher, soll die Traumarbeit metaphorisch sein? Und welche der vorangegangenen Fragen sind für den Traum und das Leben des Ichs, das ihn geträumt hat, von Bedeutung? Vielleicht sogar alle? Die Antwort mag sein, daß man gar nicht zu wissen braucht, welche Frage angemessen oder welche Antwort richtig ist. Man wendet den Traum einfach als Metapher an und arbeitet mit verschiedenen Möglichkeiten. Auf diese Weise wird der Traum innerhalb der tatsächlich vorhandenen Lebenssituation wieder-erlebt, und die Bedeutung ergibt sich aus dieser Erfahrung.

Das Ich wählt den Bezugsrahmen für die Arbeit selbst aus. Es entscheidet sich z. B. für einen Kontext, der ihm am meisten zusagt, oder – um eine ganzheitliche Ausgewogenheit zu erreichen – für den, der ihm am wenigsten behagt und sogar zuwider ist. Bei der Traumarbeit können auch mehrere Kontexte unterschiedlicher Art ausprobiert werden. Dennoch bleibt die Frage bestehen, womit der Traum das Ich grundsätzlich konfrontieren wollte? Manche Menschen haben das Gefühl, es zu wissen. Manche benutzen moralische Kriterien als Unterscheidungsmerkmale, während sich andere für alle Möglichkeiten offenhalten.

Wenn der Traum als Metapher aufgefaßt und die Traumarbeit metaphorisch durchgeführt wird, ergeben sich daraus folgende Fragen: Ist das Leben eine Metapher? Wozu dient und was symbolisiert es? Was – wenn überhaupt etwas – an zugrundeliegender Realität reflektiert das eigene Leben? Ob nur Sie allein es in Erfahrung bringen können, und ob es nur an Ihnen liegt, den Kontext bzw. den Bezugsrahmen auszuwählen? Denn Ihre Wahl bestimmt schließlich die Art Ihrer Verwirklichung!

Metaphorische Bearbeitung: Zusammenfassung und Anleitung zur Traumarbeit

Diese Technik läßt sich zwar auf jeden Traum anwenden, aber einfache, kurze Träume eignen sich dafür am besten.

- Nach dem Aufschreiben den Traum objektivieren und sich Klarheit über dessen innere Dynamik verschaffen.
- Den Traum nochmals schreiben, indem der Inhalt etwas verallgemeinert und seine Bildlichkeit und Struktur schärfer herausgearbeitet werden. Wenn der Traum relativ deutlich zu sein scheint, kann dieser Schritt übersprungen werden.
- Als nächstes zwei verschiedene oder womöglich sogar widersprüchliche Bezugsrahmen auswählen, die dazu dienen sollen, den Traum als Metapher zu bearbeiten. Im folgenden nun einige Vorschläge zur Ergänzung des eigenen Fragenkataloges:

    - Was sagt dieser Traum über die geschlechtlichen Beziehungen?
    - Auf welche Weise illustriert er die Einstellung zum Geld?
    - Welche Kindheitserlebnisse ruft er wieder ins Gedächtnis zurück?
    - Welche Probleme der Eltern-Kind-Beziehung werden hier dargestellt?
    - In welcher Weise handelt der Traum vom eigenen Bedürfnis nach Gesundung? Welche Heilungssymbole sind vorhanden?
    - Wie zeigt sich im Traum die Art der Entscheidungsfindung, wie wird eine Entscheidung getroffen, wie wird sie vermieden?
    - Welche zukünftigen Lebensmöglichkeiten sagt dieser Traum vielleicht voraus?
    - Auf welche Art spiegelt er die politischen Ereignisse der nächsten Jahrzehnte?
    - Wie spiegelt dieser Traum bestimmte Triebkräfte der eigenen Persönlichkeit wider?

Es ist nicht leicht, mehr als nur einen Kontext für die metaphorische Bearbeitung zu wählen. Denn schließlich hat das Ich eine ganz bestimmte Meinung und einen eigenen Bezugsrahmen – und das Ich hat immer recht.

Die Technik der metaphorischen Bearbeitung eines Traumes eignet sich besonders bei der Ausbildung zur Traumarbeit in einer Gruppe. Den Teilnehmern wird ein bestimmter Traum vorgelegt, den sie wie einen eigenen behandeln sollen, indem sie ihn meditativ wiedererleben und dabei den Gefühlen und Bildern gestatten, frei zu fließen.

Dabei kann es geschehen, daß der fremde Traum ‹wie ein eigener› empfunden wird.

Was macht nun die metaphorische Traumbearbeitung aus der Theorie des ‹Bei einer richtigen Interpretation wird alles schlagartig klar›?

- Als erstes gibt es immer noch die Möglichkeit, daß bestimmte Kontexte mehr Sinn ergeben als andere. Wenn also zwei verschiedene Bezugsrahmen bearbeitet worden sind, sagt einem vielleicht der eine mehr zu als der andere. Diesen betrachtet man gesondert. Es wäre auch zu erklären, warum er besser ‹einschnappt›. Schließlich kann man den Sachverhalt mit einem guten Freund oder einer guten Freundin überprüfen und um eine Einschätzung der beiden Kontexte bitten. Die Befragten werden unter Umständen als Antwort eine Bearbeitung des Traumes unter dem Blickwinkel eines weiteren Bezugrahmens vorschlagen.
- Als zweites läßt sich mit Hilfe der metaphorischen Bearbeitung eine *Abstufung der Traumarbeit* in bezug auf die Fragestellung und die Auswahl von Fragen aus einem Fragenkatalog entwickeln:

  - Was ist das Wesenhafte dieses Traumes?
  - Was sagt er über die gegenwärtige Persönlichkeitsdynamik?
  - Wie drückt er die eigene Vergangenheit aus, sowohl die innere als auch die äußere?
  - Welche zukünftigen inneren und äußeren Möglichkeiten sind in ihm enthalten?
  - Welche Probleme und Fragen des gegenwärtigen Lebens werden angesprochen?
  - Wie zeigt der Traum das innere und äußere Ich?
  - Was wird von der Welt der Geister widergespiegelt?
  - Welche transzendenten und letzten Seinsfragen werden aufgeworfen?

Aus diesem Fragenkatalog kann man nun einige Fragen auswählen oder auch alle in einer abgestuften Reihenfolge beantworten, bei der die verschiedenen Bedeutungsebenen zum Ausdruck kommen. Es ist nämlich wichtig, mehr als nur eine Traumebene zu entwickeln. Außerdem ist es vorteilhaft, den Fragenkatalog mit eigenen Fragen nach weiteren Ebenen zu erweitern.

- Nach der Bearbeitung der obigen Fragen können spezielle Traumaufgaben ausgedacht werden, um die metaphorischen Einsichten, die gewonnen wurden, praktisch zu überprüfen.
- Die konkrete Wirklichkeit ist die große Metapher des Geistigen!

Das Wesen der Lösungsfindung

Zu einem wesentlichen Aspekt der Jung-Senoi Methode ist die lösungsorientierte Auseinandersetzung mit dem Traumzustand geworden. Denn bei der therapeutischen Arbeit mit Träumen und allgemeinen seelischen Problemen hat es sich gezeigt, daß es viele konfliktgeladene und schwierige Situationen gibt, die neue Lebensmöglichkeiten in sich bergen – aber das Ich ist als Entscheidungsträger nur ungenügend darauf vorbereitet. Es ist kaum in der Lage, angemessen und schöpferisch mit den vorhandenen Lebensumständen, in denen es sich entscheiden muß, umzugehen. Was tun? Es genügt nicht, lediglich herauszuarbeiten, worin die Konflikte und Möglichkeiten bestehen, denn dies führt häufig zu einer noch größeren Beklemmung und zu Gefühlen der Unzulänglichkeit. Denn Einsicht und Erkenntnis ergeben an sich noch nicht unbedingt die entsprechende Handlungsweise. Handeln entsteht aus der Verpflichtung heraus, der ‹Wahrheit› in dem Maße Gestalt zu verleihen, wie man sie kennenlernt. Unbefriedigend ist auch die Beschränkung auf von außen beigebrachte Lösungen und Antworten. Es ist keine wirkliche Hilfe, Stellung zu nehmen, weil solche ‹Stellungnahmen› – auch wenn sie als Lösungsvorschläge gedacht sind – nur selten problemorientiert sind. Schließlich geht es um nichts Geringeres als um eine völlige Umwandlung. Aber wie kann dies erreicht werden? Man muß daran denken, daß jede Problemlösung aus dem Kern der Schwierigkeiten selbst erwächst. Von außen läßt sich eine Einheit nicht erzwingen. Um also ein Problem bewältigen zu können, ist die Kunst der Lösungsfindung ins Spiel zu bringen.

Das Wesensmerkmal der Lösung

Lösung bedeutet, das Begonnene, das in der Schwebe gelassen wurde oder in einem Konflikt befangen blieb, zu einem natürlichen, vervollständigenden Abschluß zu bringen und zu vollenden. Wenn ein Lösungsweg beschritten wird, gerät eine Angelegenheit als Gesamtes in Bewegung. Es ist ein Ziel in Sicht. Eins wird zum anderen. Blockierungen werden beseitigt, die Sache kommt in Fluß, und die Dinge formieren sich neu. Es entsteht ein Zentrum, in dem die Gegensätze vereint werden und aus dem sich ein Drittes entwickelt.

Die Kunst der Lösungsfindung ist der Weg, um eine Transformation hervorzurufen und einer Sache einen Sinn zu geben. Lösungsfindung gehört zu den wichtigsten Praktiken des meditativen Lebens. – Es geht aber nicht bloß darum, in den Träumen eine Unmenge von Konflikten und sich entwickelnden Möglichkeiten zu lösen und zu realisieren. Diese Notwendigkeit ist allgemeiner Natur, sie beschäftigt ein Leben lang und fordert jeden Tag aufs neue heraus. Deshalb ist es wichtig, am Ende jedes einzelnen Tages alles nochmals rückblickend zu bedenken und sich zu fragen, was unerledigt geblieben ist – um eine Lösung vorzubereiten. Nur so gelingt es, unbehindert und offen in den Schlaf, den Schoß des Neuen, einzutreten. Auch Sterbende überschauen ihr Leben mit all seinen ungelösten Problemen und dem unerledigt Gebliebenen. Sie schaffen Ordnung im Hinblick auf das körperliche Ende.

Tagtäglich grübelt man über zahllose Dinge nach, Dinge, die schon geschehen sind. Auf diese Weise versucht man, verstandesmäßig etwas zu bewältigen. Mittels großartiger Zeremonien, mit Hilfe von Durchgangsriten – ‹rites de passage› – und heftigster Krisen werden Bewältigungsversuche unternommen, denn ohne Lösung, ohne Abschluß, bleibt das alte Leben in der Schwebe, und das neue Leben wird zurückgehalten und kann nicht geboren werden. Nichts ist kläglicher als das, was sich weigert zu sterben, wenn seine Zeit abgelaufen ist.

Die Kunst, etwas zu vollenden, verlangt sowohl Verwandlung als auch *Opfer*. Gewisse Dinge müssen beendet werden, bevor sich etwas Neues entwickeln kann. Für jedes ‹Ja› muß ein ‹Nein› in den Hallen der Ewigkeit widerhallen. Und was ist die Ewigkeit anderes als Vergangenheit? Denn die Zukunft wird durch das begrenzt, was im Jetzt erreichbar ist.

Wenn wir also mit den Träumen arbeiten, anstatt sie nur nachzuträumen oder sogar zu analysieren, arbeiten wir gleichzeitig darauf hin, die Konflikte und Möglichkeiten dieser Träume zu bewältigen. Mit dieser Grundlage läßt sich die Erfahrung der Traumarbeit in die äußere Welt hineintragen – und man kann nun daran gehen, gewisse Wesensmerkmale der eigenen Persönlichkeit und spezifische Lebenssituationen, auf die sich Traum und Traumarbeit zu beziehen scheinen, in Ordnung zu bringen. In der Kunst der Lösungsfindung zeigt sich die Weiterentwicklung des Bewußtseins. Das Ich nimmt aktiv an der bewußten Erschaffung eines neuen Lebens teil – und ein solches Tun ist auch ein Akt der Sinnfindung.

Die zwölf Stufen der Lösungsfindung

Aus der abstrakt-schematischen Darstellung ist ersichtlich, daß sich die Kunst der Lösungsfindung oder -herbeiführung in *zwölf Stufen* unterteilen läßt. Ein einfaches Beispiel zur Veranschaulichung wäre die Entstehung und Heilung einer Wunde oder die Trennung einer partnerschaftlichen Beziehung.

Ab und zu sind alle Dinge im Gleichgewicht. Bleibt dieses Gleichgewicht lange bestehen, kommt es zu einer *Stasis*, d.h. zur Blockierung des Lebensstromes. Ein *Eingriff*, der die Stasis beendet, führt dann zu einem *Ungleichgewicht* und zur Einseitigkeit. Es entsteht ein Mangel an gewissen Elementen, was als *Unvollständigkeit* empfunden wird und *Konflikte* erzeugt. Die Dinge werden auseinandergerissen, die einen werden unscheinbar, die anderen viel zu offensichtlich. Dieser Zustand führt zur *Zerstörung* von Dingen, die vorher für den Seinszustand notwendig gewesen sind. Die Leere, die auf diese Zerstörung folgt, erzeugt ein Vakuum, das neue *Möglichkeiten* anzieht. Werden diese neuen Möglichkeiten mit dem Früheren, das übriggeblieben ist, verbunden, sind sie für die momentanen Umstände entweder ein Hemmnis oder sie wirken auf sie bedrohlich überfordernd. Deshalb muß ein Prozeß der *Selektion* und einer der *Ablehnung* einsetzen, damit das, was ein neues Gleichgewicht entstehen läßt, zum Zuge kommen kann. Alles andere wird als überflüssig und hinderlich ausgemerzt. Selektion und Ablehnung dauern so lange an, bis ein *Gleichgewicht* aller wesentlichen Teile erreicht ist. Auf diese Weise wird ein Mittelpunkt geschaffen, es entsteht eine harmonische Wechselbeziehung aller Bestandteile. Diesen Prozeß nennt man *Integration.* Schließlich kommt es zu einer *Lösung,* durch die sich der Konflikt in einer neuen Einheit auflöst. Der gesamte Vorgang ist eine *Transformation,* in der eins zum anderen wird. Der ursprüngliche Zustand der Stasis durchläuft einen Wandlungsprozeß, bis schließlich ein neuer Zustand eintritt, der vollständiger und sinnvoller ist.

Eine einfachere Fassung des Wandlungszyklus

Eine einfachere Fassung des Transformationszyklus sieht folgendermaßen aus:

- Die Dinge existieren in einer *ursprünglichen Einheit.* Alles ist verschmolzen zu einem harmonischen Ganzen.
- Aufgrund von *Konflikten* zwischen den verschiedenen Bestandteilen des Ganzen kommt es zur *Unterscheidung der Gegensätze.*
- Ein Ungleichgewicht tritt ein, indem bestimmte Gegensätze überhöht oder zu stark mit der verfügbaren Energie aufgeladen werden. Dies erzwingt eine Kompensation, mit deren Hilfe die gegensätzlichen Elemente mit der gleichen Energiemenge besetzt und gegen die dominierenden aufgewogen werden.

- Ein *enantiodromischer Kippeffekt* setzt ein, bei dem die Energie urplötzlich von der einen Seite des Gegensatzes auf die andere übertragen wird.
- Es besteht die Gefahr, daß das Ich sich mit der einen Seite des Gegensatzes identifiziert und die Energie an dieser Stelle *fixiert*, um auf diese Weise einen Konflikt zu lösen.
- Wenn das Ich dieser Gefahr entgeht und ein *Spannungsgleichgewicht* zwischen den Gegensätzen herstellt, kann eine Umwandlung geschehen.
- Indem die Spannung zwischen den Gegensätzen aufrechterhalten wird, baut sich eine *Einheit* zwischen ihnen auf, durch die der Konflikt bewältigt werden kann – es kommt zu einer *Lösung.*
- Nun besteht eine neue *Harmonie,* die sowohl die *Einheit* als auch die *Unterscheidung in Gegensätze* beinhaltet. Dies ist die *Transformation* des Alten in das Neue.

Beispiele für den Wandlungszyklus

Welche Bedeutung hat der Transformationszyklus für das Alltagsleben?

Im Traumarbeitsbeispiel zur geführten Symbolvertiefung zerbrach im Traum die ursprüngliche Einheit der Perlenkette buchstäblich. Bei der vertiefenden Betrachtung des Symbols hatte die Träumende die Aufgabe, die Kette wieder zusammenzufügen und sich mit der Frage auseinanderzusetzen, wem das Halsband eigentlich gehöre, ihrem Sohn oder ihr selbst. Außerdem ging es um den Konflikt zwischen der alten, überlieferten Vorgehensweise und der neuen Art, etwas zu tun. Die Wandlung und Lösung bestand darin, daß die Träumende die Kette wieder zusammenfügte und sie ihrem Sohn übergab. Und die Träumende durfte die Kette nicht zu Plastik werden lassen, nur weil sie immer noch versuchte, an der alten Anordnung festzuhalten. Es gab also noch Spannungen und Differenzierungen, aber dennoch wurden die verschiedenen Teile auf neue Weise miteinander harmonisiert.

Man kann den Wandlungszyklus, um ein weiteres Beispiel zu geben, auf ein weitverbreitetes Partnerschaftsproblem beziehen: Einer der beiden Partner fühlt sich zu einem Dritten hingezogen. Dies führt zu Spannungen in der ursprünglichen Beziehung, und die alte Einheit wird zerstört. Wenn sich die betreffende Person für den neuen Partner entscheidet, geht sie in eine neue Gegensätzlichkeit hinein. Wird diese erst einmal ausgelebt, entsteht unter Umständen eine Ambivalenz, bei der es zu einem Hin- und Herpendeln zwischen dem früheren und dem jetzigen Partner kommt. Sich auf dieser Stufe für den einen

Partner zu entscheiden, um den anderen abzuweisen, käme einer Fixation auf ein Extrem gleich. Auf diese Weise werden aber die an diesem Vorgang beteiligten Energien nicht vollständig integriert. Wenn die Spannung aufrechterhalten und die jeweiligen Qualitäten beider Partnerschaften akzeptiert würden, könnten die Beteiligten in sich zu einer neuen Einheit finden. Denn eine Wandlung setzt nur da ein, wo die Spannung durch eine Integration gelöst wird. Erst jetzt kann sich jemand dafür entscheiden, beim ursprünglichen Partner zu bleiben, denn beide haben sich durch die Auseinandersetzung mit der neuen Beziehung gewandelt – und können nun die entstandene neue Energie in ihre Beziehung integrieren. Die Wahl kann aber auch zuungunsten der alten Beziehung ausfallen, weil aus der zerrütteten ursprünglichen Einheit keine neue entsteht. Außerdem kann die Beziehung zu beiden Partnern abgebrochen werden, um eine völlig neue Beziehung einzugehen, in der die Gegensätze sich besser ergänzen als jemals zuvor – es gibt viele Möglichkeiten.

Die ‹neue Ethik› besteht darin, daß das Ich bewußt am Transformationskreislauf teilnimmt und sich nicht auf die eine Seite eines Gegensatzes fixiert, indem der zur Ganzheit gehörige andere Lebensaspekt verleugnet und unterdrückt wird. Das heißt aber nicht, daß alles, was im Menschen steckt, am besten nach außen hin ausgelebt werden sollte. Aber auf irgendeiner Ebene – innerlich oder äußerlich – muß das, was im Leben entsteht, berücksichtigt und akzeptiert werden, wenn eine Integration und Wandlung geschehen soll.

Wandlung ist ein Prozeß, dessen Ergebnis eine Lösung ist, die einen neuen Seinszustand ergibt. So gesehen ist jeder Abschluß, jeder ‹kleine Tod›, ein Übergang und ein Wandlungsprozeß – und nicht ein Sturz in den Abgrund. Die Lösung bereitet uns für das Neue vor. In entscheidenden Augenblicken stehenbleiben und zurückblicken heißt, ein Unheil heraufzubeschwören. Die Weigerung, etwas aufzugeben, loszulassen, bedeutet, dem Schicksal, das wesentlich grausamer ist als der Mensch, zu gestatten, den Tod zu erschaffen. Ein solcher Tod ist oft eine Katastrophe, von der sich das Ich niemals erholt. Eine Wandlung findet dann nicht statt, und die Wiedergeburt, für die der Tod die unabdingbare Vorbereitung ist, geschieht nicht. Doch das Ergebnis der Wandlung und des Lösungsfindungsvorgangs wäre nicht nur ein neuer Seinszustand, sondern eine Sinngebung.

Der Sinn

Sinn ist die Erfahrung, daß zwischen den Dingen eine Beziehung besteht. Und es ist der Vorgang der Lösungsfindung, der das Alte mit dem Neuen verbindet. Dann bringt der Tod neues Leben hervor, und dann verknüpft sich die eigene Entscheidung mit dem blinden Schicksal zur persönlichen Bestimmung. Und aus der Wunde und ihrem Heilungsprozeß wird eine neue Einheit. Dabei stellt sich die Frage, in welcher Beziehung das Leiden zum Sinn steht. *Kreativ leiden* heißt, die sich mit den Konflikten unvermeidlicherweise ergebenden Schmerzen zu akzeptieren und loszulassen. Gewolltes, zweckmäßiges Leiden verwurzelt, es schafft Bindungen und macht das Leben lebenswert. Es ist das notwendige Gegengewicht zur echten Freude. *Freude* begleitet den Wandlungsprozeß, sie macht ihn zur offensichtlichen Gewißheit: Man hat etwas geopfert – und nun bricht eine neue, erfülltere Realität ins Dasein ein.

Die Liebesaffäre als Wachtraum

Liebesaffären sind ein Sonderfall des Wachträumens. Viele Menschen stellen regelmäßig beim Aufschreiben ihrer Träume fest, daß sie sich in einem Traum von einem fremden Partner gefühlsmäßig oder sexuell angezogen fühlten. Wenn die archetypische Sexualenergie nun ins äußere Leben durchbricht, hat die betroffene Person in der Außenwelt des Alltags eine Affäre und erlebt einen Wachtraum. Was geschieht in derartigen Fällen? Handelt es sich lediglich um einen polygamen Wesenszug? Ist die im Alltag gelebte und verpflichtende monogame Beziehung vor allem eine Situation, in der zwei Pferde vor einen einigermaßen stabilen Wagen gespannt wurden? Wer wollte nicht schon einmal in die Wildnis hinausgaloppieren! Doch ach – die Konsequenzen!

Ein Wachtraum ereignet sich, wenn das archetypische Material überwältigend wird und nach außen durchbricht. Das Vorhandensein eines Wachtraumes weist darauf hin, daß man unfähig oder nicht willens ist, bestimmte lebenswichtige Erfahrungen zur Verarbeitung im Inneren zu belassen. Es kann allerdings für den inneren Lebensweg auch nötig sein, sich dem nach außen dringenden archetypischen Material zu fügen und ihm zu folgen. Werden die Kräfte des Unbewußten zur Hauptsache unterdrückt, wird das Leben zu einem ständigen Wachtraum, in dem nichts von dem, was getan wird, wirklich zu einem selbst gehört. Alles wird nur von unbewußten Kräften gesteuert. Jede Verdrängung führt zur Identifikation mit ganz bestimmten Inhalten des Unbewußten und zur Projektion anderer, meist gegensätzlicher Inhalte, auf äußere Personen und Situationen.

Es gibt keinen totalen Schutz vor dem Wachtraum. Das Leben läßt sich nicht absolut beherrschen. Aber es gibt ein allgemeines Prinzip bzw. eine Methode, die zwar keine vollkommene Sicherheit bietet, aber doch wenigstens eine Ausgangsbasis, von der aus gehandelt und weitergemacht werden kann. Dabei handelt es sich vor allem darum, alles, was das Leben bringt, zu akzeptieren und zu verarbeiten. Deshalb stellt sich die Frage, ob die Realität, so wie sie ist, wirklich akzeptiert wird. Oder wird sie etwa abgelehnt, indem man versucht, andere zu beherrschen und Situationen unter Kontrolle zu bekommen? Oder wagt man es, sich mit allem und jedem zu verbinden, sich einzufügen und zu integrieren?

Eine Liebschaft ist nicht bloß eine peinliche Angelegenheit, sie ist ein Einbruch des Ganz-Anderen, eine Intervention, bei der starke Kräfte zum Ausdruck kommen und sich Geltung verschaffen. Sie mag wie das Ende der Welt erscheinen, wie der Untergang einer Beziehung, was aber nicht unbedingt so sein muß. Auf jeden Fall erschüttert ein derartiger Zwischenfall jedes einigermaßen stabile Leben – es entgleitet der Kontrolle. Doch zu welchem Zweck geschieht dies? Und wie kann man daran wachsen? Wenn man sich erbittert gegen das Geschehen zur Wehr setzt und aus Sentimentalität unverrückbar am alten Zustand festhält, wird es unverhältnismäßig aufgebläht. Man gerät in eine engstirnige Verteidigungshaltung, obwohl eine Affäre nur eine beiläufige Angelegenheit sein sollte. Oder ist sie es etwa doch nicht? Ist sie mehr als eine Nebensächlichkeit? Um dies zu erkennen, muß man nur statt ‹Affäre› ein anderes Wort einsetzen, etwa ‹schwere Krankheit› oder ‹Tod›. Und plötzlich zeigt sich wieder ein Einbruch des Ganz-Anderen, und der Wachtraum beginnt aufs neue.

Bei derartigen Einbrüchen geht es zunächst einmal darum, die sich äußernden Kräfte zu akzeptieren, um sich dann mit ihnen auseinanderzusetzen und gefühls- und verstandesmäßig bis zu deren Wurzeln vorzustoßen. Auf diese Weise kommt ein Gespräch zwischen allen Beteiligten zustande – auch mit den Dritten. Es geschieht zu oft, daß eine Person zum Spielball der Parteien wird. Zwei Männer, die sich für dieselbe Frau interessieren, sollten miteinander reden, anstatt die Frau zum Schlachtfeld ihrer Gefühle zu machen. Warum sollte sie den Kampf für die anderen austragen? Dasselbe gilt für zwei Frauen, die sich für den gleichen Mann interessieren.

Eine Kommunikation bedarf der Pflege, damit sie möglichst umfassend und zum Untersuchungs- und Ausdrucksfeld der wachgerufenen Energien wird. Und dann kann man sich mit folgenden Fragen auseinandersetzen: Weshalb nur handle ich so und nicht anders? Welche Gefühle werden in mir wachgerufen? Was mangelt der Beziehung, daß so etwas überhaupt geschehen konnte? Wie komme ich dazu, so zu handeln, was bricht da hervor? Was tun, um diese Energie auf einer inneren Ebene zu integrieren? Welcher Anteil muß im äußeren Leben ausgedrückt werden? Wie steht es um die Entscheidungsfähigkeit, welcher Art ist sie? Und wie setze ich mich mit Angst und Sexualität auseinander?

Ganz besonders wichtig ist es, dafür zu sorgen, daß die neu aufbrechenden Energien sich nicht in äußeren Umständen verfangen, und sich darum zu bemühen, nicht allzu dramatisch zu sein! Man kann bei der Verarbeitung der auftretenden Energien um Unterstützung bitten. Ein Seitensprung ist nicht gleichbedeutend mit dem Ende einer Ehe. Eine Beziehung endet, wenn man eine Auflösung zuläßt. – Eine Affäre ist nämlich ein Wachtraum, welcher der Verarbeitung bedarf. Es fragt sich, welche Energien auftreten und welche Qualitäten jede der beteiligten Personen aufweist. Außerdem geht es um folgende Fragen: Wie sieht der archetypische Hintergrund aus, wie das Spiel zwischen männlich und weiblich? Werden irgendwelche Abhängigkeitsprobleme zu den Eltern einbezogen? Bricht überschüssige psychische

Energie hervor? Um welche spirituellen Faktoren geht es? Werden Grundwerte in Frage gestellt oder neue Werte erzeugt? Inwieweit ist diese Situation ein Untergang, mit dem man sich auseinandersetzen muß? Welche neuen Lebensmöglichkeiten ergeben sich daraus? Ist das Geschehen eine Herausforderung, adäquater mit dem Leiden umzugehen? Wie kann es integriert werden und zum Wachstum der Persönlichkeit beitragen?

Worum geht es also? Eine Liebesaffäre ist Ausdruck archetypischer Energien, die in Bewegung geraten sind und eine neue Einheit anstreben. Es geht um die Notwendigkeit, das Leben durch Energiezufuhr vitaler zu machen, um eine Herausforderung, vollständiger zu werden und sich mit den unbewußten Kräften auseinanderzusetzen. Eine Affäre ist eine Chance, das Leben noch mehr zu bejahen und auf dem Weg weiterzugehen. Denn das Selbst braucht am meisten das, was den Menschen am stärksten herausfordert. Jede Affäre ist schließlich und endlich eine ganz persönliche Angelegenheit, zumal das Ich stets auf sich allein gestellt bleibt und nur eine einzige Beziehung umfassend verwirklichen kann – die zu sich selbst. Und die Mitmenschen? Sie sind Partner, Weggefährten, von denen das Ich lernen kann. Sie rütteln das Ich auf und wecken es. Und das Ich gibt ihnen seinerseits Impulse. Aber alles, was wachgerufen wird, findet sich im Inneren. Dort muß man es suchen, in der eigenen Seele. Und wenn das Ich es gefunden hat, wird es wirklich frei und offen genug sein, Beziehungen zu den Mitmenschen einzugehen.

Das direkte Wiedererleben des Traumzustandes

Eine der wichtigsten Methoden, die ich seit 1972 bei der Durchführung von Traumarbeitsgruppen entwickelt habe, ist die des direkten Wiedererlebens des Traumzustandes. Diese Methode besteht im wesentlichen darin, aufs neue in den Traum hineinzugehen, d.h. ihn wiederzuerleben, und zwar mit der Absicht, bestimmte Situationen und Aspekte des Traumes einer Lösung zuzuführen. Dieser Wiedereintritt bzw. dieses wiedererlebende Schauen wird im Wachzustand durchgeführt. In der Regel läßt man sich dabei in eine Halbtrance fallen, um den Traum aufs neue zu durchleben. Dabei hält man am Vorsatz fest, eine Lösung zu finden, und sieht gelassen zu, wie sich Bilder und Gespräche entwickeln. Dieses Geschehen ist oft sehr gefühlsintensiv. Gefühlsmäßige Intensität ist aber für die Wirksamkeit nicht ausschlaggebend, denn schon das bloße Erleben des Prozesses ergibt einen Sinn und bewirkt einen spürbaren Wandel. Möglicherweise werden sogar tiefliegende Strukturen des Unbewußten verändert, denn es wird unterhalb und jenseits der bewußten Ebene auf einer archetypischen Stufe gearbeitet.

Diese Methode läßt sich auch im Traum anwenden, z.B. wenn man aus einem Alptraum aufgewacht ist und sofort wieder einschläft – und zwar mit dem Vorsatz, erneut in den Traum einzutreten, um zu sehen, was geschieht, und um eine Lösung abzuwarten oder sie selbst herbeizuführen. Dieses Vorgehen unterscheidet sich von dem der Jungianer, die der Auffassung sind, der Traum und das Unbewußte sollten nicht unsachgemäß behandelt werden. Würde man nämlich dem Unbewußten einfach gestatten, sich zu entfalten, könnte die Heilung auf natürliche Weise geschehen. Allerdings fehlen die unmittelbaren und spezifischen Beweise, daß dieses *laisser-faire* bei den Träumen oder sonstwo tatsächlich funktioniert.

Der Traum ist kein Dogma, an dem nicht gerüttelt werden darf. Er ist kein heiliger Gegenstand, der direkt von Gott, vom Unbewußten, kommt. Denn auch hier muß – wie überall – dem ‹Primärzustand› Bewußtsein verliehen und eine Transformation herbeigeführt werden.

Der Eingriff in das Unbewußte

C.G. Jung erwähnt einen Mann, der träumte, er würde einen Berg besteigen und in den leeren Raum hinaustreten. Jung verfügte über beachtliche interpretative Fähigkeiten und sagte dem Träumenden, er müsse beim Bergsteigen äußerste Vorsicht walten lassen, wenn er dabei nicht umkommen wolle. Der Mann lachte ihn jedoch nur aus. Später wurde von Leuten berichtet, der betreffende Mann sei beim Bergsteigen buchstäblich in die Luft hinausgetreten, und dabei seien er selbst und seine Begleiter zu Tode gestürzt. Wäre es nun diesem Manne möglich gewesen, von neuem in den Traum einzutreten und ihn symbolisch ganz zu erleben, hätte es vielleicht eine andere Lösung gegeben – entweder in Form eines ‹Bergtodes› oder in Form des ‹Festhaltens am Leben› – und zwar *im* Traum. Auf diese Weise hätte er aus der Erfahrung als gesamtes etwas Sinnvolles machen und Entscheidungen treffen können. Möglicherweise wäre es zu einer Wandlung gekommen, denn was symbolisch in seiner Gesamtheit erfahren wird, braucht nicht unbedingt in der äußeren Welt gelebt zu werden.

Eine derartige Vorgehensweise wirft jedoch Fragen auf: Von welcher Grundlage aus greift man ein, wenn der Entwicklungsprozeß des anderen Menschen voll respektiert wird? Es besteht nämlich die Gefahr, daß man zu früh oder zu spät eingreift. Welches ist der richtige Zeitpunkt? – Beim Wiedererleben eines Traumes geht es als erstes hauptsächlich darum, den Traum zu erweitern und neue Möglichkeiten zu erschließen. Erst danach können die dem Traumzustand innewohnenden Lösungen aufgespürt werden. Dieser Weg ist ein *spiritueller.* Es ist ein *transpersonaler* Prozeß. Denn Heilung, Weg, Richtung und Lösung scheinen einem Mysterium zu entspringen, das nicht der willentlichen Kontrolle untersteht. Für den einzelnen Menschen stellt sich nur die Frage, ob er willens und bereit ist, sich diesem Prozeß zu überlassen – und ob er hingebungsvoll und belastbar genug ist, auch die schlimmsten Schrecken und größten Übel zu ertragen?

Die Geschichte dieser Methode

Die Geschichte der Methode des direkten Wiedererlebens des Traumzustandes beginnt 1972, als ich in St. George Homes Inc., einem Heim und Zentrum für innovative Behandlungsmethoden in Berkeley, arbeitete. Das Heim war von Dorothea Romankiw gegründet worden. Ich wurde als Gruppenleiter bei einer täglich stattfindenden Senoi-Traumsitzung eingesetzt und hatte mit psychotischen Jugendlichen zu arbeiten.

Aufgrund der erzählten Träume ergab sich eine Fülle von innerem Material, doch bald zeigte es sich, daß die Jugendlichen zu wenig ichstark waren, um sich der Dynamik bewußt zu werden, die sich in ihren Träumen widerspiegelte. Außerdem hatten sie häufig erschrekkende und chaotische Träume, die ihren Zustand verschlechterten, wenn sie damit alleingelassen wurden. Tatsächlich kompensierten die Träume ihren Geisteszustand kaum. Viel häufiger widerspiegelten sie ihn. Ferner stellte ich fest, daß selbst bei ‹normalen› Erwachsenen die meisten Träume konfliktgeladen und disharmonisch waren und ohne Lösung endeten. Was sollte ich tun? Ich fragte mich, ob heilmachende Symbole in die Traumarbeit miteinbezogen werden könnten. Den entscheidenden Anstoß dazu gab ein extrem psychotischer Junge, der sich selbst regelmäßig mißhandelte. Dieser Junge begann eines Tages, seine ‹Monster›, wie er sie nannte, zu malen. Ich gab nun dem Maltherapeuten die Anweisung, goldene Kreise um diese Figuren zu malen, und der Junge sollte von da an seine Ungeheuer stets in einen goldenen Kreis hineinmalen. Denn der Kreis ist ein klassisches Symbol für die Ganzheit und für den Schutz vor Dämonen. Auf diese Weise griff ich gewissermaßen in den Traum ein, denn der Traum wurde ja nicht mehr nur irgendwie ausgedrückt und gedeutet.

Die Idee zur täglichen Traumsitzung stammte von Dorothea Romankiw. Sie wurde am St. George von Dr. Albert Belante weiterentwickelt, und zwar aufgrund von Kilton Stewarts klassischer Studie über die Traumarbeit der Senoi. Am St. George trugen viele Mitglieder des therapeutischen Personals zu den Senoi-Traumsitzungen bei. Unter anderem führte Steve Ledyard das wichtige Ritual des Traumbeutels ein, das zum Teil von indianischen Gebräuchen beeinflußt war. Ich selbst war zur Hauptsache verantwortlich für die Jungsche Amplifikationstechnik, das Ritual, die Meditation, die Verbindung von Traumsymbol und Persönlichkeitsdynamik und für die Entwicklung eines vollständigen Traumarbeitsprogramms, das Malerei, Schauspiel und spezielle Schulungsprojekte mit einschloß. Die Idee zur Ausführung bestimmter Traumaufgaben geht auf Dorothea Romankiw zurück und auf die Überlieferung der Senoi. Die Aktualisierung bestimmter Traumaufgaben ist eine grundlegende Methode der Behandlung schwer Geistesgestörter durch Dorothea Romankiw.

Im Jahre 1976 verließ ich das St. George Homes, um mich ganz der Entwicklung der Traumarbeit zu widmen, sie therapeutisch einzusetzen und der allgemeinen Öffentlichkeit zugänglich zu machen. Damals prägte ich den Begriff ‹Jung-Senoi Traumarbeit›, um den Unterschied zu der am St. George praktizierten Methode zu betonen und auf eine Weiterentwicklung hinzuweisen. Bei der Leitung von Traumgruppen in Berkeley fiel mir nämlich auf, daß die Träume der sogenannten normalen Erwachsenen voller ungelöster Konflikte waren und eine passive Haltung vorherrschte. Es gab kaum Unterschiede zwischen den Träumen der psychotischen Teenager am St. George und den Erwachsenen, mit denen ich nun arbeitete. Es genügte somit nicht, so weiterzumachen wie bisher. Es gelang allerdings nicht, die normalen Erwachsenen dazu auszubilden, noch während des Träumens den eigenen Traum zu verändern – wie es die Senoi angeblich traditionsgemäß taten. Den Berichten zufolge trainieren die Senoi ihre Kinder von Geburt an darauf, ihre Träume noch während des Traumzustandes einer Lösung zuzuführen. Allerdings wurden Kilton Stewarts Berichte stark angezweifelt. – Eines wurde mir bald einmal klar: Die meisten Träume widerspiegelten zwar Konflikte, aber keine Lösungen. Dann, am Anfang des Jahres 1977, entdeckte ich die Methode des gelenkten Wiedereintritts in den Traumzustand und führte meinen ersten Patienten in den Traum zurück, damit er ihn aufs neue durchleben konnte, um eine Lösung zu finden. Es war eine sehr heftige und erschreckende Erfahrung – aber es funktionierte. In den Traumzustand zurückversetzt, verloren alle jedes Gefühl für die Außenwelt, und aus dem Traumgeschehen heraus entwickelte sich eine oft völlig unerwartete und häufig emotional sehr bewegende Lösung. Seit damals habe ich diese und noch andere Methoden verfeinert. Manche wurden auch hier am Institut in Berkeley entdeckt. Der Schwerpunkt lag aber stets auf einer möglichst starken Breitenentwicklung der Traumarbeit. Es ging nicht darum, auf einige wenige Methoden oder Ansätze beschränkt zu bleiben. Denn real ist das, was wirkt. Diesem Prinzip habe ich viele methodische Verfeinerungen und Gedankenanstöße zu verdanken, die von den Teilnehmern der Traumarbeit stammen.

Ich persönlich fand es wesentlich, dem Traum direkt zu begegnen und auf dieser Grundlage aufzubauen. Dabei entdeckte ich manches, was sich aus Büchern nicht lernen läßt. Von diesem Blickwinkel aus betrachtet, ist für mich C.G. Jungs wichtigster Beitrag zur Traumforschung die Entwicklung der Methode der aktiven Imagination. Er forderte nämlich seine Patienten manchmal auf, das Traumgeschehen sich dort ‹weiterentfalten› zu lassen, wo der Traum aufgehört hatte, und zu imaginieren, was wohl als nächstes hätte kommen können. Diese Methode ist sehr wirkungsvoll. Mir ist aber nicht bekannt, daß Jung jemals jemanden hat in den Traum wiedereintreten lassen, um das Traumgeschehen aktiv zu gestalten und zu bearbeiten. Bei der Technik des direkten Wiedererlebens des Traumzustandes geht es aber nicht darum, den Traum auszubeuten oder irgendwelchen egozentrischen Zwecken dienstbar zu machen, sondern darum, sich mit den Tiefen der Seele auseinanderzusetzen.

Das Zeitalter der Lösungsfindung

Heutzutage muß erkannt werden, daß Schlachten auch im Inneren geschlagen werden und daß Methoden und Bestrebungen, Lösungen herbeizuführen, ein integraler Bestandteil des zukünftigen Lebensweges sowohl des einzelnen Menschen als auch der Gesellschaft sein können – egal, um welche Konflikte es sich handeln mag.

Der ungelöste Traum

Eine Eigenart vieler Träume ist deren Konflikthaftigkeit und die Tatsache, daß sie ohne Lösung enden. So wird etwa im Traum ein Gespräch begonnen, aber nicht zu Ende geführt, ein Ziel nicht erreicht, ein Haus nicht betreten oder ein Angriff nicht abgewehrt und eine schwere Prüfung nicht bestanden. Oder ein Schatz wird gefunden, ein Kind geboren – aber niemand scheint zu wissen, was getan werden muß. So geht das immer weiter. Betrachten Sie einmal Ihre eigenen Träume und stellen Sie fest, ob Probleme auch nur aufgeworfen, aber nur selten auf konstruktive Weise gelöst werden.

Die Kunst der Lösung

Es stellt sich die Frage, ob jeder Tag so beendet wird, daß zumindest ein Teil dessen, was einem widerfahren ist, eine befriedigende Lösung findet. Wohl kaum! Denn meistens erwacht man am nächsten Morgen und hat den Kopf voll mit ungelösten Dingen des Vortages. Diese ‹hängengebliebenen› Probleme sind belastend, und sie verhindern, daß man sich mit ungeteilter Aufmerksamkeit dem neuen Tag zuwenden kann. – Und gibt es nicht viele menschliche Beziehungen, die voller ungelöster Fragen stecken? Was soll man z. B. tun, wenn der Traum von einem Partner handelt, mit dem man schon lange keinen Kontakt mehr hat? Versucht das Selbst etwa auf diese Weise, eine nur noch auf der inneren Ebene existierende Beziehung einer Lösung zuzuführen?

Warum nur haben die meisten Träume keine Lösung? Das ist ein Geheimnis, dem man sich annähern kann, um sich Klarheit zu verschaffen.

Von zentraler Bedeutung für die Traumarbeit ist die Bewältigung von Konflikten, Streitfällen und problematischen Situationen, die im Traumzustand aufgetreten sind. Mit Träumen allein ist eine Sache normalerweise noch nicht gelöst. Also muß eine Lösung gefunden werden. Und dies ist die Kunst des Heilens.

Gelegentlich gibt es einen Traum, der ganzheitlich und in sich geschlossen zu sein scheint und in dem alles ein befriedigendes Ende findet. Solche Träume sind wie Theaterstücke. Jeder Akt findet einen Abschluß – und zurück bleibt ein Gefühl der Vollständigkeit. Man weiß mit einiger Sicherheit, was zu tun ist. Derartige Träume weisen auch darauf hin, daß für andere, unerledigt gebliebene Träume eine Lösung gefunden werden kann. Bei der Lösungsfindung besteht allerdings immer die Gefahr, daß das Ich die Erfahrung vernünftig zu Ende bringen will. Dadurch werden aber gewisse Möglichkeiten fälschlicherweise ausgeschlossen. Es ist ferner zu bedenken, daß es eine Zeit des Wartens und eine des Vollendens gibt, eine Zeit des spannungsvollen Ungleichgewichts und eine des spannungslösenden Abschlusses. Man muß auch lernen, den Unterschied zu erkennen zwischen geduldigem Abwarten, bis die Frucht ausgereift ist, und totalem Widerstand gegen eine Entwicklung. – Sich öffnen und geschehen lassen! Aber wie kann man wissen, daß nun alles auf eine Karte gesetzt werden muß, um die Waage in Richtung Ganzheit ausschlagen zu lassen?

Die Praxis der Lösungsfindung im Zusammenhang mit der Traumarbeit ist gleichzeitig die Praxis der Lösungsfindung im Alltagsleben – und bei der Suche nach dem letzten Sinn. Hierbei lassen sich folgende Hauptstufen angeben:

Die Stufen der Lösungsfindung

Ein Traum mag bei genauerer Betrachtung bestimmte Probleme beinhalten, die der Lösung bedürfen. Oft spiegeln sich im Traum innere oder äußere Kräfte, die noch nicht bewältigt worden sind. Wer mit Sorgen und Ängsten einschläft, wird höchstwahrscheinlich einen Angsttraum haben, d.h. einen Alptraum, aus dem er voller Furcht erwacht. Die Stufen der Lösungsfindung für derartige Träume sehen folgendermaßen aus:

1. Das Ich wird sich des Konfliktes bewußt und richtet seine Aufmerksamkeit darauf, den Konflikt zu lösen.
2. Das Ich stellt fest, welche hauptsächlichsten Möglichkeiten sich im Traum selbst finden lassen.
3. Dann versucht das Ich, eine Lösung herbeizuführen, indem es die integrativen und transformativen Kräfte des zentralen Archetyps des Selbst wachruft.
4. In der Folge kommt es meistens zu einer Lösung. Es liegt nun am Ich, diese Erfahrung ins Bewußtsein einzubringen und Maßnahmen zu treffen, die heilmachenden Einsichten in der Alltagsrealität umzusetzen. Nach der Durchführung dieses letzten Schrittes erlebt das Ich eine Bestätigung. Vielleicht werden aber auch weitere Probleme aufgeworfen, die nun zu verarbeiten und zu lösen sind, denn dies gehört natürlicherweise zu einem schöpferischen Prozeß.

Im folgenden wird eine Reihe von Methoden kurz beschrieben, mit Hilfe derer die ungelösten Traumzustände zu einem befriedigenden Abschluß gebracht werden können. Anschließend geht es darum, einige dieser Methoden ausführlicher zu erläutern und mit ihnen zu arbeiten.

Die Hauptmethoden der Lösungsherbeiführung

Wiedererleben des Traumzustandes unter Anleitung

Die Methode des Wiedererlebens des Traumzustandes unter Anleitung besteht darin, sich wieder in das Traumgeschehen zu versenken und den Traum von neuem zu erleben – mit all den neu entstehenden Bildern und Gesprächen. Dies geschieht in der Regel mit dem Vorsatz, eine Lösung herbeizuführen. Die Traumereignisse werden gleichzeitig jemandem mitgeteilt, der sich ebenfalls in einem meditativen Zustand befindet, Fragen stellt und Handlungsvorschläge macht.

Wiedererleben des Traumzustandes in eigener Regie

Wenn der Traumzustand ohne äußere Anleitung in eigener Regie wiedererlebt wird, geht es ebenfalls darum, das Traumgeschehen zu revisualisieren und den Bildern und Dialogen freien Lauf zu lassen. Alles geschieht mit dem Vorsatz, eine Lösung herbeizuführen, und die Ergebnisse werden hinterher schriftlich festgehalten.

Den Traum ein zweites Mal aufschreiben

Dabei werden die wandlungs- und lösungsbedürftigen Traumelemente und die Verhaltensweisen des Traum-Ichs genau untersucht. Dann entscheidet man sich für eine konstruktive, sinnvolle Lösung. Schließlich wird das Traumgeschehen imaginativ umgeschrieben, wobei die gewünschten Veränderungen mit einbezogen werden.

Einen Traum weiterträumen

Um einen Traum weiterzuträumen, imaginiert und revisualisiert man zuerst das Ende des Traumgeschehens nach der Erinnerung. Anschließend läßt man den neuen Bildern, Gefühlen und Dialogen freien Lauf – und zwar bis zu dem Punkt, an dem man spürt, daß eine Lösung erreicht wurde. Diese Methode eignet sich vorzüglich für Träume, an die man sich nur teilweise erinnert, sowie für solche mit offen gebliebenen Fragen oder solche, die durch abruptes Aufwachen vorzeitig enden.

Die Methode der vier Quadranten

Die ersten drei der vier Quadranten einer Kreisfläche werden zur bildnerischen Darstellung des Traumablaufes genutzt. Der vierte Quadrant dient dann dazu, eine spontan auftretende Lösung des ‹Traum-Dramas› einzuzeichnen.

Einen Traum noch vor den Anfang zurückverfolgen

Diese Technik eignet sich für Träume, die abrupt anzufangen scheinen, und zur Beantwortung der Frage: «Wie konnte das geschehen?» oder: «Weshalb ist das Traum-Ich ausgerechnet in diese Situation geraten?» Dabei versucht man zu den Wurzeln der auftretenden Symbole vorzustoßen.

Die vertiefende Betrachtung eines Symbols

Bei der Methode der Symbol-Vertiefung befaßt man sich mit nur einem einzigen Symbol, während beim Wiedererleben des Traumzustandes zahlreiche Symbole berücksichtigt werden. Manchmal führt eine umfassend durchgeführte und erfolgreiche vertiefende Betrachtung eines einzigen Traumsymbols zum Ergebnis, daß sämtliche Nuancen und Triebkräfte des Traumes um dieses eine Symbol kreisen. Auch auf diese Weise kann eine problematische Sache zu einer Lösung kommen, weil im Kern eines jeden Symbols der Archetyp selbst zu sein scheint. Je tiefer man also vorstößt, desto deutlicher tritt auch seine Neigung zutage, die Gegensätze zu vereinen.

Wandel ist eher im inneren als im äußeren Leben möglich

Folgende Annahme ist von fundamentaler Bedeutung: Es ist meistens eher möglich, einen im Traum ausgedrückten Konflikt zu lösen, als denselben Konflikt zu bewältigen, wenn er sich im äußeren Alltagsleben darstellt. Im äußeren Leben ist es zwar oft leichter festzustellen, was einer Lösung bedarf, doch ist es schwieriger, die äußere Wirklichkeit zu verändern. Das Traumleben ist die natürliche Bühne, um sich mit der Dynamik des inneren und äußeren Lebens auseinanderzusetzen und festzustellen, wie sie uns beeinflußt. Die symbolische Welt der Träume ist allerdings von einer Flexibilität, die der äußeren Welt meistens fehlt. Darüber hinaus steckt in unserem Innern ein wesentlich größeres Lösungspotential. Gar manches Alltagsproblem, für das es nur wenige Möglichkeiten gibt, es zu lösen, tritt in der Traumwelt auf und kann da gelöst werden, entweder spontan oder durch aktives

Eingreifen. Dies ist ein Vorteil, denn man bleibt sonst – sei es innerlich oder äußerlich – an dem hängen, was nicht bewältigt werden kann. Außerdem ist das, was im Inneren geschieht, wichtiger als das, was in der Außenwelt stattfindet. Deshalb ist es durchaus möglich, ein Außenleben zu führen, um innere Realitäten heraufzubeschwören, die der Transformation, der Umwandlung bedürfen. Was außen geschieht, kann heute eine Realität und morgen bereits spurlos verschwunden sein. Übrig bleibt nur der Wesenskern, die ‹Seele des Geschehens› – und die ist für alle Zeiten Bestandteil des Ichs. Wo ist z. B. die Kindheit geblieben – dort draußen? Ist sie wirklich tot? Oder lebt sie im inneren als ewige Realität weiter?

Das direkte Wiedererleben des Traumzustandes und die Lösungsfindung:

Zusammenfassung und Anleitung für die Traumarbeit, um das, was der Lösung bedarf, herauszufinden

Bei dieser Methode geht es an erster Stelle nicht darum, aktiv einen problematischen Traumzustand einer Lösung zuzuführen, sondern darum, das Traumgeschehen zu erweitern und sich auf das zu konzentrieren, was unbewältigt geblieben ist. Allein dies wird schon mit großer Wahrscheinlichkeit zu einer Sinngebung führen und die Weichen für die weitere Entwicklung oder Lösung in späteren Träumen und bei der Traumarbeit stellen. Diese Methode soll eine Übung dafür sein, eine gewisse Spannung zu entwickeln, um anschließend abwarten und feststellen zu können, was geschieht.

- Schreiben Sie als erstes Ihren Traum auf und erstellen Sie dann eine Liste aller Konflikte, die sich darin erkennen lassen. Die Konfliktliste soll ausführlich und ergänzend zur Traumbeschreibung angefertigt werden.
- Nun wählen Sie ein oder zwei Hauptkonflikte aus und beschreiben sie erneut – auf möglichst viele verschiedene Weisen, auch verallgemeinernd, damit das Problem aus seinem spezifischen Traumkontext herausgelöst wird.
- Anschließend geht es darum, erneut den Bezug zwischen diesem Problem und dem Traum und zur Dynamik des inneren und äußeren Lebens herzustellen.
- Beschreiben Sie jetzt alle Lösungen, die sich aus dem Traumgeschehen heraus ergeben haben – und zwar wiederum auf verschiedene Weise und verallgemeinernd (vor allem die wesentlichen Problemlösungen).

- Nun stellt sich die Frage, wie sich diese Lösungsmöglichkeiten zu den bereits beschriebenen Konflikten in Beziehung setzen lassen. Gibt es eine Verbindung, oder gibt es keine?
- In welcher Beziehung stehen diese Probleme und Lösungen zum äußeren Leben und zur eigenen Person?
- Im Anschluß an diese Traumarbeit kann man eine Trauminkubation versuchen, die eines der Probleme, die der Lösung bedürfen, zum Inhalt hat.

Das selbständige Wiedererleben des Traumzustandes

Das selbständige Wiedererleben des Traumzustandes kann aus verschiedenen Gründen erfolgen:

- Es soll ein ganz bestimmter Aspekt des Traumes besonders hervorgehoben oder einer Lösung zugeführt werden.
- Man will den Traum als Ganzes nochmals erleben, um zu sehen, wie er sich entwickelt und ob er eine Fortsetzung findet. Oder man möchte einfach feststellen, welche Gefühle auftreten.
- Man beabsichtigt, die sich in der Traumsymbolik widerspiegelnden archetypischen Muster umzuwandeln. Durch das Wiedererleben sollen sich die Traumsymbole weiterentwickeln können, indem die Blockierung eines Archetyps gelöst wird, so daß die psychische Energie ungehinderter fließen und ein Problem bewältigt werden kann.

Die hier genannten Gründe gelten auch für die Methode des gelenkten, d.h. unter Anleitung durchgeführten Wiedererlebens des Traumzustandes. In beiden Fällen hat es sich gezeigt, daß das Wiedererleben vielen dazu verhilft, die eigenen Träume vollständiger zu erfahren und eine Lösung für ein Problem zu finden.

Ob das Wiedererleben, das ‹Wieder-in-einen-Traum-Hineingehen›, tatsächlich ein Eintreten in den ursprünglichen Traum ist, wird sich kaum mit Bestimmtheit sagen lassen. Es spielt allerdings auch keine Rolle. Es genügt zu wissen, daß dabei oft das Gefühl auftritt, man würde sich wieder mitten im Traumgeschehen befinden, wobei die Wahrnehmung der Außenwelt verlorengeht. Zudem kommt es auch zu intensiven emotionalen Erfahrungen. Einen Traum wiedererleben heißt, die Augen schließen, sich von der aufsteigenden Bilderflut freimachen, d.h. innerlich leer werden, um eine Traumszene nach der Erinnerung zu visualisieren. Man kann ohne weiteres versuchen, die Traumszenerie zu beeinflussen, und dann beobachten, was geschieht. Zur Technik des Wiedererlebens gehört aber auch das Loslassen und Geschehenlassen. Die praktische Arbeit mit der Methode des selbständig durchgeführten Wiedererlebens des Traumzustandes wird anhand der folgenden drei Träume und deren Bearbeitung dargestellt. Mit dem ersten Traum wird auf die hier besprochene Art und Weise gearbeitet. Im zweiten und dritten Traum wird das im ersten Traum begonnene Thema rekapituliert und mehr und mehr einer Lösung angenähert:

Traumtitel: Erlaubnis, auf der Straße weiterzugehen 1978

Ich ging mit meiner Mutter, die ich noch vor Einbruch der Nacht zu einem Gasthof bringen mußte, eine Straße entlang. Doch Straßenarbeiter wollten mich nicht durchlassen, obwohl die Straße frei war. Ich bat sie um Erlaubnis, und sie gestatteten mir das Weitergehen – unter der Voraussetzung, daß ich ihre Ausrüstung nicht anfasse.

Kommentar

Die Träumende war mit der Traumarbeit noch nicht vertraut. Bei der Besprechung des Traumes wurden weder die Erlebnisse des Vortages noch das Verhältnis der Frau zu ihrer Mutter und den Arbeitern beachtet. Statt dessen beschäftigen sich der Traumarbeitsleiter und die Träumende mit einem Hauptthema des Traumes. Dies läßt sich aus den folgenden Ausführungen ersehen:

Die spezielle Aufgabe für die Traumarbeit

Als erstes ging es um die spezielle Traumarbeitsaufgabe, erneut imaginativ in den Traum hineinzugehen und diesmal nicht um Erlaubnis zu bitten, passieren zu dürfen. Den Arbeitern ist zu sagen, daß man passieren müsse und es auch tun werde. Dann gilt es zu beobachten, was passiert.

Das Wiedererleben des Traumes

Die Träumende setzte die Aufgabe in die Tat um, und die Arbeiter hielten sie tatsächlich nicht mehr auf, sondern ließen sie vorbei, so daß sie mit ihrer Mutter zum Gasthof gehen konnte.

Auswertung

Nach dieser Erfahrung fühlte sich die Träumende gut. Sie hatte erlebt, daß andere Menschen sie nicht unbedingt ablehnten, wenn sie sich selbst behauptete. Sie hatte sich als Erwachsene verhalten und ihre Gleichwertigkeit und ihr ‹Wegerecht› durchgesetzt.

Die anderen beiden Träume kamen während der folgenden Wochen in der hier wiedergegebenen Reihenfolge. Die Träumende hatte auch im weiteren Verlauf der Traumarbeit besonders auf das Problem der Selbstbehauptung zu achten. Ihr Ziel war es, die Träume so zu bearbeiten, daß sich ihr Selbstwertgefühl steigerte. Die Träume bestätigten sie bei ihrem Vorhaben insofern, als sie auf einen Erfolg der Traumarbeitsaufgabe hinwiesen. Dem Unbewußten schien also diese Vorgehensart zu gefallen.

Traumtitel: Sich über Einwände hinwegsetzen 1978

Ich war in Paris und ging dieselbe Straße entlang, um an einen bestimmten Ort hinzugehen. Doch die Straße erwies sich als Sackgasse. Ich ließ mich aber davon nicht aufhalten, betrat das letzte Haus, stieg trotz der Einwände der Bewohner die Treppe hinauf und setzte meinen Weg fort.

Kommentar

Das Traumgeschehen stellte eine wesentliche Verhaltensänderung dar: Das Selbstvertrauen der Träumenden erwies sich im Traumzustand als selbstverständlich. Deshalb ist dies ein *Bestätigungstraum,* d.h. ein Traum, in dem die ‹Traum-Quelle› ihre Zufriedenheit darüber ausdrückt, was die Träumende mit ihren Träumen oder im Alltag tut. Ihr Verhalten wird durch die Ähnlichkeit des inneren Geschehens bestätigt.

Traumtitel: Die Mauer mit der offenen Tür 1978

Ich war in meinem Heimatort in Frankreich und fuhr mit dem Velo durch eine enge Straße, die von zwei Autos blockiert wurde. Ich fuhr zwischen ihnen durch – ohne zu stoppen oder zu fragen. Dann kam ich zu einer mächtigen Mauer aus Steinen. Es schien kein Durchkommen zu geben. Aber es gab doch noch eine Tür, die sich leicht öffnen ließ. Ich schlüpfte durch – mit meinem Hund an der Leine. Auf der anderen Seite erblickte ich die Hügelzüge einer wunderschönen Landschaft. Auf einem Höhenzug stand eine kleine Hütte, in der ein Priester lebte. Ich wurde seine Sekretärin und hatte viele Aufgaben zu übernehmen, war mir allerdings nicht sicher, ob ich sie bewältigen könne oder ob sie mich überfordern.

Kommentar

Dieser Traum zeigt einen dramatischen Durchbruch. Die Träumende läßt sich von ihrer Reise nicht abbringen. Sie setzt sich durch und kommt schließlich zu einer letzten Blockade, wo auch sie nicht mehr aus freiem Willen weiterkommt. Hier muß es eine Antwort von der anderen Seite, vom Mysterium, geben. Die Träumende hat jedoch bewiesen, daß sie weiterschreiten will. Deshalb kommt es jetzt zu einer heilenden Antwort. In der Mauer gibt es eine Tür, und dahinter liegt eine schöne Landschaft. Die Träumende geht zu Fuß weiter und begegnet einer spirituellen Gestalt. Sie hat eine verantwortungsvolle Aufgabe zu übernehmen und ist sich aber – wie bei früheren Gelegenheiten – nicht sicher, ob sie genügend Kraft besitzt, sich zu behaupten und ihre spirituelle Verantwortung zu übernehmen. Im Alltagsleben hatte sie zu dieser Zeit gerade die Leitung von Meditationsgruppen aufgegeben. Sie war der Meinung, nicht dafür geeignet zu sein. Die Teilnehmer waren allerdings nicht dieser Ansicht.

Die wichtigste Aufgabe für die Traumarbeit bestand nun darin, die Szene zu malen, um sie möglichst lebendig werden zu lassen. Außerdem galt es, schriftlich die Fragen zu beantworten, wie es mit der erforderlichen Kraft stand und was notwendig war, um die spirituellen Aufgaben zu übernehmen. Die Träumende hatte sich auch mit ihrer katholischen Vergangenheit und mit ihren Erfahrungen mit östlicher Meditation auseinanderzusetzen. Es stellte sich heraus, daß der Priester im Traum ihrem östlichen Guru glich. – Die Träumende entschloß sich zudem, am Erntedankfest, d.h. am letzten Donnerstag im November, kein besonderes Essen mehr zu kochen. Das hatte sie zwar in den vergangenen fünfundzwanzig Jahren getan, aber nun stellte sie nur das auf den Tisch, was gerade da war – und die Familie murrte nicht.

Wegen dieses Durchbruchtraumes und aufgrund weiterer Träume beschloß die Träumende schließlich, wieder die Leitung von Meditationsgruppen zu übernehmen. –

Es gibt zwei Grundsätze für die Traumarbeit:

- Wie im Traum, so im Leben.
- Wer das Leben ändern will, muß seine Träume ändern.

Diese beiden Grundsätze werden beispielhaft durch die Träume und die Traumarbeit dieser Frau veranschaulicht. In den Monaten, in denen ich mit dieser Frau zusammenarbeitete, machte sie weitere, tiefgreifende spirituelle Erfahrungen. Diese Arbeit zeigt, daß Traumarbeit Seelenarbeit ist. Weil jeder Mensch jede Nacht träumt und die Träume aus einer tiefen, lebensbestimmenden Quelle kommen, kann Traumarbeit zu der am tiefsten gründenden Leitkraft des Lebens werden.

Ein weiteres Beispiel für das selbständige Wiedererleben des Traumzustandes

Einleitung

Dieses Beispiel zeigt deutlich die Art der Erfahrung beim selbständigen Wiedererleben des Traumzustandes. Dabei kommt es zur Bewußtmachung bestimmter dynamischer Kräfte – und zwar nicht durch Analyse oder Interpretation des Traums, sondern mittels verschiedener Techniken der Weiterentwicklung des Unbewußten. Durch ein Gespräch und das Wiedererleben des Traumes wird eine eher emotionale als rationale Einsicht gewonnen.

Traum: Die Robben – 24. Januar 1979

In einem großen Wagen werden ein paar Robben befördert. Zwei kleinere Tiere sind eingefroren und sollen später aufgetaut werden, zwei größere wurden betäubt. Die beiden sind an Lichter angeschlossen, die an der Ladeluke des Wagens befestigt sind. Eine der Lampen ist erloschen, weshalb ich vermute, daß mindestens eine der Robben tot sein könnte. Ich bezweifle auch, daß die andere den Transport überleben wird. Ich öffne die Luke und blicke hinein. Eine Frau, die mich begleitet, schlägt vor, die Robbe – sollte sie wirklich tot sein – herauszuholen. Müßte ich sie nicht alle herausholen, um mir Klarheit zu verschaffen? Nein, dazu fühle ich mich nicht imstande – außerdem könnte die Situation durch mein Eingreifen gestört und auf diese Weise verschlimmert werden. Es ist wohl besser, die Sache auf sich beruhen zu lassen. Ich schließe die Luke.

Das Gespräch

Robben, wer seid Ihr?

Wir sind deine verwundeten Gefühle. Du hast uns eingefroren und betäubt.

Woher kommt ihr?

Wir sind aus der Gegenwart und möchten, daß du erkennst, daß du dich zwar um alle anderen kümmerst, uns aber derart vernachlässigst, daß wir krank werden.

Was soll ich tun?

Hol uns heraus und schau uns an. Trenne die Lebenden von den Toten.

Das selbständige Wiedererleben des Traumes

Ich öffne die hintere Tür des Krankenwagens und schaue nach den Robben. Die größte hole ich heraus – sie ist schwer und läßt sich kaum tragen – und lege sie in eine Mulde aus sauberem weißen Sand. Die Sonne wärmt. Die Robbe ist voller Kot – sie hat schon lange in ihrem eigenen Kot gelegen. Ich wasche sie mit Wasser aus einem nahegelegenen Bach und wickle sie in eine flauschige weiße Decke. Dann hole ich die andere. Sie ist in einem noch schlimmeren Zustand. Als ich sie von ihrer Pritsche hole, zittert sie. Sie ist sehr krank und verängstigt und beißt mich heftig in den Arm. Ich muß ihr eine Beruhigungsspritze geben. Sie erschlafft, und ich trage sie hinüber zum Sandlager, lege sie in den Bach und wasche sie – ihr Kot stinkt übel. Ich wickle das Tier in eine Decke und lege sie neben ihren Gefährten. Nun kehre ich zur Ambulanz zurück, um die Pritschen der Robben zu säubern. Ich beginne mit dem Platz der größeren Robbe und schrubbe ihn gründlich mit Seifenlauge. Ich halte inne, greife in ein kleines Fach über den Pritschen und hole eine Flasche heraus – es ist ein Heilwasser. Keine Zeit, es anzuwenden. Ich stelle die Flasche aufs Dach des Wagens. Dann schrubbe ich die Pritsche der kleineren Robbe und spritze beide Pritschen gründlich mit Hilfe eines Wasserschlauchs aus. Ich befeuchte die Wände der Pritschennischen mit Heilwasser – aber nein, das geht doch nicht, ich muß sie zuerst trockenreiben. Also nehme ich ein frisches weißes Handtuch und trockne die Nischen. Dann bestreiche ich die Wände mit dem Heilwasser. Damit alles durchlüftet werden und die Sonne ins Wageninnere hineinscheinen kann, lasse ich die Luke offenstehen. Ich gehe zurück zu den Robben und bestreiche auch sie mit dem Heilwasser. Die größere muß nur im Gesicht und an der Brust behandelt werden, die kleinere jedoch am ganzen Körper. Ich massiere sie, damit sie wieder wach und lebendig wird. Später bringe ich die Robben einzeln zurück zur Ambulanz und lege sie wieder auf die sauberen Pritschen. Für die größere schneide ich eine Fensteröffnung in die Tür, für die kleinere ein kleines, quadratisches Luftloch. Dann fahre ich sie zu mir nach Hause. Die große bleibt bei mir in der Küche, die kleine lege ich ins Bett und pflege sie, bis sie sich erholt hat. Nach einer Weile bin ich es leid, ständig aus Versehen auf Robben zu treten, deshalb bringe ich sie in den Hinterhof. Dort haben sie ein kleines Schwimmbecken für sich. Doch dieser Zustand ist immer noch nicht ideal, denn ich muß ihnen ständig Fische als Futter bringen. Sie müssen lernen, für sich selbst zu sorgen. Ich will sie aber nicht einfach im Stich lassen und sie für immer verlieren, also ziehe ich in ein Haus am Meer. Hier können sie sich selbst ernähren und mich gelegentlich besuchen. Diese Lösung gefällt mir sehr gut.

Das zweite Gespräch

Robben, wie möchtet ihr, daß ich mit meinen Gefühlen umgehe?

Beobachte sie, und wenn sie irgendwie verletzt werden, stehe für sie ein, beschütze sie. Gib anderen Menschen nicht stets etwas auf ihre (unsere) Kosten und laß es nicht zu, daß andere sie (uns) kränken.

Das selbständige Wiedererleben des Traumzustandes: Zusammenfassung und Anleitung für die Traumarbeit

- Nach dem Aufschreiben des Traumes sind die wichtigsten Probleme in Form von beschreibenden (deskriptiven) Fragen zu formulieren. Dabei soll die Bildhaftigkeit des Traumgeschehens möglichst umfassend beibehalten werden. Es sind vor allem jene Konflikte und Situationen zu beachten, die unverarbeitet zu sein scheinen, aber auch jene Handlungen und Gespräche, die im Traum zwar begonnen, aber nicht zu Ende geführt wurden, und bei der Verarbeitung hilfreich sein könnten.
- Nach der Bestimmung der wichtigsten Probleme und Situationen muß festgestellt werden, welche Probleme und Aspekte des Traumes am ehesten der Bearbeitung bedürfen – und für welche man überhaupt die dafür erforderliche Kraft aufbringen kann. Das Resultat dieser Überlegungen ist schriftlich festzuhalten, gewissermaßen als Absichtserklärung für das Wiedererleben des Traumes.
- Man treffe die entsprechenden Vorbereitungen, um während des Wiedererlebens allein und ungestört an einem Ort sein zu können, wo man nicht abgelenkt wird. Niemand darf das Alleinsein stören – weder Besucher noch Anrufer, noch sonst jemand. Für das Wiedererleben braucht man etwa eine Stunde.
- Nach der Durchführung dieser Vorbereitungen kann der Traum wieder-erlebt werden. Der Eintritt muß nicht unbedingt an der Stelle erfolgen, wo der Traum begonnen hat. Auch braucht das Traumgeschehen nicht als Ganzes erlebt zu werden. Es genügt, sich mit jenen Traumszenen zu beschäftigen, in denen eine ganz bestimmte Absicht realisiert werden soll.
- Um die Ergebnisse schriftlich festhalten zu können, ist das Traumarbeitsheft und Schreibzeug notwendig. Wer die Erlebnisse schon während des Wiedererlebens des Traumes protokollieren möchte, verwendet dazu am besten ein Tonbandgerät.
- Nun legt oder setzt man sich mit geschlossenen Augen hin und macht seinen Geist frei, indem die äußere Realität, der Alltag, aus dem Bewußtsein verbannt wird – beispielsweise auf die folgende Art und Weise. (Dabei gilt es allerdings zu beachten, daß man im Liegen eher einschläft und unbewußt wird als im Sitzen.)

  «Schließen Sie die Augen und lassen Sie einen Teil Ihres Inneren ganz leer werden. Es ist Ihre Mitte, die Sie leer machen, bis nichts

mehr in ihr enthalten ist. Lassen Sie alle Ablenkungen, alle Gedanken und Sorgen aus dem Alltagsleben vorbeiziehen, ohne ihnen Zugang zu Ihrer Mitte zu gewähren. Lassen Sie aber auch alle inneren Gefühle, Bilder und Ängste von sich abfallen, so daß Ihre Mitte frei bleibt. Atmen Sie regelmäßig und ohne Zwang. Reinigen Sie ihre Mitte durch das rhythmische Fließen der Energie des Atems.
Wenn Ihre Mitte leer geworden ist und Sie entspannt sind, dann lassen Sie eine bestimmte Szene ihres Traumes in diesem inneren Raum von neuem entstehen. Konzentrieren Sie sich auf die Einzelheiten und beschreiben Sie sie in Gedanken. Auch die Traumgestalten sollen nun in Erscheinung treten und das Szenenbild ergänzen, bis alles so ist, wie es sein soll. Jetzt können Sie die Traumhandlung erneut beginnen lassen. Erinnern Sie sich dabei stets an Ihr Vorhaben, das sie im Verlauf des Traumgeschehens verwirklichen möchten. Lassen Sie aber dennoch die Ereignisse sich entwickeln und halten Sie nicht stur an Ihren Absichten fest. Denn vielleicht werden sich Ihr Traum-Ich und die anderen Traumgestalten anders als erwartet verhalten, und das Geschehen entwickelt und entfaltet sich eher ohne Ihr Zutun. Lassen Sie es fließen und beobachten Sie, was geschieht – und der Traum erwacht zu einem neuen Leben.»

- Das Traumgeschehen soll sich so lange fortsetzen können, bis sich eine natürliche Lösung ergibt. Oder man kann den Prozeß abbrechen, weil das Gewünschte erreicht wurde oder einfach deswegen, weil man sich überfordert fühlt.
- Nach der Erfahrung wird alles im Traumarbeitstagebuch schriftlich festgehalten, damit es später be- und verarbeitet werden kann. Mehr braucht man nicht zu tun, da dem Unbewußten genügend Energie zugeführt wurde, um die inneren Muster, die den ursprünglichen Traum hervorgebracht haben, zu beeinflussen. Man kann jedoch mit der Traumarbeit auch fortfahren, indem eine oder mehrere der folgenden Aufgaben bearbeitet werden:
- Sich der Dynamik und der Ausgangsprobleme bewußt werden, mit denen man durch das Wiedererleben konfrontiert wurde – und zwar auf die gleiche Weise wie beim ursprünglichen Traum.
- Ganz klar die Gefühle erkennen, die durch das Wiedererleben des Traumes wachgerufen wurden: Handelt es sich um Sorge, Freude oder Furcht, um ein Gefühl der Sicherheit, der Erleichterung usw.?
- Feststellen, welche Aufgaben im Alltagsleben realisiert werden können, um die Einsichten und Neueinschätzungen, die sich aus dem Wiedererleben ergeben haben, zu aktualisieren.
- Herausfinden, welche persönlichen Wesenszüge und Einstellungen aufgrund dieser Traumarbeit verändert werden müssen.
- Sich fragen, wem die Ergebnisse dieser Traumarbeit zu verdanken sind. Dankbarkeit ist die Erwiderung einer Wohltat, die durch eine Erschütterung, die sich segensreich auswirkte, eingeleitet wurde.

Das Wiedererleben des Traumzustandes unter Anleitung

Das Wiedererleben eines Traumes unter Anleitung ist im allgemeinen dasselbe wie das selbständige Wiedererleben. Diese beiden Techniken unterscheiden sich im speziellen folgendermaßen: Wenn das Wiedererleben unter Anleitung geschieht, lenkt die leitende Person – mit dem dafür notwendigen Einfühlungsvermögen – die Erfahrung teilweise, um die Entwicklungen und Problemlösungen zu fördern. Dabei ist vor allem darauf zu achten, daß die Einflußnahme nicht zu stark ausfällt, weil sonst das persönliche Material der leitenden Person zu sehr ins Gewicht fällt. Dazu braucht man eine gewisse Rezeptivität und Offenheit. Es darf nicht darum gehen, einen bestimmten Standpunkt durchsetzen zu wollen. Vielmehr sollte die leitende Person danach trachten, daß die durch das nochmalige Erleben des Traumes aufgeworfenen Probleme gelöst werden können. Dieses Vorgehen gleicht dem Psychodrama, spielt sich aber auf einer eher introvertierten Ebene ab – es wird nicht ‹aus-agiert›. Da die Verhaltensweisen ohnehin innerlich sind, bedarf es meistens gar nicht der starken Energie eines Psychodramas, um einen Wandel herbeizuführen.

Das Herbeiführen einer Lösung ist ein weiterer wesentlicher Aspekt des Wiedererlebens des Traumes. Während Psychodrama und Visualisationstechniken in der Regel nur das Material – sei es nun ein Traum oder ein Trauma – erneut durchspielen wollen, liegt der Schwerpunkt beim Wiedererleben auf der Herbeiführung einer Lösung. Es soll ein heilendes Zentrum wachgerufen werden. Auf diese Weise entstehen neue Gefühle und Bilder, was als Lösung und Vervollständigung des ursprünglichen Materials erlebt wird. Deshalb muß die das Wiedererleben leitende Person sensibel und unterstützend sein. Niemals darf sie etwas erzwingen und beschleunigen wollen. Und dennoch darf sie sich nicht einfach darauf beschränken, zuzuhören und nachzudenken. Manchmal bedarf es nur ein klein wenig Aufmerksamkeit, um die Erfahrung zu einem Heilungs- und Sinnfindungsvorgang zu machen.

Die leitende Person ist auch auf das Unbewußte eingestimmt, wodurch möglicherweise eine seelische Verbindung zum wiedererlebenden Träumenden hergestellt wird, so daß die Vorschläge für das Vorgehen aus dem gemeinsamen kollektiven Unbewußten emporsteigen. Was immer hier auch wirklich vorgehen mag – sicher ist, daß sich sowohl die den Traum wiedererlebende als auch die leitende Person in einem Zustand der Bewußtheit und Handlungsweise befinden, der sich beinahe vollständig vom gewöhnlichen Alltag unterscheidet. In dieser gemeinsamen Innenwelt kann die leitende Person aufgrund ihres objektiveren Standpunktes intuitiv eine bestimmte Richtung für das Wiedererleben des Traumes vorschlagen. Zu Beginn der Sitzung wird der Person, die die Absicht hat, einen Traum wiederzuerleben, mitgeteilt, daß sie frei wählen kann, ob sie die Anleitungen befolgen will oder nicht, und daß sie nichts zu tun braucht, was ihr zuviel Furcht einflößt oder unangebracht zu sein scheint. Es kann nicht oft genug betont werden: Die den Traum wiedererlebende Person muß entscheidungfähig bleiben und sich dem Heilungsprozeß des Unbewußten hingeben können. Die leitende Person hat nur eine unterstützende Funktion. Sie hat nicht zu bestimmen, wie der Prozeß ablaufen soll. Ich persönlich sah mich nur äußerst selten dazu genötigt, auf entschiedene Weise einzugreifen, um jemandem über eine Hürde zu helfen. Die Bereitschaft, alles geschehen zu lassen, gibt einem die Freiheit, gelegentlich eine eigene Position zu vertreten. Aber auch dann kann man fehlgehen – vor allem, wenn man nicht sorgfältig genug auf das lauscht, was im anderen vorgeht.

Über die nachteiligen Auswirkungen, die bei der Anwendung dieser Methode auftreten können

Das Wiedererleben des Traumzustandes kann eine sehr eindrucksvolle Erfahrung sein, die nicht nur heilende, sondern auch schädliche Folgen haben kann. Nachteilig wirken sich z. B. folgende Situationen aus:

- Die den Traum wiedererlebende Person bleibt in einem Gefühlskonflikt stecken. Dies läßt sich dadurch beheben, daß man so lange weiterarbeitet, bis eine Heilung bzw. Lösung gefunden werden kann.
- Wenn beim Wiedererleben für oder gegen eine bestimmte Traumsituation Partei ergriffen wird. Dieses Verhalten engt ein Symbol eher ein, als daß es seine innewohnenden Möglichkeiten erschließen hilft. Es besteht allgemein die Tendenz, eine Seite des Gegensatzes, der im Symbol enthalten ist, überzubetonen und sich mit ihm zu identifizieren. Träumt man z. B. vom eigenen Tod, dann empfindet man dieses symbolische Ereignis als schrecklich und begreift den Tod als das Ende. Der eigene Tod läßt sich aber auch als Vorstufe zur Wiedergeburt verstehen. In diesem Fall sollte man sich fragen: Was beinhaltet die Sterbeerfahrung im Traum an Positivem und Negativem? – Man fixiert sich allzu schnell auf eine einzige Möglichkeit. Statt sich aber mit der einen Seite des einem Symbol innewohnenden Gegensatzes zu identifizieren, würde der erste kreative Schritt darin bestehen, sich bewußt für etwas zu entscheiden, aus dem sich neue Möglichkeiten ergeben. Eine bloße Parteinahme wirkt blockie-

rend, denn beim Wiedererleben eines Traumes gibt es stets mehrere Entscheidungsmöglichkeiten und damit die Chance, eine Lösung zu finden. Lösungsfindung heißt nicht Fixierung auf die eine Seite des Gegensatzpaares, sondern bedeutet die Verwirklichung einer Ganzheit, in der die Gegensätze vereint sind.

- Ein weiterer nachteiliger Effekt ergibt sich aus der Projektion unverarbeiteter Probleme auf die Situation der den Traum wiedererlebenden Person. Ein solches Abladen des eigenen psychischen Mülls durch die leitende Person führt zur Verwirrung und belastet die Psyche zusätzlich. Außerdem ist – von den Archetypen her gesehen – zu beachten, daß jemand, der seinen eigenen verwundeten oder erkrankten Persönlichkeitsteil auf den anderen Menschen projiziert, sich selbst mit dem Archetyp des Heilers identifiziert – und auf diese Weise seine eigene verwundete Seite ablehnt. Es gibt keine Heiler, es gibt nur eine heilende Kraft, die im eigenen Inneren wachgerufen werden kann. Wer sich selbst als Heiler ausgibt, identifiziert sich vermutlich mit dem Archetyp des verwundeten Heilers. Derartige Personen sind einer Inflation erlegen und in Gefahr, ihre Menschlichkeit zu verlieren, weil sie mit einem Archetyp identisch sind.

Es gibt auch noch andere Gefahren. Die zentrale Frage ist doch aber die, ob jemand durch die Anwendung psychologischer Techniken ernsthaften Schaden erleiden kann. – Was das Wiedererleben der Träume und andere Techniken der Arbeit mit dem Unbewußten angeht, so werden bei einer allzu überwältigenden, die Person überfordernden Entwicklung ziemlich sicher die inneren Abwehrkräfte und Widerstände in Erscheinung treten.

Die in diesem Buch geschilderten Techniken könnten durchaus mißbraucht werden. Ich selbst gehe aber davon aus, daß diese Informationen eher einen Gewinn darstellen, als daß Menschen dadurch zu Schaden kommen. Diejenigen, die an den hier geschilderten Vorgehensweisen Gefallen finden, können das Jung-Senoi Institut aufsuchen, um sich ausbilden zu lassen. Ein Buch kann nicht alles vermitteln. Das Institut unterstützt das hier Gesagte durch sein Ausbildungsprogramm.

Die Durchführung des Wiedererlebens unter Anleitung

Das Wiedererleben eines Traumzustandes unter Anleitung kann individuell oder in einer Traumgruppe erfolgen. Die individuelle Arbeit läßt sich mit einer eng befreundeten Person oder in einer Therapie- oder Ausbildungssitzung durchführen. Manchmal hat man die Wahl zwischen einer eher auf das Bewußtsein ausgerichteten Technik und einer stärker mit dem Unbewußten arbeitenden Verfahrensweise. Wenn ein Mensch dazu neigt, alles von der rationalen, vernunftbetonten Seite her anzugehen, ist die direkte, unmittelbare Arbeit mit dem Unbewußten angezeigt. Die Jung-Senoi Methode betont die mit dem Unbewußten direkt arbeitenden Techniken wesentlich stärker als die klassische jungianische und die meisten anderen Traumarbeitsmethoden. Es wird versucht, die Traumarbeit ausgewogen zu gestalten, indem sowohl bewußte als auch unbewußte Vorgänge mit einbezogen werden. Wenn das Wiedererleben im Rahmen einer Traumgruppe geschieht, werden die Teilnehmer gebeten, ihre Augen zu schließen und sich in einen meditativen Zustand wachsamer Bereitschaft zu versetzen. Jeder einzelne erlebt den Traum auf seine persönliche Art, indem er sich den aufsteigenden Bildern überläßt. Auf diese Weise wird der Traum eines einzelnen Teilnehmers zum Traum aller. Die leitende Person hat die Aufgabe, Fragen zu stellen und Vorschläge zu machen, z. B. folgendermaßen:

- Mit welchem Teil des Traumes möchten Sie anfangen?
- Beschreiben Sie uns die Szene in allen Einzelheiten.
- Was möchten Sie im Traumgeschehen ändern?
- Nun lassen Sie die Traumszene genau so wiederentstehen, wie sie geträumt wurde. Seien Sie offen. Das Neue soll sich ohne Zensurierung entwickeln können. Sie aben in bezug auf das Vorge en völlig freie Wa l.
- Weshalb haben Sie sich nun so und nicht anders entschieden? Was würde im gegenteiligen Fall geschehen? Gibt es noch andere Möglichkeiten?
- Was geschieht jetzt gerade? Bitte beschreiben Sie uns weiterhin, was passiert.
- Wenn Sie sich der Sache nicht gewachsen fühlen oder zuviel Angst haben, wäre es gut, eine hilfreiche Figur oder ein heilmachendes Symbol einzubringen. Haben Sie eine bestimmte Vorliebe? – Verfahren Sie auf diese Weise und achten Sie auf das, was geschieht.
- Warum lassen Sie den Traum nicht sich selbst vervollständigen? Was gedenken Sie wegen der Blockaden zu unternehmen?
- Haben Sie jetzt das Gefühl, daß die Dinge zu einer Lösung gefunden haben oder zur Ruhe gekommen sind? Wenn ja, wie möchten Sie sich gegenüber den Traumwesen erkenntlich zeigen (bevor die Szenerie verblaßt, ohne allerdings für immer zu verschwinden; sie wird als Hilfsquelle jederzeit zur Verfügung stehen)? – Ausgezeichnet, ja, tun Sie das und kommen Sie langsam in die Alltagsrealität zurück – öffnen Sie die Augen und orientieren Sie sich.

Nach einer derartigen Erfahrung, die zwischen zwanzig Minuten und zwei Stunden dauern kann, sind alle Teilnehmer meistens in einem stark introvertierten und numinosen Zustand. Jedes lineare Zeitgefühl ist verschwunden, und der Traum eines einzelnen ist durch das Zuhören zu einem gemeinsamen Traum geworden. Der Leiter der Gruppe stellt als nächstes die Frage, ob jemand über seine eigene Erfahrung mit dem Wiedererleben des Traumes berichten möchte. Beim Erzählen geht es aber nicht darum, den Bericht der den Traum wiedererlebenden Person zu analysieren oder zu interpretieren. Das unter Anleitung durchgeführte Wiedererleben eines Traumes innerhalb einer Gruppe eignet sich besonders als Demonstration dieser Methode. Die einzelnen Gruppenteilnehmer können anschließend auch ihre eigenen Träume meditativ und selbständig wiedererleben und danach über ihre Ergebnisse berichten.

Beispiel für das Wiedererleben eines Traumes unter Anleitung

Eine Frau erzählte folgenden Traum, den sie mehrfach geträumt hatte.

«Ich träumte, daß ich nach einer Fehlgeburt im Operationssaal lag, um eine Ausschabung durchführen zu lassen. Noch bevor das Betäubungsmittel zu wirken begann, fing der Arzt mit seiner Arbeit an. Ich hatte entsetzliche Angst und große Schmerzen und wachte auf.»

Kommentar

Die Träumende wurde, als sie siebzehn Jahre alt war und noch aufs College ging, schwanger. Sie wagte es nicht, ihren Eltern etwas zu sagen, denn ihr Vater war äußerst sittenstreng. Und mit den Mädchen im Studentenheim wollte sie auch nicht darüber reden, denn Sexualität war kein Gesprächsthema. Also ging sie zum Psychiater des Gesundheitsdienstes für Studenten, der eine illegale Abtreibung in New York City in die Wege leitete. Doch drei Tage danach, noch bevor sie ihren Termin hatte, kam es zu einer Fehlgeburt. Deshalb mußte die Gebärmutter ausgeschabt werden. Der behandelnde Arzt hatte äußerst strenge und chauvinistische Moralvorstellungen, machte abfällige Bemerkungen über ihre Sexualmoral und schien während der Operation absichtlich grob zu sein. – Heute ist die Träumende sexuell aktiv. Seit zwei Jahren sind bei ihr aber die monatlichen Regelblutungen ausgeblieben – und zwar seit einer Erkrankung aufgrund der Verwendung eines Intrauterinpessars. Ihr jetziger Arzt kann allerdings keinerlei Störungen oder Krankheiten bei ihr feststellen.

Sich wiederholende Träume sind äußerst wichtig, denn sie widerspiegeln grundlegende psychische Muster, die irgendwie ‹eingeschlossen› sind und deshalb unfähig, frei zu fließen und sich zu ändern. Im Falle dieser Träumenden kommen eine ganze Reihe von Sachverhalten zum Ausdruck: das ursprüngliche traumatische Operationserlebnis, das Verhältnis zur eigenen Weiblichkeit, zur Sexualität und zur Mutter – bis hin zu den tiefsten spirituellen Fragen. Diese Faktoren sind ‹miteinander verzahnt› und hindern die vitalen Instinkte daran, auf natürliche Weise zu funktionieren. Um hier eine Heilung herbeizuführen, wurde der Traum unter Anleitung wiedererlebt. Die Sitzung dauerte zwei Stunden – sie war anstrengend und wirkte befreiend.

Das Wiedererleben des Traumes unter Anleitung

Die Träumende und ich als die leitende Person entschieden uns, daß es das beste wäre, das Wiedererleben mit der traumatischen Erfahrung selbst beginnen zu lassen. Der sich ständig wiederholende Traum war ja nur ein Teil des gesamten Erlebnisses und brachte – wie das auch andere Träume zu tun scheinen – eine ganze Menge von energetisch hochwertigen psychischen Mustern zum Ausdruck. Deshalb können Träume nicht nur mit Hilfe der aktiven Imagination weiterentwickelt, sondern auch durch Symbol-Regression auf den ihnen zugrundeliegenden Inhalt zurückgeführt werden. Dies alles geschieht in der Absicht, das Gesamtmuster ersichtlich werden zu lassen und dessen Wandlung herbeizuführen.

1. Entwicklungsstufe:

Die Träumende erlebte noch einmal, daß sie schwanger geworden war und ihren früheren Geliebten anrief, um ihn dazu zu bewegen, zu kommen und ihr beizustehen. Dann machte sie erneut die Erfahrung, daß er sich weigerte. Danach durchlebte sie das panikartige Umherirren in den Straßen, das Gefühl des totalen Verlassenseins, den Versuch, völlig fremde Menschen um Hilfe anzugehen und schließlich die Entscheidung, eine Abtreibung durchzuführen.

2. Entwicklungsstufe:

Als nächstes verspürte die Träumende – wie in der ursprünglichen Erfahrung – Magenschmerzen und Übelkeit. Und wieder legte sie sich im Schlafsaal ins Bett und fühlte ihren Körper immer heißer werden. Sie wußte weder ein noch aus und realisierte schließlich voller Panik, daß sie in einer Blutlache lag.

Bei einem Wiedererleben unter Anleitung besteht natürlich die Möglichkeit, Entscheidungen zu treffen, die es in der ursprünglichen

Erfahrung nicht gab. Ich machte der Träumenden den Vorschlag, eine Freundin ins Zimmer kommen zu lassen, die ihr beistehen sollte. Sie entschied sich für eine ihr bekannte Therapeutin, die sich an ihr Bett setzen sollte. Dann brach sie in Tränen aus. Das war der entscheidende Augenblick, der Wendepunkt. Eine Heilung wurde möglich. Denn diese Tränen waren Ausdruck einer tiefempfundenen Befreiung und des Gefühls, endlich einen Halt gefunden zu haben und umsorgt zu werden. Ich selbst weinte auch, denn ich war gefühlsmäßig sehr engagiert und spürte, wie mir inmitten großen persönlichen Leids Hilfe zuteil geworden war.

Auf diese Weise brach die innere Blockade auf, denn es öffnete sich ein Weg zur Heilung. Die das Geschehen wiedererlebende Frau erzählte nun ihrer hilfreichen Freundin, daß sie sich sehr einsam fühle und nicht wolle, daß das Baby sterben müsse. Später, als mir der richtige Zeitpunkt dafür gekommen schien, machte ich den Vorschlag, sie solle mit dem Geist des Babys, das nicht leben durfte, sprechen.

Dieses Gespräch war wiederum sehr aufwühlend und befreiend. Die Frau brachte ihre Reue zum Ausdruck, das Kind gezeugt zu haben. Es tat ihr leid, daß das Kind sterben mußte, und das sagte sie ihm auch. Das Schuldgefühl, destruktiv gehandelt zu haben, wich, als sie erkannte, was sie getan hatte. Sie wünschte dem Geist des Kindes alles Gute, wo immer er sich gerade aufhalten mochte. Dieses Stadium entsprach offensichtlich einem Dialog, bei dem die echten Gefühle den Dingen gegenüber hervorbrachen. Die wiedererlebende Frau betrachtete die hilfreiche Freundin, die Therapeutin, als ‹den Geist der Heilung›, das totgeborene Kind als ‹den Geist des Leidens›. Das Kind war für sie das neue Leben, das sterben mußte, noch bevor seine Zeit gekommen war. Auf diese Weise wurden die damit verbundenen Energien freigesetzt, akzeptiert und verwandelt.

3. Entwicklungsstufe:

Aber noch immer mußte sich die Frau mit dem traumatischsten Punkt der ursprünglichen Erfahrung auseinandersetzen, mit dem Punkt, der in ihrem Traum wiedergespiegelt wurde. Ich fragte sie, ob sie jetzt bereit sei, wieder in den Operationssaal zu gehen und das Trauma erneut zu erleben. Die Frau antwortete, daß sie sich zwar fürchte, aber dennoch bereit sei. Also ließ ich sie die Szene schildern und fragte, ob sie jemanden dabei haben wolle, der ihr beisteht. Sie lehnte ab, denn sie wollte die Erfahrung allein durchleben. Ich wollte von ihr wissen, was sie anders zu machen gedenke, ob sie z.B. selbstbewußter sein wolle. Damit war sie einverstanden. Und dann begann der Abstieg in die Erfahrung. Die den Traum wiedererlebende Frau spürte wieder all die Panik, die Kälte, den Schmerz, die sarkastische Art des Arztes, doch dieses Mal war sie selbstbewußt und brachte ihn dazu, langsamer vorzugehen. Sie hatte nicht wie sonst das Gefühl, gegen ihn ankämpfen zu müssen. Als sie mir die Prozedur schilderte, die sie da erneut durchlebte, mußte ich wieder weinen.

In diesem Fall schien es nicht angebracht, die ursprüngliche Erfahrung abzuschwächen oder zu verändern. Das Erlebnis mußte genau so wiedererlebt werden, wie es stattgefunden hatte – damit das Trauma voll und ganz akzeptiert werden konnte und keine defensiven Verdrängungsmechanismen mehr zum Zuge kamen.

4. Entwicklungsstufe:

Nun war es Zeit für eine *Lösung*. Die Lösungsfindung, d. h. die Bewältigung eines Problems, ist eine der zentralen Funktionen des Heilungsvorganges und der gesamten Traumarbeit. Im Operationssaal hatte sich die Träumende völlig desorientiert gefühlt, da man ihr Beruhigungs- und Betäubungsmittel verabreicht hatte. Mit anderen Worten: Ihr Bewußtsein war beeinträchtigt, so daß sie die Erfahrung nicht fortlaufend integrieren konnte. Es sind aber die nicht-integrierten Erlebnisse, die einen daran hindern, andere, konstruktive Erfahrungen zu machen.

Im letzten Abschnitt des Wiedererlebens geschah nun folgendes: Die Frau kehrte in ihr Zimmer zurück und entfernte die Metallbruchstücke, die sie in ihrer Gebärmutter fühlte. Dann bestrich sie die Schnittwunden mit Heilsalben und brachte auf diese Weise die Angelegenheit zum Abschluß. Das Wiedererleben unter Anleitung hatte sie in die Lage versetzt, eine sie stark beeinflussende traumatische Erfahrung erneut zu durchleben. Diesmal geschah es jedoch ganz bewußt und mit der für eine Verarbeitung und Integration erforderlichen Unterstützung.

Nach dieser Sitzung, noch am gleichen Abend, rief der Mann an, der sie damals geschwängert hatte. Er hatte seit sechs Monaten nichts mehr von sich hören lassen. Nun mußte sich die Träumende in der folgenden Woche mit diesem Mann auseinandersetzen und sich selbst behaupten. Dies tat sie auf eine völlig neue, entscheidende Weise. Derartige abrupt auftretende, in das Geschehen ‹hineinplatzende› synchronistische Ereignisse treten oft im Zusammenhang mit wesentlichen Traumarbeitserfahrungen auf. Es ist, als würde eine dritte, eine vermittelnde Realität durch diese Arbeit wachgerufen. Bei einer *Synchronizität* kommt es zu einem sinnvollen Zusammentreffen innerer und äußerer Ereignisse. Solche Koinzidenzen gehören zu den wenigen, unmittelbaren Gewißheiten der Existenz eines ‹göttlichen Quellgrundes›. Im Falle dieser Frau war die Herausforderung, sich mit diesem Mann auseinanderzusetzen, genau das, was sie benötigte, um die Erfahrung mit der konkreten Realität zu verbinden. Außerdem erhielt sie auf diese Weise die Bestätigung, daß sie auf der im wesentlichen spirituellen Ebene gute Arbeit geleistet hatte.

Die grundlegenden Postulate des direkten Wiedererlebens eines Traumes

1. *Eine der wichtigsten Funktionen der Träume besteht darin, innerhalb der Psyche eine Lösung bzw. Verarbeitung aller Lebenserfahrungen herbeizuführen.* Verinnerlichte, aber nicht verarbeitete Erfahrungen blokkieren den Lebensstrom der Psyche – zumindest in jenen Bereichen, die vom ursprünglichen Trauma betroffen wurden. Wenn diese Annahme stimmt, dann folgt daraus, daß die Methoden der Traumarbeit darauf ausgerichtet sein sollten, eine Verarbeitung der wachgerufenen archetypischen und psychischen Energien zu ermöglichen. Dieses Prinzip gilt auch für das meditative Vorgehen, bei dem versucht wird, am Ende des Tages die meisten – oder sogar alle – während des Tages wachgerufenen Energien zu verarbeiten. Wenn man dies unterläßt, werden durch die hängigen Probleme Ängste erzeugt, die auch in den nächstfolgenden Tag hineingetragen werden und einen daran hindern, sich voll und ganz mit dem Alltagsgeschehen auseinanderzusetzen. Deshalb ist die Traumarbeit vor allem da von Bedeutung, wo es darum geht, eine Problemlösung zu finden, damit der Mensch an der momentanen Realität ohne Abstriche teilnehmen kann.
2. *Alle Menschen sind fähig, sich in einen Traumzustand bzw. in die innere Realität zu versetzen – und zwar ausgehend vom Wachzustand bzw. von der äußeren Realität.* Außerdem gilt, daß dank der Entwicklung dieser Fähigkeit die inneren Erfahrungen verarbeitet werden können – mit einem Maximum an Einsicht, ganz vorsätzlich und völlig bewußt. Tatsächlich ist diese Methode ziemlich sicher effektiver als die direkte Beeinflussung des Traumgeschehens noch während seines Ablaufes in einem sogenannten luziden Traum. Das liegt daran, daß beim Wiedererleben eher die Möglichkeit besteht, absichtlich zu handeln und sich bewußt zu entscheiden. Zudem kann das Geschehen beim Wiedererleben anderen mitgeteilt und besser bewußt kontrolliert werden.
3. *Eines der wichtigsten Ziele der Traumarbeit ist es, eine Brücke zwischen der inneren und äußeren Realität zu schlagen, indem eine ‹dritte Realität›, die beiden zugrundeliegt, wachgerufen und dazu gebracht wird, sich zu manifestieren.* Durch das direkte Eingreifen in das Traumgeschehen, bei dem inneres und äußeres Material zusammentreffen, kann dies geschehen.

4. *Die innere Welt, wie sie sich in Träumen und anderen unmittelbaren, intuitiven Erfahrungen widerspiegelt, ist ursprünglicher als die äußere Realität.* Die *Möglichkeiten* für eine Wandlung, Sinnfindung und für das seelische Wachstum liegen in der Innenwelt. Die Außenwelt ist *die* Bühne, auf der sich das Potential der Psyche *manifestiert* und konkretisiert. Aber weder die eine noch die andere Welt ist zu bevorzugen. Die beiden haben bloß unterschiedliche Funktionen. Die ‹dritte› Realität könnte vielleicht als ‹Realität der potentiellen Möglichkeiten› bezeichnet werden. Dann wäre die innere Realität die Arena, in der sich die inneren Potentiale manifestieren. Doch bleiben auch diese Begriffsbestimmungen fließend.
5. *Die Methoden der Aktualisierung führen uns zu einer direkten, ursprünglichen Erfahrung der Träume und des Lebens, während die interpretativen Methoden von der unmittelbaren Traum- oder Lebenserfahrung entfremden.* Paradoxerweise brauchen wir sowohl eine *Distanzierung* als auch die *direkte Beteiligung,* damit der Prozeß sich als gesamtes entwickeln kann. Ich habe absichtlich die Aktualisierung überbetont, weil ich damit ein Gegengewicht zu den in unserer Kultur vorherrschenden Interpretationsverfahren setzen wollte.

Die hier geschilderte Methode des Wiedererlebens eines Traumes könnte sich als entscheidender Durchbruch bei der Arbeit mit Träumen und dem Heilungsprozeß im Unbewußten erweisen. Es gibt kaum etwas Wirkungsvolleres und Beeindruckenderes als die direkte Beeinflussung und Transformation wichtiger psychischer Muster durch das Wiedererleben eines Traumes.

Das Wiedererleben von Träumen unter Anleitung: Zusammenfassung und Anleitung für die Traumarbeit

Wenn die Methode ‹Wiedererleben des Traumes unter Anleitung› angewendet wird, ist darauf zu achten, daß sowohl die wiedererlebende als auch die leitende Person aufgrund eigener Erfahrung mit den grundsätzlichen Vorgehensweisen vertraut sind, die im Kapitel ‹Das selbständige Wiedererleben des Traumzustandes› dargestellt wurden.

Ein Wiedererleben des Traumes ist in folgenden Fällen angebracht:

- bei Schwierigkeiten im Umgang mit der aktiven Imagination;
- wenn gewisse Trauminhalte beängstigend wirken und das Wiedererleben aus diesem Grunde der Unterstützung bedarf;
- wenn in bezug auf ganz bestimmte Trauminhalte und die Notwen-

digkeit der Verarbeitung gefühlsmäßig eine Blockierung besteht, welche die Person, die den Traum wiedererleben will, unter einfühlsamer Anleitung überwinden möchte;

- wenn die wiedererlebende Person gegebenenfalls der Hilfe bedarf, um sich dem Fluß der Ereignisse besser überlassen zu können;
- wenn die Gewähr besteht, daß die wiedererlebende Person von der Darstellung eines anderen Standpunktes profitieren kann.

Die leitende Person sollte sich aktiv mit den eigenen Träumen auseinandergesetzt haben und sich um eine unterstützende Beziehung zur wiedererlebenden Person bemühen. Für die leitende Person ist zudem folgendes zu beachten:

- Sich mit der den Traum wiedererlebenden Person auf die Probleme und Absichten einigen, die angegangen und verwirklicht werden sollen. Nicht den eigenen Standpunkt durchsetzen wollen, denn es geht nicht um einen Traum, den man selbst geträumt hat. Die Rolle der leitenden Person besteht darin, dabei behilflich zu sein, den Strom des Unbewußten fließen und sich verwandeln zu lassen.
- Sich nochmals die Fragen und Vorschläge vergegenwärtigen – und sie zum gegebenen Zeitpunkt vorbringen –, die im vorangegangenen Kapitel im Zusammenhang mit dem angeleiteten Wiedererleben eines Traumes im Rahmen einer Traumgruppe besprochen worden sind. Sich als leitende Person in den gleichen meditativen Zustand versetzen wie die wiedererlebende Person.
- Gegenüber dem eigenen Unbewußten offen bleiben. Während des Wiedererlebens nach innen horchen, um die passenden Vorschläge für die wiedererlebende Person in Erfahrung bringen zu können. Nicht zu viele Anregungen geben und selbst das Geschehen miterleben. Sich der Tatsache bewußt sein, daß man gewisse Dinge im eigenen Unbewußten anders anpacken würde.
- Bei der Unterbreitung von Vorschlägen auf die Gegensätze achten. Wenn die wiedererlebende Person blockiert zu sein scheint, kann ein gegensätzliches oder ein ganz neues Element vorgebracht werden. Die Entscheidung darüber, ob ein Vorschlag akzeptiert wird oder nicht, ist Sache der wiedererlebenden Person.
- Normalerweise wird es im Verlauf des Wiedererlebens zu einer Lösung kommen, oder der Prozeß findet deshalb ein Ende, weil die verfügbare Energie ziemlich aufgebraucht ist. Sollte dies nicht der Fall sein, kann z.B. folgendes vorgeschlagen werden: «Scheint es Ihnen nicht auch so, daß die Dinge zu einem vorläufig befriedigenden Abschluß gekommen sind?» oder: «Welche Lösung ließe sich in der momentanen Situation erreichen?»
- Wenn das Wiedererleben beendet ist, geht man langsam und ruhig aus dem meditativen Zustand heraus. Nun kann man unter

Umständen über das sprechen, was man selbst und was die wiedererlebende Person erfahren hat. Auch hier geht es nicht darum, zu interpretieren, sondern höchstens darum, ein paar einfache Fragen zu stellen, um die Sache zu verdeutlichen.

- Als letztes gilt es herauszufinden, was beim Wiedererleben an grundsätzlichem geschehen ist und wie dies in eine spezielle Traumaufgabe umgesetzt werden kann.

Die Weiterentwicklung eines Traumes

Was ist ein Traum? – Diese Frage steht auch hier im Mittelpunkt und ist gleichzeitig schon eine Entdeckung. Ist nun ein erinnerter Traum bloß ein Ausschnitt aus einem kontinuierlich fließenden Bilderstrom des Unbewußten? Jung sagte einmal, es könnte sehr wohl sein, daß der Mensch vierundzwanzig Stunden am Tag träumt und es bloß deshalb nicht erkennt, weil er sich mit seinem Bewußtsein so stark auf das Außen konzentriert. – Oder ist das Unbewußte nur ständig damit beschäftigt, Dinge und Ereignisse zu verarbeiten, die innerhalb der menschlichen Person oder im Alltagsleben geschehen? Ist die Arbeitsweise des Unbewußten, vielleicht sogar die des zentralen Selbst, eher eine ordnende und auswertende als die des Bewußtseinsbereiches, in dem das Ich sein Domizil hat? Es wäre höchst erstaunlich, wenn der Mensch ein solches Zentrum besäße, das unterhalb der bewußten Ebene arbeitet. Es gibt allerdings gewisse Träume, in denen Hinweise auf eine in der Psyche tätige Entität zu finden sind, die wesentlich kenntnisreicher und weiser als das bewußte Selbst ist.

Die Erforschung des Traum-Schlaf-Zustandes hat ergeben, daß der Mensch jede Nacht drei bis fünf Perioden intensiven Träumens durchlebt, welche als REM-Phasen bezeichnet werden (REM = Rapid Eye Movement [schnelle Augenbewegung]). In diesen Phasen ist die physiologische Aktivität des Menschen größer als sonst im Verlauf eines Vierundzwanzigstunden-Tages. Es kommt zu Erektionen und zur Absonderung von vaginaler Gleitsubstanz. Manchmal werden auch Träume erinnert, die nicht während der REM-Phase entstehen. Man kann also sagen, daß im Unbewußten die ganze Zeit etwas geschieht und daß es längere Perioden mystisch-integrativer Erfahrungen gibt, in denen der Organismus Phasen gesteigerter und erregter Aktivität durchlebt. Aber was ist mit denen, die sich dieser Tätigkeiten nicht bewußt werden? Sie verpassen lebensnotwendige Phasen des Tages – und das kann in der Tat ein großer Verlust sein.

Es wäre wichtig – am Rande einer wesentlichen Bewußtseinsrevolution und im Bewußtsein der menschlichen Totalität – zu begreifen, daß jene Perioden des Tages und der Nacht nicht länger vernachlässigt werden dürfen, in denen der Mensch körperlich, seelisch und geistig am intensivsten tätig ist.

Die Methode, das Traumgeschehen weiterzuentwickeln, wurde von C.G. Jung entdeckt. In seinen Büchern finden sich mehrere Beispiele von Analysanden, die ihre Symbole, Visionen und Träume weitergeführt haben. – Ich selbst nenne dieses Vorgehen auch ‹Symbolentwicklung›, weil ich meine, daß den Symbolen ein Entwicklungspotential innewohnt, das zum Vorschein gebracht werden kann. Eine ‹Symbolentwicklung› bezieht sich nur auf ein einzelnes Traumsymbol, während es beim ‹Wiedererleben eines Traumes› um die bildhafte Entwicklung vieler Symbole im Traum geht.

Wenn es tatsächlich so ist, daß der Mensch vierundzwanzig Stunden am Tag träumt, dann bedeutet die Weiterführung eines Traumes nichts anderes, als daß es dem Menschen möglich ist, wieder ins Unbewußte hineinzugehen, um zum nächsten Traumsegment vorzustoßen. Das Unbewußte manifestiert sich nicht nur linear, etwa im Archetyp der Reise, sondern auch in Form ‹funkensprühender› Entitäten, Archetypen und Komplexen. Dies entspricht einer ‹Symbolentfaltung und -entwicklung›, durch die das den Archetypen innewohnende Potential zum Ausdruck gebracht und auf diese Weise bewußt gemacht wird.

Die Frage, ob ein imaginativ wiedererlebter Traum sich auf die gleiche Art fortsetzt, wie sich der ursprüngliche Traum weiterentwickelt hätte, läßt sich nicht beantworten. Beim Wiedererleben eines Traumes kommt es oft zu einer stärkeren Beteiligung des Ichs am Geschehen, und es wird berichtet, daß der Traum authentischer erlebt wird. Es kann natürlich auch sein, daß sich der Imaginationsprozeß vom Traumprozeß erheblich unterscheidet.

Die Frage nach der Nützlichkeit der Weiterentwicklung eines Traumes

Eine Weiterentwicklung und Weiterführung eines Traumes ist in den Fällen angebracht, in denen man aufwacht oder geweckt wird und dann das Gefühl hat, der Traum sei zu keinem Abschluß gekommen. Nun kann man entweder wieder einschlafen und versuchen, den Traum weiterzuträumen, oder man versetzt sich meditativ in das Traumgeschehen, um es weiterzuführen. Der Traum läßt sich auch mit Hilfe einer Symbolregression zurückverfolgen, vor allem wenn er ganz abrupt begonnen hat. Dadurch können interessante Aspekte sichtbar werden, zumal Ereignisse aus dem Strom des Unbewußten aufgefangen werden, die sonst nicht beachtet würden. Außerdem wird auf diese Weise der Kern eines Symbols deutlicher herausgeschält.

Der besondere Nutzen der Symbolregression und der Symbolentwicklung ergibt sich aus der Tatsache, daß diese Form der Traumarbeit ein spezielles Traumerlebnis in einen umfassenderen Rahmen einbettet. Ein Symbol kann zusätzliche Aspekte offenbaren, es werden mehr Bedeutungsmöglichkeiten erschlossen, und die imaginativ-kreativen Funktionen der Psyche werden gesteigert. Es stellt sich aber die Frage, ob die Lösungsfindung mit Hilfe der Methode des direkten Wiedererlebens des Traumes bessere Resultate erwarten läßt als die Rück- oder Weiterführung des Traumgeschehens. Bis heute hat es sich gezeigt, daß dem Wiedererleben der Vorzug zu geben ist, weil das Festhalten an der Dynamik eines Traumes eine Verzettelung verhindert.

Weiterentwicklung eines Traumes: Zusammenfassung und Anleitung für die Traumarbeit

- Die Methode der Weiterentwicklung eines Traumes läßt sich mit der des direkten Wiedererlebens oder des Wiedererlebens unter Anleitung kombinieren.
- Das Wiedererleben eines Traumes kann je nach Bedarf sowohl vorwärts, über das Ende des Traumgeschehens hinaus, oder rückwärts, noch vor den Anfang des Traumes, ausgeweitet werden.
- Nach dem Aufschreiben des Traumes versetzt man sich wieder an den Anfang des Geschehens und läßt die Bilder rückwärts fließen. Was geschah vor den Ereignissen, an die man sich noch erinnert? Wo war da diese oder jene Traumgestalt? Welche Ereignisse gingen dem Traumanfang voraus, welche fanden noch vorher statt?
- Die Weiterführung des Traumes geschieht im Anschluß an das Wiedererleben des Traumgeschehens, an das man sich noch erinnert. Was bahnt sich am Ende an? Welche Bilder, Gefühle, Gespräche usw. entstehen? Das Geschehen ist so lange zu beobachten, bis man einen Punkt erreicht hat, wo eine Lösung möglich scheint.
- Anschließend ist die Erfahrung als Ganzes schriftlich festzuhalten und eine Auswertung durchzuführen. Wie hängen die neuen Teile mit dem erinnerten Traum zusammen? Welche Thematik ist ihnen allen gemeinsam? Welche Entwicklungen werden sichtbar? Welche Bedeutung hat die Erfahrung insgesamt?
- Welche Konsequenzen ergeben sich aus den Einsichten?

Die Arbeit mit Alpträumen

Als *Alptraum* ist jeder Traum zu bezeichnen, aus dem man aus Furcht aufwacht. Bevor etwas Schreckliches – z. B. der eigene Tod – geschehen kann, weckt man sich selbst auf. Wohl deshalb träumen so wenige Menschen, sie würden sterben. In diesem Zusammenhang ist es wichtig, sich darüber klar zu werden, daß das *Traum-Ich*, das Bild des Ego im Traum, sich vom *wachen Ich* unterscheiden kann, das im Alltag Entscheidungen trifft und sich an das Traumgeschehen erinnert. Das Wach-Ich könnte aber auch das Traum-Ich im Traum belassen, obwohl man im Traum gerade erschossen wird oder in einen Abgrund stürzt. Es ist offensichtlich, daß ein Weg gefunden werden muß, um mit der eigenen Angst fertig zu werden. Ohne direkte Auseinandersetzung wird dies nicht möglich sein. Man sollte also versuchen, Alpträume zu Ende zu träumen und das Grauenhafte geschehen zu lassen – denn die Wirklichkeit des Traumes gehorcht anderen Gesetzen als die Realität des Alltags.

Eine Traumsituation – egal, was immer auch geschehen mag – zu bestehen heißt, Fähigkeiten zu entwickeln, besser mit furchterregenden Erfahrungen zurechtzukommen. Wer lernt, in einem schrecklichen Traum zu bleiben, gelangt oft auf höchst beeindruckende und überraschende Weise zu irgendeiner Lösung. Als ich es einmal in einem Traum zuließ, erschossen zu werden – ohne der Angst nachzugeben –, wurde ich von den Kugeln getroffen und sah plötzlich ein blendend weißes Licht. Es war schön, es war überwältigend, und ich hatte mich mit der Angst auf einer neuen Ebene auseinandergesetzt.

Man kann sich in einem Alptraum auch direkt dem Gegner stellen, wenn man im Traumgeschehen verbleibt, und ihn abwehren, gegen ihn kämpfen oder versuchen, freundlich mit der Gestalt, die einen zu vernichten droht, umzugehen. So hat sich beispielsweise eine Träumende in völliger Verzweiflung umgedreht und die sie verfolgende furchterregende, hexenähnliche Gestalt um Hilfe angefleht. Sofort verwandelte sich das Wesen und wurde freundlich. – Wenn man vor den Gegnern davonläuft, erhalten sie zu ihrer eigenen Kraft noch die des Ichs – und dadurch verdoppelt sich ihre Stärke. Durch eine Konfrontation wird dagegen ein Kräftegleichgewicht erzeugt. Dabei kommt es manchmal sogar dazu, daß das Ich die Stärke des Gegners zusätzlich zur eigenen gewinnt.

Die Methode des Geschehenlassens dessen, wovor man sich am meisten fürchtet, kann ebenso gelernt werden wie die der direkten Auseinandersetzung mit dem Schrecklichsten – sogar während des Traumgeschehens. Es bedarf dazu in der Regel des festen Vorsatzes, solche Träume zu verändern, indem man sich zum Beispiel vor dem Einschlafen wiederholt sagt: «Ich werde nicht im Bett erwachen, sondern mich allem, was mich im Traum bedroht, stellen und nicht davonlaufen, es mag noch so furchterregend sein.»

In jenen Fällen, in denen sich die Absichten in einem Traum direkt nicht verwirklichen lassen, sind Methoden angebracht, durch deren Anwendung aus dem Wachzustand heraus Veränderungen im Traumzustand herbeigeführt werden können. Eine dieser Methoden ist das ‹direkte Wiedererleben eines Traumes›: Man vergegenwärtigt sich die Situation, die erschreckend genug war, um einen aufwachen zu lassen, und tritt dann meditativ erneut in den Traum ein. Dieses Mal stellt man sich jedoch dem gräßlichen Ereignis und läßt eine Weiterentwicklung des Geschehens zu, ohne dabei aufzuwachen. Das ist zwar oft beängstigend. Aber man hat auch das Gefühl, etwas geleistet und Einsicht in das Warum des Traumes bekommen zu haben. Noch vor dem Wiedererleben muß man sich entscheiden, wie der Traum – im Einklang mit seiner Dynamik – anders verlaufen soll. Es geht aber keineswegs darum, alle schlimmen Träume in schöne zu verwandeln. Im Traum ist es wie im Leben: man kann nicht so tun, als existiere die Finsternis nicht. Vielmehr stellt man sich auch der dunklen Seite des Lebens und setzt sich mutig mit ihr auseinander. – Wenn einem klar geworden ist, was im Traum direkt angegangen werden soll, schließt man die Augen, um das Traumgeschehen wiederzuerleben. Auch Einzelheiten sind zu beachten. Die Dinge sollen sich wie im Traum weiterentwickeln können – allerdings mit dem Unterschied, daß man dabei nicht aufwacht. Man setzt sich mit der Situation unmittelbar auseinander, wozu sowohl eine mutig aktive als auch eine loslassende Einstellung nötig ist. Wenn der Traum sich nach seinen eigenen Gesetzen entwickeln kann, gibt es oft irgendeine Lösung. Aus einer fremdartigen, blutigen Masse wird z.B. ein Embryo, ein Wesen, das neu geboren werden kann.

Diese Methode eignet sich auch im Zusammenhang mit einem Wiedererleben mit und ohne Anleitung. Beim Wiedererleben unter Anleitung soll die wiedererlebende Person in den Alptraum zurückgeführt und bei der Auseinandersetzung unterstützt werden. Wer selbständig einen Alptraum wiedererlebt, muß selbst wissen, wieviel aus eigener Kraft bewältigt werden kann. Wenn man das Gefühl hat, daß es genug sei, sofort aufhören, denn das Erlebnis ist manchmal überwältigend – und dann wäre es unter Umständen gut, um kompetente Hilfe zu ersuchen.

Eine andere, etwas einfachere Methode, einen Alptraum zu bewältigen, ist das Neuschreiben des Traumes im Wachzustand. Hierfür muß zunächst bestimmt werden, welche Probleme das Traumgeschehen beinhaltet: War man gehemmt, handlungsunfähig, fühlte man sich gelähmt, oder lief man einfach aus Furcht davon? Als nächstes kann der Traum als Geschichte neugeschrieben werden und zwar mit einem Traum-Ich, das sich selbstbewußter und entschlossener verhält. Also z. B. das Kind im Traum nicht einfach ertrinken oder verunfallen lassen, sondern etwas unternehmen und dann feststellen, was passiert. Dabei sollen sich die durch das wirkungsvolle Vorgehen neu entstehenden Bilder frei entfalten können. Auf diese Weise erschließen sich neuartige Handlungsmöglichkeiten. Das ursprüngliche Traumgeschehen spiegelt oft nur das eigene Normalverhalten. Das Ich kann deshalb seine Handlungsweise einschätzen und Änderungsmöglichkeiten prüfen. Diese Folgerung ergibt sich aus der Tatsache, daß das Verhalten nach der Traumarbeit oft sowohl in den Träumen als auch im Alltagsleben kreativer wird. Das Unbewußte bzw. die Quelle der Träume anerkennt die Bemühungen des Ichs in Form eines Bestätigungstraumes. Und durch alptraumartige Situationen bringt die Traum-Quelle die negativistischen Verhaltensweisen des Ichs zum Ausdruck.

Speziell die Arbeit mit Alpträumen zeigt, daß die Traumarbeit der Austragungsort für das Einüben und die Wandlung des Lebens sein kann. Mit den hier geschilderten Methoden läßt sich der Traumarbeitsprozeß in den Wachzustand hinein fortsetzen. Die Umwandlung der gewohnten Verhaltensmuster verändert nicht nur die äußeren Umstände, sondern auch die Art und Weise, wie man mit ihnen umgeht.

Alptraum: Die Tat Gottes? – Ein Beispiel

Ein Alptraum! Im Traum waren die normalen Grenzen der Realität nicht mehr vorhanden. Ich glaubte, in einem Science-fiction-Film zu sein, und wurde von Gegnern, der Umgebung und dem Ablauf manipuliert. Die Mauern brachen auseinander, so daß die Leere der absoluten Finsternis auf mich, den verstädterten Menschen, hinabstürzte. Ich versuchte verzweifelt herauszukommen, doch es gab keinen Ausweg. Ich war völlig hilflos. Es blieb mir nichts anderes übrig, als aufzuwachen.

Ja, hier gab es keinerlei Fluchtmöglichkeiten. Ich fühlte mich überwältigt und war der Situation nicht gewachsen. Ich konnte mich nur noch ins Wachbewußtsein flüchten. Doch was, wenn bei mir im Wachzustand eine Psychose ausgelöst worden und die Realität über mir zusammengebrochen wäre? Wohin hätte ich fliehen können? Dann hätte ein Nervenzusammenbruch vielleicht einen Ausbruch aus der Alltagsrealität in die des Traumes zur Folge gehabt. – Dieser Alptraum war für mich eine große Herausforderung. Warum ich diesen Traum gehabt hatte, wußte ich nicht. Ich wußte nur, *daß* ich ihn geträumt hatte. Ich empfand meinen Existenzkampf im Traum und den verzweifelten Versuch, in die normale Realität des Wachzustandes zurückzukehren, als erstaunlich real.

Später erlebte ich das Traumgeschehen in einer Traumgruppe unter Anleitung aufs neue – und zwar als eine fürchterliche Leere absoluter Finsternis, die auf mich herabstürzte. Es entstanden Bilder von einem gewaltigen Schiff, das über mich hinwegfuhr, von Gegnern, die mir Seile um den Hals legten und mich hinter sich herzogen. Als die das Traumgeschehen leitende Person vorschlug, ein heilendes Bild in die Szene einfließen zu lassen, erblickte ich einen weißen, hellglänzenden See, der vollkommen rund war und wie ein Loch in der Finsternis aussah. Mitten aus diesem See schoß ein Turm aus dem gleichen leuchtenden, weißen und durchsichtigen Licht empor. Weiter konnte ich nicht gehen, denn ich war tief bewegt und sogar erschüttert. – Ich erinnere mich daran, daß ich schon als Kind Konflikte mit dem Unbewußten auszutragen hatte, bei denen die Grenzen der normalen Wirklichkeit zu wanken und zusammenzubrechen begannen. Ich fühlte mich dann in meiner Entscheidungsfähigkeit bis zur totalen Hilflosigkeit eingeengt und mußte entsetzliche Ängste ausstehen. Auch als Erwachsener traten solche Anfälle vereinzelt auf, aber ich habe gelernt, sie zu ertragen und durch Rituale und Heilsprüche zu bewältigen. Nun war etwas Ähnliches auch im Traumzustand geschehen. – Einer der Gruppenteilnehmer fragte mich, ob ich nicht hätte um Hilfe beten können, statt mich zu wehren. Ich war empört, denn ich hielt und halte mich für einen sehr spirituellen Menschen, der sich den Quellen des Spirituellen gewidmet und ihren Einfluß schon viele Male selbst erlebt hat. Aber weshalb hatte ich angesichts überlegendster Kräfte im Moment der höchsten Bedrohung des Ego keine rettende Macht angerufen? War etwa eine Ebene erreicht, für die mein bisheriges spirituelles Engagement nicht genügte? Oder war mein Existenzkampf als solcher ein spirituelles Tun? War Gott eher mein Feind als mein Erlöser? Schließlich wußte ich den Kampf, den ich auszutragen hatte, zu schätzen. Und möglicherweise war mein kämpferisches Bemühen als Ausgleich für die überwältigenden Kräfte Gottes notwendig.

War nun dieser Alptraum eine Herausforderung meines Gottesbildes? Wenn Gott tatsächlich mein Erlöser ist, warum hat Er/Sie mich nicht von diesen gewaltigen Mächten errettet? Wirkt Gott nur dann als Erlöser, wenn Er/Sie dazu aufgerufen wird? – In Extremsituationen wird das Ego von Gott überwältigt und muß deshalb Gott gegen Gott anrufen. Doch weshalb muß sich das Ich am Ende doch selbst erlösen? Wäre es möglich, daß Gott gar kein Erlöser ist, daß dieses Konzept einem unausgereiften Gottesbild entspricht, einer kindlichen Vorstellung, für die Gott als Allmächtiger Vater im Himmel thront? Ist mein Gott selbst der große Widersacher? Was war das für eine Kraft, die die Macht besaß, mein Ich beinahe total zu überwältigen? Das mußte doch auch Gott gewesen sein. Könnte ich womöglich nicht mehr Gewinn daraus ziehen, gegen Gott anzukämpfen, als von Gott erlöst zu werden? Dies würde das spirituelle Leben wesentlich erschweren. Und vielleicht existiert Gott nicht, wenigstens nicht auf die Weise, die ich zu kennen meine. Aber welche Rolle hat das Ich dann zu übernehmen?

Ich weiß um meine Existenz aufgrund der unermeßlichen Schwere der kämpferischen Auseinandersetzung mit den Kräften des Ganz-Anderen. Dieser Kampf bestätigt mich in meinem Sein. Ich weiß, ich ringe mit Gott. Und der Kampf bestätigt seine/ihre Existenz.

Aber hatte ich tatsächlich mit dem Kämpfen die richtige Wahl getroffen? Mußte ich alles selbst tun? Hätte ich nicht betend Gott um Beistand und Rettung bitten sollen? Aber ich bleibe hartnäckig. Es scheint mir zu widersprüchlich und paradox zu sein, mich von Gott nur deshalb überwältigen zu lassen, weil ich meinen Überlebenskampf aufgebe. Würde das Beten bedeuten, daß das Ego sein Vorrecht, sich selbst zu retten, aufgibt, indem es dadurch den Kräften gestattet, es zu überwältigen? Wenn das Ich nicht kämpft, dann entscheidet es sich dafür, von den Kräften zermalmt zu werden. Es könnte sich wünschen, ja sogar verlangen, daß Gott das Ego vor Gott selbst schützt. Und wenn Gott auch darauf nicht reagiert, oder wenn Er/Sie sogar unfähig ist, zu reagieren? Was dann? Das Ego würde auf jeden Fall überwältigt, die Kräfte über ihm zusammenbrechen, und es würde aufhören zu existieren. Es gäbe nicht einmal mehr eine Metapher für den Existenzkampf zwischen Gott und der menschlichen Person, die gemeinsam die Geschichte erschaffen. – Was dann? – Kennt irgend jemand eine sinnvolle Antwort?

Ich vermag nicht mit letzter Gewißheit zu sagen, ob mein unerbittliches Ankämpfen gegen die Mächte angemessen und richtig war oder nicht, ob diese Reaktion die sinnvollste aller möglichen Verhaltensweisen war. Durch die Traumarbeit in Form des Wiedererlebens unter Anleitung erlebte ich nochmals den Kampf – und zusätzlich ein Lichtzentrum inmitten der Leere. Dies ist ein neuer Aspekt, der im Umgang mit den feindlichen Kräften Gottes zu beachten ist. Mit dem Wort ‹Gott› bezeichne ich eine Quelle der Macht, die mein Ego in seiner gesamten Existenz absichtlich bedroht. Nun hatte ich zwei kontrastierende Erfahrungen und damit eine Alternative, die mir einen Freiraum erschloß, den ich zuvor nicht hatte. Ich hatte im wiedererlebten Traum nicht einfach nur gekämpft, sondern mich mit den Problemen auseinandergesetzt. Nun bin ich für die Zukunft besser gerüstet. – Was mir aber immer noch keine Ruhe läßt, ist die Frage, was wohl geschehen wäre, wenn ich einfach losgelassen und mich von Gott hätte überwältigen lassen – ohne zu beten und um Rettung nachzusuchen. Wäre dieses endgültige Loslassen die entscheidende Reinigung des Ego gewesen? Vielleicht wäre ich als Ego gerettet, vielleicht auch vernichtet worden. Aber handelt das Ich nicht unverantwortlich, wenn es sich *nicht* selbst behauptet? Gibt es darauf eine Antwort? Ich wurde auf die Probe gestellt. Habe ich nun bestanden oder bin ich gescheitert? Welche Einstellung ist am sinnvollsten? – Ich warte auf weitere Geheimnisse. Wie werde ich mich verhalten?

Ein umgewandelter Alptraum – Der Wille besiegt die Angst

Im folgenden werden die Themen, die sich aus der vorherigen Traumarbeit ergeben haben, weiterentwickelt. Es geht nun um einen Alptraum, den ich etwa zwei Monate nach dem zuletzt geschilderten erlebte. Hinterher war ich sehr aufgeregt und fühlte mich quicklebendig. Bei der sich daran anschließenden Traumarbeit in Form des Wiedererlebens im Traum-Schlaf-Zustand gelang es mir, den feindlichen Kräften gegenüberzutreten – ohne sie zu bekämpfen und ohne um eine Hilfestellung nachzusuchen.

Der Traum

Ich bin in einem Haus und muß mich etwas Furchterregendem stellen. Ich will es nicht tun und bin ganz allein. Ich habe Angst und wache auf.

Das Wiedererleben des Traumes

Ich schlafe wieder ein und versetze mich dabei gleichzeitig erneut in das Traumgeschehen. Diesmal zwinge ich mich dazu, ins Badezimmer zu gehen, wo die Ursache meiner Ängste zu liegen scheint. Ich zögere und habe eine solche Angst, daß der Bilderfluß versiegt. Doch mit schierer Willensanstrengung zwinge ich mich dazu, das Badezimmer zu betreten – egal, was kommen mag. Ich denke daran, meine Machete mitzunehmen, um mir im Notfall den Weg freihauen zu können. Aber dann verwerfe ich diesen Gedanken. Ich will mich meiner Angst stellen und die Situation unter allen Umständen bestehen. Ich überlege, ob ich Aikido anwenden soll. Auf jeden Fall muß ich mich dazu bringen, hineinzugehen und alles zu ertragen. Ich bin bereit, mich dem zu stellen, was mich überwältigen kann, und will lieber damit leben, als es zu besiegen. – Als ich das Bad betrete, ängstige ich mich sehr, lasse mich aber nicht abhalten. Ich habe nur ein Ziel: Ich will ins Badezimmer hinein und mich dem stellen, was sich dort befindet. Was es auch sein mag, es scheint hinter der Tür zu lauern. Und wieder zaudere ich und will mich in Sicherheit bringen. Aber ich weiß, daß ich sogar in die Badewanne steigen muß, um die Sache genau zu erkennen und auf diese Weise meine eigene Flucht zu verhindern. –

Endlich setze ich meinen Vorsatz in die Tat um und erkenne eine plumpe, leuchtende Gestalt. Sie greift mich nicht an, sondern verwandelt sich in eine zwergenähnliche Figur mit langen Armen und kugeligem Kopf, genau wie Yoda. Wir blicken einander an. Ich habe den kritischen Moment überwunden und werde immer noch nicht angegriffen. Nun merke ich auch, daß in der Badewanne mein Rücken gedeckt ist. Weil ich festgestellt habe, was hinter der Tür lauert – schon seit vielen Jahren, seit meiner Kindheit –, weicht meine Angst. Es ist die Angst, die hinter jeder Tür und an jedem furchterregenden Ort lauert – und es ist meine eigene Unfähigkeit, mich mit ihr auseinanderzusetzen.

Nun habe ich mich zum ersten Mal in einem Traumzustand voll und ganz der Angst gestellt und mich gegen sie durchgesetzt. Und tatsächlich war etwas hinter der Tür. Aber ich habe mich als Traum-Ego von der Angst nicht überwältigen lassen, sondern mich in die schlimmste aller Ängste hineingewagt: in die Angst selbst. – Als ich das Ding hinter der Tür genau betrachtet hatte, erwachte ich.

Dieses Wiedererleben hatte als bewußter Wiedereinstieg in den Alptraum begonnen und endete mit einem Aufwachen. Ich war also eingeschlafen. Träumte ich auch den Anfang, den Einstieg in das Traumgeschehen? Das glaube ich nicht, denn ich weiß noch genau, welch großer Willensanstrengung es bedurfte, in das Badezimmer einzutreten. Beim Aufschreiben spürte ich undeutlich eine hilfreiche ältere Frau. Doch bei der Willensanstrengung während des Traumgeschehens konnte mir niemand helfen – das mußte ich allein durchstehen.

Gespräch mit der Gestalt hinter der Tür

Yoda-Gestalt, wer bist du?

Ich bin dein *alter ego*. Ich bin dein Schatten. Ich bin alles. Ich bin nichts.

Also gut. Was bedeutet dieses Ereignis?

Du hast es beim Aufschreiben gut formuliert. Du bist Gott begegnet, und das hat dir gefallen. Gott hat dich diesmal nicht gerettet und konnte es auch gar nicht. Du mußtest dich ganz allein der Angst stellen, und das hast du auch getan. Eigentlich ist es zum Lachen: Wer gegen sein eigenes Ich ankämpft, wird zu seinem eigenen schlimmsten Feind. Und als du das begriffen hattest, war ich da. Natürlich hattest du einen Grund, dich zu fürchten, solange du Angst hattest. Es war wirklich etwas da, ich oder irgendein namenloses Etwas – aber deine Angst war ebenfalls da. Da hast du deinen Willen über deine Angst gestellt, indem du deine Angst voll erlebt hast, ohne ihr nachzugeben. Verstehst du, was ich meine?

Im Prinzip ja. Ich danke dir recht herzlich.

Auswertung

Natürlich bin ich wegen dieses Geschehens sehr aufgeregt. Ich erinnere mich an einen Traum, den ich vor kurzem hatte. Da brachen die normalen Grenzen der Realität über mir zusammen. Ich stürzte in eine chaotische Finsternis, wachte total verängstigt auf und hatte das Gefühl, der Sache nicht gewachsen zu sein. In einer Traumarbeitsgruppe erlebte ich den Traum unter Anleitung noch einmal. Man fragte mich, ob ich ein Heilungssymbol in den Traum einführen könnte. Da schoß mitten in der Dunkelheit plötzlich ein Lichtstrahl aus einer kreisrunden Mandalastadt hervor – es war ein Heilungszentrum aktiviert worden. Aber da war immer noch mein Ego mit seinen Ängsten. Ich akzeptierte die heilende Kraft des Mandala, denn ich sah nun ein, daß absolute Dunkelheit in sich zwar absolut, aber dennoch nicht alles zusammen sein konnte. Es gab auch noch dessen Gegenteil, das absolute Licht bzw. einen Brennpunkt inmitten der totalen Unschärfe. Mit dieser Einsicht waren aber die Ängste des Ego nicht bewältigt. Mit der Angst mußte ich mich noch auseinandersetzen. Nur das Ego empfand Furcht, also lag es allein am Ego, sie zu überwinden. Es durfte nicht auf Rettung hoffen, außer vielleicht durch sich selbst. Der Wille mußte stärker als die Angst werden, nicht durch Leugnung der Angst, sondern durch deren Akzeptierung, ohne dadurch aufgelöst zu werden.

Dies mag ziemlich philosophisch tönen, denn was hat dies alles mit dem Alltagsleben zu tun? Aber in jeder Situation erlebt das Ego das, was den Alltag ausmacht – und dabei hängt es von dessen eigener Wesensart ab, welche Möglichkeiten verwirklicht und gelebt werden.

Der Traum und das Wiedererleben des Traumes im Rahmen der Traumarbeit sind die Austragungsorte der Weiterentwicklung meines Ego gewesen. Jetzt ängstigt es sich nicht mehr, wenn es sonstwo im Leben um eine Auseinandersetzung geht. Was bedeutet es nicht alles, furchtlos ins Leben hineingehen zu können? Es ergibt sich eine Fülle von neuen Möglichkeiten, wenn man feindlichen Situationen nicht mehr aus dem Wege geht, es erschließen sich ungeahnte Wirklichkeits- und Manifestationsebenen. Deshalb ist die Überwindung der Angst eine der wichtigsten persönlichen Fähigkeiten. Ich hoffe, damit einen Schritt weitergekommen zu sein.

Wie werde ich in Zukunft neuen Gefahren und neuen Feindschaften – seien sie nun innen oder außen – begegnen? Vielleicht werde ich mutig, vielleicht auch zaghaft sein und immer noch, zumal in tiefster Finsternis, nach einem heilenden Faktor rufen. Stets werde ich aber den Willen über die Angst stellen, um in jedem Augenblick für alles offen zu bleiben – für das Helle wie das Dunkle, für den schrecklichen wie den herrlich schönen Traum.

Die Arbeit mit Alpträumen: Zusammenfassung und Anleitung für die Traumarbeit

- Als erstes wird der Traum aufgeschrieben, und zwar auch dann, wenn man dazu keine Neigung verspürt.
- Als nächstes kann man z. B. die Gefühle schriftlich festhalten, die gleich nach dem Traum aufgetreten sind.
- Das Traumgeschehen kann auch sofort nach dem Aufschreiben wiedererlebt werden, wenn man sich weiter mit den feindlichen Kräften auseinandersetzen will, indem
  - entweder der Traum erneut visualisiert wird, wobei das Traum-Ich den Punkt des Aufwachens überschreitet, um zu sehen, was geschieht;
  - oder die Visualisierung des Traumes geschieht, um eine Heilung herbeizuführen oder einzuleiten oder sich mit dem Gegner anzufreunden und mit ihm zu sprechen, um festzustellen, was er will. Das Wiedererleben läßt sich auch unter Miteinbeziehung eines hilfreichen und heilenden Symbols durchführen, z. B. einer brennenden Kerze oder einer Beistand und Führung gewährleistenden Gestalt, z. B. eines Führers oder Beschützers.
- Wer den Traum nicht selbständig wiedererleben möchte, soll eine Vertrauensperson bitten, die Leitung zu übernehmen, damit der Traum fortgesetzt und eine Lösung gefunden werden kann. Beim Wiedererleben unter Anleitung sollten jedoch alle Beteiligten äußerst behutsam vorgehen.
- Ein Alptraum läßt sich auch einfach mit Beteiligung des Bewußtseins neuschreiben – wobei man mutiger und überlegter vorgehen kann, in der Absicht, eine Heilung und Lösung herbeizuführen.
- Keinesfalls geht es darum, oberflächliche Lösungen zu erzeugen. Man muß den Konflikt spüren und dann eine Lösung *geschehen* lassen. Wenn es im Traum zu keiner Lösung kommt, sondern die Spannung bestehen bleibt, kann dies durchaus notwendig sein. Denn eine spannungsgeladene Situation ist eine notwendige Vorbereitung auf eine Lösung bzw. Verarbeitung.

Spezielle Fragen

- Was blieb im ursprünglichen Alptraum ungelöst und wurde nicht verarbeitet? Welche Ursachen könnte das haben?
- Welche Lösungen wären in bezug auf die Probleme, die sich aus dem Alptraum ergeben haben, sinnvoll?
- Welche neuen Aspekte haben sich aus dem Wiedererleben des Alptraumes ergeben? Was konnte gelöst werden, was bleibt nach wie vor spannungsgeladen?

- Welcher Zusammenhang besteht zwischen diesem Alptraum und den früheren?
- Welche Situationen und Entscheidungsmuster im Alltag sind durch diesen Alptraum angesprochen?
- Welche neuen Entscheidungskriterien und Verhaltensänderungen ergeben sich im Alltag aus der Arbeit mit diesem Traum?
- Welche Aussagen machen dieser Traum und die Traumarbeit über das eigene Ego, über den göttlichen Urgrund und die Wirklichkeit des Lebens?
- Formulieren Sie eine Absicht, die für Ihr Verhalten in zukünftigen Alpträumen oder in Träumen mit feindlichen Gestalten maßgeblich sein soll.

Die Trauminkubation

Was ist Trauminkubation? Ist es überhaupt notwendig, einen Traum über ein bestimmtes Thema zu inkubieren bzw. herbeizuführen. *Trauminkubation* bedeutet, daß die Traum-Quelle dazu veranlaßt wird, mit einem Traum auf eine bestimmte Frage oder ein bestimmtes Problem zu reagieren. Diese Reaktion ist keine direkte Antwort, denn Träume sind symbolisch und beinhalten die verschiedensten Möglichkeiten. Ein Traum stellt eine Frage und gibt keine Antwort. Durch die Trauminkubation wird unter Umständen eine bedeutungsvolle, manchmal sogar außergewöhnliche Reaktion auf ein bestimmtes Anliegen oder Problem hervorgerufen, wenn es dem transzendenten Selbst beim Einschlafen vorgelegt wird. Dennoch bleibt es Aufgabe des Ego, sich mit dem Traumgeschehen auseinanderzusetzen.

Wie kann man nun herausfinden, ob der Traum, der auf die Inkubation folgt, wirklich die eigenen Absichten widerspiegelt? Dafür gibt es wohl kein absolut sicheres Verfahren. Man kann allerdings einfach mit dem Traum arbeiten, als wäre er eine direkte, sinnvolle Erwiderung auf die Inkubation. In vielen Fällen besteht ein Zusammenhang zwischen den Traumbildern und der Inkubationsabsicht. Bittet man beispielsweise um ein Geschenk, bekommt man im Traum sinngemäß ein Geschenk. Man weiß allerdings vorher nicht, welcher Art es ist, und muß nach dem Traum immer noch selbst herausfinden, was es bedeutet. Vom Standpunkt der Hypnose aus betrachtet, ist ein inkubierter Traum ein Produkt der Autosuggestion. Jede Beeinflussung der Innenwelt wird gewisse Wirkungen haben, aber mit Autosuggestion allein ist noch nicht erklärt, weshalb die inkubierten Träume eng mit dem Weg des betreffenden Individuums zusammenhängen. Die Inkubation wirkt wie ein zündender Funke, der in der Psyche nur ganz bestimmte Regionen zur Entladung bringen kann. Die Psyche reagiert nicht sklavisch und ist nicht beliebig manipulierbar.

Wer regelmäßig mit den eigenen Träumen arbeitet, wird sich fragen, wozu eine Inkubation gut sein soll, wenn man so oder so die Träume beobachtet und sich mit ihnen auseinandersetzt. Doch in gewisser Weise ist jeder Traum ein Produkt der Inkubation, denn Träume scheinen direkt auf das zu reagieren, womit sich das Ich beschäftigt. Mit einer Trauminkubation wird dieser Prozeß lediglich bewußter und gezielter durchgeführt. Denn Individuation bzw. Ganzwerdung bedeutet unter anderem, daß ein bestimmtes Traumgeschehen zum richtigen Zeitpunkt erlebt und auf diese Weise die Einheit erfahren wird. Das Ich und das eigene Zentrum sind miteinander im Einklang. Wenn dem so wäre, müßte es keine heilenden Träume mehr geben.

Weil dem aber nicht so ist, kann die Trauminkubation dann sinnvoll eingesetzt werden, wenn man sich neu orientieren will oder wenn man das Gefühl hat, bei einem Problem nicht weiterzukommen.

Fragen zur Trauminkubation

Folgende Fragen eignen sich zur Inkubation eines Traumes:

- Wonach frage ich eigentlich? Was will ich erreichen?
- Welcher Teil von mir stellt die Frage und tritt als Bittsteller auf?
- Wie muß ich die Frage formulieren, um eine Reaktion hervorzurufen?
- Wer oder was reagiert?
- Worin besteht die Reaktion?
- Ist alles, was geschieht, eine Reaktion?
- Ist die Reaktion wahr oder falsch? Sind solche Benennungen überhaupt der Sache angemessen?
- Welcher Zusammenhang besteht zwischen Reaktion und ursprünglicher Fragestellung?
- Welche Konsequenzen ergeben sich aus der Reaktion?
- Wie will ich auf die Reaktion reagieren, egal, wie sie auch ausfallen mag?
- Inwiefern ist keine Reaktion auch eine Reaktion?
- Stelle ich wirklich eine angemessene und wesentliche Frage?
- Auf welche Fragen und Probleme meines Lebens gibt die Reaktion eine Antwort?
- Betreibe ich die Trauminkubation eher, um ‹spirituelle Macht› zu gewinnen, als meinem Leben einen Sinn und eine Richtung zu geben? Wenn ja, was gedenke ich dagegen zu tun?

Die Stufen der Trauminkubation

Viele Menschen, unter ihnen sind Schriftsteller und Wissenschaftler, haben davon erzählt, wie sie in einem visionären Traumzustand kreative Einfälle gehabt und Entdeckungen gemacht haben. Meistens geht einem solchen Ereignis eine Zeit intensivster Beschäftigung mit dem jeweiligen Problem oder Thema voraus.

Wenn ein Traum inkubiert werden soll, vertieft man sich zunächst in das in Frage kommende Problem, indem man intensiv darüber nachdenkt und sich für alle Möglichkeiten offen hält. Auch während des Einschlafens beschäftigt man sich weiterhin mit dem Problem, indem man es sich immer wieder vergegenwärtigt oder es sogar in Form einer Frage zusammenfaßt, die man ständig wiederholt. Wer sich intensiv mit seinen Träumen auseinandersetzt, wird die Inkubationsstufe beinahe jeden Tag erleben.

Um die nächste, tiefergehende Stufe der Inkubation zu erreichen, muß man sich noch gründlicher mit einem Problem oder einer Situation beschäftigen und sämtliche Möglichkeiten in Betracht ziehen. Gleichzeitig wird man lernen müssen, sich dem Geschehen noch mehr anzuvertrauen. Folgende Fragen sind in diesem Zusammenhang von Bedeutung:

- Will ich wirklich die Antwort auf das wissen, womit ich mich gerade beschäftige?
- Bin ich willens, auch einem Hinweis zu folgen, der meinen ursprünglichen Absichten widerspricht?
- Bin ich auch nach dem Traum noch bereit, für die Entscheidungsfindung alle Möglichkeiten – und nicht nur den Traum – zu berücksichtigen?

Als flankierende Maßnahmen zur Trauminkubation eignen sich Tagebucharbeit und Meditation. Ferner ist es wichtig, eine Quelle außerhalb des Ichs anzuerkennen. Ferner gehört dazu eine zustimmende Einstellung und die Bereitschaft, das aufzugeben, was sich als Hindernis den wirklich richtungsweisenden Möglichkeiten in den Weg stellt. Denn eine Neuorientierung kann sehr schmerzhaft sein, weil mit der neuen Richtung aus den innersten Quellen auch das erkannt wird, was alles aufzugeben ist. Manchmal genügt ein einziger Traum, um eine Schicksalswende einzuleiten und das spätere Leben zu bestimmen. Deshalb hängt die Reaktion der Traum-Quelle bei der Inkubation im wesentlichen davon ab, wie eifrig und engagiert man vorgeht und wie stark die Konzentration der Energie und Gefühle ist. Ferner hängt sie davon ab, ob man gewillt ist, auch persönliche Bedürfnisse zu berücksichtigen, und ob man ernsthaft bereit ist, das zu akzeptieren, was die Nacht bringen mag.

Am Morgen nach dem Trauminkubationsversuch sollte alles aufgeschrieben werden, was einem in den Sinn kommt – auch wenn es kein Traum ist, sondern z. B. ein Gedanke oder ein Traumfragment. Man darf keine Resultate erwarten und nichts zurückweisen, denn es geht nicht darum, die Nacht zu kontrollieren. Die Nacht umfaßt das Ich, das sich ihr anvertrauen kann. Was in diesem Bereich geschieht, hängt nur zum Teil vom Tun des Ichs ab. Und manchmal muß eben eine Trauminkubation mehrere Tage hintereinander durchgeführt werden, bis sie Erfolg hat. Aber sogar ein Mißerfolg kann von Bedeutung sein. Man sollte auch nicht vergessen, auf synchronistische Ereignisse zu achten, denn sie könnten zur Reaktion gehören.

Wenn ein Traum erinnert werden kann, fragt es sich,

- wie eng der Zusammenhang zwischen Inkubationsabsicht und Traumgeschehen ist und inwieweit der Traum nicht darauf reagiert hat;
- welcher Art die Frage sein könnte, auf die der Traum eine Reaktion darstellt.

Wenn diese Form der Traumarbeit, d.h. die Beantwortung dieser Fragen, keine Resultate bringt, läßt sich die Dynamik des Traumes durch die Dialog-Technik oder eine andere Methode der Traumarbeit erweitern. Schließlich gibt es noch die Möglichkeit, sich zu fragen, welche Konsequenzen aus dem Erlebnis als Ganzes zu ziehen sind und für welches weitere Vorgehen man sich entscheiden will.

Traumarbeit und Orakel

Oft ist es sinnvoll, ein Problem zusätzlich zu erhellen, indem mit dem I Ging, dem Tarot, dem Hellsehen, der Astrologie usw. gearbeitet wird. Die Trauminkubation hat gewisse Ähnlichkeiten mit diesen Methoden und darüber hinaus den Vorteil, ganz individuumsspezifisch zu sein – und sie benötigt keine interpretativen Hilfsmittel. Der Standpunkt eines anderen Menschen kann sich unter Umständen als hilfreich erweisen. Wenn jemand aber einigermaßen mit den Traumarbeitsmethoden vertraut ist, stehen ihm oder ihr genügend Möglichkeiten zur Verfügung, das Traumgeschehen verständlich werden zu lassen. Und der Traum selbst kann zuweilen derart lebendig und unmittelbar sein, daß man sofort gefühlsmäßig weiß, wie die Reaktion in bezug auf die Inkubation einzuschätzen ist.

Auch bei der Trauminkubation geht es – wie bei allen anderen Traumarbeitsmethoden – niemals darum, einfach zu sagen: «Der Traum hat mir ja gesagt, was ich tun soll.» Der Traum ist nur eine Möglichkeit und keine unumstößliche Gewißheit. Er ist dazu da, einem dabei zu helfen, dem Leben einen Sinn zu verleihen. Traum und Ich erschaffen das Leben gemeinsam – und dazu bedarf es eines Ichs, d.h. eines Entscheidungsträgers und einer Bewußtseinsinstanz.

Beispiel zur Trauminkubation

Einleitung

Das folgende Beispiel verdeutlicht die Art der Reaktion auf eine Inkubation und zeigt, daß dabei eine Quelle wirksam wird, die nicht mit dem bewußten Ich identisch ist. Die Träumende bat nämlich bei der meditativ durchgeführten Inkubation um ein Geschenk für eine Frau, mit der sie zusammenarbeiten wollte. Im Traum will sie dann das Geschenk für sich selbst – und sie bekommt es auch.

Traumtitel: Der Amethyst-Kristall 10. Juni 1979

Ich bin in einem Schmuckgeschäft und entdecke einen schönen Amethyst-Kristall. Er gefällt mir sehr, und ich hebe ihn auf. Er hat einen Sprung, bei dessen näherer Betrachtung ich einen winzigen Buddha im Kristall erblicke, der auf einem kleinen Teppich sitzt. Daneben steht eine Gestalt. Die Frau im Geschäft sagt mir, daß die Gestalt Nicole sei. Ich sage: «Oh, seine Schülerin!» und mustere sie eindringlich. Die Frau sagt mir, daß die Gestalt mit jedem auf andere Weise sprechen würde. Gleichzeitig blickt mich die Gestalt lächelnd an und sagt: «Er gehört dir.» Ich drehe den Kristall um und frage, ob er für mich oder für meinen Mann sei, denn ich hatte daran gedacht, ihm einen Kristall zu schenken. Plötzlich sind die Gestalten scheinbar verschwunden, doch dann sehe ich sie wieder. Auf Nicoles Hand sitzt offenbar ein Vogel. Ich spüre, daß der Kristall mir zugedacht ist. Ich möchte ihn unbedingt haben und frage die Frau, ob ich ihn gegen irgend etwas eintauschen könne. Ich will ihr dafür ein paar mit Perlen bestickte Ledersachen machen, die sie im Laden verkaufen kann. Dann gehe ich nach Hause – über einen Hügel. Ich treffe ein paar Bekannte und lade sie zu mir nach Hause ein. Ich zeige ihnen meinen ledernen Kräuterbeutel und den Kristall. Wir unterhalten uns darüber, und einer sagt, daß er den Kristall schon einmal gesehen habe.

Kommentar

Das Unbewußte weiß also ganz genau, was es tut! Die Gestalt im Amethystkristall ist diejenige, die sagt, der Kristall solle der Träumenden gehören. Das Geschenk kommt also nicht von außen und wird auch nicht vom Traum-Ich gewünscht. Es wird ihr von ihrer eigenen spirituellen Weiblichkeit zugesprochen – und nicht von der spirituellen Männlichkeit in der Gestalt des Buddha. Wichtig ist natürlich, daß die Träumende im Traum das Geschenk des spirituellen Zentrums für sich selbst erstehen und eine Gegenleistung erbringen will. Denn nur aus ihrer eigenen Mitte heraus kann sie anderen wirklich etwas geben. Das spirituell Weibliche wird vom traditionellen Symbol des spirituell Männlichen der Frau begleitet, vom Vogel. Für die Träumende sind Kräuter und Kristalle im Alltagsleben Symbole der spirituellen Praxis.

Mit Hilfe dieses und anderer Träume gelang es der Frau, eine größere innere Sicherheit im Umgang mit anderen Menschen zu entwickeln. Und sie beschäftigt sich nun auch intensiv damit, die Trauminkubation als Teil ihrer spirituellen Praxis weiterzuentwickeln.

Trauminkubation: Zusammenfassung und Anleitung für die Traumarbeit

- Im Tagebuch die momentan wichtigsten Probleme auflisten.
- Aus dieser Liste ein wesentliches Problem auswählen und es als zusammenfassende und charakterisierende Frage formulieren.
- Zu dieser Frage die verschiedenen Standpunkte und Entscheidungsmöglichkeiten aufschreiben, die als Lösungen in Betracht kommen könnten.
- Feststellen, welche Lösung man selbst bevorzugt.
- Welche Lösung wäre am sinnvollsten, wenn die Bedürfnisse aller Beteiligten berücksichtigt werden?
- Die in Frage kommende Problematik in wenigen Worten als Aufforderung an die Traum-Quelle so formulieren, daß sie direkt auf das Thema reagieren kann. Das beschriebene Blatt Papier an einen besonderen Ort – zum Beispiel unter das Kopfkissen – legen.
- Vor dem Einschlafen über das Anliegen und den Wunsch nach einem entsprechenden Traum nachdenken. Wer eine Art Hausaltar oder ein besonderes Symbol besitzt, das die Mitte zum Ausdruck bringt, kann sich mit seinem Anliegen an dieses Zentrum wenden. Beim Einschlafen meditativ den Inkubationswunsch mehrmals wiederholen.
- Im Schlafzustand sollte wenn möglich ein peripheres Bewußtsein in bezug auf die Inkubation und die Tatsache, daß man träumt, bewahrt werden. Ferner nehme man sich vor, sofort nach dem Ende des Traumes aufzuwachen und das Geschehen aufzuschreiben.
- Nach dem Aufwachen alles aufschreiben, sowohl den Traum als auch alles andere, was einem durch den Kopf geht. Wenn der Traum noch unvollständig zu sein scheint, kann man versuchen, nochmals einzuschlafen und weiterzuträumen – z. B. mit Hilfe der Technik des Wiedererlebens und der Weiterentwicklung.
- Mit dem Traum, wenn immer möglich, mit einer angemessenen Traumarbeitsmethode arbeiten – und vor allem nicht vergessen, die ursprüngliche Absicht mit dem Traumgeschehen zu vergleichen.

- Wenn man sich an keinen Traum erinnern kann, wiederholt man die Inkubation drei Tage hintereinander. Erhält man immer noch keinen Traum, entscheidet man sich trotzdem für eine bestimmte Lösung des Problems und achtet dann auf die darauffolgenden Träume, die direkt oder indirekt mit der Entscheidung zu tun haben können. Es ist auch möglich, einen Traum als Antwort auf die Inkubationsfrage zu imaginieren und mit diesem zu arbeiten.
- Schließlich setzt man den Traum im Alltag um, indem man sich für gewisse Dinge entscheidet und darauf achtet, welche Träume in den folgenden Nächten auftreten.

Der Mensch träumt, um zum Leben zu erwachen!

Das luzide Träumen

Was ist luzides Träumen?

Für das luzide Träumen sind folgende Punkte charakteristisch:

- Man erkennt während des Schlafes, daß man träumt.
- Noch während des Träumens ist man sich dessen bewußt, daß man träumt, und trifft bestimmte Entscheidungen, um das Traumgeschehen zu verändern. So kann man sich zum Beispiel dafür entscheiden, zu fliegen oder ein schlimmes Ereignis in ein angenehmes umzuwandeln.
- Der Traum wird sehr intensiv erlebt. Die Farben sind leuchtend, Einzelheiten sind deutlich zu erkennen, und das bildhafte Traumgeschehen ist oft ausgeprägter und phantastisch.
- Im Traum spürt man auch die Körperempfindungen, z. B. den Energiefluß oder den sexuellen Orgasmus, intensiver.

Die Frage nach der Beeinflussung des Geschehens in einem luziden Traum

- Wie stark kann der Traumzustand während des Traumgeschehens bewußt beeinflußt werden?
- Inwiefern ist eine bewußt vollzogene Beeinflussung oder Veränderung des Traumgeschehens sinnvoll?
- Welche Auswirkungen hat dies auf das bewußte Ego? Ist es überhaupt wünschenswert, daß der Traumquelle nach eigenen Regeln, Bedürfnissen und Wünschen vorgeschrieben wird, was sie zu bringen hat?
- Ist es dagegen eher angebracht, die Träume ohne bewußte Einflußnahme durch das Ich entstehen zu lassen? Welche Folgen ergeben sich daraus?
- Doch die Frage lautet nicht: «Kann ich meine Träume beeinflussen und kontrollieren?», sondern: «Wer soll den Traumzustand erzeugen und steuern?» Soll dies vom bewußten oder unbewußten Teil der Persönlichkeit getan werden? Oder wäre es besser, wenn beide zusammen regulierend auf die Quelle der Träume einwirken würden?
- Im Zusammenhang mit der Traumarbeit ist die Beeinflussungsfrage

von großer Bedeutung. Sie spielt aber auch im Alltagsleben eine große Rolle: Wie stark versuche ich alles, was geschieht, zu kontrollieren, zu strukturieren, zu beeinflussen, zu dominieren, zu ignorieren oder zu erzwingen?

- Oder bemühe ich mich darum, loszulassen und offen zu werden und mich dem anzuvertrauen, was das Leben bringt. Oder lasse ich mich herumstoßen und sogar terrorisieren?

Was nun die Beeinflussung des Traumzustandes betrifft, gibt es in bezug auf die Traumarbeit mehrere Abstufungen:

- Man kann die Träume einfach geschehen lassen und sie aufschreiben. Auf diese Weise beeinflußt man die ursprüngliche Traumerfahrung lediglich durch den Vorgang des Erinnerns und des Aufschreibens.
- Es besteht zudem die Möglichkeit, die Träume zu interpretieren und zu analysieren, um zu bestimmten Schlußfolgerungen darüber zu kommen, was sie bedeuten.
- Ferner können die Träume wiedererlebt und überarbeitet werden – und zwar mit einer der Jung-Senoi Methoden.
- Man kann versuchen, mittels Trauminkubation eine bestimmte Art von Traum zu beeinflussen oder herbeizuführen. Dabei beschränkt sich der Einfluß des bewußten Teils der Persönlichkeit darauf, einen Traum zu einem bestimmten Thema hervorzurufen. Das Ich versucht jedoch nicht, die Trauminhalte zu kontrollieren.
- Man kann außerdem versuchen, sich im Traum immer öfter dessen bewußt zu werden, daß man träumt, und dann die Trauminhalte beeinflussen. Dies ist die Methode des luziden Träumens. Sie ist nicht charakteristisch für die Jung-Senoi Methode, weil bei dieser Art der Arbeit mit dem Unbewußten dem Ich keine Vorrangstellung zugestanden wird.
- Man kann danach trachten, das bildhafte Träumen auszuschalten und in einen Zustand zu verwandeln, der sich nicht vom Wachbewußtsein unterscheidet. In diesem höheren Bewußtseinszustand sind Traum- und das Wachbewußtsein einander ähnlich und werden als Zustände reiner Energie beschrieben, etwa als das Große Licht. Diese Methode entspricht bestimmten tibetischen, yogischen und islamischen Meditationssystemen.

Die Jung-Senoi Methode will den Bilderreichtum der Träume nicht ausmerzen, denn gemäß der damit verbundenen Auffassung sind Träume in der Art, wie sie aus dem Unbewußten kommen, eine reiche Quelle, mit deren Hilfe sich das Alltagsleben und die gesamte Persönlichkeit verwandeln lassen. Mit dem Bewußtsein wird gearbeitet, um Energien zu verarbeiten, und nicht, um sie zu kontrollieren.

Welche Vorgehensweise die beste ist, ist nicht bekannt, denn man weiß noch viel zu wenig über die Arbeit mit Träumen und über die Traumquelle. Schwerpunktssetzung ist also letztlich eine Frage der eigenen Wertvorstellungen. – Auf der Alltagsebene kann sich das Problem der Traumkontrolle folgendermaßen äußern: «Ich habe die Fähigkeit entwickelt, meine Träume zu beeinflussen. Wenn mir etwas nicht paßt, verändere ich es so, daß es mir gefällt.» Diese Aussagen werfen einige Fragen auf: Wird auf diese Weise etwa versucht, negative Traumenergien, die beklemmend wirken, umzuwandeln? Oder flüchtet man vor der eigenen Dunkelheit und der des Lebens, indem man alles in angenehme Erfahrungen umwandelt, indem man – symbolisch gesprochen – die Finsternis flieht und das Licht sucht? Oder braucht die Finsternis das Licht, um transformiert zu werden? Und bedarf es des Menschen, eines Menschen, der bereit ist, sein Sonnenbad aufzugeben, um mit dem Licht die finstere Höhle zu betreten und deren Geheimnisse zu ergründen? Oder ist es vielleicht sogar notwendig, ohne Licht in die totale Dunkelheit hineinzugehen, um zu sehen, was dann geschieht?

Der Umgang mit Konflikten und Kräften im Alltagsleben

Eine weitere Frage in bezug auf die Traumarbeit ist folgende: Hat man in einer konfliktgeladenen Situation im Traum oder im Alltag eher die Tendenz, passiv zu werden? Fühlt man sich schnell einmal überfordert, oder bemüht man sich innerhalb des Konflikts um eine Lösung und Veränderung? Im Rahmen der Jung-Senoi Methode eignet sich vor allem der Senoi-Aspekt für den Umgang mit Konflikten. Wer im Traum von einem Feind angegriffen wird, kann sich dem Gegner stellen und die Feindschaft in eine Zusammenarbeit umwandeln, sich z.B. bei einer Verfolgung durch eine schreckliche Hexe umwenden und sagen: «He, ich brauche deine Hilfe!» Die Hexe wird sich dann unter Umständen verwandeln und die erforderliche Hilfe gewähren. – Die Jung-Senoi Methode ist dadurch gekennzeichnet, daß die Auseinandersetzung mit Konfliktsituationen mit Hilfe des Wiedererlebens des Traumes geschieht. Auf diese Weise lernt man, Konflikten aktiver zu begegnen – im Traum und im Alltag. Es geht aber nicht darum, den Traumzustand zu kontrollieren, sondern darum, effektiver mit ihm umzugehen. Gegner sind nicht zu eliminieren. Vielmehr sind Beziehungen zu ihnen aufzunehmen, damit ihre Energien genutzt werden können. Die Finsternis, das Böse oder die Feindschaft – wie man es auch immer nennen mag – lehrt Dinge, die das Licht, das Gute und die Harmonie nicht vermitteln können. Es geht um Integration und nicht um die Ablehnung der einen Seite durch die Aufwertung der anderen.

Man mag es nun Kontrolle nennen oder Macht und Kooperation von Ich und Selbst – wer effektiv mit Traumarbeitsmethoden umgehen will, kommt um Entscheidungen nicht herum und muß außerdem einen Kontext haben, der den Entscheidungsrahmen abgibt. Welche Wertvorstellungen kommen zum Ausdruck, wenn es um spirituelle und psychische Kräfte geht. Werden sie gemieden oder ganzheitlich mitgelebt? Bemüht man sich nur um sie, um sich selbst aufzuwerten, weil man meint, Mittelpunkt des eigenen Universums zu sein?

Gegen das Unbewußte anzukämpfen, ist eine Sache. Aber danach trachten, es zu beherrschen und zu dominieren, hat bestimmte Konsequenzen. Es fragt sich jedoch, wer wen kontrolliert. Denn was aus der einen Tür hinausgejagt wird, kommt mit Sicherheit durch eine andere wieder herein!

Luzides Träumen: Zusammenfassung und Anleitung für die Traumarbeit

- Als erstes sich darüber Rechenschaft geben, weshalb man luzid träumen will. Welches sind die Wertvorstellungen, Gründe und Absichten?
- Welche Gefahren ergeben sich aus dem Wunsch, einen luziden Traum herbeizuführen? Wie steht es mit der Ich-Aufblähung und der Überheblichkeit? Auch diese Fragen sind schriftlich zu beantworten.
- Sich vornehmen, während des Traumgeschehens auf eine einfache Handlung oder ein bestimmtes Zeichen zu achten. Dies soll einem dazu verhelfen, sich seines Zustandes bewußt zu werden. Man sagt sich z. B., daß man im Traum die eigenen Hände betrachten will oder daß jedes Mal, wenn im Traum ein Spiegel gesehen wird, man sogleich darauf aufmerksam wird, daß man träumt. Die Erfolge und Fehlschläge schriftlich festhalten.
- Wenn es ein paar Mal gelungen ist, sich der Tatsache bewußt zu werden, daß man träumt, kann man versuchen, eine bestimmte Entscheidung zu fällen. Sobald man also auf seinen Zustand aufmerksam wird, nimmt man sich etwas Bestimmtes vor, das gerade zum Traumgeschehen paßt. Man fängt z. B. an zu fliegen, man öffnet eine Tür oder man stellt irgendeinen Gegenstand her. Hinterher wird der Traum aufgeschrieben, wobei die Rolle der bewußten Entscheidung besonders vermerkt wird.
- Als nächstes überlegt man sich, wie die Fähigkeit, sich im Traum bewußt zu entscheiden und bewußt etwas zu tun, eingesetzt werden soll. Der Traumzustand läßt sich auf verschiedenste Weise manipulieren, wenn man bestimmte Dinge erfahren will. Es ist

möglich, zu fliegen oder den Körper zu verlassen, um eine fremde Stadt zu erkunden. Man muß jedoch fähig sein, alles, was kommt, zu verarbeiten. Man hat keine unbegrenzten Wahlmöglichkeiten. Wer z. B. seinen Körper verläßt, kann bei der Rückkehr Schwierigkeiten haben. Und wer weiß schon, was in einer fremden Stadt zu sehen sein wird? Deshalb ist es notwendig, sich der eigenen Wertvorstellungen und der möglichen Konsequenzen des Tuns bewußt zu werden. Bei den Senoi ist das luzide Träumen in einen Kontext eingebettet. Bei ihnen wird ein Traum absichtlich deshalb zu einem bestimmten Abschluß gebracht, damit irgendein sinnvolles Geschenk – etwa ein Lied oder eine gute Idee – in den Alltag zurückgebracht werden kann. Ein Senoi wird im Traum einen Widersacher besiegen und von ihm ein Geschenk verlangen. Und er wird auch ein Liebeserlebnis nicht vorzeitig abbrechen, sondern nach dessen Abschluß vom Traumpartner oder der Traumpartnerin ein Geschenk oder ein Andenken erbitten.

- Das eigene Vorgehen und die Entwicklung des luziden Träumens sind schriftlich festzuhalten. Auch die Bedeutung der damit verbundenen Erlebnisse für das Leben insgesamt ist zu beschreiben. Ein luzider Traum – sei er nun spontan aufgetreten oder bewußt herbeigeführt worden – eignet sich ausgezeichnet für die Methode der Traum-Ich Beobachtung. Das Traum-Ich hat nämlich in diesem Fall sehr viel mit dem eigenen Bewußtsein und der persönlichen Art, sich zu entscheiden, zu tun.
- Bei spontan auftretenden luziden Träumen auf Bilder und Dinge achten, die in allem vorkommen. Solche Gemeinsamkeiten können in späteren Träumen als Zeichen für das Bewußtsein verwendet werden, die anzeigen, daß man sich im Traumzustand befindet – und sich dessen bewußt werden kann.

Transpersonale Traumarbeit

Bei der *Transpersonalen Traumarbeit* geht es im wesentlichen darum, mit Hilfe der Träume mit grundlegenden Erfahrungen in Verbindung zu treten, die nicht vom Ich als dem bewußten, entscheidungsfähigen Teil der Persönlichkeit geschaffen werden. Die Erfahrung transpersonaler Quellen kommt aus der Psyche, aus den Tiefen der Persönlichkeit, der Quelle der Träume oder – jungianisch ausgedrückt – aus dem Selbst. Solche Ursprungserfahrungen können aber auch von außen kommen und werden dann als paranormale Phänomene oder als transzendente Wirklichkeit erlebt.

Für mich ist das Transpersonale vor allem ein Ausdruck zukünftiger Möglichkeiten. Es bietet Lösungsansätze für bestehende Probleme – und zwar in einer bisher nicht bekannten Form. Deshalb setzt es im Innersten eine Quelle jenseits der gegenwärtigen Realitäten voraus. Die Transpersonale Psychologie betont nicht nur das menschliche Potential, sondern auch die Transformation der Persönlichkeit auf der Grundlage des ‹Niemals-zuvor-Gewesenen›. Sie schlägt eine Brücke von der Gegenwart in die Zukunft und sieht in der Geschichte nicht nur eine Reaktion auf die Vergangenheit (Verursachungs-Prinzip), sondern auch eine Schöpfung aus bisher unbekannten Quellen (Synchronizitäts-Prinzip). Sie bemüht sich um einen Ausdruck dieser potentiellen Quellen in der Gegenwartsrealität.

Ich gehe also davon aus, daß die Träume eines der wichtigsten Mittel für die Manifestation von Energien sind, die über das Streben des Ichs und die bare Notwendigkeit der Selbsterhaltung hinausgehen. Diese menschlichen Ebenen werden nun von den Träumen keineswegs vernachlässigt, denn schließlich ist der Mensch von ihnen abhängig. – Der Unterschied zwischen einem lediglich auf die Person bezogenen und einem transpersonalen Ansatz der Traumarbeit ergibt sich aus dem Schlüsselwort ‹Dialog›. Bei der Traumarbeit läßt es sich häufig feststellen, daß die persönlichen Einstellungen, die eigenen Schwächen usw. im Gegensatz zu oder sogar im Konflikt mit tieferen Traumschichten stehen, die offenbar irgendeine Reaktion erwarten. Im Traumzustand ist etwas am Werk, das durch die Traumarbeit aktualisiert werden soll. Was dieses Etwas ist, wird vielleicht immer ein Geheimnis bleiben. Es ist ein Geheimnis, das den Menschen bewegt und sich sogar in der Symbolik eines Traumes sehr deutlich ausdrückt. Es gibt aber noch weitere ‹Beweise› für die Existenz einer Quelle außerhalb des eigenen Ichs. Zu diesen gehören die Synchronizität (der sinnvolle Zufall) und die Bestätigungsträume.

Jeder Traum kann als transpersonal aufgefaßt und im Hinblick darauf bearbeitet werden, denn jeder Traum scheint Material zu enthalten, das nicht unmittelbar zum Ich-Bewußtsein gehört und deshalb das Produkt einer Quelle jenseits des Ichs sein muß. Traumarbeit ist eine Angelegenheit des Ichs und gleichzeitig Ausgangspunkt für weitere transpersonale Erfahrungen, weil durch die Traumarbeit eine Verbindung zwischen dem Ich und den nicht-ichhaften Quellen geschaffen wird. – Der transpersonale Charakter der Träume läßt sich noch stärker herausarbeiten, wenn man sich besonders auf jene Träume und Traumsymbole konzentriert, die nach eigener Auffassung eine universellere und demzufolge teilweise transzendente Energie enthalten. Die Erfahrung solcher Symbole ist oft von einem Gefühl der Ehrfurcht und der Furcht vor dem Tremendum begleitet. Zu solchen Symbolen gehören auch die primären archetypischen Manifestationen: Traumlandschaften von großer Weite, das Erklimmen eines Berges oder der Sturz in einen dunklen Abgrund. Transpersonal heißt nicht, daß man nur das Helle und Lichte erfährt. Die Bildlichkeit der Hölle ist ebenso transpersonal wie die des Himmels. Gott ist überall und nirgends sichtbar.

Traumarbeitsbeispiel: Die Erforschung des spirituell Weiblichen

Im folgenden wird die Traumarbeit benutzt, das eigene spirituelle Leben zu erweitern. Die Träumende befaßt sich damit, in ihrem Leben einen Bezug zur Mitte zu finden. Sie kann sich nicht mit einer der Religionen oder einer spirituellen Methode identifizieren. Für sie muß das spirituelle Leben eine ganz individuelle Dimension haben. Sie hatte zuvor verschiedene Formen religiösen Denkens und religiöser Praktiken erprobt. In ihren Träumen äußerte sich nun das Unbewußte in Form spiritueller Symbole und zeigt zudem jene Bedürfnisse, die für das Leben der Träumerin von besonderer Bedeutung sind. Die entsprechenden spirituellen Traumgestalten sind ihr in den letzten drei Jahren in mehreren Träumen erschienen. Sie hat diese Träume untersucht, um die Symbole miteinander in Beziehung setzen zu können, und hat außerdem Zwiegespräche mit den spirituellen Gestalten geführt, um festzustellen, wer sie sind und was sie ihr zu sagen haben. Die Gestalten machten es ihr zwar nicht leicht, waren aber im Aussprechen der Wahrheit äußerst behutsam und mitfühlend.

Die angeführten Beispiele zeigen auch, daß die Träumende ihre Beziehung zwischen ihrem Traum-Ich und den spirituellen Gestalten abklärt. Das Traum-Ich als Vertreter des Wach-Ichs und der Entscheidungsfunktion ist ein wichtiger Bestandteil des Gesamtbildes. Denn ohne Entscheidungsträger und ohne Bewußtseinsinstanz gibt es keine

Verbindung zur Gottheit bzw. zur Urquelle. Und ohne Beziehung gibt es keine Manifestation. Die Kommentare der Träumenden machen deutlich, was die Erfahrung in ihrer Gesamtheit für sie bedeutet.

Erster Traum: Die Zeremonie August 1976

Ich träumte, daß wir an meinem Arbeitsort, im Therapiezentrum, eine Zeremonie abhielten. Ich mußte die Rolle des Medizinmannes bzw. der Medizinfrau übernehmen und hatte mir eine große Wolldecke umzuhängen, eine Friedenspfeife in den Mund zu nehmen und einen hohen schwarzen Hut aufzusetzen, wie ihn gewisse Indianer tragen. Ich fing an, mich auf die Zeremonie vorzubereiten und fühlte mich aufgeregt, geehrt und nervös, weil mir eine derart mächtige Rolle zugewiesen worden war. Bevor die Zeremonie begann, sagte Strephon, daß er etwas Besonderes für mich gemacht habe, das ich tragen solle. Es war ein wunderschönes, embryoförmiges Jadehalsband. Die Jade hing inmitten von durchsichtigen Glasperlen, und beide, das Glas und die Jade, wiesen goldene Flecken auf. Alles war in einen Goldrand gefaßt, der so dick wie Blei war. Ich war sehr erfreut und sagte das Strephon auch. Allerdings war mir nicht klar, welchen Teil des Halsbandes er gemacht hatte. Ich fragte ihn, ob er die Goldflecken hineingemacht oder die Jade und das Glas miteinander kombiniert habe. Er antwortete: «Nein, das nicht.»

Die Beziehung zwischen Traum-Ich und Ich

Das Traum-Ich ist ein Medizinmann bzw. eine Medizinfrau. Zumindest trägt es das Kostüm bei der Zeremonie.

Dialog

Ich: Was hast du mir zu sagen?
Sie: Ich bin das Kostüm, das du zu tragen lernen mußt. Es ist zwar sehr männlich, aber in deinen letzten Träumen hat es sich verändert – seit du mit deiner eigenen Weiblichkeit stärker in Beziehung getreten bist. Du hast zudem ein Jadehalsband als Ausdruck deiner persönlichen Kraft erhalten. Diese mußt du pflegen und wachsen lassen. Alles findet sich in deinem Inneren.

Kommentar

Diesen Traum erhielt ich in der Nacht vor einer dreitägigen Bergtour mit Erwachsenen unter meiner Leitung. Die Wanderung sollte spirituell ausgerichtet sein und der Introspektion dienen. Während dieser Wanderung nahm ich Kontakt mit der Gestalt der Medizinfrau auf, weil ich das Gefühl hatte, ein größeres Wissen zu brauchen, als ich es selbst besaß. Zu einem späteren Zeitpunkt führte ich eine Gruppe durch ein Gebiet, das den Indianern heilig war, und hatte das Gefühl, den Geist der Medizinfrau wieder anrufen zu müssen, um die Erfahrung für uns alle zu vertiefen. Diesmal entschied ich mich ganz bewußt dafür, mir eine bestimmte Decke umzuhängen. Ich hatte auch einen jadeähnlichen Stein dabei, den ich am Meer gefunden hatte. Indem ich die Weisheit und die Kraft der Medizinfrau durch diese Traumgegenstände anrief, gelangte ich wesentlich tiefer in mein Inneres, als es sonst möglich gewesen wäre. Bis heute rufe ich die Weisheit und die Kraft dieser Gestalt immer dann an, wenn ich das Gefühl habe, daß mein Ich meine eigene Kraft beeinträchtigt.

Zweiter Traum: Die Indianerin — Oktober 1976

Ich mußte einen Hügel mit schmalen, steilen Stufen hinuntersteigen und dann eine andere Straße wieder hochgehen, um zum Arbeitsort zu gelangen. Auf den letzten Stufen saß eine Eskimo-Frau oder eine mexikanische Indianerin auf einem Schlitten mit einem kleinen Baby. Es blieb nur wenig Platz, um vorbeizugehen. Als ich es versuchte, rutschte das Baby fast vom Schlitten. Die Indianerin fing das Kind auf und sagte mir, daß ich vorbeigehen könnte. Sie würde das Baby solange festhalten.

Die Beziehung zwischen dem Traum-Ich und der Traumgestalt

Die Indianerin ist sowohl ein Hindernis, weil sie die Stufen blockiert, als auch eine Hilfe, weil sie es dem Traum-Ich ermöglicht, seinen Weg fortzusetzen.

Dialog

Ich: Was hast du mir zu sagen?
Sie: Du steigst tief ins Innere deiner Seele hinab und fürchtest dich oft davor. Ich bin dir hier deshalb im Weg, damit du dich daran erinnerst, daß ich noch existiere und daß ich dein Kind für dich festhalte. Ich werde es beschützen, damit es während deiner Reise nicht verletzt wird oder stirbt.

Kommentar

Ich träumte dies, als ich getrennt von meinem Ehemann wohnte und innerlich ziemlich aufgewühlt war. Es war eine Zeit intensiver Innenschau, in der ich mich mit meinen Entscheidungen auseinandersetzte und tief in meine Psyche hineinblickte, um meine Motive für die Trennung besser zu verstehen. Dieser Traum spiegelte die Schwierigkeiten dieses Abstiegs und meine Furcht, etwas zu verlieren. Daß mir die Indianerin zu diesem Zeitpunkt begegnete, bestätigte mir, daß es in meinem Inneren eine Kraft gab, die mich während meines Abstiegs in mein Selbst beschützen würde.

Dritter Traum: Die Malagas — Februar 1977

Ich befand mich zusammen mit einer Mexikanerin in einem Zimmer. Sie war zwischen dreißig und vierzig Jahre alt, trug ein leuchtend blaues Gewand und aß gerade Reis und Gemüse. Irgend jemand sagte mir, sie sei eine mexikanische Schamanin. Eine Freundin führte mich in ein anderes Zimmer, in dem zahlreiche weitere Frauen mit blauen Gewändern saßen. Auch sie waren ‹malagas› oder ‹malagras›. Dieses Wort, so sagten sie mir, sei die spanische Bezeichnung für ‹Medizinfrau›. Sie kamen aus verschiedenen Dörfern Mexikos. Als ich den Raum verließ, sagte mir die erste ‹malaga›, ich müsse lernen, meine Energie besser zu zentrieren. Eine Freundin gab mir zudem ein spezielles blaues Gewand und sagte, daß ich etwas tun müsse, um es zu meinem eigenen zu machen. Ich erwiderte, daß ich es mit Goldborten versehen würde.

Die Beziehung zwischen dem Traum-Ich und der Traumgestalt

Die Traumgestalt gibt mir Ratschläge, und ich erhalte ein Schamanengewand, das auch sie trägt.

Dialog

Ich: Was hast du mir zu sagen?
Sie: Ich habe dir bereits gesagt, daß du lernen mußt, deine Energie besser zu konzentrieren. Das gilt immer noch. Du hast zwar einige eindeutige Entscheidungen im Leben getroffen, und das hilft natürlich bei der Konzentration, aber im Alltag bist du immer noch undiszipliniert. Die Meditation kann dir wie bisher dabei helfen. Sie beruhigt dich und bringt dich dazu, daß du dich auf deine zentralen Probleme konzentrierst und das nutzlose Geplapper in deinem Kopf beseitigst.

Kommentar

Ich kann kein Spanisch, habe aber in Erfahrung gebracht, daß ‹malagra› ‹Wunder› bedeutet. Für mich besteht ein enger Zusammenhang zwischen Wundern und dem, was Schamanen tun. Der Traum geht also wieder einmal über mein bewußtes Wissen hinaus. Ich hatte daran gearbeitet, mich im Alltagsleben mehr zu disziplinieren, und habe das als notwendigen maskulinen Wesenszug betrachtet, den ich mir aneignen müsse. Doch es ist die weibliche Weisheit, die mir sagt, daß ich mich aufs Wesentliche konzentrieren soll. Sie gibt mir ein eigenes Gewand. Ich spüre, wie der heilende Aspekt in einer Zeit bestätigt wird, in der ich mich mit meinen eigenen Verletzungen auseinandersetze. Man gibt mir den Umhang der Heilerin und ermuntert mich, etwas dafür zu tun, daß er ‹noch mehr› mein eigen wird.

Vierter Traum: Tausende von Adlern — Mai 1979

Ich befinde mich an einem Strand, wo gerade ein Ritual stattfindet. Die Teilnehmer legen ihre Kleider ab. Plötzlich fliegen Tausende von Adlern in V-Formation auf uns zu – der ganze Himmel ist voll von ihnen. Zusammen mit meiner Tochter und einigen anderen Leuten verlasse ich den Ort, um in einer Berghütte abzuwarten, was die Adler tun werden. Als nichts geschieht, kehren wir an den Strand zurück. Noch immer landen die Adler zu Tausenden – ihre Macht und ihre gewaltige Anzahl sind erschreckend. An einem anderen Abschnitt des Strandes stehen Leute nebeneinander und senden den Adlern positive Heilenergie. Sie sind sich selbst nicht sicher, ob die Adler gewalttätig sind oder Angst haben, aber sie wissen, daß sie beruhigt werden müssen. Eine junge Indianerin leitet die Heilergruppe.

Die Beziehungen des Traum-Ichs zu den Traumgestalten

Das Traum-Ich fürchtet sich vor der Macht der Adler und ist froh, daß die Indianerin da ist, um ihnen heilende Energie zuzuführen.

Dialog

Ich: Was hast du mir zu sagen?

Sie: Ich weiß, daß dich die Stärke der Adler überwältigt und daß du dich davor fürchtest, daß sie möglicherweise böse Absichten haben. In Wirklichkeit wissen wir aber nur eines über sie: Sie versammeln sich. Ihre Zahl und ihre Macht sind furchterregend, und im Augenblick können wir nichts anderes tun, als ihnen positive Energie entgegenzubringen. Ich selbst bin in erster Linie ein Vehikel, das der Kollektivkraft eine Richtung gibt. Du mußt auch deinen Frieden mit diesen Adlern machen, aber ich bitte dich eindringlich, es nicht allein zu tun, sondern dich unserem Kraftpotential anzuschließen.

Kommentar

Wie die Indianerin auf dem Schlitten, bietet mir auch diese Heilerin Unterstützung und Hilfe bei der Bewältigung äußerer Schwierigkeiten an. Diesmal allerdings sind die Schwierigkeiten kollektiver Art und haben nicht nur mit meinen individuellen Problemen zu tun. Außerdem habe ich sowohl künstlerisch als auch durch Amplifikation mit dem Symbol des Adlers gearbeitet. Mehrere Monate später fand ein synchronistisches Ereignis statt, als ich bei einer Gruppenzeremonie aus über hundert verfügbaren Symbolen gerade den Adler auswählte, um ihn in Ton zu modellieren.

Zusammenfassung

Als Therapeutin und Traumarbeitsleiterin bin ich offenbar daran, das Heilungselement in meinem Inneren und bei anderen wachzurufen. Deshalb waren diese Träume für mich sehr inspirierend. Auf der bewußten Ebene fiel es mir leichter, mich mit den dunkleren Seiten meiner Seele auseinanderzusetzen. Ich fühlte mich jedoch häufig gehemmt, wenn es darum ging, der spirituellen oder lichteren Seite vermehrt Ausdruck zu verleihen. Ich hatte zu viele Menschen gesehen, die sich mit der Rolle des Heilers identifizieren und deshalb einer Inflation verfielen. Ich selbst scheute vor diesem Aspekt zurück. Die Träume waren also Kompensation und Stütze zugleich. Sie halfen mir bei der Erforschung der eigenen Dunkelheit, und sie bestätigten mich bei der Erschließung meiner spirituellen Weiblichkeit.

Transpersonale Traumarbeit: Zusammenfassung und Anleitung für die Traumarbeit

Der Gebrauch der transpersonalen Perspektive bei der Traumarbeit umfaßt folgende Punkte:

- Eine dauerhafte Beziehung zu den eigenen Träumen herstellen, indem regelmäßig mit den Träumen gearbeitet wird und die Entscheidungen vermehrt aufgrund der durch die Träume und die Traumarbeit ersichtlich gewordenen Möglichkeiten getroffen werden.
- Sich auf jene Traumsymbole konzentrieren, die transzendente Aspekte aufweisen und ein Gefühl der Scheu wachrufen. Derartige Symbole können im Einklang mit den gängigen spirituellen Symbolen sein oder völlig von ihnen abweichen.

- Besonders auf jene Traumelemente achten, die möglicherweise mit paranormalen Ereignissen in Zusammenhang stehen, wie z.B. besondere Kenntnisse oder Vorhersagen.
- Die persönliche spirituelle Praxis mit transpersonalen Traumsymbolen in Gestalt von Kunstwerken, Gebeten, Meditationen und anderen Handlungen verknüpfen und sie auf irgendeine Art in die Gemeinschaft einbringen.
- Sich intensiv mit einem sehr eindrücklichen, großartigen Traum auseinandersetzen. Ein *großer Traum* ist eine Erfahrung mit besonders lebhafter Symbolik, die eng mit dem eigenen Schicksal verknüpft ist und viel dazu beitragen kann, Lösungen zu finden, Einsichten zu gewinnen und wesentliche Wandlungen im Leben herbeizuführen.
- Eine Trauminkubation in bezug auf eine wichtige Angelegenheit durchführen und zuvor den Entschluß fassen, der vom Traum angezeigten Richtung nach besten Kräften zu folgen.

Wählen Sie eine der oben erwähnten Möglichkeiten aus und setzen Sie nach Bedarf noch weitere Techniken ein, um die Auseinandersetzung mit einem Traum durchzuführen. Nach Abschluß der Traumarbeit ist es sinnvoll, über die spirituellen und transpersonalen Erfahrungen und auch darüber zu meditieren, was die Traumarbeit dazu beigetragen hat. Versuchen Sie im Anschluß daran, einige Grundsätze zu formulieren, die das Leben bereichern.

Die Traumweisheit und ihre Nutzung

Die Bibel und andere religiöse Texte sind vermutlich von ganz gewöhnlichen Menschen geschrieben worden. Vielleicht sind die Verfasser dieser Schriften außergewöhnlich spirituelle Menschen gewesen, die tatsächlich Offenbarungen des Göttlichen erhalten haben. Das heißt aber nicht, daß wir selbst unfähig sind, uns auf die gleiche Quelle einzustimmen und Offenbarungen zu empfangen. – Bei der Jung-Senoi Traumarbeit wurde deutlich, daß bei vielen Menschen die Fähigkeit, Offenbarungen zu haben, ziemlich entwickelt ist. Manchmal kommt es sogar vor, daß spirituelle Aussagen unmittelbar in einem Traum gemacht werden. Diese sind oft paradoxer als die der traditionellen Religionen.

- Woher kommen diese Aussagen?
- Was bedeutet es, daß sich auch bei einfachen Menschen in den Träumen eine spirituelle Weisheit offenbart?

Müssen solche Menschen zu Verkündern einer neuen Religion werden? Das ist ziemlich unwahrscheinlich. Statt die empfangenen Weisheiten anderen zu predigen, sind sie im eigenen Leben umzusetzen. Dies ist die alltägliche, fundamentale Ebene.

Die Weisheit des Traumes erschließt sich auch unmittelbar bei der Traumarbeit, z. B. im Dialog mit einer Traumgestalt. – Wenn man eine Sammlung persönlicher Traumweisheiten anlegt, kann auf diesem Fundament das Leben aufgebaut werden. Dazu ist es wichtig, über die weisen Traumaussagen zu meditieren, damit die möglichen Bedeutungen in Erscheinung treten und einen Rahmen schaffen können, der es erlaubt, einen bestimmten Lebensabschnitt einzuschätzen. So ergeben sich zum Beispiel aus der Traumaussage ‹Heilträume sind keine Alpträume› folgende Bedeutungsmöglichkeiten:

- Man fürchtet sich vor einem Heiltraum, in dem sich neue Entscheidungs- und Wandlungsmöglichkeiten zeigen.
- Man muß die Alpträume nicht mehr länger fürchten, sondern kann sich ihnen und der durch sie hervorgerufenen Angst stellen, um zu sehen, welche Heilung sie zu bewirken vermögen.

Das Ergebnis dieser Überlegungen kann sein, daß man sich bewußter mit dem, was einem – innerlich oder äußerlich – Angst einflößt, auseinandersetzt.

Wer regelmäßig mit der Jung-Senoi Methode arbeitet, wird Traumweisheiten empfangen, denn jeder Mensch besitzt eine spirituelle Quelle und ein spirituelles Buch, in dem sich diese Quelle äußert. Niemand ist somit ganz von fremden spirituellen Erfahrungen und Weisheiten abhängig. Äußere Quellen in Form traditioneller Religionen und Texte aus Ost und West können das Leben bereichern. Ein Bezug zu diesen Quellen – individuell und einzigartig – ergibt sich aus den Träumen und der Traumarbeit. Es gehört zu diesem Prozeß, daß die Quelle der Träume die überlieferten religiösen Bilder und Weisheiten oft auf eine für das Individuum einzigartige Weise abändert.

Vorschläge für den Umgang mit Traumweisheiten

- Einige Seiten im hinteren Teil des Arbeitsheftes freilassen, um Traumweisheiten notieren zu können.
- Einen Traum im Hinblick auf weise Aussagen durchgehen und feststellen, wieviele sich formulieren lassen.
- Traumweisheiten auf Karteikarten schreiben und täglich eine Weisheit meditieren. Die Aussage immer wieder wiederholen und die Folgen beobachten.
- Eine Traumweisheit auf einem Poster darstellen und künstlerisch ausschmücken.

Die Weisheit der Träume

Folgende Aussagen sind unmittelbar in einem Traum gemacht worden:

- «Es ist eine ernsthafte Sache, zu entscheiden, was du mit dem Rest deiner Ewigkeit anfängst.»
- «Nimm dein Ich zusammen.»
- «Du bist ein Funke des unendlichen Gottes, der in der Finsternis glimmt.»
- «Ich muß mich dem Strudel nähern, dem tosenden Wirbelwind des Feuers, um ihn durch die Verbindung der Gegensätze zu bezähmen.»
- «Um einen Raum zu verlassen, mußt du erst die Tür zimmern, durch die du eingetreten bist.»
- «Strukturiere es und laß es dann los.»
- «Du wählst Dinge, weil du sie haben willst. Ich tue es wegen der Leiden, die sie bringen, und wegen der Opfer, die sie mir abverlangen.»

- «Nur im Zentrum hören wir etwas.»
- «Du mußt dich tief ducken und in die Dunkelheit hineinspringen.»
- «Achte darauf, Beschreibungen und Übungen für die dunkle Seite miteinzubeziehen. Nicht unbedingt schreckliche, aber auf jeden Fall alltägliche Dinge.»
- «Ich will, daß du in der Wüste schwimmen und auf dem Wasser gehen kannst.»
- «Das ist nicht auf meinem eigenen Mist gewachsen.»

Traumforschung

Jung war der Meinung, daß man ganze Traumserien miteinander verbinden müsse, um Träume zu verstehen, und daß ein Einzeltraum in der Regel für sich allein nicht verstanden werden könne (vgl. GW 16 § 322). Dies ist bei der Jung-Senoi Methode anders. Da hier versucht wird, ein Problem mit Hilfe verschiedener Arbeitsmethoden von möglichst vielen Standpunkten aus zu betrachten, um eine Lösung zu finden, kann man sowohl mit einem Einzeltraum als auch mit ganzen Traumserien arbeiten.

Der Wert der Verknüpfung von Traumsymbolen

Die Beobachtung von Symbolgruppen oder -themen über mehrere Monate bzw. Jahre hinweg in verschiedenen Träumen zeigt, wie sich die Symbole verändern und weiterentwickeln. Auf diese Weise läßt sich eine Bestätigung des eigenen Wachstumsprozesses finden.

Nach dem Tode meiner Eltern erschienen sie beide zusammen oder einzeln in mehreren Träumen. Im Traum besuchte ich ein paar Mal die elterliche Wohnung, und jedesmal wurde sie größer, geräumiger und schöner. In einigen Träumen erhielt ich von meinem Vater ein Geschenk. Er selbst war ein bekannter Dichter und Herausgeber gewesen, hatte mich aber zu Lebzeiten nicht zum Schreiben ermuntert oder darin unterstützt. In einem Traum gab er mir schließlich eine kleine Sammlung seiner Bücher. Dies bestätigte mir, daß ich nun endlich das Familienerbe übernehmen konnte, und verlieh mir ein Gefühl der Verwurzelung, das mir bei meinem Eintritt in die Welt eine große Hilfe werden sollte. Später erhielt ich im Traum von meinem Vater ein ganz besonderes, großformatiges rotes Buch – mein eigenes Buch. Ich kenne zwar den Titel nicht und weiß auch nicht, wovon es handelt, aber das Buch war ein Hinweis, daß das, was ich der Welt und mir selbst zu geben hatte, potentiell vorhanden war und weiterentwickelt werden konnte. In anderen Träumen hatte ich die Beerdigung meines Vaters zu organisieren oder ich äußerte meine tiefe Trauer. Der letzte wichtige Traum dieser Serie handelte davon, wie mein Vater, der nun ein uralter verschrumpelter Mann in seinen Neunzigern war, in meinen Armen starb. Es war ein wunderbarer Traum, in dem die Integration der väterlichen Energie zum Abschluß kam.

Momentan tritt meine frühere Analytikerin, die zehn Jahre lang auch meine spirituelle Führerin gewesen war, in meinen Träumen als wichtiges Symbol auf. Ich hatte ihre Organisation unter recht unangenehmen Umständen verlassen, was sie mir wohl sehr verübelt hat. Seither ist sie in meinen Träumen als spirituelle Führerin, die keinerlei Unterstützung gewährt, erschienen. Dies entsprach der Alltagswirklichkeit. Als ich nach und nach zu meiner eigenen spirituellen Kraft eine Beziehung herstellte und fähig wurde, das Spirituelle auch äußerlich zu manifestieren, verwandelte sich ihre Gestalt in meinen Träumen und wurde hilfreicher. 1980, am Neujahrstag, träumte ich dann, daß wir beide zum ersten Mal aktiv zusammenarbeiten. Es ging um einen wichtigen Text über die Traumarbeit für die Jungianer.

Der Wert der Aktualisierung jener Symbole, die in meinen Träumen am häufigsten vorkommen, bestand und besteht darin, daß durch die Auseinandersetzung deren Energie nach und nach integriert wird. Bei diesem Prozeß verwandeln sich die Traumsymbole, sie werden positiver und unterstützender. Darin drückt sich die gesteigerte Fähigkeit des Ichs aus, die den Symbolen eigene Energie im Leben darzustellen. Dies wird wiederum in den Folgeträumen bestätigt. Zudem hat man das Gefühl, *mit* dem Unbewußten und nicht gegen das Unbewußte zu arbeiten. Die Arbeit beruht auf dem Prinzip des Gebens und Nehmens, das für ein integratives Vorgehen charakteristisch ist. Es kommt zu einem ‹Symbolaustausch›, zu bestätigenden Gegenzügen des Unbewußten und zur Entdeckung, Entwicklung und Ausbalancierung einer eigenen und einmaligen Traumlandschaft.

Die am häufigsten auftretenden Symbole zeigen an, an welcher Stelle der Energiegehalt am größten ist und wo die meisten Probleme, Einseitigkeiten und Begabungen liegen. Wer beispielsweise beinahe ausschließlich nur von partnerschaftlichen Beziehungen träumt, kann beim systematischen Arbeiten mit dieser Problematik möglicherweise herausfinden, daß zuviel Energie in den Beziehungen steckt, während die eigene Person vernachlässigt wird.

Eine genauere Untersuchung der vorherrschenden Traumlandschaften hat unter Umständen auch eine berufsberatende Funktion. Sie hilft bei der Weiterentwicklung und Entfaltung der Arbeitsproduktivität, weil man dort am besten wirken kann, wo sich der größte Teil der eigenen psychischen Energie ausdrückt. – Jemand, der häufig von der Natur und ökologisch intakten Landschaften träumt, wird sich z.B. aktiv in der Ökologiebewegung engagieren, während ein anderer, bei dem in den Träumen menschliche Beziehungen eine große Rolle spielen, sich vielleicht zum Therapeuten ausbilden lassen wird.

Ein weiteres Resultat der Erforschung von Symbolverknüpfungen ist die Entdeckung der in der Psyche dominierenden Archetypen. Sich wiederholende Symbole und Themen weisen auf der Ebene des persönlichen Unbewußten auf die vorherrschenden Persönlichkeitsprobleme, auf der des kollektiven Unbewußten auf Art und Wirkung der dominanten Archetypen hin, was sich auch als Hinweis auf die natürlich gegebene Lebensrichtung werten läßt. So äußert sich eine Vaterproblematik in den Träumen sowohl im Bild des leiblichen Vaters als auch in verschiedenen Traumgestalten, denen eine väterliche Rolle zukommt. Die Untersuchung dieser miteinander verbundenen Symbole wird nach und nach auch die meisten Dynamismen der in der eigenen Kindheit aufgebauten Beziehung zu den Eltern aufklären helfen.

Eine Untersuchung der reinen Archetypen auf der Ebene des kollektiven Unbewußten läßt jene Archetypen sichtbar werden, die in der eigenen Psyche vorherrschen, und zeigt, auf welche Weise sie wirken. Wenn nur selten von eindeutig spirituellen Symbolen wie Mandalas, besonderen Geschenken, Schätzen und traditionell religiösen Symbolen geträumt wird, kann dies ein Hinweis auf die relative Inaktivität des Selbst sein. Gleichzeitig träumt man statt dessen z.B. von der allesverschlingenden Mutter oder von Ungeheuern. Nach der Herausarbeitung der dominanten Archetypen kann im Rahmen der Traumarbeit ein anderer Archetyp wachgerufen und auf diese Weise ein Gleichgewicht hergestellt werden. Daraus soll sich aber keine Konfrontation ergeben, denn bei dieser Arbeit geht es zum einen darum, das Bedeutungsfeld des vorherrschenden Archetypus zu erweitern, und zum anderen um eine Aktivierung der gegensätzlichen Seite.

Durch die Untersuchung der zusammenhängenden und sich wiederholenden Themen und Symbole wird deren Beziehungscharakter zum Traum-Ich deutlich gemacht. – Auf der einen Seite ist das Traum-Ich völlig passiv, es wird angegriffen oder beobachtet bloß – oder es ist im Traum nicht einmal anwesend. Es kann aber auch sein, daß sich das Traum-Ich aktiv und direkt mit einem Traumsymbol auseinandersetzt. Falls das Traum-Ich eher passiv eingestellt ist und die Tendenz hat, sofort aufzugeben, eignet sich die Technik des Wiedererlebens und des Neuschreibens, um Traum- und Wach-Ich zu trainieren und aktiver werden zu lassen. Das Ich lernt, sich stärker zu beteiligen, wenn es um die Auseinandersetzung mit archetypischen Lebensenergien geht, die sich in den Symbolen widerspiegeln. Wer im Traum immer wieder schwer verwundet wird, ohne dagegen etwas unternehmen zu können, und sich dann im Rahmen der Traumarbeit mit den Verletzungen und den Heilverfahren beschäftigt, wird später auch davon träumen, daß er sich mit den eigenen Wunden auseinandersetzen und einen Heilungsprozeß einleiten kann.

Man kann auch beobachten, inwieweit Traumserien Ereignissen im Alltag parallel laufen. Dazu eignen sich vor allem die sogenannten Schicksalsträume, d.h. Träume, die an Geburtstagen und Festtagen wie Weihnachten und Neujahr auftreten. An solchen Tagen sind bestimmte archetypische Energien stärker angesprochen und aktiver als sonst. Das kollektive Unbewußte durchbricht die Schranken des persönlichen Unbewußten. Der einzelne Mensch wird für einen

Augenblick dem Alltagsleben entfremdet und erlebt eine mythischere und umfassendere Perspektive. Die Arbeit mit solchen Träumen beruht auf der Auswahl jener wichtigen Traumthemen, die während eines Jahres – bis zum nächsten Schicksalstraum – richtungsweisend sein können. Denn oft sind es gerade diese Themen, die für das Ich eine überragende Bedeutung haben. Manchmal enthalten die Schicksalsträume sogar Voraussagen für die Zukunft und Maßregeln, wie das Ich sich ihnen gegenüber zu verhalten hat.

Die Auswirkung der Traumarbeit auf die Symbole zeigt sich in der Art, wie sie in späteren Träumen auftreten. Die aktive Auseinandersetzung mit Traumgegnern in Form des Wiedererlebens wirkt sich z. B. so aus, daß die Konfrontation in einem späteren Traum direkt geschieht. Oder es treten in den Träumen anstelle von Gegnern eher hilfreiche Gestalten auf. Eine fortlaufend durchgeführte Traumarbeit hat sowohl Auswirkungen auf das Traum-Ich, weil dessen Selbstbehauptung gestärkt wird, als auch auf das Traumgeschehen als Ganzes, das nun vielfältigere Lösungsmöglichkeiten anbietet. Die Träume und die Traumarbeit scheinen also die Bühne zu sein, auf der die entscheidenden Veränderungen psychischer Muster erprobt und herbeigeführt werden – worauf sich schließlich auch das Verhalten im Alltag ändert. Diese Wandlungen im Inneren und Äußeren spiegeln sich in späteren Träumen, in denen die gleichen Symbole und Themen auftreten. Die ursprüngliche Arena ist das Innenleben, das wesentlich flexibler und reicher an Möglichkeiten ist als das äußere Leben im Alltag. Veränderungen im Außen bestätigen und festigen dann die inneren Prozesse durch Konkretisierung. Dies ist die wirkliche Prüfung dafür, ob Veränderungen konkret und nicht bloß eingebildet sind.

Die Erforschung der dominanten Symbole und Themen führt zur Entdeckung des persönlichen Mythos, der daraufhin weiterentwickelt werden kann. Wer in Unkenntnis des eigenen Mythos lebt, lebt unbewußt. Die Realität des persönlichen Mythos kann leicht aus der Untersuchung von Traumserien erschlossen werden, denn die Einzigartigkeit eines Individuums wird durch die Art der Manifestation der Archetypen bzw. der universellen Energien bestimmt. Träume und Traumarbeit sind die Wege, die diese Seelenwirklichkeit enthüllen. Und für die Entwicklung einer ganzheitlichen Persönlichkeit ist die Beobachtung der dominanten Traumsymbole und -themen ebenso wesentlich wie die Arbeit mit ihnen.

Die innere Dynamik von Traumserien

Zu den Grundlagen der in diesem Buch besprochenen Methoden gehört die Objektivierung des Traumes. Dies geschieht durch die

Offenlegung seiner inneren Dynamik. Dasselbe läßt sich mit ganzen Traumserien durchführen, wozu sich unter anderem folgende Möglichkeiten anbieten:

- Die in den Träumen wiederkehrenden *Orts-* und *Personen*symbole beobachten: z. B. eine Person, die oft vorkommt, oder das Haus, in dem man seine Jugend verbracht hat.
- Auf *Handlungen* und *Funktionen* achten, die verschiedenen Träumen gemeinsam sind: z. B. Sexualität, Gewalt, Weisheit und Ausscheidung (Urin, Stuhl).
- Untersuchen, welche *Gefühle* und *Einstellungen* gleicher oder ähnlicher Art in den Träumen aufgetreten sind: z. B. Angst und Schrekken, Einschüchterung und Widerspruch. Aus der Häufigkeit der Träume, in denen bestimmte Gefühle, Empfindungen und Einstellungen auftreten, läßt sich erkennen, was in der eigenen Psyche dominiert.
- Die Symbole verschiedener Träume einteilen in solche, die die Alltagsrealität ziemlich genau wiedergeben, und in solche mit eher surrealistisch-bizarr-verzerrten Eigenschaften. Mit dieser Einteilung kann man sich Klarheit über das verschaffen, was in den Träumen vorgeht, ohne deswegen etwas erklären zu wollen.
- Die in den Träumen auftretenden Symbole nach bestimmten Gesichtspunkten gruppieren: z. B. spirituelle Lehrer und positive oder negative weibliche Gestalten. ‹Positiv› und ‹negativ› sind als Attribute in Relation zum Traum-Ich zu verstehen – und nicht als absolut feststehende Benennungen. Denn es ist das Traum-Ich, das im Traum negativ oder positiv auf etwas reagiert. Diese Reaktion sagt nichts über das Symbol selbst aus. Wahrscheinlich sind alle Symbole paradox und enthalten das Gegensatzpaar positiv-negativ. Es ist also ganz besonders darauf zu achten, wie das Traum-Ich auf ein Symbol reagiert, damit der gegensätzliche Aspekt erschlossen werden kann.
- Eine Einteilung der Trauminhalte nach dem Kriterium *positiv – negativ* durchführen, wobei die Bewertung im Hinblick auf das Traum-Ich oder nach der Einschätzung des Wach-Ichs erfolgt. Die Einteilung kann auch im Hinblick auf den Traum als Gesamtes geschehen. Ferner ist es möglich, sich zu fragen, ob ein bestimmtes Symbol destruktiv oder konstruktiv auf andere wirkt, oder welches Symbol, das in den letzten zwölf Monaten aufgetreten ist, das positivste und welches das negativste gewesen ist.

Eine Mahnung zur Vorsicht

Es kann leicht geschehen, daß bei der Traumarbeit die Träume überanalysiert werden, denn auf diese Weise versucht das Ich mit Hilfe des logischen Denkens seine Vorherrschaft über die Gesamtpsyche zu erhalten. Außerdem kann auch die Empfindungsfunktion dominant werden, und das Ich wird wählerisch oder verliert sich in Details. – Beim Studium der Traumsymbole und -themen ist diejenige Einteilungsart zu bevorzugen, die für das eigene Leben die größte Bedeutung hat und am meisten Sinn ergibt. Das Ich kann nicht alles bis zur letzten Perfektion bearbeiten oder das Unbewußte und den kreativen Prozeß mittels Logik und Rationalismus dominieren. Die Denkfunktion ist aber dafür geeignet, die Dinge zu ordnen und sich einen Weg durch Tausende von Symbolen zu bahnen, die das Unbewußte jedes Jahr hervorbringt. Für jemanden, der sich seiner Träume erinnert und mit ihnen arbeitet, ist es wichtig, Methoden der Organisation und Auswahl zu entwickeln. Dazu verhilft einem die Untersuchung der Traumsymbole und -themen, bei der sich feststellen läßt, welche vorherrschend sind.

Traumserie-Verarbeitungstechniken

Die Verarbeitungstechniken, die sich der Hilfe des Unbewußten bedienen, erschließen einen Bereich unterhalb der rationalen Funktionen, wo die psychische Energie ihren Ursprung hat und frei fließt. Deshalb lassen sich auch für die Arbeit mit Symbolserien Techniken angeben, die helfen, eine Serie weiterzuentwickeln:

- Ein ständig wiederkehrendes Symbol jedes Mal, wenn es in einem Traum auftritt, *malen* oder *modellieren*. Der Effekt ist auch dann beeindruckend, wenn man die Bedeutung des Symbols nicht kennt oder noch nicht erkannt hat.
- Bei jedem neuen Auftreten einer bestimmten Traumgestalt mit dieser einen *Dialog* führen. Dies führt oft zu ‹plötzlichen Einsichten› und zeigt zudem, daß das Interesse an einem Symbol erhalten geblieben und erneuert worden ist.
- Mit Hilfe der *metaphorischen Verarbeitung* ein wiederkehrendes Symbol auf bestimmte Persönlichkeitsmerkmale und Alltagssituationen beziehen. Wer z.B. häufig vom Fliegen träumt, kann sich fragen, inwieweit die Flugträume die Neigung, Problemen in der Wirklichkeit auszuweichen, anzeigen.
- Einen sich wiederholenden Traum sofort nach dem Aufwachen

neuschreiben. So lassen sich beispielsweise Verfolgungsträume in Konfrontationsträume umwandeln, was sich dann auf den nächsten Traum auswirkt.
- Träume, die sich wiederholen und ungelöst enden, mittels der Methode des *Wiedererlebens* einer Lösung zuführen.

‹Das Weben des Teppichs› mittels Traumarbeit

Es ist nun gezeigt worden, welchen Wert die Arbeit mit einer Traumserie haben kann und wie bestimmte Symbole entdeckt und anschließend gewandelt und entwickelt werden können. Zugegeben, das ist zu organisieren, aber auch das Leben muß bis zu einem gewissen Grad planmäßig eingerichtet werden. Man kann nicht immer nur auf die Dinge reagieren oder jenen Entscheidungen aus dem Weg gehen, die verlangen, Prioritäten zu setzen und anderes preiszugeben.

Es steht einem frei, das Leben oberflächlich zu leben und die sich daraus ergebenden Konsequenzen zu tragen. Wenn es nur aus eigenem Stoff gesponnen ist, hält das Ich allenfalls mit großer Zähigkeit daran fest. Doch wo bleibt da die umfassendere Psyche, die Ganzheit? Es sind die Träume und besonders die Traumserien, die Aufschluß über die Arbeitsweise der Seele geben. Es wäre deshalb gut, mittels fortlaufender und sinnvoll eingesetzter Traumarbeit einen Teppich zu wirken, der die Kontinuität des eigenen Lebens darstellt.

Traumforschung: Zusammenfassung und Anleitung für die Traumarbeit

Zunächst sind die Ziele zu bestimmen, die man mit Hilfe der Methode der Traumforschung erreichen möchte. Dabei hat man darauf zu achten, daß die Projekte in einem vernünftigen Rahmen bleiben. Wenn man sich nämlich zuviel vornimmt, kann die Sache nicht zu Ende geführt werden – und man steht mit leeren Händen da.

- Eine Liste der Ziele und Werte erstellen, die durch die Anwendung der Traumforschungsmethode realisiert werden sollen.
- Die Methoden und den Zeitaufwand pro Tag, Woche und Jahr angeben, die man einsetzen will, um die gesteckten Ziele zu erreichen. – Es ist zu beachten, daß ein *Traumsymbol* ein energiereiches Bild bzw. eine Handlung ist. Jede Traumgestalt, jedes Objekt und jede Handlung kann ein Symbol sein. Ein *Traumthema* besteht aus einer beliebigen Bildkonstellation mit bestimmter Thematik, Hand-

lung oder gefühlsmäßiger Stimmung. Die Traumforschungsmethode umfaßt unter anderem folgende Vorgehensmöglichkeiten:

- Die Auswahl eines *bestimmten Traumtyps*, mit dem gearbeitet werden soll, z. B. Reiseträume oder Träume mit spirituellem oder sexuellem Inhalt. Die Träume eines bestimmten Typs sind als Einheit zu betrachten und in chronologischer Reihenfolge in bezug auf die Entwicklungen und Wandlungen zu untersuchen. Mit Hilfe geeigneter Traumarbeitsaufgaben lassen sich weitere Veränderungen herbeiführen.
- Die Zusammenstellung aller Träume zu einem *bestimmten Symbol.* Dann sämtliche Charakteristiken des Symbols beschreiben, die sich in den verschiedenen Träumen finden lassen, und auf diese Weise das Gesamtspektrum der Archetypenmanifestation und die Wandlungsaspekte des Symbols herausarbeiten. Nach Parallelen zum Alltagsleben und zur eigenen Persönlichkeit suchen, und mittels spezieller Traumarbeiten das Symbol aktualisieren oder beeinflussen.
- Die Anwendung einer speziellen Traumarbeitsmethode, z. B. Malen, Dialog, Symbolvertiefung, auf ein in den Träumen ständig wiederkehrendes Symbol – und zwar jedesmal, wenn man davon geträumt hat. Auf diese Weise wird das Symbol *verarbeitet und weiterentwickelt*, und mit der Zeit wird man – auch ohne analytisches Vorgehen – besser verstehen, was geschieht.
- Die Verwendung eines Traumsymbolbuches mit alphabetischem Stichwortverzeichnis. Darin sind die Symbole zu beschreiben – zusammen mit den Daten der dazugehörigen Träume. Das Buch gibt eine Übersicht und erlaubt eine Feststellung der sich wiederholenden Symbole.
- Die Organisation einer Traumarbeitsgruppe, die sich wöchentlich einmal oder über das Wochenende trifft. Diese Zusammenkunft sollte in zwei sich abwechselnde Phasen unterteilt werden: in eine der schweigenden Betrachtung und Bearbeitung der eigenen Träume und in eine des Gesprächs, bei der die Erfahrungen ausgetauscht und die Ergebnisse besprochen werden. Vor allem in der Mitte und am Ende des Jahres können derartige Wochenendtreffen sehr hilfreich sein.

Die Entscheidung

Das Entscheidungsproblem ist deshalb ein schwieriges Thema, weil man letzten Endes mit seinen Entscheidungen doch völlig allein dasteht. Man wird zu dem, wofür man sich entscheidet. Folglich ist es für den Bewußtwerdungsprozeß lebenswichtig, einen *Entscheidungskontext* zu entwickeln, indem man sich etwa folgende Fragen stellt:

- Woher weiß ich, daß ich die sinnvollste und beste Entscheidung treffe?
- Welcher Teil meiner selbst entscheidet sich so und nicht anders? Wie stark ist meine Totalität dabei beteiligt?
- Wie habe ich früher meine Entscheidungen getroffen?
- Woher weiß ich, daß die Information, die ich erhalte, stimmt?
- Wer oder was äußert sich bei der Traumarbeit und bei der Arbeit mit dem Unbewußten im allgemeinen? Aus welchem Teil der Gesamtpsyche kommen die einzelnen Stimmen?
- Wann habe ich genügend Informationen, um eine angemessene und gerechtfertigte Entscheidung zu treffen?
- Wie verarbeite ich Informationen, die manchmal widersprüchlich sind?
- Wer oder was ist die letzte Entscheidungsinstanz?

Die Ich-Selbst-Achse

Bei der Traumarbeit öffnet man sich für alle möglichen neuen Informationen. Man begibt sich zu seinen Quellen, um Hilfe zu erhalten. Denn die Informationen, welche die äußere Realität anbietet, genügen nicht, um mit ihr zurechtzukommen. Der Mensch braucht eine erweiterte Perspektive und eine Befreiung von den äußeren Belangen. Damit es zu einer Auseinandersetzung mit der äußeren Realität kommen kann, ist diese Identifizierung mit dem Außen aufzugeben. Nun stecken die Träume und die Traumarbeit voller symbolischer Kommentare über das Wesen der Dinge, sowohl der äußeren als auch der inneren. Doch wie können diese Symbole entziffert werden, wie verschafft man sich Klarheit, Genauigkeit und Eindeutigkeit, um Entscheidungen zu treffen? Als erstes lernt das Ich als entscheidungsfällende Instanz, daß es nicht um die Durchsetzung des eigenen Standpunktes geht, denn das Ich ist die integrative Funktion für die gesamte Psyche. Für die Integration und Transformation bedarf es noch des zentralen Archetypus des Selbst. Aber das Selbst entscheidet sich nicht, es zeigt und integriert lediglich das, wofür sich das Ich entschieden hat. Das Ich als Lenker der ihm zur Verfügung stehenden psychischen Energie bestimmt, auf welche Weise sich ein Potential in der Realität manifestiert. So bilden das Selbst und das Ich gemeinsam die integrative Funktion aus.

In LK 17,33 ist ein fundamentales psychisches Gesetz ausgesprochen: «Wer sein Leben zu erhalten sucht, der wird es verlieren, und wer es verliert, der wird es (neu) gewinnen.» Psychologisch gesprochen und etwas näher am griechischen Originaltext bleibend, könnte man sagen: «Wenn das Ich versucht, Mauern um die Seele zu errichten, wird es sie ersticken. Aber wenn das Ich die Mauern niederreißt, öffnet sich der Seele ein reiches Leben.» Für die Traumarbeit bedeutet dies: «Wenn das Ich sich vor dem unbewußten, den Träumen und ursprünglichen Intuitionen abschottet, wird es sich selbst und das Unbewußte strangulieren. Wenn das Ich jedoch aktiv mit Träumen, Intuitionen und Gefühlen arbeitet und auf diese Weise Kanäle zwischen sich selbst und dem Unbewußten öffnet, wird der Lebensstrom üppig fließen.»

Es hängt vom Ich ab, ob es eine Sache bejaht und alles andere, was dazu im Widerspruch steht, ablehnt. Das Ich kann lernen, sich so zu entscheiden, es kann lernen, die Sachverhalte gegeneinander abzuwägen und die Konsequenzen der eigenen Entscheidungen zu tragen. Das Ich lernt, ‹sich der Freiheit zu überlassen›, Alternativen – auch gegensätzliche – zu bedenken und die eigenen Bedürfnisse zu berücksichtigen, ohne egozentrisch zu sein. – Es gibt eine Menge zu lernen: Die Spannung einer ambivalenten Situation so lange aufrechterhalten, bis die Alternativen deutlich werden; erst in dem Moment handeln, wo die Zeit reif ist und sich die beste Möglichkeit bietet. Weil diese Dinge für das Ich von entscheidender Bedeutung sind, wurde die Traumarbeitsmethode ‹Beobachtung des Traum-Ichs› entwickelt.

Der Augenblick der Entscheidung

Wenn der Augenblick der Entscheidung gekommen ist, wenn alles Davonlaufen und Abwarten nichts mehr nutzt und niemand mehr da ist, der einem die Entscheidung abnimmt, muß sich ein unter Umständen verängstigtes und schwaches Ich selbst entscheiden. Es ist und bleibt eine Tatsache, *daß einem niemand eine Entscheidung abnehmen kann und daß man die Konsequenzen stets selber tragen muß.*

Die Traumarbeit ist ein Prozeß des Sich-Öffnens, bei dem sich der Entscheidungsspielraum des Ichs erheblich erweitert, weil sowohl neue Möglichkeiten erschlossen als auch unbewußte Voreingenommenheiten aufgedeckt werden. Nun stellt sich die Frage, wie sich das

Ich entscheiden und wie eine kreative Entscheidungsfindung aussehen soll. Hierzu ein paar Hinweise:

- Sich der verschiedenen Entscheidungsmöglichkeiten so bewußt wie möglich werden.
- Feststellen, welche Möglichkeit man selbst am meisten bevorzugt und welche am unangenehmsten zu sein scheint. Die Gründe dafür angeben.
- Das Ich von seiner Subjektivität entkleiden, indem man sich darüber klar wird, was das Ich will und wie stark sich dieses Wollen von dem des Selbst bzw. des umfassenderen Zentrums unterscheidet.
- Man kann allerdings nicht genau wissen, was das Selbst will. Es lassen sich nur einige Kriterien angeben, die den Entscheidungsprozeß bis zu einem gewissen Grade unterstützen: sich nicht nur der Alternativen bewußt werden, sondern auch nach denjenigen suchen, die sich am besten in eine Ganzheit integrieren läßt; nach dem wirklich Wesentlichen Ausschau halten; das beachten, was der Ganzheit am besten dient, was das Innen und Außen am ehesten zusammenbringt und einem ein Gefühl der Gewißheit vermittelt. Und schließlich stellt sich die Frage: Welcher Bezugsrahmen ist denn tatsächlich von entscheidender Bedeutung für das Ich, wenn eine Entscheidung nur vom *Ich* getroffen werden kann?
- Das Ich definiert sich durch das, wofür es sich entscheidet. Das Verbleiben in einer ambivalenten, unentschlossenen Haltung ist bloß Lauheit und Ausdruck einer schwachen und widersprüchlichen Person. Entschiedenheit und Klarheit sind eine Folge entschlossener, starker und sinnvoller Entscheidungen.
- Im Rahmen der Traumarbeit sind viele Stimmen zu hören, die zum Teil sehr unterschiedliche Meinungen vertreten. Wie sind die Gestalten, mit denen man Dialoge führt, charakterisiert? Was geschieht, wenn die Gesprächspartner auf ihren Standpunkten beharren?
- Im Leben gibt es keine Gewißheit, denn das Absolute ist unbegreifbar – und trotzdem gibt es keine Relativität, wenn man sich entscheidet.
- *Nur die Entscheidung ist etwas Absolutes.*

Es gibt zwei Prinzipien, deren Berücksichtigung bei der Auseinandersetzung mit den vielfältigen und oft widersprüchlichen Lebensaspekten sehr hilfreich sein kann: das Prinzip der ‹Berücksichtigung der Ganzheit› und das des ‹Ausfindigmachens der integrativen Mitte›.

Wenn die *Entscheidung*, die Wahl einer Alternative zuungunsten einer anderen, kommt, ist das Ich ein Spielball der verschiedenen Möglichkeiten, es ist hin- und hergerissen. Doch schließlich entscheidet es sich – wenn auch in seiner ganzen Unvollkommenheit –, und es hat die Konsequenzen zu tragen. – Sagt man nun wirklich entschlossen ‹ja› und zu allem anderen ‹nein›? Entscheidet man sich voll und ganz für eine bestimmte Sache – mit bestem Wissen und Gewissen? Was mußte man alles aufgeben, damit das, wofür man sich entschieden hat, Wirklichkeit werden kann? Und welche Motive waren für die Entscheidung maßgeblich? – Und nach der Entscheidung folgen die Konsequenzen, die zu akzeptieren sind und mit denen man sich auseinandersetzen muß. Es fragt sich nur, wie das Ich dies tut und wie sehr sich die Resultate von den Erwartungen unterscheiden. Beschäftigt man sich voll und ganz mit dem, was kommt? Will man nicht wahrhaben, was geschehen ist, oder rebelliert man? – Eine Entscheidung ohne Konsequenzen ist etwas Halbes, denn ohne Akzeptierung der Folgeerscheinungen fehlt die Grundlage für weitere Entscheidungen, auf die diese abgestützt werden könnten.

Als letztes folgt *die Bestätigung* in Form einer bestimmten, entscheidungsbezogenen Reaktion. Im Rahmen der Traumarbeit ist es häufig ein Bestätigungstraum, der den Entscheidungsvorgang noch einmal durchspielt und zusätzliche Einsichten und Möglichkeiten vermittelt. Man kann bei der Umsetzung einer Entscheidung in praktisches Tun auch Momente erleben, in denen man sich irgendwie erhaben fühlt, oder es ist die Umgebung, die plötzlich aufmerkt und etwas dazu sagt. Manchmal geschehen auch Dinge in der Außenwelt, die eine Parallele zum inneren Vorgang darstellen – synchronistische Ereignisse. Ist jede Entscheidung unwiderruflich entgültig und *nicht mehr rückgängig zu machen*? Was ist mit jenen, die den Bewußtwerdungsprozeß als solchen in Abrede stellen? Wer behauptet, er werde es niemals wissen, wird es niemals wissen. Wer bestreitet, daß es ein Bewußtsein gibt, zerstört eben das, wodurch er bewußt werden könnte – dies ist eine endgültige Entscheidung.

Eine einzige Entscheidung genügt. Eine einzige, richtige Entscheidung zur rechten Zeit vermag mehr in Bewegung zu setzen als irgend etwas anderes.

(Dieses Kapitel habe ich als Karfreitagsmeditation am Osterwochenende im April 1979 geschrieben.)

Sich entscheiden: Zusammenfassung und Anleitung für die Traumarbeit

- Bei der Traumarbeit achte man zuerst auf das Traum-Ich im Traum. Jene Entscheidungen, die vom Traum-Ich getroffen und ausgeführt wurden, werden untereinander aufgelistet. Parallel zu dieser ersten Kolonne wird eine zweite angefertigt, in der die unterlassenen Entscheidungen eingeschrieben werden.

- Als nächstes wird das Umfeld beschrieben, in dem im Traum die Entscheidungen gefällt wurden, wobei auch der Einfluß der Einstellungen und Wertvorstellungen Berücksichtigung findet.
- Unter Umständen kann auf dieselbe Art und Weise das Entscheidungsverhalten der anderen Traumgestalten untersucht werden.
- Im Traum bzw. der bisher geleisteten Traumarbeit nochmals nach einem Entscheidungsverfahren suchen, das nützlicher als das bisher erkannte sein könnte, und dann den entsprechenden Traumabschnitt unter Berücksichtigung der betreffenden Entscheidung neuschreiben.
- Zum Schluß überlege man sich, wie das im Verlauf der Traumarbeit herauskristallisierte Entscheidungsverfahren auf die äußeren Lebensumstände angewandt werden kann und wie man sich in Zukunft entscheiden will. Man kann seine Vorhaben auflisten oder einen Plan erstellen, muß sich aber stets bewußt bleiben, welches die Konsequenzen sind, und auch diese aufschreiben. Man bleibt realistisch, wenn man an die Möglichkeiten denkt, doch ohne Entscheidung wird man niemals wissen, was tatsächlich geschehen wird.
- Zu einem späteren Zeitpunkt – wenn sich die Entscheidungen im Alltag ausgewirkt haben, beschäftigt man sich aufs neue mit der damit verbundenen Traumarbeit, um die Auswirkungen und Konsequenzen herauszuarbeiten und abzuschätzen.

Der Bauer sät, um zu ernten. Er pflügt nicht einfach drauflos. Er überläßt die aufkeimende und heranwachsende Saat nicht einfach sich selbst.

Die Jung-Senoi Traumarbeitssitzung

Es ist soweit. Die vier Teilnehmer und die Leiterin der Traumarbeitsgruppe sitzen schon eine ganze Weile still im Kreis auf ihren Kissen. Schweigend sind die Teilnehmer eingetreten, während im Hintergrund ganz leise meditative Musik erklingt. Der Übergang ist vollzogen: von der pulsierenden, problematischen und fordernden Außenwelt hinein in eine Umgebung, wo das innere Wesen besser wahrgenommen werden kann.

Im Raum liegen ein paar geheiligte Gegenstände, im Innern des Kreises brennt eine Kerze und ist eine Glocke. Mit der Glocke wird die gemeinsame Sitzung beendet. Es sind auch Körbe mit Steinen, Muscheln und Treibholz vorhanden – mit Dingen also, die zur Zeremonie des Traumerfahrungsaustausches gehören. Als erstes wird feierlich die Kerze angezündet. Man sagt ein paar Worte darüber, was damit in dieser Woche bekräftigt werden soll. Die Leiterin liest dann einen kurzen Meditationstext vor – heute ist es etwas aus den Schriften C. G. Jungs.

Ein neues Mitglied hat sich der Gruppe angeschlossen und sein Traumtagebuch mitgebracht. Alle schweigen. Die Leiterin bricht das Schweigen und macht den Vorschlag, daß jeder sich vorstellt und so viel von sich selbst erzählt, wie er mag. Sie selbst macht den Anfang und meint, es sollten auch ein paar Worte darüber gesagt werden, warum einem die Traumarbeit wichtig ist oder was man sich von dieser Erfahrung erhofft.

Eine Frau sagt, sie würde ihre Träume beobachten, um die Nacht nicht zu vergeuden, die immerhin ein Drittel ihres Lebens ausmache. Eine andere interessiert sich vor allem für die Partnerschaftsträume, denn ihr ehemaliger Freund hat viel von der Traumarbeitsgruppe profitiert. Ein männlicher Teilnehmer erzählt, er habe jahrelang meditiert und fühle sich nun in einer Sackgasse, aus der ihm hoffentlich die Traumarbeit heraushelfen könne. Der neue Teilnehmer berichtet, er habe in der letzten Zeit viele Träume gehabt und sei nun neugierig geworden. Er erwähnt auch, daß er sich in regulärer therapeutischer Behandlung befinde, aber dort seine Träume nicht besonders beachtet würden. – Wenn ein neues Mitglied an der Traumarbeitssitzung teilnimmt, öffnet sich eine wahre Schatztruhe neuer Träume.

Vor dem Eintreffen der Teilnehmer hatte die Leiterin eine Viertelstunde meditiert, weil sie sich dessen bewußt ist, andere ohne Vorbereitung nicht wirklich bei der Traumarbeit unterstützen zu können. Sie muß den Übergang selbst bereits vollzogen haben und wird dann nach Abschluß der Traumarbeitssitzung weitere fünfzehn Minuten entweder in Meditation oder mit der Tagebucharbeit verbringen, um sich mit dem, was während der Sitzung geschehen ist, auseinanderzusetzen. Die Abendsitzung selbst dauert zweieinhalb Stunden. So hat jeder Teilnehmer ungefähr eine halbe Stunde zur Verfügung, in der man sich intensiv mit einem Traum und der Traumarbeit beschäftigen kann. Die Träume der Leiterin werden nicht in der Gruppe, sondern im Rahmen der Traumarbeitssitzung für Traumgruppenleiter besprochen.

Nun erklärt die Leiterin dem neuen Gruppenmitglied den Ablauf des Abends und verdeutlicht, daß die Meditation und das schlichte Ritual dazu dienen, den Vorgang der Traumarbeit zu vertiefen und ihm eine gewisse Wertschätzung entgegenzubringen. Um mit Träumen möglichst umfassend arbeiten zu können, muß das innere Zentrum bejaht werden. Und das Ritual ist neben der Traumarbeit eine weitere Form der symbolischen Arbeit mit dem Unbewußten.

Im ersten Teil der Sitzung berichten die Teilnehmer über die Traumarbeit, die sie in der vergangenen Woche aufgrund der vorhergehenden Sitzung geleistet haben. Eine der Teilnehmerinnen liest einen Dialog vor, den sie mit ihrem toten Vater geführt hatte. Diese Aufgabe war ihr sechs Wochen zuvor bei einer Sitzung als Traumarbeitsaufgabe vorgeschlagen worden. Nun fühlte sie sich der Sache gewachsen – trotz ihrer Ängste. Sie hatte beim Gespräch weinen müssen, denn der verstorbene Vater vermittelte ihr ein Gefühl der Bestätigung und Bejahung, wie sie es im wirklichen Leben nie erlebt hatte. Ein anderer Teilnehmer sagt, er habe in der vergangenen Woche zwar viel über seine Träume nachgedacht, aber keine richtige Traumarbeit geleistet. Erst im Verlauf des Gesprächs mit der Leiterin begreift er plötzlich, daß doch viel mehr passiert ist, als er glaubte. Eine Frau aus der Gruppe berichtet vom Wiedererleben eines Partnerschaftstraumes, bei dem sie ihrem ehemaligen Liebhaber wesentlich selbstbewußter entgegentrat. Sie habe sich außerdem dazu entschlossen, im Alltag den Kontakt zu ihm weitgehend einzuschränken, um nicht ständig gefühlsmäßig hin- und hergerissen zu werden. Die Leiterin schlägt ihr daraufhin eine Traumarbeitsaufgabe vor, mit deren Hilfe sie in Zukunft einen Traum über den ehemaligen Geliebten einer Lösung zuführen kann.

Nun ist der erste Teil der Sitzung beendet. Die Leiterin erläutert als nächstes das Ritual für das erzählende Mitteilen eines neues Traumes. Die mit dem Holz, Steinen und Muscheln gefüllten Körbe werden im Kreis herumgereicht. Jeder sucht sich einen Gegenstand aus, der ihm bedeutungsvoll erscheint. Die Leiterin erklärt, daß das Ritual zum Teil einer indianischen Tradition entspreche, nämlich dem Tragen eines kraftgeladenen Gegenstandes in einem Medizinbeutel. Dann wird ein leerer Korb herumgereicht, in den die Teilnehmer ihren ausgewählten Ritualgegenstand hineinlegen. Einige sagen dabei etwas über die persönliche Bedeutung des Gegenstandes. Die Leiterin nimmt die fünf

Gebilde und legt sie in die Traum-Tasche. Der Beutel wird von ihr mitten in den Kreis hineingestellt. Wenn nun jemand bereit ist, einen neuen Traum mitzuteilen, nimmt er die Tasche auf und hält sie beim Erzählen in der Hand. – Auf diese Weise findet der Geist seinen Platz in der Materie, und die Ritualhandlung befreit den Erzähler zugleich vom wortgetreuen Ausdruck der profanen Welt.

Jeder Teilnehmer berichtet von seinen nächtlichen Erlebnissen. Der eine erinnert sich an einen einzigen Traum, ein anderer an mehrere. So wird ein gemeinsames Netz gesponnen, ein Netz mit vielen Ähnlichkeiten, in das die einmaligen Traumlandschaften der Teilnehmer mit eingewoben sind: «Faszinierend, wie er mit Alpträumen umgeht – ganz anders als ich.» «Ihr Traum-Ich ist ja ebenso schwach wie meines.» «Sein Traum betrifft auch mich. Ich begann zu begreifen, mir ging ein Licht auf. Ich glaubte, einen neuen Abschnitt der Weltgeschichte zu sehen.» «Inwieweit», sagt die Leiterin, «ist das ein neuer Abschnitt Ihrer eigenen Geschichte? Warum schreiben Sie ins Tagebuch nicht all die Möglichkeiten ein, die diesem Jahr einen außergewöhnlichen Aspekt geben? Lassen Sie es fließen und gehen Sie diesen Weg zu Ende.»

Die Traumarbeitssitzung geht weiter. Eine Teilnehmerin hatte einen Traum inkubiert, kann aber keinen Zusammenhang zwischen Frage und Antwort erkennen. Die Leiterin nennt ihr sechs Möglichkeiten, mit denen die Frau im Laufe der folgenden Woche arbeiten kann, um eine Verbindung herzustellen. Eine andere, erst kürzlich der Gruppe beigetretene Teilnehmerin beginnt den inkubierten Traum zu kommentieren und wird von der Leiterin unterbrochen: «Könnten Sie Ihre Meinung nicht als Frage, als Vorschlag für eine bestimmte Traumarbeitsmethode formulieren? Denn wer weiß schon, wovon der Traum handelt? Jedem von uns sagt der Traum etwas anderes, dessen bin ich mir sicher. Gibt es nicht einen Unterschied zwischen einer Feststellung und einem Vorschlag? Man kann jemandem sagen, was ein Traum bedeutet, man kann aber statt dessen auch verschiedene Traumarbeitsvorschläge machen.»

Langsam setzt sich der Teppich dieses Abends zusammen. Das neue Gruppenmitglied möchte mehr darüber erfahren, wie man sich besser seiner Träume erinnert, und fragt noch, ob Träume die Zukunft vorhersagen. Die Leiterin beschließt, mit ihm ein angeleitetes Wiedererleben durchzuführen, um eine Traumsackgasse zu überwinden. Der Mann staunt über das, was dabei herauskommt.

Man ehrt die Zeit, indem man pünktlich schließt. Normalerweise sollte man den Kräften des Unbewußten nicht gestatten, endlos zu fließen. Deshalb weist die Leiterin den letzten Teilnehmer sanft darauf hin, daß nur noch fünfzehn Minuten für seine Erzählung zur Verfügung stehen.

Die Zeit ist abgelaufen. Die Leiterin holt die Gegenstände aus der

Traum-Tasche und legt sie in einen Korb. Dieser wird herumgereicht, damit jeder Teilnehmer wieder seinen eigenen Kraftgegenstand herausnehmen und in den entsprechenden Korb zurücklegen kann. Dann fassen sich die Teilnehmer bei der Hand. Die Leiterin schlägt vor, daß sich jeder in der Mitte des Kreises ein Heilungssymbol vorstellt, das ihn bis zur nächsten Traumsitzung begleiten soll. Die Kerze wird ausgeblasen, das Licht von jedem verinnerlicht. Schließlich ertönt die Glocke und kündet das Ende der Traumsitzung an. – Schweigend verlassen die Teilnehmer den Raum. Ein paar bezahlen noch die Gebühr für den kommenden Monat.

Dann herrscht Stille. Sanft weht der Wind durch die Bäume, und die Blätter rascheln. Die Leiterin lauscht ihren eigenen Gedanken, läßt sie aufkommen, ordnet sie und unterscheidet, ob sie ihrer eigenen Psyche oder aus der der Teilnehmer entstammen. Neue Ideen tauchen auf, und einmal mehr wird ihr bewußt, wie bereichernd diese Arbeit ist und daß im Universum etwas am Werke ist, das ihre eigenen täglich wachsenden Fähigkeiten und Einsichten übersteigt. Das Zimmer muß noch aufgeräumt werden, die Kissen werden beiseite geschafft, die Heizung wird zugedreht, das Licht gelöscht. Jetzt ist es Zeit, daß die Leiterin wieder in ihr eigenes, persönliches Leben zurückkehrt – erneuert dank der Arbeit mit den Träumen anderer Menschen.

Alles bleibt ein großes Mysterium.

Bei der Gruppentraumarbeit zu berücksichtigende Punkte

Die meditative Umgebung

Es scheint, daß nur wenige Gruppen bei der Arbeit mit Träumen und mit dem Unbewußten eine meditative Atmosphäre pflegen. Am Jung-Senoi Institut wurde die Erfahrung gemacht, daß gerade durch das rituelle Arbeiten mit Träumen mehr heilende und spirituell orientierte Träume in dem Sinne hervorgerufen werden, daß in den meisten Träumen heilmachende Elemente auftreten. Es besteht also ein großer Unterschied zu anderen Vorgehensweisen in bezug auf die Trauminhalte. Zu diesem Punkt vergleiche man z.B. die von den Traumforschern im Zusammenhang mit ihrer Laborarbeit aufgenommenen Träume der Versuchspersonen, bei der der zentrale Archetypus des Selbst kaum in dem Maße wie bei der Jung-Senoi Methode wachgerufen wird.

Eine Traumarbeitssitzung ist eine Erfahrung voll Schönheit, bei der das Numinose und die sinnvollen Kräfte, die im Leben des Menschen zum Ausdruck kommen, sich auswirken. Gar manche Gottesdienste vermitteln die innerliche Tiefe einer spirituellen Erfahrung nicht in demselben Maße wie eine Traumarbeitssitzung. In der Traumarbeitssitzung können zudem sowohl das Ritual als auch die Sitzungsstruktur verändert und Rituale durchgeführt werden, die sich aus den Träumen ergeben.

Die Gruppengröße

In einer Gruppe mit mehr als vier Teilnehmern sind die Möglichkeiten der Verarbeitung einzelner Träume stark eingeschränkt.

Der Gegensatz zwischen individueller und gruppenmäßig durchgeführter Arbeit

Die Arbeit in einer kleinen Gruppe ist insofern wertvoll, als das Unbewußte jedes einzelnen Teilnehmers allein schon durch die Ausdrucksart des Unbewußten der anderen bereichert wird. Diese Möglichkeit kommt in einem Zweiergespräch nicht zum Tragen. Man bekommt in der Gruppe ein besseres Gespür sowohl für das individuelle als auch für das kollektive Unbewußte und erlebt auf der Ebene des eigenen persönlichen Unbewußten, wie sich z. B. die Eltern bei einem anderen Gruppenmitglied auswirken. Man hört auch von archetypischen Symbolen, die in den eigenen Träumen nicht auftreten, und sieht, welche Wirkungen sie bei anderen haben.

Die geringe Gruppengröße und der aufgabenorientierte Ansatz verhindern weitgehend die sonst in Gruppen üblichen Exzesse. Der eigene Traum wird nicht zum Taum aller, man schwimmt also nicht planlos in einem Unbewußten umher, das allen gemeinsam ist. Man projiziert die eigenen Probleme nicht auf den Traum eines anderen Teilnehmers, der sich dann mit ihnen herumschlagen muß. Denn schließlich ist es ja nur gestattet, Vorschläge für die Traumarbeit zu geben. Weil es nicht um Interpretationen geht, ist man gezwungen, sich vermehrt mit den eigenen Projektionen auseinanderzusetzen. Tatsächlich besteht die Gefahr des interpretativen Ansatzes darin, daß die eigenen Seeleninhalte unter Zuhilfenahme einer scheinbaren Vernünftigkeit auf jemanden projiziert werden. Und dann versucht man den Projektionsträger dazu zu bringen, sich um das ganze Zeug zu kümmern.

Die Arbeit zu zweit

Wer die Träume zusammen mit einer zweiten Person bearbeitet, hat mehr Zeit zur Verfügung und kann die Traumarbeit individueller gestalten. Außerdem können persönlichere und intimere Dinge besprochen werden als in einer Gruppe. Eine Gruppenarbeit ist nicht notwendigerweise eine Vorbereitung für die spätere Arbeit zu zweit.

Es gibt Menschen, die monatelang an einer Gruppe teilnehmen, ohne jemals individuell zu arbeiten. Wenn man nun das Gefühl hat, bei der Arbeit keinen Erfolg zu haben, kann man sich – zwecks größerer Unterstützung – für eine Einzeltherapie entscheiden. Eines der wichtigsten Ziele der Jung-Senoi Traumgruppen ist die Vermittlung von Traumarbeitstechniken, damit die Teilnehmer mit ihren Träumen selbst arbeiten können. Die Vorschläge kommen vor allem von der die Gruppe leitenden Person. Es geht aber prinzipiell darum, daß jeder Teilnehmer seine Traumarbeit selbst leistet – und dies ist bei einer Einzelsitzung nicht immer gewährleistet.

Das Übertragungsproblem

Die aufgabenorientierte Vorgehensweise und der Arbeitsrahmen der Gruppe sind dazu geeignet, die heilende Energie in den spirituellen Symbolen und den Träumen zu belassen. Sie wird weniger auf den Leiter der Gruppe übertragen. Dieser bleibt zwar Projektionsträger, hat aber doch die Möglichkeit, die Aufmerksamkeit immer wieder auf den Traum und die Traumarbeit zurückzulenken. Auf diese Weise können die Projektionen leichter integriert werden. Wenn den Teilnehmern die Fähigkeit vermittelt wird, den Heilungsprozeß selbst in Gang zu setzen, vermeidet man damit jene hartnäckigen Fälle von Übertragung, wie sie manchmal im traditionellen therapeutischen Rahmen vorkommen.

Das Vorgehen bei der Jung-Senoi Aufgabenstellung

Während einer Traumarbeitssitzung wird die spezielle Aufgabenstellung folgendermaßen entwickelt:

- Einer der Teilnehmer hat den Beutel mit den Gegenständen aufgenommen und liest nun seinen Traum bzw. die Träume einer Nacht vor – oder erzählt sie aus dem Gedächtnis. Dabei besteht kein Zwang, sprachlich die Gegenwartsform zu benutzen, denn dies wirkt manchmal künstlich und aufgesetzt. Man muß einen Traum nicht unbedingt im Präsens erzählen, um am Geschehen beteiligt zu sein. Es ist allerdings darauf zu achten, daß der Erzählende die Träume nicht ausschmückt und kommentiert. Wenn jemand sehr verängstigt ist, liest er unter Umständen seinen Traum zu schnell vor – und muß dann darum gebeten werden, langsamer zu lesen oder zu erzählen, damit alle ein Gespür für den Traum und seine Entfaltung bekommen.
- Erst nach der Erzählung seines Traumes beginnt der Träumende das

Geschehen zu kommentieren und seine Gefühle und Assoziationen zu schildern. Eventuell fragt ihn auch ein anderer Gruppenteilnehmer nach der bisher geleisteten Traumarbeit. Auf Assoziationen wird – im Gegensatz zu anderen Methoden – normalerweise nicht eingegangen. Wenn vom Leiter danach gefragt wird, so deswegen, um gewisse Hinweise zu erhalten, um die Assoziationen mit der späteren Traumarbeit vergleichen zu können und um etwas darüber zu erfahren, was der Träumende über den Traum nicht zu wissen scheint. Wenn nämlich der Traum objektiviert wird, entwickelt sich in der Regel etwas, was im Gegensatz zu den Assoziationen des Träumenden steht.

- Während der Leiter (manchmal mit geschlossenen Augen) den Traumbericht hört, tut er zweierlei: Er öffnet sich für Intuitionen und Gefühle, die aus dem Unbewußten aufsteigen, und er analysiert den Traum in bezug auf seine innere Dynamik. Beides gibt Hinweise darauf, welche speziellen Aufgaben für die Traumarbeit vorgeschlagen werden können. In der Regel wird die Traumdynamik nicht ausführlich mit dem Träumenden besprochen, weil die Zeit dafür nicht ausreicht. Statt dessen kommen bestimmte Schlüsselfragen und dynamische Aspekte zur Sprache. Dies ist die Stufe der Traumobjektivierung, bei der es in erster Linie darum geht, daß der Träumende sich Klarheit über die wichtigste innere Dynamik des Traumes verschaffen kann.
- Als nächstes schlägt der Leiter mindestens vier oder sogar acht verschieden spezielle Aufgaben für die Traumarbeit vor. Es sind Aufgaben vorzuschlagen, die verschiedene Ebenen des Traumes aktualisieren helfen, beispielsweise: Welche Probleme stellen sich im Alltag? Welches sind die persönlichen Schwierigkeiten? Welche problematischen Situationen gibt es im Verlauf des Traumgeschehens, muß etwas weiterentwickelt oder bewältigt werden? Welches ist die persönliche, welches die objektive bzw. die kollektive Ebene? – Der Träumende schreibt die Fragen bzw. die Aufgaben auf und wählt diejenigen aus, die ihm am meisten zusagen. – Es müssen mindestens vier Aufgaben für vier verschiedene Ebenen vorgeschlagen werden, damit die subjektive Voreingenommenheit des Leiters sich nicht allzu stark auswirken kann.
- Schließlich kann der Leiter den Teilnehmer nach seinen Reaktionen fragen: «Ist Ihnen der Traum jetzt klarer geworden? Haben Sie das Gefühl, daß einige dieser Aufgaben Ihnen zusagen?»
- Eine spezielle Traumarbeitsaufgabe kann auch sofort und gemeinsam angegangen werden – vor allem, wenn der Träumende Hilfe und Unterstützung braucht oder eine Technik erst noch kennenlernen muß – oder wenn er sehr rational eingestellt zu sein scheint.
- Auch die anderen Teilnehmer der Gruppe können Vorschläge für die Traumarbeit machen – allerdings in einem begrenzten Rahmen,

damit der Träumende nicht mit einer allzu großen Zahl einander vielleicht sogar widersprechender Traumarbeitsaufgaben konfrontiert und von ihnen möglicherweise verwirrt wird.

- Nach dem Aufschreiben der Aufgaben stellt der Teilnehmer, der an der Reihe gewesen ist, den Beutel wieder in die Mitte des Kreises. Und nach einer kurzen Zeit des Schweigens nimmt der nächste Teilnehmer den Beutel und beginnt seinen Traum zu erzählen.

In der nächsten Sitzung wird in der Regel über die geleistete Traumarbeit wie folgt berichtet:

- Der Träumende schildert kurz seinen Traum und beschreibt dann die Ereignisse im Zusammenhang mit der Traumarbeit – ohne dabei ins Detail zu gehen. Denn es ist wichtiger, daß die durch die Traumarbeit in Gang gekommene Reaktion deutlich zum Ausdruck gebracht wird.
- Wenn nötig, kann der Leiter bei der Abklärung fraglicher Punkte oder der Herstellung einer Beziehung zum ursprünglichen Traum behilflich sein. Häufig bedarf es aber keines zusätzlichen Kommentars mehr. Auch die Ergebnisse der Traumarbeit gehören zum Mysterium – der Leiter hat die Arbeit nicht zu bewerten. Er kann sie gutheißen, Unterstützung gewähren, zusätzliche Informationen geben oder neue Aufgaben vorschlagen – aber der Schwerpunkt liegt immer auf der Selbständigkeit in bezug auf die Traumarbeit. Der Leiter ist keine Autorität, er ist der Förderer des Entwicklungsprozesses, nicht dessen Empfänger.
- In einer Traumgruppe sind Leiter und Teilnehmer gewissermaßen Informationsspeicher, weshalb Bezüge zu anderen Traum- oder Traumarbeitsthemen hergestellt werden können. Dies erleichtert die Ausgestaltung des persönlichen Mythos und verbessert die Ausgangslage für den Individuationsprozeß.
- Ein Traumarbeitsleiter untersucht Träume und arbeitet mit Träumen – und nicht mit Persönlichkeiten. Es ist außerordentlich wichtig, sich einzig auf den Traum und dessen Bearbeitung zu konzentrieren und sich nicht in die Persönlichkeit eines anderen einzumischen. Es ist wohl unmöglich, einen Mitmenschen vorurteilslos zu diagnostizieren und einzuschätzen. Dort, wo ein Persönlichkeitsbezug angebracht zu sein scheint, ist an das Traumgeschehen anzuknüpfen: Neigt beispielsweise ein Teilnehmer zu Zornesausbrüchen und zeigt sich dies in der Gruppenarbeit, sollte dieser Wesenszug in Verbindung mit den Träumen und der Traumarbeit des Betreffenden aufgezeigt werden.
- Manche Traumarbeitsaufgaben machen viel Spaß und kommen gut an. Dies festigt und bereichert die persönlichen Kontakte innerhalb der Gruppe.

Die Leitung von Traumarbeitsgruppen

Die Leitung von Traumarbeitsgruppen ist ein schwieriges Unterfangen. Man braucht dazu persönliches Engagement und Selbsterkenntnis. Ein Mensch, der sich dazu berufen fühlt, sollte nicht aus Angst oder aus einem Gefühl der eigenen Unvollkommenheit heraus vor dieser Aufgabe davonlaufen. Jeder reagiert manchmal unbeholfen und unangemessen. Dies ist eben das Risiko, das man eingehen muß, um ein anderes Mal auf geradezu wunderbare Weise völlig im Einklang mit dem Geschehen sein zu können. Die Rolle des Leiters ist sowohl heilend als auch inflatorisch.

Wer eine Traumarbeitsgruppe leitet oder Einzelsitzungen abhält, kann sich an folgenden Grundsätzen orientieren. Sie sind eine Hilfe bei der Verarbeitung der Erfahrungen.

Die Gruppenstruktur

Im vorhergehenden Kapitel über die Traumarbeitssitzung nach der Jung-Senoi Methode wurde gezeigt, wie eine derartige Sitzung ablaufen kann. Es scheint nun tatsächlich sehr wirksam zu sein, wenn man mit einem einfachen Ritual wie dem Anzünden einer Kerze beginnt und dann die Teilnehmer über die seit der letzten Sitzung geleistete Traumarbeit berichten läßt. Als nächstes erzählt jeder Teilnehmer einen neuen Traum. Der Leiter oder einzelne Gruppenmitglieder machen Vorschläge für spezielle Traumarbeitsaufgaben. Die eine oder andere Aufgabe kann bereits während der Sitzung durchgeführt werden. Die Sitzung endet mit einer meditativen Stille. Man faßt sich gegenseitig an der Hand und bildet einen geschlossenen Kreis. Schließlich wird die Kerze ausgeblasen.

Die Gruppe sollte nicht mehr als fünf oder sechs Teilnehmer umfassen, damit jeder Gelegenheit hat, ausführlich zu berichten und zu arbeiten. Vier Teilnehmer scheinen optimal zu sein. Der Leiter sollte ein Gespür für die Gruppenstruktur und die verbindenden Übergänge haben, so daß die Arbeit der Teilnehmer in der Gruppenstruktur als solche umfassend eingebettet ist.

Die Rolle des Leiters und seine Qualitäten

Die Rolle, die der einzelne Mensch im Alltag übernimmt, ist die kreative Struktur, in deren Rahmen die archetypischen Energien enthalten sind und wachgerufen werden. Einem Gruppenleiter ist es oft möglich, bei den Teilnehmern noch nicht vollständig entwickelte spirituelle Funktionen zu wecken. Es können auch andere Funktionen sein, solche z. B., die positive und negative Energien im Hinblick auf das Vater- und Mutterbild enthalten. Dies bedeutet nun, daß der Leiter fähig sein muß, mit projizierten Energien umzugehen, und daß seine Rolle darin besteht, die leitende Funktion innerhalb der Gruppe auszuüben. Diese Rolle kann ihn auch als Individuum vor der Vereinnahmung durch die Gruppe schützen.

Wer eine Rolle übernimmt, steht in Gefahr, sich mit ihr zu identifizieren und ihrer Macht zu erliegen. Es kommt zu einer Inflation, und der betreffende Mensch ist keine Person mehr – er ist ein Archetyp. Dies wird manchmal durch die Gruppenmitglieder direkt gefördert, indem sie den Leiter zu sehr bewundern und ihm gegenüber auf übertriebene Weise dankbar sind. Aber dies ist auch eine Form der Manipulation, weil sie den Leiter dazu bringt, sich innerlich aufzublähen – und dann wird er selbst von den Schwärmern abhängig. Als Leiter sollte man deshalb folgende Grundsätze beachten:

- Niemals eine Beschreibung der eigenen Person durch einen Gruppenteilnehmer unbeantwortet lassen, sondern eine Art Gegendarstellung geben und auf diese Weise dem Recht der Selbsteinschätzung Geltung verschaffen.
- Eine Charakterisierung der eigenen Person nicht pauschal ablehnen, weil es für einen Teilnehmer notwendig sein kann, zuerst etwas auf den Leiter zu projizieren, bevor er die Projektion wieder zurücknehmen kann.
- Vermehrt auf die eigenen Vorstellungen und Annahmen achten und sich dessen bewußt werden, daß man stets die Tendenz hat, den Ablauf nach eigenem Gutdünken zu gestalten, statt den Prozeß sich selbst entwickeln zu lassen.
- Machtkämpfe mit den Teilnehmern sind zu vermeiden, indem man ständig überprüft, wie sich die eigene Person und der Prozeß auf die Gruppe auswirken.
- Falls es zwischen Leiter und Traumerzähler zu Meinungsverschiedenheiten kommt, ist – mit wenigen Ausnahmen – dem Erzähler beizustimmen.
- Der Leiter ist für den Ablauf des Prozesses ebenso verantwortlich wie die Teilnehmer – und der göttliche Urgrund. Man muß ständig unterscheiden, wer genau wofür verantwortlich ist.

- Wenn Schwierigkeiten auftreten, besonnen bleiben und sich nicht an etwas festklammern, sondern eine heilende Quelle hervortreten lassen, die man dann aktualisiert.
- Immer sich selbst bewußt bleiben und gleichzeitig konzentriert auf den Prozeß als Ganzes achten, von dem man nur ein kleiner Teil ist.
- Mit Hilfe der eigenen Traumarbeit feststellen, wie man selbst mit der Rolle als Gruppenleiter zurechtkommt.
- Sich von der Gruppe unterscheiden wollen und fähig sein, auch ohne sie auszukommen.
- Wenn man keine leitende Funktion hat, ganz von dieser Rolle ablassen. Ansonsten spielerisch mit ihr umgehen, denn dies dämpft die Identifikationstendenzen und mildert die Gefahr einer Inflation.
- Das leben, was man lehrt! Man führt, weil man selbst der Führung bedarf. Wenn man ehrlich das zurücknimmt, was man gibt, kann die Rolle des Gruppenleiters das eigene innere Wachstum fördern.
- Stets bereit sein, sich von inneren und äußeren Quellen und besonders von den Menschen, die man unterrichtet, führen zu lassen.
- Welche dieser Grundsätze und Einstellungen beeinflussen nun das eigene Führungsverhalten in der Gruppe? Welche müssen erst noch entdeckt und schöpferisch eingesetzt werden? Inwieweit stimmen sie mit dem überein, was in der Gruppe geschieht? Welche Grundsätze befolgt man selbst?
- Der Prozeß ist dann besonders tiefgreifend, wenn man das möglichst durchgängig zu vermitteln vermag, was einen Traum in seinem Innersten ausmacht. Um dies zu erreichen, sollte man sich vor Beginn der Traumsitzung von allen äußeren Sorgen freimachen und meditative Praktiken ausüben, die geeignet sind, die Mitte zu erschließen, damit der Kontakt zu den Quellen der Seele hergestellt werden kann. Unter Umständen ist es auch vorteilhaft, vor der Sitzung das Übersichtsdiagramm am Ende dieses Buches oder sonst ein passendes Kapitel durchzulesen, um sich gewisse Dinge zu vergegenwärtigen. – Nach der Traumarbeitssitzung sollte man sich innerlich wieder frei machen, indem man über das Geschehen und über die Rolle, die man darin gespielt hat, meditiert. *Eine Verarbeitung ist ebenso wichtig wie die Vorbereitung.*

Die Grundlagen für das Vorschlagen von speziellen Traumarbeitsaufgaben

Aus dem bisher Gesagten dürfte klar geworden sein, daß es bei der Jung-Senoi Methode vor allem darum geht, Aufgaben für die Arbeit mit Träumen zu vermitteln, und nicht darum, kognitive Interpretationen anzubieten. Das Vorschlagen von speziellen Traumarbeitsaufgaben ist die Grundlage jeder Aktualisierung. Dabei wird eine bestimmte Methodologie in spezifische Vorschläge umgesetzt, die in einem direkten Zusammenhang mit dem jeweiligen Traum stehen.

Im folgenden wird die *übliche Vorgehensweise* dargestellt, die bei jedem Traum Verwendung findet. Wer sich mit ihr vertraut macht, dem fällt es leichter, unter Umständen einen anderen Weg einzuschlagen.

1. Ganz genau *hinhören,* wenn der Traum erzählt wird – eventuell sogar mit geschlossenen Augen.
2. Für alle spontan geäußerten *Gefühle und Bemerkungen empfänglich* sein – ohne darauf einzugehen, denn sonst wird man vom Traum abgelenkt.
3. Den Traum objektivieren, indem man sich z. B. folgende Fragen stellt: Was tut das Traum-Ich bzw. was unterläßt es? Welche Gegensätze und Gemeinsamkeiten finden sich im Traum, und in welcher Beziehung stehen sie zueinander? Welche Sequenzen sind im Traum zu beobachten? Welches sind die wichtigsten Symbole und die wichtigsten Beziehungen zwischen den Symbolen? Welche Traumdynamik offenbart sich, wenn man die Symbole verallgemeinert? In welcher Beziehung steht das Traum-Ich zu den Hauptsymbolen? Welche Probleme, Konflikte und ungelösten Situationen finden sich im Traum? Welche heilenden Faktoren finden sich darin? In welcher Beziehung steht dieser Traum zu anderen, vorangegangenen Träumen? Welche Beziehungs- und Lösungsmöglichkeiten sind im Traum noch nicht konkretisiert worden? Einige dieser Fragen können – wenn genügend Zeit zur Verfügung steht – dem Erzähler auch direkt vorgelegt werden.
4. Als nächstes *konzentriert man sich auf einen ganz bestimmten Aspekt des Traumes* und entwickelt ihn weiter. Man engt ein, um in die Tiefe vorzustoßen und die Erfahrung auszuweiten. Dies zwingt sowohl den Leiter als auch den Träumenden, sich eng an den Traum selbst zu halten. Die Auswahl des Themas hat in Zusammenarbeit mit dem Träumenden zu erfolgen, indem man ihn fragt, welche Probleme und Symbole die wichtigsten sind und womit er am liebsten arbeiten würde.
5. Anschließend *genau abklären* – mittels Fragen und kurzen Verarbeitungsphasen – mit welchem Problem sich der Träumende näher befassen will.
6. Darauf aufbauend *mehrere spezielle Aufgaben für die Traumarbeit vorschlagen.* Die in diesem Handbuch beschriebenen Methoden sind jeweils an den betreffenden Traum anzupassen. Die Aufgaben können kombiniert und abgewandelt werden – oder sogar nur indirekt mit einer in diesem Buch erwähnten Methode zusammenhängen. Gelegentlich auch fragen, ob ein Teilnehmer einen Aufgabenvorschlag machen möchte.

7. *Den Träumenden die Hauptaufgaben wiederholen lassen.* Er soll auch sagen, was ihm der Traum bisher gegeben hat. Dies ist deshalb wichtig, damit niemand ‹den Boden unter den Füßen verliert› und die Gewähr besteht, daß Leiter und Träumender miteinander im Einklang sind.
8. Dafür sorgen, daß vor der Auseinandersetzung mit dem nächsten Teilnehmer eine *Schweigeminute* eingehalten wird. Dies ist notwendig, um die entstandenen Energien zu assimilieren.

Weitere Grundsätze

- Die Dinge auf sich zukommen lassen, egal, wie verrückt sie zu sein scheinen – und erst dann entscheiden, was zum Traum paßt und mit ihm in Einklang steht.
- Ein möglichst vielseitiges und umfangreiches Spektrum an Traumarbeitsmethoden und -aufgaben entwickeln. Sich nicht nur auf das beschränken, was bei einem selbst gut funktioniert, sondern auch das berücksichtigen, was anderen zusagt.
- Die Aufgabe so formulieren, daß sowohl die Sprache des Traumes als auch die Terminologie der zu verwendenden Methode ausgedrückt wird. Die Aufgabe selbst in Form einer Frage stellen, aber auch die Methode angeben, mit der sie aktualisiert werden kann, und eventuell das Ziel, das damit erreicht werden soll.
- Wenn immer möglich ein Feedback auf den Vorschlag zu erhalten suchen und feststellen, ob die vorgeschlagene Aufgabe im Einklang mit dem Träumenden steht, seinen Widerstand provoziert oder sogar beides zugleich der Fall ist.
- Es gibt drei Kriterien, nach denen man beurteilen kann, ob eine Aufgabe wirklich ankommt: Begeisterung, Einsicht und Widerstand.
- Wenn man sich während der Traumsitzung dazu entschließt, eine bestimmte Verarbeitungstechnik anzuwenden, sofort damit anfangen und keinen Rückzieher machen, weil sonst Unsicherheit und Unentschlossenheit entstehen.
- Im allgemeinen die eigenen Fragen nicht selbst beantworten, sondern eine Frage durch Umformulieren verdeutlichen und abstufen.
- Wenn eine Wechselwirkung mit einem Teilnehmer zu Ende gekommen ist, kann man den Betreffenden bitten, eine Art Zusammenfassung zu geben, indem man z. B. fragt: «Was ist nun für Sie das Wesentlichste bei diesem Traum und der ganzen Arbeit gewesen?»
- Wenn ein Teilnehmer einen Traum zu schnell vorliest, bittet man ihn, langsamer und gefühlsvoll zu sprechen – oder man fragt ihn nach seinen Gefühlen zu bestimmten Symbolen.

- Eine Traumarbeitsmethode wird im Hinblick auf die Art des Traumes und die Traumarbeitsgewohnheiten des Träumenden vorgeschlagen. Die Vorschläge sollten die Neigungen des Träumenden ausgleichen und ein Gegengewicht zu den von ihm gewohnheitsmäßig angewandten Arbeitsmethoden darstellen. Wenn jemand z. B. seine Träume stets auf Alltagssituationen und das äußere Leben bezieht, sind Methoden vorzuschlagen, die es erlauben, den Traum auf einer inneren Ebene zu behandeln. Wenn der Träumende meistens einen Bezug zu den Traumsymbolen herstellt, wird z. B. die Methode der Traum-Ich Beobachtung vorgeschlagen.
- Traumarbeitsvorschläge haben u.a. den Zweck, zum Kern des Traumes vorzustoßen. Es geht um die Frage: Weshalb hatte gerade dieser Mensch diesen Traum, welches zentrale Problem wurde im Traum angesprochen, wie hängt es mit dem Leben des Betreffenden zusammen, welche Einsichten sind zu gewinnen und welche Wandlungsmöglichkeiten kommen im Traumgeschehen zum Ausdruck? Es geht nicht darum, dem Träumenden direkt zu sagen, worum es bei seinem Traum geht. Man muß ihm vielmehr dabei helfen, durch die Anwendung passender Traumarbeitsmethoden selbst zum Kern des Traumes vorzustoßen. Ein Leiter schlägt zwar intuitiv erspürte Aufgaben vor, aber er versucht auch, solche Aufgaben zu stellen, die den Träumenden innerlich bewegen und packen. Die Quelle, aus der die Traumarbeitsaufgaben entstehen, bleibt letztlich ein Mysterium.
- Aufgaben können auch – in der Regel in Form einer Frage – von den Gruppenteilnehmern vorgeschlagen werden. Es ist darauf zu achten, daß keine Interpretationen, ausführlichen Kommentare, tiefen Gefühle usw. geäußert werden, sondern daß die Teilnehmer ihre Anteilnahme in Fragen kleiden, die mehrere Bedeutungsmöglichkeiten offenlassen. Vorschläge können auch auf Zettel geschrieben und dem Träumenden überreicht werden.
- Normalerweise läßt man den Träumenden die Aufgabenvorschläge direkt in sein Tagebuch schreiben, denn sonst kann es vorkommen, daß sie im Eifer der Auseinandersetzung einfach vergessen werden.
- Häufig und auf angemessene Weise den Humor einsetzen. Das ist eine ernste Sache.
- Wenn man als Leiter nicht weiß, wie es weitergehen soll, fragt man seinen Gesprächspartner: «Was würden Sie gerne tun? Was geschieht jetzt gerade mit Ihnen? Ich selbst weiß nicht mehr weiter. Kennen Sie einen Weg?»
- Wenn die Methode des Wiedererlebens eines Traumes oder die der Vertiefung in ein Traumsymbol noch während der Arbeitssitzung angewandt wird, sollte man angeben, wie lange das Ganze ungefähr dauert. Eine Symbolvertiefung dauert meistens weniger lang als ein Wiedererleben, wobei allerdings darauf zu achten ist, daß das

Geschehen nicht willkürlich und abrupt abgebrochen, sondern eine Lösung oder ein Übergang gefunden wird, der sich auf eine natürliche Weise ergibt.

- Reaktionen nicht allzu häufig kommentieren, sondern versuchen, gezielt und kurz auf das Ganze einzugehen.
- Mit der Angabe einer speziellen Traumarbeitsaufgabe auch ein Ziel vorschlagen, auf das sich die Aufgabe bezieht. Dabei wird es sich oft um verallgemeinerte Aspekte menschlicher Erfahrungen wie Partnerschaft, Lebenssinn, Leid, Glück, Neugeburt und sonstige Probleme handeln.
- Wenn nur wenig Zeit für die Ausführung einer Arbeit zur Verfügung steht, wird die Aufgabe auf eine spezielle, alltägliche Angelegenheit bezogen, an der der Träumende arbeiten kann.
- Besonders darauf achten, ob der Gesprächspartner wirklich auf die an ihn gestellten Fragen reagiert oder nicht.
- Deutlich die eigenen Anliegen, die man als Leiter hat, von denen des Träumenden unterscheiden – aber beide Arten respektieren.
- Sich fortlaufend immer klarer vergegenwärtigen, wie die Kräfte des Unbewußten den Prozeß beeinflussen.
- Eine Spannung, die durch die Gegenüberstellung gegensätzlicher Auffassungen entsteht, kann kreativ auf zwei Arten gelöst werden: Man wartet einfach, bis sich von selbst eine Lösung für das betreffende Problem ergibt, oder man entscheidet sich bewußt für die eine oder andere Seite der Angelegenheit bzw. wählt eine dritte Möglichkeit, die die Gegensätze miteinander vereint.
- Wenn ein Teilnehmer seinen Traum nicht erzählen möchte, wird man seine Zurückhaltung einerseits akzeptieren, ihn aber andererseits dennoch dazu auffordern, seine Gründe und Gefühle darzulegen. Man kann auch Alternativen aufzeigen und klarstellen, welchen Wert das mitteilende Erzählen von Träumen hat. Man bleibe dabei einfühlsam, humorvoll und einsichtig – ohne den Teilnehmer wie ein Kleinkind zu behandeln, denn schließlich ist er gekommen, um innerlich zu wachsen.
- Sich stärker auf die Verarbeitung des Traumes als auf die Reaktion des Träumenden auf den Traum konzentrieren und immer und immer wieder zum Traum selbst zurückkehren.

Das Mitteilen von Traumarbeitserfahrungen

Im ersten Teil der Traumarbeitssitzung geht es um den Erfahrungsaustausch in bezug auf die während der vorangegangenen Woche geleistete Traumarbeit. Jeder Teilnehmer kann davon berichten und dabei den damit in Zusammenhang stehenden Traum kurz zusammenfassen, um dann die wesentlichen Punkte der Traumarbeit mitzuteilen. Im Anschluß daran können eine oder mehrere der folgenden Verfahrensweisen angewandt werden:

- Die Arbeit und ihre Darstellung spricht für sich und bedarf keines weiteren Kommentars seitens des Leiters.
- Man macht eine unterstützende aber nicht wertende Bemerkung, etwa in der Form: «Sieht ganz so aus, als hätten Sie eine Menge erlebt. Ich bin sicher, daß wir das alle auch einmal erlebt haben.» Aussagen wie: «Sie haben eine wunderbare Traumarbeit geleistet» sind zu vermeiden.
- Man kommentiert knapp und in wesentlichen Zügen das Geschehen, das dem Teilnehmer widerfahren ist.
- Man stellt Fragen, die den Wert der Erfahrung betonen: «Was ist Ihrer Meinung nach die Essenz des Ganzen? Was wäre der nächste Schritt, den Sie unternehmen könnten? Inwieweit hängt die Traumarbeit tatsächlich mit dem ursprünglichen Traum zusammen? Was werden Sie nun tun?»
- Man schlägt weitere spezielle Aufgaben vor, die sich direkt aus der geleisteten Traumarbeit ergeben.
- Der Teilnehmer darf nicht seiner Erfahrungen beraubt werden, indem man z. B. sagt: «Wie wunderbar!» Statt dessen stellt man eine Frage: «Wie stehen Sie gefühlsmäßig zu Ihrer Erfahrung?» Erst nach der Reaktion des Teilnehmers kann der Leiter seinen eigenen Gefühlen Ausdruck verleihen, wobei er stets einen Bezug zu sich selbst herstellen muß: «Das scheint mir eine aufregende Traumarbeit gewesen zu sein. Daraus können wir alle etwas lernen.»
- Um Unklarheiten im Traumarbeitsbericht zu beseitigen, sind Fragen zu stellen.
- Zwischen den einzelnen Berichten kurze Schweigepausen einlegen, damit sich die unter Umständen stark aufgewühlten Gefühle etwas beruhigen können.
- Wenn ein Teilnehmer keine Traumarbeit geleistet hat und deshalb nichts darüber zu erzählen weiß, sollte ihm die Möglichkeit angeboten werden, einen Traum zu kommentieren.
- Es ist erstaunlich, welche Einsichten und Wandlungen sich aus einer gründlich durchgeführten Traumarbeit ergeben. – Am Ende der Traumarbeitsberichte kann der Leiter kurz einige Worte über die allgemeine Bedeutung dessen sagen, was die einzelnen Teilnehmer erzählt haben.

Die Suche nach der Traumvision

Vor der Landspitze erhebt sich in weiter Entfernung die steile Klippe, und die Erde endet in schwarzem Fels, der ins Wasser hinausragt. Mit gewaltigen Wogen formt die See unablässig die Uferlandschaft. Was wir heute sehen, wird morgen anders sein.

Irgendwo dort unten – am langen eingebuchteten Strand – werden wir uns wieder begegnen und einen Kreis bilden. Und dann tauschen wir für diesen einen Tag unsere weltlichen Namen gegen jenen geistigen Namen ein, der sich uns während eines einsamen Spazierganges offenbart hat.

Geistersucher ... Klageweib ... Ramonoa ... Blaue Schwinge im Wind ... Ruth ... Fließt immer ... Meeressohn ... Erdkralle ... und viele andere. Der Geist strömt und gewährt neuen Reichtum. Die Wellen haben vieles an Land gespült: leere Hummerschalen, manche innen wundervoll purpurn ... alte Schuhe ... verschiedenartiges Treibholz ... runde, schillernde Steine ... einen Fischkopf ... verschiedenfarbiger Seetang ... Wir schreiten dahin und entdecken vieles, denn wir schauen aufmerksamer und bewußter – und finden das, wonach wir schon lange gesucht haben, um es zu beseelen.

«Heute werden wir mythische Zeiten erleben», sagt der Leiter. «Laßt diese Welt zu euch sprechen. Laßt alles zurück. Ihr habt die Alltagsnamen abgelegt und seid nun Träger eines geistigen Namens. Wir wollen gemeinsam versuchen, nur über das zu sprechen, was hier und jetzt geschieht. Es gibt keine Vergangenheit und keine Zukunft – nur den ewigen Augenblick des Jetzt.»

Die Gaben sind bereit. Wir legen die gefundenen Gegenstände harmonisch mit anderen zusammen auf einen halbverkohlten Baumstamm, der von der Sonne ausgebleicht wurde: einen Blumenkranz ... die Hummerschale, gefüllt mit winzig kleinen Muscheln, die wir am Rande des Wassers gesammelt haben ... einen großen Blasentang, der wie eine Schlange aussieht ... Jede Gabe erschafft als Teil mit seiner Einzigartigkeit das Ganze, der lebendige Geist erfüllt den Tag.

Das Gruppenmandala ist gebildet worden, denn wir haben einen sandigen Platz gefunden, der vor der Flut geschützt ist – ein natürliches Amphitheater, in dem wir ein zentrales Symbol aus einem unserer wichtigsten Träume spielerisch darstellen wollen. Vor etwa einem Jahr ist hier ein Baum dem Ansturm des Meeres zum Opfer gefallen. Sein Stumpf ist dick mit Erdreich verkrustet, und seine kahlen Äste bilden ein natürliches Tor, durch das wir eintreten können. Der Himmel ist bewölkt, der Boden warm. Es weht eine sanfte Brise.

Jeder sucht sich seinen Platz ... Auf einen Stein in der Mitte haben wir elf numerierte Stäbe gelegt. Der Leiter wählt seinen Stab als letzter – und was bekommt er? Die Nummer eins ... Er muß das mythische Traumdrama einleiten, um die Lebenskraft zu wecken: «Wir öffnen uns dem Geist und lassen die ausgewählten Symbole durch uns wiederaufleben.» Die Steine in den Händen der Teilnehmer schlagen aufeinander und tönen in ihrer eigenen Art.

Der Leiter erzählt seinen Traum als Geschichte. Wie alt mag dieses Ritual wohl sein – vielleicht Tausende von Jahren? Es ist Teil der Erde – ursprünglich und ewig. Vor zwei Monden, so erzählt er, hatte er davon geträumt, daß er bei einer Zeremonie den reinigenden Salbei entzünden mußte. Er ging in die heilige Hütte, um mehr darüber zu erfahren, was er zu tun hätte, und begegnete dort dem Gott jenes geheiligten Ortes: eine hölzerne Maske, die langsam vor und zurück schwankte. Jetzt ist sie da. Der Leiter ist zum Traumgeist geworden und trägt eine hölzerne Maske, einen Hirschschädel mit Geweih. Urtümliche Geräusche ertönen hinter der Maske, und langsam bewegt sich die Gestalt auf der Stelle.

Zum Schluß klicken die Steine wieder gegeneinander. «Nehmt nur das, was in der Natur zu finden ist, und schafft damit eure Geisterklänge.» Das klappernde Geräusch beschwört die ewige Zeit. Die Augenblicke verschmelzen in der Einheit. – Der zweite wird aufgerufen.

Weshalb ist all dies so lebendig? Wo kann ich mich verbergen? Wo – wenn überhaupt irgendwo – bin ich vor dem Geist in Sicherheit? Nein, die Furcht vergeht im Geisterklang, in der Meereswoge, im Wind, der über den Sand streicht, in der Traumzeit, in der Erneuerung und in der Verwandlung. Wieder einmal hören wir von einer Traumwelt, von Kristallen im Fels, die sich in gewöhnliches Glas verwandeln. Man schenkt uns neue Kristalle, wir machen neue Reisen ... Wir lachen über die Darstellung des Buches, in dem die Ursachen des Rauchens erklärt werden, und über die Geistergestalt, die den Zwang zum Rauchen auslebt ... Wir fürchten uns vor der möglicherweise giftigen Schlange, die im Supermarkt entdeckt und eingefangen wurde ... Wir erschrecken und lachen, als der furchtbare Lemure die nackten Badenden in der heißen Quelle anspringen will ... Ein anderer kämpft gegen sein Traumungeheuer, in Form der erdverkrusteten Wurzeln des umgestürzten Baumes ... Wir hören zu, wie mit Hilfe des Wiedererlebens ein Alptraum umgewandelt wurde. Jedes spielt ein Stück vor. Alles ist zum Traum geworden. Nach jedem Schauspiel schlagen wir die Steine gegeneinander, um die wachgerufenen Kräfte zu verinnerlichen.

Als alles vorüber ist, setzen wir uns im Kreis hin. Wir sprechen miteinander und essen den Rest des Mittagessens auf. Diese gemeinsame Zeit hat uns alle tief bewegt und glücklich gemacht. Angst und Furcht sind im Schmelztiegel der heiligen Zeit verschwunden. Alle haben viel Energie und Freude empfangen. Nun ist der Kreis geformt, und die geistigen Namen werden abgelegt. Wir nehmen wieder unsere Alltagsnamen an: «Ich bin Strephon. Ich gebe den Quellen des Seins meinen Namen Geistersucher zurück, und doch behalte ich ihn in mir.» «Janice, Melody, Bob, Henry, Sarah ...» Und so geht es weiter. «Ich behalte den Geist dieses Ortes in mir. Ich habe ein neues Lebensgefühl gewonnen und Freude an den Symbolen bekommen. Ich lasse das zurück, woran ich mich nicht klammern kann.»

Einmal ist jemand vorbeigekommen. Als ein Traumhund dargestellt wurde, kam ein Hund in die Nähe. Für andere müssen wir seltsam aussehen – mit all den Träumen und Symbolen. Doch wir sind innerlich gefestigt und machen uns deswegen keine Sorgen. Unsere Gaben lassen wir zurück. Der Ozean und die Elemente sind mächtiger als wir. Wir sind erneuert und gehen den Strand entlang zurück zur Stadt und nach Hause.

3. TEIL

Gedanken und Überlegungen

Traumtypen

Die Berücksichtigung der eigenen Totalität

Alle Träume sind bedeutungsvoll und Teil der eigenen Totalität. –

In der Traumwelt spielt es keine Rolle, ob man sexuell tätig ist, jemanden umbringt oder in aller Öffentlichkeit seinen Darm entleert. Also muß sich das Ich deswegen nicht aus der Fassung bringen lassen. Wir alle sind Menschen. Wir sind eine Totalität. Und der Traum enthüllt die verschiedenen Seiten. Wer sich seiner Träume erinnert, mit ihnen arbeitet und sie anderen mitteilt, bejaht das, was auch die Traumwelt bejaht – die eigene Totalität und die potentielle Ganzheit.

Man sagt oft mehr über sich selbst, wenn man seine Träume erzählt – mehr als bei vielen anderen Formen des persönlichen Kontakts. Man redet, um sich selbst zuzuhören, und erzählt, um sich selbst zu akzeptieren.

Es gibt viele verschiedene Traumarten, und es ist nicht einmal notwendig, die eigenen Träume zu klassifizieren. Eine Einteilung verhilft einem jedoch zu einer ganzheitlichen Perspektive. Man erkennt z.B., ob man gewisse Traumtypen prinzipiell nicht erzählt oder bestimmte Traumteile verschweigt.

Manchmal stellt sich die Frage, ob der Traum vom Tod eines bestimmten Menschen einen präkognitiven Charakter hat oder nur als Angsttraum zu bezeichnen ist. Mit absoluter Gewißheit läßt sich dies nicht sagen. Abgesehen davon geht es vor allem darum, mit einem Trauminhalt zu arbeiten. Wenn man sich über die eigenen paranormalen Fähigkeiten größere Klarheit verschaffen will, sollte man regelmäßig mit seinen Träumen arbeiten. Denn allzu leicht verwechselt man die Projektion eines seelischen Inhaltes mit einer echten Vorausahnung. Die Traumarbeit hilft, eigene paranormale Fähigkeiten weiterzuentwickeln, indem sie das Ich besser in Einklang mit den symbolischen und intuitiven Vorgängen bringt.

Was ist ein Traum?

- Ein Traum ist eine Bild- und Tonmanifestation mit manchmal ungewöhnlichen Zusammenhängen.
- Ein Traum ist ein Spiegel, der einen bestimmten Aspekt des Lebens oder des Unbewußten zeigt.

- Ein Traum ist ein Aufruf, das Leben vollständiger zu leben, als dies auf der Bewußtseinsebene allein möglich wäre.
- Ein Traum ist die Schöpfung der Nacht.

Ein Traum ist ein Schauspiel mit Anfang, Mittelteil und Ende. Zu *Beginn* werden die Charaktere in einer bestimmten Situation gezeigt, und meistens ist auch ein Traum-Ich vorhanden. Dann kommt es im *Mittelteil* zu irgendwelchen Komplikationen. Es gibt Probleme, neue Entwicklungen zeichnen sich ab, und es entsteht eine Spannung. Häufig ist das Traum-Ich Mittelpunkt dieses Geschehens, und es muß sich den Herausforderungen stellen. Schließlich kommt der *Schlußabschnitt* des Traumes, in dem der Konflikt und die Komplikationen gelöst und beendet werden. Die Traumbilder gelangen auf verschiedenen Stufen zu einem Abschluß oder gleichen sich zumindest gegenseitig aus. Daran schließt sich als letztes der *Wachzustand* an, in dem der Traum durch die Kunst der kreativen Traumarbeit bewußt gemacht wird.

Traumtypen

Es gibt viele verschiedene Traumtypen, die sogar in einer einzigen Nacht auftreten können. Da sind einmal die *Alpträume*, die extremen *Angstträume*, in denen das, womit man sich bewußt nicht beschäftigen will, mit voller Kraft unbeabsichtigt hervorbricht und Furcht und Angst vor der Vernichtung auslöst. Alpträume erfordern eine Auseinandersetzung und die Erarbeitung heilender Symbole, die das Ich unterstützen – und nicht die Flucht ins Aufwachen. Eine zweite Aufgabe besteht darin, daß man sich mit jenen Situationen im Alltag auseinandersetzt, die Angst und Beklemmung einflößen. *Angst ist ziellose Furcht.* Wenn man mit der Angst umgehen will, muß man reale Gegebenheiten für die eigenen Ängste ausfindig machen, um die konkret gewordenen Ängste so einsetzen zu können, daß das Destruktive ins Konstruktive verwandelt wird.

Große Träume sind jene, die wichtige Ereignisse des Lebens widerspiegeln und voller wesentlicher, spiritueller, symbolischer Darstellungen des zentralen Selbst sind. Der Mensch ist von der Bedeutsamkeit dieser heilsamen und richtungsweisenden Erfahrungen ergriffen.

Der *gewöhnliche Traum* ist ein Traum voller innerer und äußerer Probleme. Die Traumgeister stellen diese oft auf witzige, humorvolle Weise dar, etwa als nicht enden wollender großer Holzhaufen, der aufgestapelt werden muß.

Der *unangenehme Traum* handelt oft vom *Schatten*, von der unterdrückten Seite. Es geschieht irgend etwas Bizarres oder Schmutziges, das man im Alltag niemals in aller Öffentlichkeit tun würde. Ein solcher Traum schockiert durch die Darstellung der eigenen verborgenen Schatten- und Instinkthaftigkeit. Man träumt dann z.B., man würde den Wohnzimmertisch als Toilette mißbrauchen.

Bestätigende Träume stellen deutlich etwas dar, was man in seinem Leben neu angefangen hat. So träumte beispielsweise eine Frau, die sich einer Traumarbeitsgruppe angeschlossen hatte, sie würde ein schäbiges Haus verlassen, ein Traumtagebuch finden und damit arbeiten. Offenbar hatten die Traumgeister an ihrer Entscheidung, die Traumarbeit zu erlernen, Gefallen gefunden.

Präkognitive Träume weisen entweder auf zukünftige Ereignisse hin, oder sie sind die fördernde Ursache ihrer Entstehung. Welches von beiden zutrifft, läßt sich nicht entscheiden. Vielleicht sind beide Faktoren beteiligt. Ich selbst habe von Beziehungen geträumt, die erst später im Alltag konkret zum Ereignis wurden, und eine mir bekannte Frau träumte von zornentbrannten Leuten, die in ihr Zimmer eindrangen – und noch in derselben Woche geschah es.

Zukunftsweisende Träume deuten eher auf Möglichkeiten und Alternativen hin.

Paranormale Träume beinhalten spontane Wahrnehmungen jenseits von Zeit und Raum, die sich nicht auf äußeres Wissen zurückführen lassen. Ein Gruppenteilnehmer träumte zweimal von Dingen, die mich ganz privat betrafen. Dies faßte ich als ein Teil des Prozesses auf, den ich anerkannte und bestätigte. Bei der Traumarbeit treten selbstverständlich auch paranormale Erfahrungen auf, denn durch die Arbeit mit der Jung-Senoi Methode werden auch die eigenen intuitiven Fähigkeiten weiterentwickelt.

Luzide Träume sind Traumzustände, in denen das Traum-Ich sich im Vollbesitz seiner Willens- und Entscheidungsfreiheit erlebt. Der Träumende kann sich auch während eines Traumes dessen bewußt werden, daß er träumt, und dann ‹einen Traum im Traum› beobachten. Derlei Träume symbolisieren in der Regel entweder das Bedürfnis nach Bewußtsein oder dessen Weiterentwicklung. Wegen ihrer Lebhaftigkeit sind solche Traumzustände möglicherweise mehr dem zentralen Archetyp des Selbst angenähert. Jeder kann behaupten, er habe einen luziden Traum gehabt, denn schließlich ist niemand anwesend, der es beobachtet. – Bestimmte Träume sind tatsächlich wesentlich intensiver oder lebhafter als andere. Und außerdem weiß niemand, inwieweit der Mensch irgend etwas im Leben wirklich kontrolliert oder absichtlich unternimmt.

Wachträume sind Erfahrungen im äußeren Leben, die ebenfalls als symbolische oder nicht wörtlich zu nehmende Erfahrungen aufgefaßt und dementsprechend bearbeitet werden. – Die Traumarbeitsmethoden sind ferner auf alle Lebensereignisse anwendbar, denn alles, was im äußeren, im Alltagsleben geschieht, kann ebensosehr – wie jeder

Traum – auf das symbolische Leben hinweisen. Dies gilt besonders für Unfälle, synchronistische Ereignisse, schicksalshafte Begebenheiten wie Vergewaltigung, Wutanfall, Gewalttätigkeit, Diebstahl, Erbschaft und irgendwelche positiven Dinge. Alles läßt sich mit Hilfe der Methoden der Traumarbeit auf die symbolische Wertigkeit hin untersuchen. Auf diese Weise bereitet man sich auf eine ganz neue Bewußtseinsebene vor, die mit der äußeren Wirklichkeit wahrnehmend-interaktiv umgeht.

Die Funktion der Träume

Das Selbst – Wo die Träume entstehen

Träume sind nicht einfach nur Erfahrungen für sich. Sie beinhalten ein Sinn- und Bedeutungspotential, weil es sich bei ihnen um *Reaktionen* auf das Bewußtsein des Träumenden und auf die unbewußte Dynamik der Psyche handelt. Aber, wer reagiert, was reagiert? Wenn Träume nicht bloß die unbewußte Dynamik der Psyche darstellen, sondern eine Reaktion darauf sind, stellt sich die Frage, welches der Ursprung dieser reaktiven, funktionalen Eigenschaft der Träume ist. Wiederum scheint es das Selbst zu sein, das die *reagierende Instanz* ist. Das Selbst ist der zentrale, integrative Faktor innerhalb der Psyche und möglicherweise sogar innerhalb des ganzen Lebens. Das Selbst äußert sich im Traum. Es arbeitet, um die innere Dynamik, die durch die Art der Lebensführung wachgerufen wurde, zu integrieren und zu transformieren. Es stellt die Probleme der Psyche in einen heilenden Kontext und bittet die bewußte oder Ich-bestimmte Seite der Persönlichkeit um Hilfe. Dies geschieht in Form eines Traumes, der schockiert, verblüfft und erfreut – und Wachheit, Einstellung und Entscheidung in Frage stellt und herausfordert, indem andere, heilsamere Möglichkeiten aufgezeigt werden.

Wenn man sich fragt: «Was ist gestern passiert, was geschieht gerade jetzt in meinem Leben, daß ein solcher Traum kommt?», geht man davon aus, daß das Selbst die jüngere Vergangenheit überschaut und die Entscheidungen des Ichs als problematisch ansieht, weshalb es durch den Traum die Dinge so darstellt, wie sie wirklich sind, und nicht so, wie man sie gerne hätte. Mit der Frage: «Was muß in der Zukunft geschehen, um diesen Traum zu rechtfertigen?» drückt man aus, daß das Selbst nicht nur die Vergangenheit und Gegenwart kennt, sondern auch das zukünftige Geschehen beeinflußt. – Das Selbst kennt die inneren und äußeren Möglichkeiten dessen, was erst noch geschehen muß. Es *wünscht*, daß der Träumende sich aktiv für die sinnvollen Möglichkeiten entscheidet, anstatt sie zu meiden oder ihnen Widerstand entgegenzubringen, weil er persönliche, nicht am Selbst orientierte Einstellungen bevorzugt.

Was beweist, daß eine solche Quelle existiert?

Die Arbeit mit den Träumen! Wenn man die Träume eines ganzen Jahres betrachtet, findet man bestimmt Elemente, die die gegenwärtige Situation zum Ausdruck bringen, die zuvor nicht als solche erkannt werden konnten.

Träume haben folgende Funktionen, die einzeln oder kombiniert auftreten:

Die Kompensationsfunktion

Diese Funktion hat Jung am meisten betont. Er postulierte, daß das Bewußtsein einseitig sei und daß man die Dinge fast immer einseitig bewerte – und nicht ganzheitlich. Deshalb kompensiert das Selbst, das die Ganzheit erkennt, das Bewußtsein, indem es die andere Seite zeigt. Wenn man ein positives Bild von sich selbst hat und sich z. B. als ‹gütig› und ‹rücksichtsvoll› bezeichnet, wird das Selbst das Ich mit Träumen konfrontieren, in denen man sich als ‹zänkisch› und ‹habgierig› erlebt. Ist man gespalten und voll seelischer Wunden, werden Heilträume erlebt. Als erste Reaktion auf einen Kompensationstraum sagt man sich: «Das bin nicht ich! Dieser Traum ergibt keinen Sinn.» Will man jedoch kreativ bzw. konstruktiv darauf eingehen, fragt man statt dessen: «Inwieweit zeigt dieser Traum einen Teil meiner selbst, dem ich mich nicht stellen will? Wie muß ich mich entscheiden, um diesen Teil in mein Leben und mein Bewußtsein zu integrieren?»

Die Verstärkungs- und Verdeutlichungsfunktion

Träume können das Ich so darstellen, wie es wirklich ist und wie man sich selbst einschätzt, wobei sie verstärkend und verdeutlichend sind. Wer ein übertriebenes Bild von sich selbst hat, träumt vielleicht vom Fliegen oder davon, mit bloßen Händen einen Wagen hochzustemmen. Das Ich hält sich für größer und besser, als es der Wirklichkeit entspricht, also übertreibt und verdeutlicht das Selbst dieses Bild, damit man es besser erkennen und sich entscheiden kann, ob man wieder auf den Boden der Tatsachen hinunterkommen oder in der Übertreibung verharren will. Man kann sich fragen: «Inwieweit plustere ich mich auf, und was muß ich tun, um wieder auf den Teppich zu kommen?»

Dieser Traumtyp hat auch einen kompensatorischen Aspekt, da jede Inflation Gefühle und Zustände der eigenen Minderwertigkeit kompensiert. Bei einer Inflation identifiziert man sich mit einem übertriebenen Bild seiner selbst, das sich nicht mit der Wirklichkeit deckt. In einem solchen Fall lautet die Frage: «Welche Unzulänglichkeiten fesseln mich derart, daß ich dieses übertriebene Bild von mir selbst habe? Wie kann ich damit umgehen?»

Die Verstärkungs- oder Verdeutlichungsfunktion von Träumen

dient ferner dazu, Fähigkeiten oder positive Eigenschaften der Persönlichkeit hervorzuheben, die man nicht in vollem Umfang auslebt. Wenn man beispielsweise träumt, daß man vor einem großen Publikum eine Rede hält, kann dies ein Hinweis auf die eigene Kreativität sein, die sich auch in der Öffentlichkeit zu behaupten weiß. Dies ist dann kompensatorisch, wenn der Träumende sich nicht wirklich für fähig hält, vor einem Publikum zu sprechen oder sich in diesem Umfang selbst zu behaupten.

Die Widerspiegelungsfunktion

Die Widerspiegelungsfunktion reflektiert einen Persönlichkeitsaspekt oder eine Situation fast exakt so, wie es sich auch in Wirklichkeit verhält. Auf der einen Seite wird gezeigt, daß man sich selbst und die äußere Wirklichkeit so sieht, wie sie sind, und daß man im Einklang mit sich selbst und seiner Umwelt ist. Andererseits ist diese Funktion eine Hilfe, wenn es darum geht, mit sich selbst in Einklang zu kommen und die Dinge so zu nehmen, wie sie sind. Es wäre allerdings etwas zu voreilig, zu meinen, daß jemand, dessen Träume im Prinzip die Nichttraumrealität genau wiedergeben, wirklich eins mit sich selbst ist und ein voll entwickeltes Bewußtsein besitzt.

Hier taucht das Problem auf, wie es sich mit den Traumfunktionen zu Beginn und in fortgeschritteneren Stadien verhält. Ich persönlich bin eher daran interessiert, mit jenen zu arbeiten, die aktiv sich selbst verwirklichen möchten, als mit jenen, die sich schon selbst verwirklicht haben. Der letzteren Gattung bin ich bisher ohnehin noch nie begegnet.

Die prospektive Funktion

Die prospektive Funktion wurde von Jung beschrieben. Sie findet sich in Träumen, die zukunftsweisend sind. In derartigen Träumen werden die konstruktiven und destruktiven Alternativen zukünftigen Handelns mehr oder weniger deutlich dargestellt, so daß der Träumende die Konsequenzen der Entscheidungsmöglichkeiten versteht. Diese Träume sind auch irgendwie kompensatorisch, weil sie manchmal einen anderen Zustand als den gegenwärtigen aufzeigen. Aber nicht alle prospektiven Träume sind kompensatorisch, denn viele zeigen die kontinuierliche Weiterentwicklung und Fortsetzung der Gegenwart. Wer einen prospektiven Traum träumt, ist dazu aufgefordert, nicht nur im Augenblick zu leben – und schon gar nicht in der Vergangenheit –, sondern sich selbst wieder einzuholen, indem in der Gegenwart Entscheidungen mit dem Ziel getroffen werden, in der Zukunft ganz bestimmte Werte zu verwirklichen. Nur mit Einschluß der Zukunft wird das Leben in der Gegenwart zum Schicksal.

Die bestätigende Funktion

Wenn jemand wirklich im Einklang mit dem integrativen Faktor des Selbst ist und Entscheidungen gefällt hat, die die jeweiligen Gegensätze anerkannt und berücksichtigt haben, kommt es gelegentlich vor, daß das Selbst einen bestätigenden Traum schickt, der die Entscheidungen und die damit verbundenen Wertungen bestätigt. In diesem Sinne hat der am wenigsten Geheilte ebenso tiefgehende Heilungsträume wie der gänzlich Geheilte. Der eine Traum ist kompensatorisch, der andere bestätigend. Es geht darum, den Unterschied zu erkennen, denn der Leidende identifiziert sich nur allzu leicht mit einem Heilungstraum und redet sich ein, daß dieser Traum ihm sagt, er sei genesen oder viel gesünder, als es in Wirklichkeit der Fall ist. Es ist bei weitem angenehmer, sich mit einem Trauminhalt zu identifizieren, als die schwere Arbeit der Differenzierung zu leisten, die einem abverlangt wird, um einen inneren Bezug zum betreffenden Inhalt herzustellen.

Wenn man einen bestätigenden Traum bekommt, sollte man stets zuerst prüfen, ob dieser nicht eher kompensatorisch ist. So kann man sich etwa fragen: «Sind die im Traum aufgezeigten Entscheidungen im Alltagsleben wirklich bereits getroffen worden?»

Warum sollte das Selbst sich dazu ‹entschließen›, eine bestimmte Handlung zu bestätigen? Vielleicht reagiert die ‹andere Seite›, weil wir reagieren. Oft sind Entscheidungen und Entschlüsse, besonders wenn sie tiefgreifender und schmerzlicher Art sind, nur sehr schwer zu fällen. Ist eine schicksalsbestimmende Entscheidung richtig, so wird eine Bestätigung sie bekräftigen. Dies entspricht essentiell einer visionären Lebenseinstellung. Wenn nämlich eine wichtige Entscheidung von einer heilenden Macht jenseits der bewußten Kontrolle bestätigt wird, so grenzt dies bereits an eine höchste Erfahrung. Und es ist das Visionäre, das die Leidenschaft zum Leben innerlich verstärkt.

Die transformative Funktion

Transformation ist die Umwandlung eines Dinges in ein anderes, damit eine Lösung möglich wird. So kann im Traum eine schwierige, ungelöste Liebesbeziehung als Tanz mit Rosen ausgedrückt werden. Etwas, was innerhalb der Psyche gespalten bzw. verwundet ist, wird verwandelt und im Kreistanz der mystischen Rose bewältigt. Die transformative Funktion ist vielleicht eine der stärksten Funktionen, die sich im Traumzustand manifestieren. Sie beweist überzeugend die Existenz einer heilenden Quelle. Was man dann mit einem derartigen Traum anfängt, muß der einzelne Mensch selbst und in eigener Verantwortung entscheiden.

Die synchronistische Funktion

Synchronizität, wie sie von Jung beschrieben wird, ist das etwa zeitgleiche Zusammentreffen verschiedener Ereignisse in bezug auf eine zentrale Dynamik oder Wertigkeit, woraus sich der Sinn des Ganzen ergibt. Nicht die Gleichzeitigkeit der Ereignisse macht die Synchronizität aus, sondern die Tatsache, daß auf diese Weise eine Beziehung entsteht, die einen Sinn ergibt. Die Konvergenz der Teile schafft ein Ganzes, und dessen Mitte ist der Sinn. So gesehen, enthält jeder Augenblick ein Synchronizitätspotential, das aber nur dann als solches erkannt wird, wenn man einen gewaltigen (kompensatorischen) Anstoß in Richtung Bewußtwerdung gebrauchen kann. Oder man lebt bewußt und im Einklang mit den Dingen – und dann ist die Synchronizität die (bestätigende) Antwort auf die eigene Hingabe und die eigenen Entscheidungen.

Synchronizität ist kein außergewöhnlicher Zufall ohne jeden Zusammenhang, sondern ein Ereignis, das in einem umfassenden Sinnkontext erlebt wird, in dem sowohl der persönliche Lebensweg als auch das universale Lebensprinzip mit eingeschlossen sind. Eine zufällige Koinzidenz ist dann synchronistisch, wenn ein Bewußtsein vorhanden ist. Synchronizität entsteht nicht durch die Wahrnehmung außergewöhnlicher Zufälle im jeweiligen Augenblick, sondern durch das gleichzeitige Miterleben des vergangenen, gegenwärtigen und zukünftigen eigenen Lebens.

Wenn Erfahrung mit Bewußtsein gekoppelt wird, läßt sich auch ein Sinn finden. Das ist etwas anderes als Projektion oder Sinngebung, denn der Einsatz des Bewußtseins entspricht einem objektiven Tun, durch das etwas Sinnvolles entsteht, das ohne Zutun des Bewußtseins nicht geschehen würde. Die Wachheit und die Bereitschaft, Werte zu schaffen, sind bei der Entstehung der Wesensart einer Situation mitbeteiligt. Sogar Menschen, die nicht in der Lage oder nicht willens sind, eine Synchronizität zu erleben, haben im Augenblick des synchronistischen Geschehens ihr ganzes Bewußtseinspotential zur Verfügung – und es ist ihre freie Entscheidung, sich der Sache bewußt zu werden.

Der Traum ist eine ‹innere Synchronizität›. Auch äußere Ereignisse, wie z. B. ein Unfall, können synchronistisch sein und wie Träume behandelt werden. – Es scheint jedoch öfter zu einem ‹Überfließen› zu kommen, bei dem der Traum das äußere und das innere Leben durchdringt. Dies ist die synchronistische Funktion der Träume, durch die eine Koinzidenz und damit eine Einheit zwischen inneren und äußeren Zuständen und Ereignissen entsteht, die wunderbar scheint und sinnvoll ist. Es wäre besser, man würde dies zur gegebenen Zeit akzeptieren, denn sonst bricht die Hölle los. Manchmal erschreckt das schwache und einfältige Ich und will vor einer solchen Erfahrung zurückweichen. Die Herausforderung besteht nun darin, weiter vorzustoßen und sich ins umfassendere Gesamtbild einzufügen, um eine Ausweitung des Lebens zu finden. Wenn eine Synchronizität geschieht und man sich ihr verweigert, schafft man sich seine eigenen Katastrophen, große wie kleine. Es geschieht oft, daß Menschen, die nach erweitertem Bewußtsein streben, einen Zustand erreichen, in dem sie die Wahrheit erkennen, und sich doch weigern, sie zu akzeptieren – und dann entweder ihren Ängsten nachgeben oder auf eine andere Art zurückweichen. Dieses Verhalten erreicht seinen kritischen Punkt zeitgleich mit der größten Aktivität der synchronistischen Funktion. Wer dann aus freier Entscheidung zurückweicht, muß unter Umständen damit rechnen, daß er verunfallt, Besitztum und Freunde verliert oder daß ihm sonst ein emotionaler und körperlicher Schaden widerfährt. Wenn man mit solchen Ereignissen zurechtkommen will, sind die durch die Traumarbeit gewonnenen Fertigkeiten und Verpflichtungen von unschätzbarem Wert. Man wird Unfälle, Krankheiten und Verluste mit den gleichen Fragen und Aufgaben angehen, mit denen man sich den eigenen Träumen nähert: «Was will ich nicht akzeptieren, daß dieser Unfall geschehen mußte? Inwieweit lasse ich es auch in meinem Inneren zu, daß man mich bestiehlt oder überfällt wie im Alltag?»

Kein Unfall geschieht zufällig. Woher weiß ich das? Indem ich das Leben auf diese Weise angehe, kann ich die Wahrheit dieser Aussage erkennen. Nur wer versuchshalber postuliert, daß irgendeine bestimmte Situation sinnvoll ist, kann an deren Sinn teilhaben oder ihn offenbar werden lassen. Sturer Zweifel blockiert den Weg zu neuen Möglichkeiten am meisten.

Das Phänomen der Synchronizität zeigt, daß die Mitte, das Selbst, nicht einfach nur innerhalb der Psyche bzw. im Innenleben des Individuums, sondern auch innerhalb der Situation, im äußeren Leben des Individuums, ist.

Aufgabe für die Tagebucharbeit

Kurz den schrecklichsten Unfall oder die schlimmste Situation, die man je erlebt hat, beschreiben und dieses Ereignis wie einen Traum bearbeiten, indem man sich fragt: «Welche Faktoren haben dazu geführt? Was hat mir damals gefehlt, daß ich dieses Ereignis erleben mußte? Welche Rolle spielt es innerhalb meines persönlichen Mythos und meiner symbolischen Lebensreise?» Man kann mit dem Unfall oder dem Ereignis einen Dialog führen und diesen Gesprächspartner direkt fragen, weshalb er einem begegnet ist. Dann gelingt es schließlich, das Ereignis einzuschätzen und sich mit ihm auszusöhnen, weil es einen Sinn ergibt und weil man nur auf diese Weise etwas Wesentliches hat lernen können. Man darf aber nicht von vorneherein davon ausgehen, daß man diese Fragen alle auf einmal wird beantworten können. Vielleicht werden gewisse Dinge erst gegen Ende des Lebens klar verständlich.

Lassen sich Träume wirklich einteilen?

Können Träume in definitive Kategorien mit einander ausschliessenden Eigenschaften unterteilt werden? Oder ist es nur das erwachende Ich des Gelehrten und die Absicht, etwas allgemeinverständlich darzustellen, die einer rein symbolischen Erfahrung, die sich äußerlichen Definitionen verschließt, Kategorien aufzwingt? Hat eine Einteilung die Funktion, dem Menschen im Umgang mit den Träumen und der Anwendung von Traumarbeitsmethoden zu helfen?

Ein Traum ist ursprünglich eine symbolische Erfahrung. Deshalb ist es ohne weiteres möglich, ihm äußere Einstellungen und Inhalte aufzuzwingen.

Der Traum ist einerseits ein Spiegel, in dem man das *bekannte* Ich erblickt, und andererseits auch ein Spiegel, in dem man mit Hilfe der Traumarbeit das *unbekannte* Selbst erkennt. Wer Neues über sich selbst entdecken will, muß alle Kategorien – auch die brauchbaren – beiseite legen und den Traum als originale Erfahrung betrachten. Die Bedeutung eines Traumes hängt nämlich nicht von der Kategorie ab, in die man ihn einstuft, sondern davon, was man unternimmt, um ihn erneut zu erleben.

Kein einziger Traum gehört nur einem einzigen Typ an oder hat nur eine einzige Funktion.

Das Wach-Ich kategorisiert und hat die Neigung, mittels Interpretation jede Erfahrung auf eine einzige Sache zu reduzieren.

Zum Bewußtwerdungsprozeß gehört aber auch die Fähigkeit des Kategorisierens. Die Einteilung sollte stets nach funktionalen Gesichtspunkten erfolgen und einen Realitätsbezug haben. Kategorien sind keine Wahrheiten, sondern Hinweise auf die Prinzipien, die der Wirklichkeit zugrunde liegen – falls es so etwas überhaupt gibt.

Das Symbol

Was ist ein Symbol? – Ist nicht alles, was man wahrnimmt oder tut, ein Symbol für etwas anderes? Wie kann man nun mit Träumen als ursprüngliche Erfahrungen der Symbolmanifestation arbeiten, um größere Klarheit über die Art der Realität als symbolische Wirklichkeit zu gewinnen? Was ist z. B. ein Buch? Es besteht aus einem Stapel gebundener Blätter, die bedruckt sind und Informationen vermitteln. Aber was ist ein Buch wirklich? Was bedeutet es, wenn man von einem Buch träumt? Was symbolisiert die Tatsache, daß Sie mit diesem Buch arbeiten?

- Daß Sie sich orientieren müssen und eines höheren Bewußtseins bedürfen?
- Daß Traumarbeit zu einem wesentlichen Bestandteil Ihres Wesens und Ihres Lebens werden soll?

Aber was ist denn ein Symbol?

- Eine Anhäufung von Bildern und Energie?
- Ein Bild, das etwas anderes darstellt?
- Eine Manifestation eines Archetyps?
- Eher ein Bild als ein Konzept?
- Irgend etwas mit verborgener Bedeutung?
- Eine bildhafte Frage?
- Eine Abstrahierung einer offenkundigen Realität?

Es ist nicht leicht, ein Symbol zu definieren, denn was man niemals genau kennen wird, läßt sich auch nicht definieren. Ein Symbol ist unfaßbar, es kann vom Bewußtsein nie ganz erfaßt werden. Man kann jedoch mit Symbolen arbeiten, um einen Sinn zu finden. Dieses Ziel ist erreichbar. – Entscheidend ist die Einstellung zu den Symbolen und den ihnen zugrundeliegenden Archetypen. Sie entscheidet manchmal über Leben und Tod, denn Suizide, Unfälle und Scheidungen sind oft eine Folge einer unbewußt gebliebenen Identifikation mit einem bestimmten Symbol.

Analytiker und Therapeuten beeinflussen als ‹Symbolarbeiter› den Lebensweg eines Menschen entscheidend. Ich arbeite mit Leuten, die sich in einer traditionell jungianischen Analyse unterzogen haben und deshalb durch das Symbolsystem des Analytikers eingeengt worden sind. Und dann erwachen sie nach Jahren zu neuem Leben und durchbrechen ihre ziemlich starren Komplexe.

Bei der Arbeit mit Symbolen sind die folgenden Fragen von Bedeutung, wobei es weniger darum geht, sie alle zu beantworten, als darum, sich an sie zu erinnern und damit das Bewußtsein zu erweitern:

- Ist ein Ding an sich erkennbar?
- Was ist ein Symbol und wie funktioniert es?
- Wie stark ist man selbst an dem beteiligt, was ist, und wie groß ist der Fremdanteil?
- Ist ein Archetyp nicht bloß eine Schlußfolgerung?
- Weshalb sind Symbole zur Manifestation von Archetypen notwenig?
- Was ist ein Symbol im Traum? Drückt es eine Wirklichkeit ‹hinter› dem Traum aus? Kann man das sagen?
- Was ist der Unterschied zwischen archetypischer Energie und Symbol?
- Auf welche Weise manifestieren sich die Archetypen?
- Sind Symbole nur Projektionen von seelischen Inhalten auf die äußere Realität?
- Sind Träume Projektionen?
- Gibt es das ‹Ding an sich›? Gibt es einen ‹Haken› für Projektionen?
- Wie läßt sich das Wirkliche von dem unterscheiden, was man darauf projiziert?
- Was geschieht, wenn man dem Traumgeschehen und den Traumbildern durch künstlerische Mittel, wie Malerei oder Tanz, Gestalt verleiht?
- Funktionieren die Symbole von sich aus, oder funktionieren sie aufgrund ihres jeweiligen Kontextes? Oder trifft vielleicht beides zu?
- Welches sind die natürlichen Grenzen eines Symbols, wenn es in einem Kontext mit anderen Symbolen zusammen funktioniert?
- Verkörpert das Symbol in einem Traum eine ihm zugrundeliegende psychologische Eigenschaft der Persönlichkeit? Wie kann man feststellen, ob dies tatsächlich so ist?

Diese Liste läßt sich durch weitere Fragen erweitern, die mit dem Problem des interpretativen Umgangs mit Träumen zu tun haben. Dieser Ansatz ist der am meisten verbreitete, obwohl es fraglich ist, ob man für sich selbst oder für andere sagen kann, ein bestimmtes Symbol würde etwas Bestimmtes bedeuten und deshalb diesen und keinen anderen Sinn ergeben. Sind es nicht die Interpretatoren – sie mögen noch so rationalistisch vorgehen –, die ihr eigenes Symbolsystem auf das Traummaterial projizieren und die Sache dabei aus den Augen verlieren? Weshalb müssen denn Phänomene eingeteilt werden, wenn man doch nicht weiß, ob man damit die innere Struktur einer Erscheinung aufdeckt oder ihr eine Ordnung aufzwingt? Wer sich an Bekanntmachungen hält, findet niemals die Essenz.

Um nicht ständig von der Vielfalt und Vieldeutigkeit der Wirklichkeit überwältigt zu werden, sind Einordnungsversuche notwendig. Um in Einklang mit der Realität zu kommen, muß man sie mehr und mehr so sehen, wie sie wirklich ist.

Jeder Mensch erschafft sich Symbolsysteme, um die Realität zu organisieren und zu ordnen, um sich auf diese Weise ihrem Wesen zu nähern. Zen-Koans und Sufi-Geschichten sind keine Wahrheiten, sondern Symbolsysteme wie das Christentum und die jungianische Psychologie. Aber welche Wahrheit enthält ein Symbolsystem? Wie nahe ist es dem Wesen der Realität, und wie soll man wissen, ob und wann diese Annäherung stattfindet?

Die archetypische Grundlage für das Symbol

Eine Arbeitsdefinition des Symbols ist folgende: Ein *Symbol* ist ein Bild oder eine Bildergruppe, die Gefühle, Intuitionen und Gedanken wachruft. Das Bild oder die Bildergruppe hat eine archetypische Grundlage, d.h., das Symbol ist eine Manifestation eines oder mehrerer ursprünglicher Archetypen. *Archetypen* können als die der Existenz innewohnenden Wesensmerkmale definiert werden, deren grundlegende Stufe *Form* und *Energie* ist. Beide zusammen manifestieren sich als *Funktionalität*.

Symbole lassen sich von Zeichen unterscheiden: *Symbole* erweitern die Bedeutungs- und Beziehungsmöglichkeiten, während *Zeichen* auf eine einzige Bedeutung einschränken. Das Stoppsignal im Alltag ist ein Verkehrszeichen mit einer bestimmten Bedeutung, während ein Stoppschild im Traum viele verschiedene Bedeutungen beinhaltet.

Die einheitliche Feldtheorie der sieben grundlegenden Archetypen

Als ich die einheitliche Feldtheorie der Archetypen formulieren wollte, begab ich mich für eine Woche in ein Kloster, um dort zu meditieren und mir größere Klarheit über das Wesen der Archetypen und ihr Verhältnis zueinander zu verschaffen. Aus dieser Erfahrung heraus entstand ein Modell, ein Spiegel der Archetypen und ihres Zusammenwirkens. C.G. Jung, der Wiederentdecker der Archetypen, entwickelte keine zusammenhängende, einheitliche Theorie. Ein Modell dient der

Veranschaulichung der *möglichen* Funktionsweise der Dinge. Jedes Modell geht von Schlußfolgerungen und Beobachtungen aus. Es liefert einen brauchbaren Kontext, einen Rahmen für die Verarbeitung der Roh-Erfahrung. Da jeder, der sich mit Träumen befaßt, mit Hunderttausenden von Symbolen konfrontiert wird, fragt es sich, was man damit anfangen soll. Ein brauchbares *Modell* besitzt folgende Eigenschaften: Es zeigt die je unterschiedliche Einzigartigkeit der ursprünglichen Faktoren, die Gesetzmäßigkeit ihres Zusammenwirkens, und es deckt den gesamten Beobachtungsbereich ab – ohne deshalb kompliziert zu sein. Es ist von einfacher Struktur und auch im Alltagsleben anwendbar.

Die hier dargestellte einheitliche Feldtheorie der Archetypen ist nur in den wesentlichen Zügen beschrieben. Eine vollständige Darstellung existiert erst in Manuskriptform.

Eine Auseinandersetzung mit dem Wesen der Archetypen ist insofern problematisch, als sich folgende Fragen stellen: Woher weiß man, daß Archetypen existieren? Werden Archetypen nicht aus sich manifestierenden Symbolen abgeleitet? – Archetypen sind per definitionem im *kollektiven Unbewußten*. Und dieses ist unbewußt und kann nur indirekt entdeckt bzw. erfahren werden. Gewißheit über die Existenz von Archetypen ergibt sich durch numinose Erfahrungen und Ereignisse. Es ist unmöglich, den Archetyp der Einheit, wie er in der sexuellen Ekstase erfahren wird, rein physisch oder als Willensäußerung zu betrachten. Träume, Traumarbeit und bestimmte Rituale sowie Meditationserfahrungen werden als tief bewegend und bedeutungsvoll erlebt – und vielleicht sind Trance-Zustände direkte Erfahrungen von Archetypen. Jede dieser Erfahrungen unterscheidet sich substantiell von einer bloßen Symbolerfahrung, obwohl auch Symbole archetypische Energien enthalten. Es ist, als würde man manchmal durch das Symbol direkt bis zu dem ihm zugrundeliegenden Archetyp vorstoßen. Eine Liebesumarmung sehen ist unter Umständen eine starke Erfahrung, aber nicht dasselbe wie das unmittelbare Erleben. Wer zusieht, erlebt die Realität symbolisch, wer teilnimmt, erlebt sie direkt und unmittelbar. Die Wirkungsweisen sind unterschiedlich.

Es wird behauptet, die Archetypen könnten direkt durch den Glauben erlebt werden. Man müsse eben glauben, daß ‹Gott› oder ‹Buddha› existiert, oder einfach ‹positiv denken›. Obwohl dies eine Illusion sein mag, stellt sich die Frage: «Was kann nur erkannt werden, wenn seine Existenz vorausgesetzt wird?» Gott wird von jenen nicht erfahren, die an seiner Existenz zweifeln, und wer nicht annimmt, das Leben habe einen inneren Sinn, wird kein sinnerfülltes Leben führen können. – Eine dritte Art, die Archetypen zu erfahren, ist das philosophische Denken.

In diesem Handbuch sind Arbeitsmethoden für den Umgang mit dem Unbewußten beschrieben, mit deren Hilfe Symbole und Archety-

Die sieben grundlegenden Archetypen

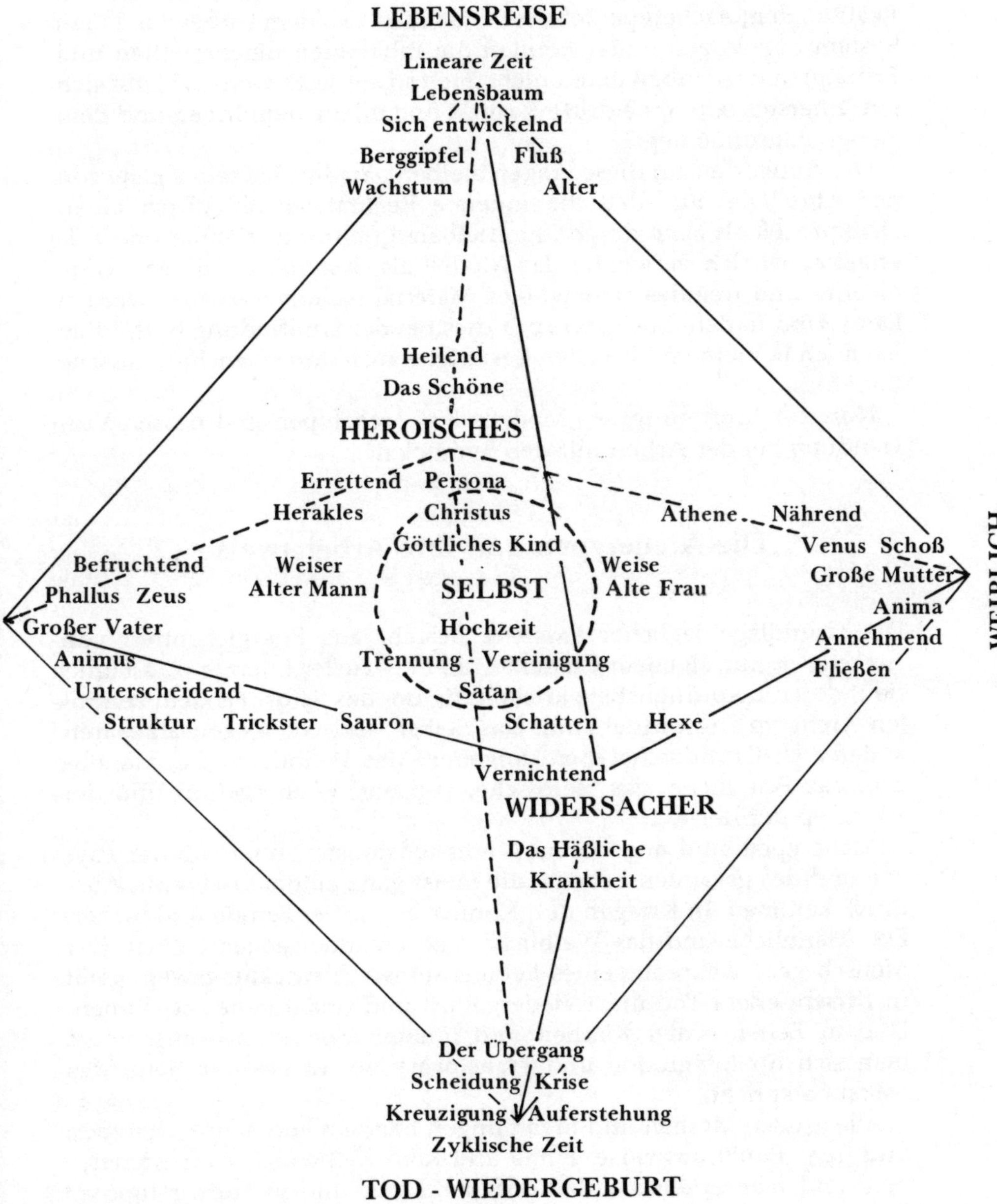

pen in ihrer ganzen Numinosität erfahren werden können, aber auch Techniken, die eher bewußtseinsorientiert sind und die Archetypen durch klares Denken aufzeigen. Das Modell der einheitlichen Feldtheorie beruht auf der Annahme, daß das Denken ein nützliches Werkzeug beim Vorstoß zum Wesen der allem zugrundeliegenden Realität, dem Archetypenfeld, ist. Muß man also dem Unbewußten ein System aufzwingen, oder können die inhärenten Eigenschaften und Prinzipien des Unbewußten nicht auch so entdeckt werden? Läßt sich ein Innerstes oder eine dritte Realität finden, die dem Innen und dem Außen zugrunde liegt?

Die Antworten auf diese Fragen bleiben paradox. Ich selbst gehe von der Annahme aus, daß die innerste Realität sowohl durch einen Denkprozeß als auch durch unmittelbare Erfahrung erlebbar und z. T. erfaßbar ist. Ich verwende das Modell als System, mit dessen Hilfe eigenes und fremdes unbewußtes Material weiterverarbeitet werden kann. Und in dem Maße, wie mir dies bei der Sinnfindung hilft, fühle ich mich in meinem Vorgehen bestätigt – auch durch synchronistische Ereignisse.

Nun zur Erörterung des Modells der Archetypen und dessen Verwendung bei der Arbeit mit den Symbolen.

Die Archetypen und ihre Arbeitsweise

Die Grundlage jeglicher Existenz besteht aus Energiezentren von *Archetypen* mit eigenem Charakter und spezieller Energie und Funktion, deren ursprünglichste kristallartig um das Selbst als dem zentralen Archetyp angeordnet sind. Das Selbst wird von Gegensatzpaaren anderer Ur-Grundarchetypen umgeben: das Weibliche, das Männliche, das Feindliche, das Heroische, Tod und Wiedergeburt und der Archetyp der Reise.

Archetypen sind angeborene Verhaltensmuster innerhalb der Psyche und des gesamten Lebens, die meist ganz automatisch zum Ausdruck kommen. In Kriegen und Konflikten gibt es Feinde und Sieger. Das Männliche und das Weibliche sind einander gegensätzlich. Der Mensch geht während seines Lebens seinen Entwicklungsweg, gerät in Krisen, erlebt Tod und Wiedergeburt und findet neue Richtlinien. Und in Zeiten echter Klarheit und inneren Wachstums entscheidet man sich für Integration und Transformation, wie es der Natur des Selbst entspricht.

Alle großen Mythen und Erzählungen handeln von den Archetypen und ihrer Funktionsweise. Filme und Romane handeln von Archetypen, und man erlebt sie als Konflikte, Liebe und in Form religiöser Erfahrungen und auch sonst in allen Lebenssituationen.

Archetypen manifestieren sich in folgender Reihenfolge, beginnend mit der ursprünglichsten Ebene:

- Der Archetyp als *Ur-Matrix*, als Mutterboden, dessen Energie auf bestimmte, charakteristische Weise arbeitet.
- Der Archetyp als Symbol, als numinoses Bild oder diffuse Energie. Die nackten Körper von jungen Männern und Frauen ‹leuchten›, wenn sie durch die Lebenskraft und die entsprechenden Archetypen idealisiert werden. Mandalas oder heilige Kreise wie etwa die Rosettenfenster christlicher Kathedralen ‹leuchten› vor symbolischer Energie. Dies ist die Ebene der *sekundären Archetypen*, die sich aus den Primärarchetypen entwickeln.
- Der Archetyp als Symbol bzw. Bild mit der Funktion von *Gefühlen und Emotionen*. Dies ist die Ebene der *Komplexe*, der teilweise autonomen Teile des persönlichen Unbewußten. Die Anima als Komplex ist nicht nur das Bild, das der Mann vom Weiblichen hat, sondern auch seine Lebenskraft und Inspiration. *Gefühle* sind momentane Energie-Reaktionen, positive oder negative, die zu bestimmten Handlungen motivieren, etwa in dem Sinne: «Ich mag dich, deshalb werde ich dies für dich tun.» *Emotionen* sind länger anhaltende Gefühlszustände, die nur schwer bewußt kontrolliert werden können. Dazu gehören Trauer, Verliebtsein, Begeisterung, Leidenschaft, Ekstase, Depression, Überheblichkeit und Zorn.
- Die letzte Stufe der Manifestation der Archetypen ist die bewußte Ebene der *Gefühle und Emotionen* und die der *Konzeptualisierung*: Man ist nicht bloß wütend, sondern man weiß, weshalb man wütend ist, und weiß, wie man darüber denkt und was es bedeutet.

Beschreibung der sieben Grundarchetypen

Das Selbst

«Die Umwandlung zu neuem Sein durch Unterscheidung und Integration der Gegensätze, die der Existenz zugrunde liegen.» – S.K.W.

Das Selbst ist das trennende, integrierende und transformierende Zentrum der Psyche. Es ist der Ursprung der Träume, Visionen und anderer Inspirationen. In seiner Mitte sind Hell und Dunkel, die ursprünglichen Gegensätze des Universums. Der *Individuationsprozeß*, die Entwicklung der individuellen Bestimmung, hat hier seinen Ausgangspunkt. Das *Opus*, der Ganzwerdungsprozeß, die Lebensarbeit, besteht darin, ständig aus diesem Zentrum heraus zu leben, damit ein großer Teil oder möglichst viel von der eigenen Ganzheit unterschieden, integriert und umgewandelt werden kann. Die *Transformation* ist eine totale Revolution innerhalb der Psyche, das Schaffen eines neuen, dritten Standpunktes, der aus der Trennung und Vereinigung der Gegensätze entsteht. Dies ist vielleicht die Essenz vieler persönlicher Erfahrungen spiritueller Art.

Das Selbst zeigt sich symbolisch als *conjunctio* (göttliche Vereinigung), Stein der Weisen (in der Alchemie), symbolisches Kind, Ouroboros (Schlange, die sich in ihren eigenen Schwanz beißt), Schmetterling, Schmelzofen, Ring, Androgynie und in verschiedenen anderen Symbolen.

Außer in Träumen und Visionen manifestiert sich das Selbst besonders als *synchronistisches* Ereignis, als sinnvolle Koinzidenz; ferner in der sexuellen und spirituellen Ekstase sowie in Augenblicken absoluter Klarheit (Luzidität) und in Handlungen, die zur Bewußtwerdung führen.

Zu seinen geheiligten Gegenständen und Ereignissen gehören: Mandala, Tempel, Schatz, Buch, Geschenke, Brücke, Stern, Samen und Eier, brennende Kerze, Regenbogen, Lotus, Weihnachten, Hochzeiten und Geburten.

Das Weibliche

«Zu Hause sein in immerwährender Offenheit für alle Aspekte des Lebens und des Todes.» – S.K.W.

Die alles umschließende Eigenschaft des Weiblichen schafft Beziehungen und Geborgenheit. Das Weibliche sagt ‹ja› zu den Dingen, es ist Schöpferin der Höhle, des Schoßes, aus dem das Leben strömt, und Bildnerin des Grabes, in das das Leben zurückkehrt.

In der Frau ist das Weibliche Ausdruck der vorherrschenden Qualitäten ihrer Seele. Es unterscheidet sich von der Weiblichkeit des Mannes, der Anima. Für den Mann ist die Anima eher ein Gegensatz als seine eigene wahre Natur. Bei beiden ruht jedoch das ihnen innewohnende Weibliche in der Substanz, in der Materie.

Das Weibliche ist Gefäß, Höhle, Mutterleib, Königin, Prinzessin, Göttin der Liebe und Fruchtbarkeit, Brunnen, See, Nacht, Bett, Thron, Schönheit, Spinne usw. Es ist Schöpferin von Partnerschaften und Beziehungen und bewirkt das Fließen und die Geburt, aber auch die Zerstörung aufgrund ihres verschlingenden und formlosen Charakters. Das Weibliche nährt und drosselt, es scheint irrational und bar jeder Logik zu sein – es ist ein Mysterium, dessen Feiern Fruchtbarkeit, Erotik, Familie und Divination zum Inhalt haben.

Zu seinen geheiligten Gegenständen gehören Gefäß, Tür oder Toreingang, Säbelscheide, Thron, Mond, Wandteppich und Schleier.

Das Männliche

«Das Ziel kennen und das Notwendige tun, um es zu erreichen.» – C. G. Jung

Das Männliche strukturiert, es sagt ‹nein›, wenn dies erforderlich ist. Es stößt, durchdringt, behauptet sich selbst, bekümmert sich darum, daß eine Arbeit zu Ende geführt wird, ist entschlossen, unterscheidet und neigt zum Rationalen sowie zur Perfektion.

Beim Mann ist das Männliche seine vorherrschende Kraft, seine Wesensart, aus der heraus er gewöhnlich handelt und vollendet. Bei der Frau werden Entschlossenheit und Unterscheidungsgabe durch ihren Animus ausgedrückt. Der Animus ist ihre eigene, weiblich gefärbte Form des Männlichen. Bei beiden Geschlechtern stellt das Männliche das Reich des Geistes, der Ideen und der Werte dar.

Zu den Symbolen des Männlichen gehören: Schwert, König, Einhorn, Phallus und Sonne. Seine Heiligkeit manifestiert sich als Zepter, Werkzeug und Turm.

Im Alltagsleben zeigt sich das Männliche als Väterlichkeit, Aktivität, Führung, Organisierung und Strukturierung. Es ergreift die Initiative, und es beherrscht den Tag. Es gibt den Anstoß für die Entstehung neuen Lebens, ohne es selbst zu manifestieren.

Die mit dem Männlichen verbundenen Riten befassen sich mit Machtgewinn und Zusammenhalt, mit ‹Kraftzuwachs›, Planung und dem Erreichen von Zielen.

Das Heroische

«Das Erlangen von Meisterschaft durch Bewältigung des Chaotischen und Gespaltenen.» – S.K.W.

Der Held oder die Heldin stellen sich stets dem Schwierigen und sogar dem Unüberwindbaren, dem Widersacher selbst. In den großen Mythen gewinnt immer – zumindest für eine gewisse Zeit – das Heroische. Es dient dazu, Sieg und Heilung zu erlangen. Das, was voller Konflikte oder gar chaotisch ist, soll einer Lösung zugeführt werden. Die Energie des Heroischen ist positiv und nach außen gerichtet. Edelmut, Wahrhaftigkeit und Güte sind tragende, mitreißende Faktoren, die für das Heroische kennzeichnend sind.

Die Symbole sind: Jugend, Triumphmärsche, Lorbeerkranz, Beute, Schild, Schlacht, Krankenhaus und Heilmittel.

Im Alltagsleben manifestiert sich das Heroische in Form von Großmut, Kampf, Erlöserreligionen, Kriegsführung, Unternehmensleitung und Medizin. Es rettet und verkörpert das rechtschaffene Leben. Siege und Rückkehr zum gesunden Leben feiern das Heroische, und große Lehrer und Forscher ergründen mit Hilfe seiner Energien neues Wissen.

Der Widersacher

«Das, was alle Dinge begrenzt und zerstört, und doch die Wirklichkeit selbst ist.» – S.K.W.

Vielleicht kann nichts, was existiert, so bleiben, wie es ist. «Alles fließt und wandelt sich», sagte Heraklit. Urheber des Wandels aber ist das Eingrenzende, Verletzende und Vernichtende. Der Widersacher macht alles rückgängig, ist unerwartet und setzt den Dingen ein Ende – er ist der Tod.

Zum Widersacher gehören einige der faszinierendsten Symbole: Ungeheuer, Hexe, Tyrann, Zauberer, Dämon, Psychopath, Teufel, Narr, Verbrecher, Betrüger, Mörder und Sensenmann. Zu den geheiligten Objekten zählen: Mauer, Abgrund, Hexenkessel und Henkersknoten.

Die Erfahrung des Widersachers ist mit Leiden, Sterben und Tod verbunden, mit Krieg, Krisen, Ausrottungen und Niederlagen. Er verwirrt das menschliche Leben durch Zorn und vergrämt durch Mord und Totschlag.

In geheimen Riten der dunkelsten Mysterien wird das Widersächliche zelebriert, und das Böse bleibt auf immer unbesiegt.

Tod und Wiedergeburt

«Krise und Revolution, der Übergang, in dem eines zum anderen wird.» –
S.K.W.

Die Zeit ist zyklisch und umfaßt so die gesamte Existenz. T.S. Eliot drückt dies folgendermaßen aus: Wir kehren dorthin zurück, wo wir her gekommen sind – und erkennen den Ort zum ersten Mal. Der Gang durchs Leben erfolgt nicht immer gradlinig. Höhen und Tiefen umfassen sowohl Verbindung als auch Scheidung. Das Ende der einen Angelegenheit bedeutet den Beginn der nächsten. Am Kreuzungspunkt der zyklischen (Tod und Wiedergeburt) und linearen (Reise) Zeit steht die Zeit still, und solche Ereignisse markieren Augenblicke großer Umwälzungen bzw. Übergänge.

Aus Krise und Wandel entstehen Vermählung und alle jene Riten, die Opfer und neues Leben zum Inhalt haben.

Tod und Wiedergeburt feiert der Mensch als Neujahr, Sonnenwende und Tagundnachtgleiche. Man feiert in Form von Initiationsriten, Übergängen und Graduierungen. Die geheiligten Gegenstände in solchen Zeiten sind: Altar, Uhr, Poesie, Tanz, Keimung und Gebet.

Die Reise

«Der Weg und die ständige Vorwärtsentwicklung.» – S.K.W.

Die Dynamik allen Lebens ist mit einer ständigen Vorwärtsbewegung gekoppelt. Ausnahmslos alle Dinge von den Galaxien bis hin zu den Organismen entwickeln sich ständig – wie sich die säkulare, lineare (Reise-)Zeit ewig vorwärts bewegt. Dies ist als Entwicklungs- und als Minderungs- und Alterungsprozeß beschreibbar. Dementsprechend beinhaltet die lineare Zeit Aufstieg und Niedergang des Tod- und Wiedergeburtsprozesses.

An Geburtstagen und Jubiläen wird die Überschneidung von linearer (historischer) und zyklischer (heiliger) Zeit gefeiert. Jeder Reiseabschnitt gründet auf dem, was vorangegangen ist. Und stets gibt es eine Ausrichtung auf die Zukunft, es sei denn, der regressive Sog des Widersachers nähme überhand.

Die geheiligten Objekte und Symbole der Reise manifestieren sich als Lebensbaum, gewundener Pfad, Bergbesteigung, Stab, Fahrzeug, Führer, Fluß und Strom.

Wir feiern den Archetyp der Reise durch Ferien und Urlaub, durch Pilgerfahrten und durch die Suchfahrt.

Jungs Umgang mit Symbolen

Es folgt nun eine kurze Einschätzung von Jungs Arbeit mit den Symbolen. Wenn dieses Material in Ausbildungsseminaren vorgelegt wird, werden oft ziemlich starke Gefühle wachgerufen. Denn Jung war doch immerhin der Begründer und das strahlende Vorbild der Komplexen Psychologie. Gewiß, er war ein Erneuerer, der den Stein dieses Abenteuers ins Rollen brachte. Doch er gab auch selbst zu, kein Systematiker zu sein. Seine Ideen und Vorstellungen entwickelten sich ständig weiter.

Sie werden beim Lesen erkannt haben, daß hier versucht wird, das Material zu vereinfachen, um auf diese Weise zu verständlichen und anwendbaren Konzepten zu gelangen. Selbstverständlich fragt es sich, ob die menschlichen Erfahrungen durch eine brauchbare Theorie der Archetypen wirklich organisiert bzw. strukturiert werden können.

Jung interpretierte die Träume mit Hilfe einer Verallgemeinerung der Traumsymbole, indem er sie zu ähnlichen Symbolen in Mythen und Volksmärchen in Beziehung setzte. Er nahm an, das Symbol wurzle im kollektiven Unbewußten, das die Traumsymbole mit den Symbolen des Mythos verbindet. Sonst müßte man ja behaupten, jedes Symbol in diesem Kosmos würde sich von allen anderen gänzlich unterscheiden. Es scheint aber doch zutreffender von der Annahme auszugehen, die Symbole seien Ausdruck der allgemeinen Verbreitung der Archetypen und als Symbole einzigartig genug, um als voneinander verschieden angesehen zu werden.

Jung bezeichnete seine Methode der Inbeziehungsetzung von Traumsymbolen mit ähnlichen Symbolen in Mythen und sonstigen kulturellen Erscheinungen als Amplifikation und war der Meinung, dieses Vorgehen sei eine Symbolerweiterung. Diese Auffassung kann jedoch entschieden bezweifelt werden. Ich bin sogar der Meinung, daß Jung mehr Assoziation als Amplifikation betrieben hat. Wenn Jung sich nämlich auf ein mythologisches Symbol bezieht, um ein Traumsymbol zu erklären, *verknüpft* er die Symbole nach seinen eigenen, persönlichen Assoziationen. Mit anderen Worten: Er tut nichts anderes als Freud, nur daß er die Traumsymbole zur Mythologie, zur Alchemie und zu religiösen Texten in Beziehung setzt, während Freud sie mit sexuellen Triebkräften verknüpft. Ihre Symbolsysteme sind wohl unterschiedlich, doch ihre Methode ist grundsätzlich die gleiche.

Zur Verteidigung Jungs muß allerdings gesagt werden, daß er durchaus daran glaubte, daß man das Symbol für sich selbst sprechen lassen sollte, auch wenn er dies praktisch offenbar etwas anders handhabte. In den Protokollen von Jungs Traumseminaren sieht man gelegentlich, wie er mit Hilfe der Amplifikation Symboleigenschaften entdeckte, die symbolspezifisch und symbolinhärent waren.

Ein Beispiel für Jungs Arbeit mit einem Traum

Jungs interpretatives Vorgehen soll anhand eines Traumes dargestellt werden, den er in «Psychologie und Alchemie» (GW12, § 196f) in stark gekürzter Form dargestellt hat. Jung hat viele Träume und Kommentare nur gekürzt wiedergegeben, um auf diese Weise die Traumsymbole zu verallgemeinern. Er machte sie unspezifisch, um seine Theorie, Symbole im Traum seien dieselben wie im Mythos, zu stützen. Obwohl es eine gemeinsame, universelle archetypische Grundlage für Traum- und Mythensymbole geben mag, ist er meines Erachtens hier zu weit gegangen. Ich stelle sein Vorgehen deshalb in Frage, weil ich Probleme verdeutlichen will, damit diejenigen, die sich mit Traumarbeit befassen, von Jung unabhängig werden. C.G. Jung war bestimmt ein Meister im Umgang mit den Symbolen, wenn es darum ging, seine Thesen zu untermauern und zu verdeutlichen. Man könnte allerdings auch sagen, Jungs Psychologie stütze sich mehr auf Kultur und Mythologie ab als auf Traumarbeit.

«Die Höhle» – Jungs Traumbeispiel

Jung beschreibt folgenden Traum: «In einer Höhle sind zwei Knaben. Ein dritter fällt wie durch eine Röhre auch hinein» (GW 12, §196). Das ist alles. Der Träumende selbst kommt im Traum nicht vor.

In seinen interpretativen Anmerkungen vergleicht Jung die Knaben mit dem Zwergmotiv bzw. mit jenen kleinen Männchen, die in den Märchen als Helfer vorkommen. Für ihn sind die Knaben ein Hinweis auf Kabiren und Daktylen, auf *Heinzelmännchen*, die in Bergwerken auftreten. Es sind – nach Jung – alchemistische Geister, welche die Dämpfe der schmelzenden Metalle personifizieren. Jung erwähnt auch, daß diese Wesen in Sagen als böse Omen auf Schiffen erscheinen, und meint, sie würden abgespaltene Teile der Psyche darstellen und stets auf eine gewisse Dissoziation hinweisen.

Was tut Jung hier – amplifizieren oder assoziieren? Ist er bei der Traumaussage geblieben, oder hat er sie verlassen? Wie sind aus drei Knaben in einer Höhle plötzlich unheilverkündende Zwerge geworden, die auf Spaltungen innerhalb der Psyche hinweisen? – Offensichtlich assoziiert Jung, er amplifiziert nicht, sondern springt von einem Symbol zum nächsten und dann wieder weiter – und schließlich läßt er den Traum weit hinter sich zurück.

Jung sagt dann – nach einer weiteren faszinierenden Abschweifung ins Reich der Märchen –, die ursprünglichen drei Knaben seien für ihn fragmentarische Seelen und in Wirklichkeit auch typologische Funktionen. Er benutzt also neben der Volksüberlieferung noch ein weiteres Symbolsystem, aber es gibt im Traum nichts, was darauf hinweist, daß die drei Knaben Funktionen darstellen.

Wovon handelt der Traum? Gibt es Methoden, um die Bedeutung derartiger Träume zu erschließen? – Zunächst ist zu bemerken, daß der Träumende sich selbst mit seinem Traum nicht auseinandersetzt und ihn nicht aktualisiert, wie es der Jung-Senoi Methode entspräche. Jung hat mit dem Träumenden nicht einmal direkt gearbeitet, sondern ihn lediglich alle seine Träume aufzeichnen lassen.

Mit der Jung-Senoi Methode könnte dieser Traum durch die Beantwortung folgender Fragen amplifiziert werden:

- Welches sind die allgemeinen Kennzeichen von Höhlen im Alltagsleben?
- Was ist eine Röhre? Welche Wirkung wird durch die Kombination von Höhle und Röhre erzielt?
- Welche Qualität kommt dem Ereignis des Hinfallens des Knaben und der Tatsache zu, daß er sich den anderen beiden anschließt?
- Welche positiven und negativen Aspekte weist der Traum als solcher auf?

Jung benutzte diesen Traum als Metapher, um seine Theorien der Typen und der psychischen Dissoziation darzustellen. Der Traum könnte tatsächlich eine Metapher für die Psyche des Träumenden sein, die sich dissoziiert und im Unbewußten verschwindet. Es könnte sich aber z. B. genausogut um eine Metapher für eine Neugeburt handeln, bei der das samenspendende Organ in den Mutterleib eindringt und neue Möglichkeiten der Männlichkeit abscheidet.

Der Traum könnte auch mit anderen Jung-Senoi Methoden, etwa der Dialogtechnik oder der Symbolvertiefung, bearbeitet werden. Man spricht z. B. mit dem Knaben und fragt ihn, weshalb er in die Höhle gekommen ist. Oder man versucht, durch Fragen herauszufinden, wie die Höhle auf dieses Geschehen reagiert. Ferner ist es möglich, imaginativ die Höhle auf die gleiche Weise zu betreten wie der dritte Knabe, um dann die Gefühle und das Geschehen zu beschreiben. In seinen späteren Schriften weist Jung übrigens auch auf diese Technik hin, die er als aktive Imagination bezeichnet. Die ‹Patienten› – wie er sie nannte – hatten ein bestimmtes Traumsymbol oder eine Assoziation in der Phantasie weiterzuentwickeln. Die Ergebnisse waren oft bemerkenswert, und manchmal traten dabei spontane Heilungsbilder auf. Jung zögerte jedoch, diese Phantasien zu interpretieren, denn er hatte das Gefühl, daß sie sich irgendwie einer Deutung entzogen bzw. über sie hinauswiesen. Er sagte sogar, die aktive Imagination könne in gewissem Umfang an die Stelle der Träume treten.

Gemäß der Jung-Senoi Methode soll der Träumende das Traumsymbol oder den Traum selbst wiedererleben und zu neuem Leben erwekken. Das Symbol wird in der Regel nicht aus seinem Kontext genommen, sondern der Traum und seine Dynamik werden umfassender vergegenwärtigt. Es ist auch wichtig, die Erfahrung des Unbewußten stärker zu festigen, indem Aufgaben für Veränderungen im Bewußtsein und in Situationen des Alltagslebens übernommen werden. Auf diese Weise steht das Handeln im Mittelpunkt – und nicht die Interpretation oder die Phantasie. Durch das Handeln wird die Traumerfahrung überprüft und zur Verpflichtung.

Eine Amplifikation erschließt und erweitert die Bedeutungsmöglichkeiten eines Traumes. Sie kann dem Traum aber auch seine Numinosität bzw. archetypische Energie entziehen. Deshalb sind Techniken zu bevorzugen, die mit dem Unbewußten arbeiten und die Numinosität der Traumerfahrung erhalten oder verstärken.

Die Amplifikation ist für die leitende Person einer Traumarbeitsgruppe ein notwendiges Werkzeug, das ihr hilft, den Aktualisierungsprozeß des Traumes objektiver zu sehen. Wenn ein Traum erzählt wird, amplifiziere ich, um seine Möglichkeiten zu erschließen. Dennoch schlage ich diese Methode selten vor, sondern frage eher nach speziellen Traumarbeitsaufgaben, die sich direkt mit der inneren Dynamik der Symbole befassen. Die Amplifikation hilft mir auch, einen objektiveren Standpunkt zu finden, wenn ich mit einem Träumenden zusammen eine Verarbeitungstechnik benutze, die mit dem Unbewußten arbeitet.

Die Traumarbeit der Senoi

Den Berichten des amerikanischen Psychologen Kilton Stewart aus dem Jahre 1935 zufolge, sind die Senoi ein Stamm in Malaya, dessen Mitglieder täglich aktiv mit den eigenen Träumen arbeiten. Bei ihnen gibt es nur sehr wenige Geisteskranke und kaum Verbrechen. Ihre Kultur ist in der Zwischenzeit durch äußere politische Ereignisse weitgehend verändert und zerstört worden. In letzter Zeit haben einige Forscher bezweifelt, daß die Senoi jemals intensiv mit ihren Träumen gearbeitet haben. Kilton Stewart, der Autor der inzwischen zum Klassiker gewordenen Studie *Dream Theory in Malaya* lebt nicht mehr, und es wird von manchen Seiten vermutet, daß seine Studie möglicherweise teilweise fiktiv ist.

Die Senoi scheinen also ein weitgehend mythisches Volk zu sein, das auf zweierlei Weise mit Träumen gearbeitet hat:

- Sie wollten den Traumzustand noch während des Träumens verändern.
- Sie führten Traumarbeitsprojekte durch, um mit Hilfe des Traummaterials ihr Alltagsleben zu verbessern.

Die Kinder der Senoi wurden dazu angehalten, auch dann im Traum zu bleiben, wenn er ihnen Angst machte. Sie sollten z. B. in einem Falltraum die Erfahrung machen, daß sich der Traumzustand kontrollieren läßt. Die Erwachsenen erzählten im Stammesrat bestimmte Träume, besonders solche, in denen sie neue Tänze, Lieder und Ideen fürs Alltagsleben empfangen hatten.

Egal, wie die Frage, ob es nun bei den Senoi jemals wirklich eine auf Träumen aufgebaute Kultur gegeben hat oder nicht, entschieden wird, sicher ist jedenfalls, daß in gewissen Kulturen Träume innerhalb der Gemeinschaft ausgetauscht und bearbeitet wurden. Die Irokesen trafen sich jeden Winter, um Träume zu erzählen. Im alten Jerusalem gab es vierundzwanzig Berufstraumdeuter, und wenn einem die Deutung des einen nicht gefiel, konnte man einen anderen befragen. In der islamischen Kultur gehörte die Traumdeutung zum Alltagsleben. Im Mittelpunkt des größten Heilkultes des antiken Griechenland, dem Kult des Asklepios, dessen Riten tausend Jahre vollzogen wurden, standen die Träume.

Erst in unserer vom Materialismus geprägten Moderne werden die Träume vernachlässigt und sogar verneint, weil man dem äußeren Leben auf Kosten des inneren den Vorrang eingeräumt hat. Deshalb bezeichne ich die in diesem Buch dargestellten Techniken als Jung-

Senoi Methoden, um damit die Verbundenheit zu diesen beiden Traditionen auszudrücken – auch wenn in gewissem Sinne keine der beiden in reiner Form vertreten wird. Die Traumarbeit muß in mancher Hinsicht erneuert und weiterentwickelt werden. Sie soll im wesentlichen auf Erfahrungen beruhen, ein breites Spektrum abdekken und praxisnah gestaltet sein, damit die Träume und ihre Bedeutung wieder für jedermann zugänglich werden.

Nun will ich die wichtigsten Ideen von Kilton Stewarts Studie über die Senoi in vereinfachter Form wiedergeben. Es handelt sich um eine hochinteressante Liste von Einstellungsmöglichkeiten zum Traum und zur Traumarbeit, mit deren Hilfe eigene Ansätze entwickelt werden können.

Stewart erwähnt beispielsweise als sehr wichtiges Prinzip, daß die Senoi daran glaubten, man müsse sich seinen Gegnern stellen, anstatt vor ihnen davonzulaufen. Ich habe am Jung-Senoi Institut feststellen können, daß dies eine äußerst hilfreiche Praktik sein kann – besonders im Umgang mit Alpträumen. Man sollte sich allerdings seinen Traumgegnern stellen, ohne sie zu töten, weil es meistens produktiver und heilender ist, eine Beziehung zu den Gegnern und Widersachern herzustellen, als sie umzubringen. Den Archetyp des Widersachers hat es in diesem Universum schon immer gegeben, und das wird auch immer so bleiben. Deshalb sollte man seine kostbare Energie nicht damit verschwenden, gegen Windmühlen anzukämpfen. Dabei ist natürlich auch zu berücksichtigen, daß es für ein Traum-Ich sinnvoller sein kann, im Traum zu töten, um dieser Energie Ausdruck zu verleihen. Es ist danach zu fragen, welche Prinzipien und Werte auf der inneren Ebene gelten und ob sie sich unbedingt mit denjenigen auf der äußeren Ebene decken müssen. Die Traumarbeit dient ja gerade dazu, zwischen diesen beiden Welten zu unterscheiden.

Nun folgt zu Kilton Stewarts Aussagen über die Senoi, dessen Originaltext Charles T. Tart in *Altered States of Consciousness* S. 159–167 abgedruckt hat:

- Wenn die ganze Gemeinschaft daran arbeitet, den Traumzustand zu beherrschen und den Traum in die Wachrealität zu integrieren, kommt es nur selten zu asozialem Verhalten.
- Träume sind ein Ausdruck internalisierter äußerer Kräfte. Werden diese Kräfte nicht harmonisiert, kommt es zu schädlichen Auswirkungen auf das innere und äußere Leben des Betreffenden.
- Jeder Mensch kann lernen, Herr seines eigenen Traumuniversums zu werden und sich deren Wesen nutzbar zu machen.
- Man kann den eigenen Traumzustand durch Verwandlung der eigenen Angst in Bejahung und Akzeptierung so verändern, daß man ihn genießen und spirituelle Kraft daraus gewinnen kann.
- Indem man das Traumgeschehen entspannt genießt, läßt sich die

Traumangst in Freude umwandeln, und der Traum kann willentlich gehandhabt werden.

- Das Traum-Ich sollte feindselige Gestalten stets angreifen und töten, und dabei – falls notwendig – auch andere Traumgestalten um Hilfe bitten. Dies führt dazu, daß die Essenz der feindlichen Gestalt zum eigenen Traumverbündeten wird. Traumgestalten erscheinen nur dann als negativ, wenn man Angst vor ihnen hat.
- Sexuelle Träume sollten stets bis zum Orgasmus weitergeführt werden, und man sollte vom Traumpartner ein Geschenk verlangen, etwa ein Gedicht, ein Lied, irgendeine Fertigkeit, einen Tanz usw. Dieses Geschenk wird dann mit der Traumarbeitsgruppe geteilt. Ein reiches Liebesleben im Traum zeigt an, daß die Wesen des spirituellen Universums dem Träumenden wohlgesonnen sind.
- Eine negative Verhaltensweise im Traum sollte im äußeren Leben durch positive Interaktionen mit jener Person kompensiert werden, deren Bild im Traum aufgetreten ist.
- Das Nacht-Denken kann ebenso Entscheidungen fällen und Lösungen herbeiführen wie das Tagbewußtsein. Man kann also zu allen Reaktionen und Kräften der eigenen Psyche eine verantwortungsbewußte Einstellung annehmen.
- Man kann sich besser mit seinen psychischen Reaktionen auseinandersetzen, indem man ihnen Ausdruck verleiht und sich mit ihnen befaßt, anstatt sie zu verbergen oder zu unterdrücken.
- Die kreativsten Kräfte und das tiefste Selbst enthüllen sich dann, wenn die psychischen Prozesse von der Fixierung auf das Außenleben befreit werden.
- Die eigene Traumwelt und die Arbeit daran sollen mitgeteilt werden, damit die Gemeinschaft helfen kann und der Zusammenhalt gestärkt wird.
- Um angenehme und phantasievolle Träume zu haben, muß der Körper entspannt sein.
- Die soziale Einbettung in die Gemeinschaft unterstützt den aktiven Umgang mit negativen und positiven Traumelementen.
- Negative Traumsituationen können zur Grundlage für verstärkte positive Interaktionen im Alltag werden.
- Ein negatives Verhalten des Traum-Ichs läßt sich in einer äußeren Situation in etwas Positives verwandeln.
- Etwas Negatives, das im Alltag geschieht, kann im Traumzustand ins Positive umgewandelt werden.
- Träume können Lösungen für Alltagsprobleme bieten.
- Je mehr man mit den eigenen Träumen arbeitet, um so weniger irrational werden sie und um so stärker reflektieren sie das Alltagsleben.

Diese Hauptkonzepte der Senoi müssen sorgfältig analysiert werden. Man achte auch auf die beim Lesen entstandenen Gefühle. Man kann sich ein Konzept, das einem am meisten zusagt oder am stärksten abstößt, heraussuchen und daraus eine spezielle Aufgabe für die eigene Traumarbeit entwickeln. Diese Aufgabe läßt sich leichter in Form des Wiedererlebens eines Traumes als durch direkte Traumbeeinflussung bewältigen.

Aus der Senoi Methode ergeben sich folgende Fragen:

- Wie stark kann man seine Träume verändern, während man noch im Traumzustand ist?
- Welche Gruppe kann bei der eigenen Traumarbeit helfen?
- Wieviele der Senoi-Konzepte funktionieren tatsächlich? Braucht man mehrere Jahre, bis man soweit kommt? Können nur wenige ‹Meister› etwas Derartiges vollbringen?
- Will man nun lernen, das Traumuniversum zu ‹beherrschen›, oder will man lieber mit ihm ‹kooperieren›?
- Muß man die Traumgegner töten, oder kann man sich ihnen einfach entgegenstellen und von ihnen Hilfe verlangen? Letzteres ist die von der Jung-Senoi Methode bevorzugte Vorgehensweise. Sie hat sich schon oft bewährt.
- Was würde geschehen, wenn die Traumarbeit zu einem wichtigen Bestandteil des Gemeinschaftslebens würde?
- Inwieweit fühlt man sich als Leser in seinen eigenen Einstellungen durch diese Prinzipien der Senoi herausgefordert?

Der Zusammenhang zwischen Bewußtsein und Heilung

Welcher Zusammenhang besteht zwischen Bewußtsein und Heilung, oder, anders gefragt, weshalb ist das Bewußtsein für die Heilung notwendig? – Es gibt kaum noch grundsätzlichere Fragen als diese, denn wer bedürfte nicht in irgendeiner Form der Heilung, und wer wäre nicht in einem Meer der Unbewußtheit verloren, wenn es um die Frage geht, was im eigenen Leben wirklich vorgeht?

Bewußtsein als wache Aufmerksamkeit führt zu angemessenem Tun.

Heilung bedeutet Ausgleich und Einbeziehung einseitiger Energien. Durch sie werden Konfliktzustände gelöst.

Es genügt nicht, bewußt zu sein, Einsichten zu haben, Wissen zu erringen, Dinge herauszufinden und intensive Erfahrungen zu machen. Es genügt nicht einmal, die Dinge in ihrer Wirklichkeit zu spüren.

Ohne aufmerksames Handeln wird das Bewußtsein niemals auf die Probe gestellt. Es kommt nicht in Kontakt mit der Realität, wenn es keine Taten auslöst. Es ist falsch und kastriert und ist und bleibt von den Vitalenergien des Lebens abgeschnitten. – Was würde geschehen, wenn man derart bewußt und entschlossen wäre, daß man beim Erkennen eines neuen Wahrheitspotentials nicht anders könnte, als es zu manifestieren. – Das unaufmerksame, nicht bewußt vollzogene Tun ist gut bekannt. Die Tatmenschen dieser Welt sind ständig damit beschäftigt, das Beste und das Schlimmste zu tun und wieder rückgängig zu machen. Sie wissen jedoch selten, weshalb sie so handeln.

Es gibt eine grundsätzliche Dualität, die zu einer Einheit umgewandelt werden muß, wenn es eine wirkliche Heilung geben soll. Es ist die Dualität von *Sein* und *Tun*. Manche Menschen streben danach, ihr Leben essentiell und seinsgemäß zu verbringen. Sie suchen nicht die Welt, sondern die Welt sucht sie. Andere wiederum verbringen ihre Zeit ständig in Bewegung und Wandel. Sie suchen die Welt, um sie ständig aufs neue zu erschaffen. – Wie kann man nun *tätig* im *Sein* existieren? *Tun* ist äußerste Hingabe an eine sich wandelnde Realität, während *Stille* die extreme Haltung ist, um die Essenz zu erlangen.

Das Bewußtsein, das aus wacher Aufmerksamkeit in Verbindung mit angemessenem Handeln besteht, ist die Integration von Tun und Sein. Der vielleicht wichtigste Zweck des Bewußtseins besteht darin, an der Disharmonie und Einseitigkeit teilzuhaben und eine Heilung zu bewirken und zuzulassen. Wenn man erlebt, wie man in einem Gegensatz gefangen ist, sei es nun die Liebe, eine bestimmte Vorstellung oder sonst irgend etwas, so hat man das Gefühl, verwundet oder einseitig zu sein. Man vermißt die Gegenseite, man vermißt das, was man unterdrückt oder was einem fehlt. Deshalb sind die Menschen des Lichtes ebensosehr verwundet wie die Menschen der Finsternis. Einseitigkeit ruft nach ihrem Gegenteil, und je fanatischer man an einem Extrem festhält, um so heftiger und überwältigender wird sich die Gegenseite bemerkbar machen.

Guten Menschen darf man nicht trauen, denn sie sind unvollständig. Wenn man schon vertrauen muß, dann jenen, die sowohl dem Licht als auch der Finsternis Ausdruck verleihen. Dann erfährt man beide Seiten, und man kann sich mit beiden auseinandersetzen. Jene Menschen, die durch bewußte Erfahrung der Totalität ihres Lebens die Gegensätze integrieren, sind besonders vertrauenswürdig. Man erkennt sie an ihrer paradoxen Natur. Sie sind vielseitig und dennoch einheitlich. Sie verkörpern das Unberechenbare, das sich im Zentrum der Realität manifestiert.

Übersichtsdiagramme des Jung-Senoi Entwicklungsprozesses

Auf den nächsten Seiten wird gezeigt, wie man mit einem Traum in einer bestimmten Reihenfolge aufeinander aufbauender Traumarbeitstechniken arbeitet. Es wurde versucht, die wichtigsten Techniken der Traumarbeit (bekannte und unbekannte) zu erfassen und zu ordnen und sie in einer Entwicklungssequenz zusammenzustellen. Nicht berücksichtigt wurden die Techniken der Gestaltpsychologie, die der außerkörperlichen Erfahrungen und bestimmte andere, weil die Jung-Senoi Methoden in erster Linie praktisch orientiert sind und eine Traumarbeit für den Alltag vermitteln sollen, die dem Einzelnen dabei hilft, zu einem höheren Sinn im Leben zu finden. Was die Techniken der Gestaltpsychologie angeht, so habe ich in diesem Buch einige andere Techniken dargestellt, die meines Erachtens einem ähnlichen Zweck dienen und stärker auf das Innenleben ausgerichtet sind. Außerdem wird das kreative Ich stärker als bei der Gestaltpsychologie betont.

Es ist zu hoffen, daß dieses Diagramm die Praxisbezogenheit der Traumarbeit zeigt und daß es einen vollständigen Entwicklungsprozeß für die Arbeit mit den Träumen gibt.

ZIEL: Die Aktualisierung eines Traumes – ihn lebendiger werden lassen und im Alltagsleben anwenden

Träumen   Erinnern des Traumes   Festhalten des Traumes im Tagebuch
Kommentare

Verfahren Sie wie folgt:

Objektivierung des Traumes

Analyse der Traumstruktur

- Die Traumabschnitte bestimmen und benennen: Akt I, II, III.
- Welche Gemeinsamkeiten und Unterschiede liegen vor?

Liste der Traumelemente

- Kontraste
- Wahlmöglichkeiten
- Sequenzen

Beschreibung der Hauptsymbole

- Ihre jeweiligen Eigenschaften auflisten.
- Gruppen zusammenstellen, wo angezeigt.
- Wiederkehrende Themen auflisten.
- Die Funktionen eines jeden Symbols im Traum beschreiben.

Auflistung der Probleme des Traumes

- Welche Konflikte finden sich im Traum?
- Was ist ungelöst geblieben?
- Welche Fragen läßt der Traum unbeantwortet?

Beobachtung des Traum-Ichs

- Beschreibung der Handlungen des Traum-Ichs.
  Was tut es, was unterläßt es?
- Die Einstellungen hinter dem Tun des Traum-Ichs bestimmen.
- Die Gefühlszustände des Traum-Ichs, wie sie sich im Traum äußern, beschreiben.

Analyse der Gestalten und Ihres Tuns

- Liste ihrer jeweiligen Haupteigenschaften erstellen.
- Gruppen zusammenstellen, wo angezeigt.
- Gegensätze und Gemeinsamkeiten auflisten.
- Wiederkehrende Themen auflisten.
- Übereinstimmungen und Konflikte auflisten.
- Das Tun aller Hauptgestalten beschreiben.

Erweiterung des Traumes, um die Bedeutung zu erfassen

Der Gebrauch von Schlüsselfragen

- Welche Probleme persönlicher und philosophischer Art wirft dieser Traum auf?
- Inwieweit stehen Handlungen oder Nicht-Handlungen des Traum-Ichs im Zusammenhang mit der Persönlichkeitsdynamik und dem Verhalten im Alltag?
- Inwieweit zeigen sich Eigenschaften, Qualitäten oder Gefühle der Traumgestalten in der eigenen Persönlichkeit und im Alltagsleben?
- In welcher Beziehung stehen Konflikte oder Übereinstimmungen zwischen Traumgestalten, Traumsymbolen oder anderen Traumelementen zu Konflikten oder Übereinstimmungen in der eigenen Persönlichkeit und im Alltagsleben?
- Was will dieser Traum?
- Was wird in diesem Traum vermieden?
- Warum ist dieser Traum jetzt gekommen?
- In welcher Beziehung steht dieser Traum zu anderen Träumen?

Dialog mit den Traumgestalten

- Jede Gestalt und jeden Gegenstand des Traumes visualisieren und befragen.
- Für die Antwort offen bleiben.
- Den Dialog so lange fortsetzen, bis die Fragen beantwortet sind.

Fragen zum Traum

- Wer/was bist du?
- Was hast du mir zu sagen?
- Warum bist du in meinem Traum?
- Warum tust du, was du tust?
- Wie bist du in diese Situation gekommen?
- Was möchtest du, daß geschieht?
- Was willst du von mir?

Fragen zum Alltagsleben

- In welcher Beziehung stehst du zu meinem Alltagsleben?
- Wie möchtest du, daß ich mit dieser Situation im Alltag umgehe?

Sie können die Gestalten auch miteinander reden lassen, damit mehrere Standpunkte zum Ausdruck kommen.

Traum und künstlerischer Ausdruck

- Dichtung
- Malerei, Zeichnen, Bildhauern
- Tanz und Bewegung
- Musik und Gesang

Erforschung der Symbole als Manifestation von Archetypen

Bestimmung der primären und sekundären Archetypen

- Die sieben Grundarchetypen
- Anima, Animus, Schatten, Persona, Kind usw.

Symbolamplifikation

- Welches sind die dem Gegenstand (oder der Person) innewohnenden Eigenschaften?
- Seine Charakteristika und Funktionen im Alltagsleben auflisten.
- Die Charakteristika auf ihre innere Essenz reduzieren.
- Die inneren und äußeren Eigenschaften miteinander vergleichen, kontrastieren und verschmelzen.

Symbolassoziation

- Verbindungen zur Mythologie, Religion, Kultur usw. herstellen.
- Verbindungen zu verschiedenen Systemen psychologischer Dynamik herstellen.
- Verbindungen zum persönlichen Leben in Gegenwart, Vergangenheit und Zukunft herstellen.

Metaphorische Verarbeitung

- Die Funktionsweise des Symbols des Traumes beschreiben.
- Dies als Kontext verwenden, um die Triebkräfte der Persönlichkeit zu verarbeiten.
- Es als Kontext benutzen, um Lebenssituationen zu verarbeiten.

Symbolvertiefung

- Im tiefentspannten Zustand über das Symbol meditieren. Es lebendig werden lassen.
- Das Symbol physisch so beschreiben, wie es im Traum erscheint.
- Dem Symbol nicht gestatten, sich zu verändern, sondern in sein essentielles Wesen eindringen.

- Welche Gefühle treten im Zusammenhang mit dem Symbol auf, was löst es aus?

- Angeleitet
- Selbständig durchgeführt

Symbolentwicklung

- Über das Symbol in tiefentspanntem Zustand meditieren und ihm gestatten, sich weiterzuentwickeln.

Symbolregression

- In tiefentspanntem Zustand über das Symbol meditieren und eine Rückentwicklung zulassen.

Erforschung von Traumserien

- Andere Träume nach wiederkehrenden Symbolen und Träumen untersuchen.

Den Traumzustand einer Lösung zuführen

Wiedererleben des Traumes

- Den Traum erneut in entspanntem, meditativen Zustand visualisieren.
- Jedes aufkommende Bild und jeden Dialog geschehen lassen, solange dies in der ursprünglichen Traumstruktur bleibt.
- Vorsätze zur Lösungsfindung, Heilung oder zum positiven Wandel in den Traum hineintragen.
- Angeleitet – Selbständig

Den Traum weiterführen

- Gegen Ende erneut in den Traum eintreten und ihm gestatten, spontan weiterzufließen, bis eine Lösung erreicht wird.

Die Methode der vier Quadranten

- Ein Papier in vier Quadranten unterteilen.
- Den Traum in drei Abschnitten aufmalen.
- Eine Lösung imaginieren und in den vierten Quadranten malen.

Dialog

- So lange mit den Traumgestalten sprechen, bis eine Lösung erreicht wird.

Kunst und Lösungsfindung

- Den Traum durch Malen, Zeichnen, Modellieren, Dichtung, Drama, Musik oder Tanz ausdrücken, um ihn zu einer Lösung zu führen.

Neuschreiben des Traumes

- Den Traum mit kreativen Änderungen neuschreiben: Konflikte lösen, das Traum-Ich bejahender werden lassen, Handlungen zu Ende führen oder abwandeln usw.
- Den Traum in Erzählungsform neuschreiben. Beschreibungen der Charaktere, Dialoge und genauere Beschreibungen des Geschehens hinzufügen.
- Den Traum als Märchen oder Parabel neuschreiben. Die Elemente von Persönlichem befreien, damit die ihnen zugrundeliegende mythische Struktur oder Bedeutung zutage treten kann.

Den Traum meditieren

- Den Traum in ungelöstem Zustand täglich in der Meditation verharren lassen, bis er spontan zu einer Lösung gelangt.

Traumumwandlung

- Auf der Grundlage der bisher an diesem Traum geleisteten Arbeit beschließen, welche Änderungen in zukünftigen Träumen gewünscht werden: größere Selbstbehauptung, mehr Bejahung, mehr Lösungen usw.
- Dieses Vorhaben beim Einschlafen in den Traum hineintragen.

Trauminkubation

- Vor dem Einschlafen auf meditative Weise um einen Traum zu einem bestimmten Thema, um ein Traumgeschenk oder um eine Antwort auf eine bestimmte Frage bitten.

Die Traumarbeit in die Persönlichkeit und in das Alltagsleben hineintragen

Einstellungswandel

- Die Traumarbeit verwenden, um bestehende Einstellungen zu bestimmen (siehe ‹Beobachtung des Traum-Ichs›).
- Neue Einstellungsmöglichkeiten akzeptieren, wie sie die Traumarbeit zutage bringt.
- Negative Einstellungen mit Hilfe von Vorsätzen, Bestätigung oder durch Taten ändern.
- Auf bestätigende Wandlungen in zukünftigen Träumen und in Situationen des Alltagslebens achten.

Einsicht aus der Traumarbeit gewinnen

Schlüsselfragen:

- Was verberge ich vor mir selbst?
- Welche Hoffnungen hege ich?
- Welche Erwartungen hege ich?
- Welche Fähigkeiten besitze ich?
- Welche Wertvorstellungen habe ich?
- Welche Unsicherheiten habe ich?
- Worin besteht meine innere Mitte?

Die Entscheidung:

Entscheidung und Problemlösung

- Die Erkenntnisse aus der Traumarbeit verwenden, um Probleme näher zu beleuchten.
- Neue Alternativen, wie sie durch den Traum oder die Traumarbeit nahegelegt werden, bedenken.
- Traumweisheiten als Quelle möglicher Leitung betrachten.
- Bedenken, daß Träume und Traumarbeit immer nur Alternativen und Vorschläge aufzeigen können. Schließlich muß man seine eigenen Entscheidungen fällen und dafür sorgen, daß die Probleme gelöst werden.

Aufgaben im Alltagsleben

- Gegenstände aus dem Traum herstellen.
- Neue, von Traum oder Traumarbeit vorgeschlagene Verhaltensmuster ausprobieren.
- Besondere, von Traum oder Traumarbeit vorgeschlagene Projekte oder Aufgaben durchführen.

Beziehung zum Wachtraum herstellen

- Wichtige Erfahrungen im Alltagsleben als symbolisch betrachten.
- Techniken der Traumarbeit anwenden, um Geschehnisse des Alltagslebens zu verarbeiten.
- Die archetypischen Muster erkennen, die dem Alltagsleben zugrunde liegen.
- Situationen des Alltagslebens einer Lösung zuführen, wie man es auch mit einem Traum tun würde.

Der Einsatz von Traumarbeit zur Entwicklung des spirituellen Lebens

Schlüsselfragen für die spirituelle Reise

- Woher kommt der Traum?
- Wohin führt mich der Traum?
- Welche Heilung bewirkt der Traum?

Das Schaffen von Bewußtsein

- Die Traumarbeit dazu einsetzen, das Bewußtsein für eine Quelle zu öffnen, die nicht das Ich ist.
- Mit Hilfe der Traumarbeit Einstellungen, Vorsätze und Erfahrungen entwickeln, die die Urquelle zutage treten lassen.
- Sich letzten Fragen mit Hilfe der Traumarbeit stellen.
- Traumweisheiten sammeln und anwenden.

Herstellen einer Beziehung zur Mitte

- Heilsymbole durch Kunst, Meditation und Handeln manifestieren.
- Sich durch die Traumarbeit auf die Quelle allen Lebens einstimmen, die sich im Leben auf einzigartige Weise offenbart.
- Die Traumarbeit einsetzen, um die spirituelle Bedeutung jedes Lebensereignisses zutage zu fördern.
- Die Traumarbeit einsetzen, um die eigene Persönlichkeit und das Leben zu einem bedeutungsvollen Ganzen zu entwickeln.
- Rituale und Meditationen aus Träumen und Traumarbeit entwickeln.

Herstellen einer Beziehung zur Synchronizität

- Sich sinnvoller Zufälle bewußt werden, die eine Beziehung zwischen Traumarbeit und Alltag herstellen.
- Auf negative Synchronizität mit Traumarbeit und Lebensänderungen reagieren.
- Positive Synchronizität als Bestätigung der Traumarbeit und der Lebensänderungen bejahen.

Der Einsatz großer Träume

- Träume mit wichtigen spirituellen Symbolen, Führern, Reisen usw. entwickeln und erfahren.
- Luzide Träume mit erhöhter Lebhaftigkeit und gesteigertem Bewußtsein entwickeln und erfahren.

Paranormales Bewußtsein

- Träume und Traumarbeit benutzen, um sich über die eigenen paranormalen Fähigkeiten Klarheit zu verschaffen und sie zu entwikkeln.
- Träume verwenden, um Vorahnungen über Menschen, Zeiten und Ereignisse zu erhalten.

Epilog

Meditation für kreatives Träumen

Es ist Zeit. Der Tag hat ein Ende gefunden. Doch mein Leben ist noch nicht zu Ende. Nur die Aufgaben des Alltagslebens lege ich beiseite, um sie morgen wieder aufzunehmen. Ich schüttle die Sorgen und Freuden des Tages ab, erinnere mich ein letztes Mal an sie und lasse sie fahren, um mich auf ein neues Leben vorzubereiten.

Während ich in den Schlaf eintrete, beginnt mein neuer Tag. Wenn ich die Augen schließe, erwacht das Bewußtsein der Ewigkeit. Ich bin ein Wanderer, ein Reisender, der in eine unbekannte Richtung geht. Ich bewege mich im Wissen vorwärts, daß ich meine Zukunft nicht beherrsche, sondern nur meine Entscheidungen. Und das Geschenk, das ich dem Anderen mitbringe, ist nichts weiter als meine Entscheidung, offen zu bleiben.

Am Kai erwartet mich das Schiff. Wieviele Masten und welches Segelwerk hat es? Mein Schiff schwimmt vor mir, und ich sehe es mit meinen inneren Augen. Ich nehme nur das Notwendigste mit, den Wanderstab, Sandalen, den Sack und den Umhang. Wie sehe ich mit diesen Dingen aus? Ich mache mich bereit, an Bord zu gehen, und frage mich, welche Geschenke und einfachen, wichtigen Dinge ich in meinem Sack auf diese nächtliche Seefahrt mitnehme.

Dann begegne ich dem Kapitän. Ist es ein Mann oder eine Frau? Wie ist er/sie gekleidet? Wie stark und zielstrebig ist diese Person? Welchen Teil werde ich bei dieser Reise spielen? Was ist es, das nur ich allein tun kann? Was wird nur mein Kapitän erreichen können?

Irgendwie und irgendwo setzen wir die Segel und die Nebel der Zeit wehen uns entgegen, als wir vor den Wind gehen.

Meine eigenen Gedanken huschen beinahe zufällig vorbei. Doch halt! Was frage ich mich, als unser Schiff ablegt?

Wenn ich in die Fluten dieser Nacht eine Frage hineinwerfen dürfte, welche würde das sein? Soll meine Frage einfach sein und aus dem Gefühl geboren – oder eher persönlich und erfüllt von meiner Leidenschaft zur Heilung und zur Sinnfindung? Darf ich nur eine Frage stellen, deren Beantwortung in Form eines Traumes ich auch hören will?

Nun umhüllen mich die Nebelschwaden. Mein Schiff ist sicher, mein Kapitän stark, mein hingebungsvoller Eifer ungebrochen. Meine Frage ist zu einem Lied geworden, das ich immer und immer wieder singe, bis ich nicht mehr bin und die Träume beginnen.

Die Reise über die nächtliche See erfüllt mein ganzes Wesen. Wenn das Schiff jenes ferne Ufer erreicht haben wird, werde ich erwachen. Ich werde erwachen. Ich werde zum Traum erwachen. Ich werde zur Nacht vor dem Tag erwachen. Ich werde erwachen und mich erinnern, werde meine Träume aufschreiben wie ein einziges Strömen, wie ein Wind, der vom Meer herüber weht. Ich werde erwachen und ein Geschenk der ewigen See mitbringen.

Die Reise

«Hier sind also die weißen Hosen. Trage sie, dann wird dich manchmal jeder ansprechen wollen. Oft wird auch niemand mit dir reden. Du wirst allein sein, allein dastehen und eine echte Chance haben, zu wachsen und deine eigenen Möglichkeiten zu erspüren.» – Anleitung aus einem Traum.

Jedes Individuum muß im Leben eine Reise beenden. Ob diese Reise bewußt oder unbewußt erlebt wird, das scheint der entscheidende Unterschied zu sein. Wenn wir unseres wahren Selbst unbewußt bleiben, sind wir ein Spielball des Schicksals und werden häufig von überlegenen inneren und äußeren Kräften umhergestoßen. Wenn wir dagegen Entscheidungen treffen und daran arbeiten, uns dessen bewußt zu werden, wer wir sind, sind wir zwar noch immer unserem Schicksal unterworfen, aber aus diesem Schicksal kann eine Berufung werden. Indem wir uns dessen bewußt werden, was wirklich ist, erweitern wir unsere Auswahlmöglichkeiten. Und durch die Bewußtwerdung dessen, was wir im Leben zu tun haben und wie wir sein müssen, aktualisieren wir die persönliche Erfüllung und damit gleichzeitig auch die Erfüllung des Selbst. Durch Bewußtsein und Hingabe an eine Richtung läßt sich jede Handlung, jede Überlegung und jede Entscheidung zu einem größeren, entscheidenderen Lebenssinn verweben.

Jeder Mensch träumt, sein ganzes Leben lang, auch wenn die meisten sich nie daran erinnern und nie aus dieser Quelle schöpfen. Diesen Schlafenden bleibt verborgen, daß die Reise zur Ganzheit erst aus der aktiven Verwirklichung der Quelle erwächst. Durch den Traum zieht sich – wie durchs Leben auch – eine eigene Richtung. Dies erkennen wir nur mit einem entwickelten und höheren Bewußtsein, das aus dem beständigen und ernsthaften Arbeiten mit der Quelle des Selbst und ihren Ausdrucksformen erwächst, aus der Arbeit mit Träumen, Intuitionen, Einsichten, Projektionen, Visionen und bestimmten ursprünglichen und meditativen Erfahrungen.

Was die größere Reise angeht, so besteht das Hauptproblem für den Traumarbeiter wohl darin, nach und nach seine starre Kontrolle preiszugeben und eine ausgewogene Zusammenarbeit mit dem Selbst einzugehen. Aber es wird viel Traumdeutung betrieben, ohne daß dabei dem Selbst gestattet würde – und sei es in noch so begrenztem Umfang – selbst die Kontrolle auszuüben. Patienten und Analytiker, Traumgruppenleiter und ihre Teilnehmer – sie alle verfallen oft dieser grundsätzlichen Bevorzugung des Ichs. Wer versucht, *Symbole* in Träumen wörtlich zu interpretieren, etwa mit Aussagen wie ‹dies bedeutet das ...› oder Fragen wie ‹Was bedeutet dieses Symbol für sie?›, versucht, auf rationalistische Weise aus einem Symbol ein Zeichen zu machen.

Ein Symbol ist eine Frage und keine Antwort. Wird aus einem Symbol eine Antwort gemacht, dann wird versucht, das Symbol und die Quelle des Symbols zu kontrollieren. Würde es dem Zweck der Träume nicht viel eher entsprechen, zu fragen: «Mit welchen Fragen konfrontiert mich dieses Symbol? Wie soll ich darauf reagieren?»

Bei manchen Leuten steht hinter dem Widerstand, Dialoge mit Traumgestalten und anderen Verarbeitungstechniken durchzuführen, das Problem der Kontrolle. Wenn wir den Traumgeistern sagen, was sie bedeuten, behalten wir die Kontrolle. Wenn wir sie direkt fragen, wer sie sind und was sie wollen, teilen wir sowohl Kontrolle als auch Kreativität mit ihnen. Erst dann machen wir uns auf die Reise, gehen wir davon aus, daß wir nicht Mittelpunkt des Universums sind, sondern Partner an seiner Evolution. Wir wissen nicht, was uns unsere Traumgeister antworten werden. Wir wissen nur, daß sie uns in die Richtung einer möglichen Wahrheit stoßen werden, die wir nicht immer mögen. Innerhalb der Träume begegnet uns dieses Problem der Kontrolle in Form von Schlachten, Verfolgungen und Auseinandersetzungen mit überlegenen positiven und negativen Wesen. Und es ist das Traum-Ich, das Bild des Träumenden, das oft direkt in diese inneren Konflikte mit einbezogen wird. Häufig hat das Bild des Ichs im Traum keinen allzugroßen Erfolg bei gemeinsamen Unternehmungen. Oft wird das Traum-Bild des Träumenden auf viele verschiedene Arten dominiert. Ist dies vielleicht die kompensatorische Seite eines über-kontrollierenden Bewußtseins, das die Reise einfach nicht zulassen will – obwohl es sie deutlich erkennt?

Wir müssen gegen die falsche Annahme ankämpfen, daß wir kontrolliert würden, sobald wir die Kontrolle aufgeben. Tatsächlich ist es doch so, daß all jene, die Kontrolle ausüben, sich bloß reaktiv verhalten und von tieferen, ihnen unbekannten Kräften beherrscht werden. Es ist wesentlich besser, eine echte Demokratie des inneren Geistes zu errichten, in dem Ich und Archetyp innerhalb ihrer getrennten, andersartigen Funktion existieren, aber gemeinsam versuchen, zu erschaffen und zusammenzuarbeiten.

Und schließlich werden wir viel reicher beschenkt und belohnt, wenn wir die Kontrolle zugunsten der Kooperation preisgeben. Denn die Reise ist der ‹Baum des Lebens›, der seine Früchte trägt, wenn ihm nur gestattet wird, zu wachsen – statt zu verkümmern, weil seine Wurzeln aus Furcht, Neid und unterdrückter Unsicherheit nicht genährt werden.

Zum ganzen Prozeß gehören auch Widerstände und Rückschläge. Daher auch die Notwendigkeit der Entschiedenheit, eine Zeitlang bei etwas zu bleiben, um die Fertigkeiten und die Erfahrungen zu entwikkeln, die erforderlich sind, um mit der gesamten Entwicklung klarzukommen.

Die Reise wird weitergehen, ob wir uns ihrer bewußt werden oder nicht. Doch wenn wir scheitern, scheitert alles. Denn alle, die sich der Reise bewußt werden, erhalten Wanderstab, Sandalen, Sack und Umhang. Ob wir diese bei einer Wegkreuzung benutzen, ist einzig und allein unsere Sache. Manche lassen sich von Widerständen und Fehlschlägen zurückwerfen und abschrecken. Andere hingegen bleiben an den Gabelungen stehen und lassen sich von der Finsternis nicht überwältigen – und schreiten schließlich weiter. Für diese wird die Reise schließlich zu einer lebendigen Wirklichkeit, zu einem Juwel, das durch das Spiel und die Arbeit voller Hingabe und Ausrichtung auf die Mitte gefunden und geschliffen wurde.

Appendix

Eine Anzahl neuer Studien und Ergänzungen zum bereits vorgelegten Material, die uns von Strephon K. Williams für unsere deutsche Erstausgabe zur Verfügung gestellt wurden.

A Der Traum von der atomaren Katastrophe

Zum Hintergrund:

Der Mann war eine Zufallsbekanntschaft. Ich lernte ihn im Hause einer Bekannten kennen. Es war das, was ich eine ‹konversationsmäßige Traumerzählung› nenne. Es war ein sehr kurzer Traum. Der Mann hatte nicht die Absicht, mit dem Traum zu arbeiten. Aber diese Traumarbeit betrifft uns alle.

Der Mann kam vom Lande, um an einem Meditations-Intensivseminar teilzunehmen. Er war einer von vielen, eine zufällige Begegnung. Er gab einen kurzen Bericht über einen allgemeingültigen Traum – es war ein Augenblick der Echtheit.

Der Traum:

«Als ich davon träumte, war alles äußerst lebhaft und echt. Irgendwie hatten wir alle erfahren, daß der Große Blitz, der letzte von allen, der atomare Holocaust, in zwei Tagen stattfinden würde. Alle gerieten in totale Panik. Überall herrschte das Chaos. Nun sollte das geschehen, was alle bisher verdrängt hatten. Einfach so – die Zivilisation geriet ins Stocken, denn alle versuchten zu fliehen. Doch es gab keinen Zufluchtsort. Niemand konnte entkommen. Das Unfaßbare würde geschehen, und mit einem Mal erkannten wir, wie dünn das Gespinst unserer komplizierten Zivilisation war. Nun war der Krieg ausgebrochen, und das unausweichliche Ende war gekommen. Das überstieg unser Fassungsvermögen. Wir konnten nichts anderes tun, als in Panik zu verfallen oder auf das Ende zu warten.»

Kommentar

Im sich an die Traumerzählung anschließenden kurzen Gespräch meinte der Mann, wir alle würden die Möglichkeit eines Atomkrieges verdrängen. Ein Atomkrieg sei derart gewaltig, sagte er, daß niemand auch nur das Geringste dagegen tun könne. Es sei nur natürlich, daß man diese Möglichkeit einfach verdränge.

Ich nannte den Mann einen ‹chaotischen Nihilisten›, um die Atmosphäre des Seminars etwas aufzulockern. – Aber muß man das Unmögliche nicht beim Namen nennen, um es angemessen einstufen und es in den Rahmen des Möglichen rücken zu können? Meine Benennung war natürlich hintergründig humorvoll gemeint, denn sehr viele Menschen träumen auf die eine oder andere Weise von einer atomaren

Katastrophe. Wenn man mit diesen Träumen arbeitet, sollten sie als Hinweise auf notwendige oder bevorstehende Explosionen im eigenen Leben aufgefaßt werden. Wenn man von einer Katastrophe träumt, ist genau darauf zu achten, wie das *Traum-Ich* sich mit diesem überwältigenden Ereignis auseinandersetzt bzw. die Auseinandersetzung verweigert. Ferner ist es wichtig, auch solchen Ereignissen gegenüber eine kreative Einstellung und Handlungsweise zu entwickeln.

Aber die Traumerfahrung des atomaren Holocaust bedarf der Traumarbeit der gesamten Menschheit.

Die Notwendigkeit des Bewußtseins: Beachten sie sorgfältig, wie sich der Mann zu der Möglichkeit eines überwältigenden Ereignisses wie der Vernichtung der Zivilisation oder der menschlichen Rasse stellt: Man kann sich das Schreckliche vorstellen, aber man kommt damit nicht zurecht. Deshalb muß es beiseite geschoben und sogar aus dem Bewußtsein verdrängt werden. – *Verdrängung* ist ein Mechanismus der Unterdrückung oder des Unbewußtmachens von Dingen, mit denen man sich gefühlsmäßig nicht auseinandersetzen kann. Doch die Realität der Erfahrung löst sich deswegen nicht auf. *Man läuft nur vor ihr davon.* Dies geschieht, wenn man vor dem Wissen um eine Wirklichkeit, die einem unbehaglich scheint, flieht – so verhält man sich manchmal gegenüber dem Partner bzw. der Partnerin oder in Lebenssituationen, die man nicht wahrhaben möchte. Man vermeidet eine vollständige Auseinandersetzung.

Es ist nicht die Atomkraft allein, die uns in die Luft jagen wird – es ist die Verdrängung. Was nämlich aus dem Bewußtsein verdrängt wurde, kehrt am Ende mit noch größerer Gewalt und in noch unkontrollierbarerer Form zurück.

Was man verdrängt, projiziert man auch. Durch die Verdrängung wird man zum Feind seiner selbst. Dieses Feindbild projiziert man schließlich auf andere, die man dann bekämpft – in Wirklichkeit ist es aber ein Kampf gegen sich selbst. Es gibt keinen Feind außer einem – und den schafft man sich selbst, indem man sich weigert, sich mit etwas auseinanderzusetzen.

Prinzipien für die Traumarbeit

Bei der *Traumarbeit für ein neues Zeitalter* sind folgende Prinzipien wichtig:

- Als erstes sollte man alles, was tatsächliche oder potentielle Möglichkeit ist, bewußt akzeptieren und erfühlen und sich damit auseinandersetzen – egal, ob es einem Angst einflößt oder unangenehm scheint.
- Da die Träume die gesamte Wirklichkeit widerspiegeln – auch die Möglichkeit eines atomaren Holocaust – liegt es an uns, als bewußte

Wesen, eine derartige Möglichkeit zu integrieren. Ob man es nun akzeptiert oder nicht – Träume reflektieren exakt die inneren und die äußeren Realitäten. Vielleicht will die Quelle der Träume darauf aufmerksam machen, daß wir uns mit allem auseinandersetzen können, was wir akzeptieren, selbst mit der endgültigen Vernichtung.

- Wenn die äußeren Aktivitäten ergänzt und die Welt zum Besseren verändert werden soll, kann und muß man auch an der eigenen inneren Wirklichkeit arbeiten. Je mehr Menschen sich mit ihren Katastrophenträumen als Innenwelterfahrung auseinandersetzen, um so stärker ändern sich ihre Einstellungen und Handlungsweisen – und um so unwahrscheinlicher ist es, daß es tatsächlich noch zum Holocaust kommt. Man muß sich nur fragen, was man verdrängt und welche Finsternis man auf andere projiziert. Und wie reagiert man auf das Unausweichliche – fatalistisch, ablehnend oder kreativ?

Epilog

Stellen Sie sich einmal vor – wie im geschilderten Traum –, daß sie nur noch zwei Tage haben, bis der ‹Feuerblitz› allem ein Ende macht. Wie werden Sie diese beiden letzten Tage verbringen? Im Chaos? Mit fruchtlosen Vergnügungen? Voller Sorgen? In tiefer Meditation? Fragen Sie sich, wie Sie auf das Unausweichliche im Leben vorbereitet sind, was immer es auch sein mag.

Stellen Sie sich nun als nächstes vor, daß Ihnen noch zwei Jahre vor dem Atomschlag bleiben. Schiebt Ihr Verdrängungsmechanismus diese Möglichkeit beiseite, macht er sie unsichtbar, damit Sie ‹auf normale Weise› unbekümmert weiterleben können? Oder widmen Sie dieser finsteren Möglichkeit Ihre ganze Aufmerksamkeit, Ihre ganze Kreativität? Neues Leben erschließt sich nicht durch Rückzug, sondern durch das Eröffnen neuer Möglichkeiten.

Wir sind noch nicht tot. Es mag sein, daß wir im Sterben liegen. Aber es ist auch möglich, daß wir uns endgültig mit der gesamten Wirklichkeit auseinandersetzen müssen, um innerhalb ihres Rahmens neues Leben zu erschaffen. Es gibt keine Flucht. Die Guten gewinnen immer nur in der Phantasie. In der Wirklichkeit müssen die Bösen ebenfalls gut-und-böse werden. Das Böse kann nicht besiegt, sondern höchstens transformiert werden.

B Die Transformation einer Elternbeziehung

Der Traum

«Ich besuche meinen Vater, der sterbend in seinem Schlafzimmer liegt. Er steht auf, geht durchs Zimmer und bricht zusammen. Ich stürze auf ihn zu und reibe seine Arme, um ihn wiederzubeleben. Ich lege ihn ins Bett. An der gegenüberliegenden Wand hängen zahllose Karten, Zeichnungen und andere Dinge, die ihm Besucher mitgebracht haben. Ich suche eine freie Stelle für meine eigene Karte. In der Mitte ist aber keine freie Stelle mehr. Etwas seitlich gibt es jedoch noch eine, und ich prüfe, ob er meine Karte dort auch sehen kann. Meine Mutter ist ebenfalls anwesend und hält seine Hand.»

Kommentar

Dieser Traum spiegelt ein tatsächliches Ereignis im Leben der Träumenden wider, nämlich den Tod ihres Vaters zehn Jahre zuvor. Er war zu Hause und starb, während sie in Urlaub war. Sie hatten Streit gehabt, ihre letzte Begegnung war also nicht so verlaufen, wie sie es sich gewünscht hatte. Sie wäre lieber anwesend gewesen, als er starb, um die Unstimmigkeiten aus der Welt schaffen zu können und sich mit ihrem Vater über ihre Gefühle auszusprechen.

Die Traumarbeit

Diese Träumende hatte sich vor kurzem einer unserer Traumgruppen angeschlossen. Die Frage lag nahe, weshalb sie zehn Jahre nach dem Tod ihres Vaters einen solchen Traum erhalten hatte, der zudem sehr realistisch gewesen war. Wies dieser Traum vielleicht darauf hin, daß etwas zwischen ihr und ihrem Vater nicht verarbeitet worden war? Warum gab es beispielsweise für ihre Karte keine herausragende Stelle? Konnte das ein Hinweis darauf sein, daß sie Schwierigkeiten hatte, ihrem Vater nahe zu sein, und daß manche Dinge zwischen ihnen ungeklärt geblieben waren? Welche Schuld und welche Spannungen fühlte sie, daß sie so verzweifelt versuchen mußte, ihren sterbenden Vater mit einer untauglichen Armmassage am Leben zu erhalten? Sie wollte, daß er weiterlebte, obwohl er offensichtlich bereits im Sterben lag. Warum konnte sie ihn nicht loslassen? Was mußte zwischen ihnen noch erledigt werden?

Als Leiter der Traumarbeit machte ich einige Vorschläge, die es ihr ermöglichten, sich für die Inhalte des Traumes innerlich zu öffnen.

Das Wiedererleben des Traumes

Sie befand sich erneut im Schlafzimmer ihres Vaters und fand nun eine freie Stelle an der Wand. Sie schrieb schlicht «In Liebe, Mary», sprach mit ihrem Vater und umarmte ihn. Manchmal mußte sie während des Wiedererlebens weinen. Aber sie konnte nun ihrem Vater sagen, was sie für ihn empfand, daß nun alles in Ordnung sei und daß sie ihn akzeptiere und das Gefühl habe, auch von ihm akzeptiert zu werden.

Die Kunst, eine Lösung herbeizuführen

Viele Beziehungen bleiben im Leben ungelöst, sei es durch den Eingriff des Todes oder durch Scheidung und Trennung. Die Gefühle werden nicht wirklich ausgelebt, Entscheidungen werden nicht auf kreative Weise gefällt, und es fehlt an der Bereitschaft, das Geschehene zu akzeptieren.

Der Traum, und zwar besonders der Alptraum, weist den Menschen immer und immer wieder auf die ungelösten Aspekte seines Lebens hin. Die Kunst der Lösungsherbeiführung schafft neues Leben. Offenbar ist es dies, worauf so viele Träume abzielen – und mit Hilfe der Traumarbeit läßt sich eine Lösung finden, und oft kann das, was auseinandergerissen wurde, wieder zu einer neuen Einheit zusammengefügt werden.

In meiner eigenen therapeutischen Praxis habe ich bei Personen, die unter einem Trauma litten, die Technik des Wiedererlebens des Traumes angewandt und damit ganz erstaunliche Ergebnisse erzielen können. Auf diese Weise wurden traumatische Erlebnisse wie Vergewaltigung, Unfall und Krieg erfolgreich behandelt. Die Alpträume bringen solches Material an die Oberfläche. Danach kann man mit dem entsprechenden Einfühlungsvermögen damit arbeiten. Diese Erfahrung macht es unwahrscheinlich, daß sich der Traum wiederholt. Sie setzt auch Gefühlsenergien frei, welche die betreffende Person dringend benötigt, um zu einem gesunden, erfüllten Leben zu finden. – Dies ist einer der Hauptgründe für das Träumen. *Träume bringen die ungelösten Lebensprobleme zum Ausdruck.* Sie bringen sie an die Oberfläche, damit die in Frage kommenden Probleme einer Lösung zugeführt werden – und sei es auch lange nach dem jeweiligen Ereignis.

Ohne Traumarbeit würde die Frau aus unserem Beispiel noch immer an einer auf der unverarbeiteten Vaterbeziehung beruhenden Gefühlshemmung leiden. Diese blockierten Emotionen können dann aber weiterhin ihre gegenwärtigen Beziehungen zu anderen, ihr nahestehenden Menschen beeinflussen. – Der Traum macht ihr gewissermaßen den Vorschlag, sich jetzt damit auseinanderzusetzen. Aus transpersonaler Sicht könnte man sagen, daß der Geist des verstorbenen Vaters nun seinerseits nach einer Erfüllung und Lösung der Beziehung sucht. Denn schließlich weiß man nicht mit letzter Gewißheit, ob der Vater nur ein Symbol für eine bestimmte Energie innerhalb der Psyche der Frau oder eine geistige Entität ist. *Es ist durchaus möglich, daß sich Verstorbene und Lebende im Zwischenland des Traumes begegnen, um die Arbeit an ihren Beziehungen fortzusetzen.*

Ich habe mit vielen Trauernden gearbeitet und mich gefragt, ob diese traumartige Begegnung zwischen Lebenden und Toten nicht tatsächlich stattfindet. Auf jeden Fall wird sie als wirklich erlebt, und – vom Gefühl her gesehen – kommt es zu einer Begegnung, zumindest aber zu einem Durcharbeiten wichtiger Problemaspekte.

C Die Arbeit mit dem sexuellen Traum

Zur Problematik

Selbstverständlich hat jeder Mensch Sexualträume, vom unbescholtensten bis zum ausschweifendsten. Sexualität ist eine große Kraft im Leben, vielleicht sogar die Lebenskraft selbst.

Sex und Sexualität sind nicht dasselbe. Ist es nicht der Lebenstrieb, die Vitalenergie, die es dem Organismus ermöglicht, zu leben und sein Sein zu behaupten? Sex wird zwar auch durch die Genitalien ausgedrückt, aber ebenso durch eine Vielzahl anderer Lebensäußerungen. Wenn also im Traum etwas Sexuelles vorkommt, begegnet man einem Mysterium. Denn man weiß nicht, was es im Traum ist und weshalb man sich im Traum gerade auf diese Weise sexuell verhält.

Im Alltagsleben hat Sexualität drei schöpferische Hauptfunktionen: Sie sorgt für Nachwuchs, für Beziehungen und ermöglicht die Erfahrung der Einheit. Viele Menschen benutzen den Sex auch zur Verminderung von Streß, als Mittel der Machtmanipulation und als Vehikel für den Ausdruck unterdrückter Gefühle, die mit der sexuellen Erfahrung direkt in keinem Zusammenhang stehen. Vergewaltigung ist deswegen anormal, weil sie ein Ausdruck unterdrückten Zornes ist – und nicht das freie, freudige Strömen der Lebensenergie.

Die Erfahrung zeigt, daß die Sexualität in Träumen und im Alltagsleben als Vehikel für viele verschiedene Triebkräfte des Lebens dient, die über die rein organische Funktion der Sexualität hinausreichen. Es stellt sich nun die Frage, wie man als Leser bzw. Leserin des folgenden Traumes mit der darin ausgedrückten Sexualität umgehen würde:

Traum einer Frau

Meine Freundin sollte mit einem Mann schlafen, doch dieser mußte das Vorspiel und das Küssen zuerst mit mir durchführen, damit sie nicht schwanger werden konnte. Während er mich küßte, wurde ich sehr erregt und sexuell aktiv. Doch das gefiel ihm nicht, und er sagte mir, ich solle mich zurücklegen und nur ihn aktiv sein lassen. Also gab ich es auf, selbst aktiv zu sein.

Dann gab es noch eine Szene: Ich lag mit meinem Vater im Bett und wollte mit ihm Liebe machen, um ihm einen Gefallen zu tun.

Die Traumarbeit

Wie die meisten anderen Träume wird auch dieser Traum zunächst *objektiviert*, indem seine wichtigsten Merkmale, Probleme und Gegensätze aufgelistet werden. Dazu dienen die folgenden Fragen:

- Warum ist die Träumende beim Sexualakt der Freundin nur eine Stellvertreterin für den Anfang? Warum hat sie nicht selbst den eigentlichen sexuellen Kontakt?
- Weshalb kann die Freundin schwanger werden, wenn sie selbst am Vorspiel teilnehmen würde?
- Warum unterwirft sie sich der Forderung des Mannes, nicht selbst aktiv zu werden?
- Was tut sie sexuell im Bett mit ihrem Vater?

Nachdem die Probleme definiert worden sind, werden spezifische Aufgaben für das Wiedererleben eines Traumaspekts entwickelt, die in Beziehung zu den oben aufgeworfenen Problemen bzw. Fragen stehen. Solche Aufgaben ließen sich folgendermaßen formulieren:

- Man könnte einen imaginären *Dialog* mit dem Vater führen und ihn direkt fragen, weshalb sie mit ihm im Bett liegt.
- *Der Traum ließe sich imaginativ neuschreiben*, indem das kreativste Verhalten der Frau als Angelpunkt genommen wird. Dies wäre z.B. jene Stelle, wo sie mit ihrem sexuellen Partner aktiv wird. Was könnte nun mit ihr geschehen, wenn sie sich selbst die volle Erfahrung auf einer gefühlsmäßigen Ebene gestattet?
- Man kann das Muster des ‹Es-dem-Mann-recht-Machens› beschreiben und feststellen, inwieweit dies auch ihr gegenwärtiges Leben bestimmt. Hierzu ist eine kreativere Einstellung zu entwikkeln und in der Alltagsrealität auszuprobieren, um zu sehen, was dann geschieht.
- Auch die Technik des Wiedererlebens kann angewendet werden, indem man die Augen schließt und visualisiert, wie man selbst mit seinem Vater im Bett liegt. Was geschieht?

Die Träumende selbst entschied sich für die letzte Aufgabe. Anstatt jedoch sexuellen Kontakt mit ihrem Vater einzugehen, wurde sie wütend auf ihn und erkannte plötzlich, daß sie in ihrer Jugend seine Bejahung und Zuneigung stets nur dafür erhalten hatte, daß sie sich gut aufführte – und niemals dafür, daß sie einfach eine Person war. Und dann erkannte die Träumende auch, wie sich dieses Verhaltensmuster in ihren gegenwärtigen Beziehungen wiederholte.

Grundprinzipien

Die folgenden Prinzipien bzw. Aussagen lassen sich auch intuitiv auf das oben geschilderte Traummaterial anwenden:

- Sexualträume reflektieren grundlegende männlich-weibliche Einstellungen, die auch in unseren sexuellen Erfahrungen zum Ausdruck kommen.
- Die Bühne des Traumes und der Traumarbeit eignet sich vorzüglich dafür, die Sexualität und die damit verbundenen Gefühle und Einstellungen auf kreative Weise zu erfahren.
- Die Sexualität stellt für jeden eine Werkstätte dar, in der die Lebenskraft und das Bedürfnis nach einer harmonischen Einheit aller Dinge ausgedrückt werden kann.
- Sex ist nicht schlecht. Er ist wirklich und spiegelt viele Aspekte unserer selbst, die durch ihn bewußtgemacht, transformiert und integriert werden können.
- Träume können mehr über unsere Sexualität aussagen als das sexuelle Tun als solches.
- Für die meisten Menschen ist Sex meistens nicht einfach nur Sex. In ihm verkörpern sich vielmehr alle Arten sexueller *und* nicht-sexueller Gefühle und Einstellungen, die im Alltag keinen unmittelbaren und angemessenen Ausdruck finden.
- Man reinigt seine sexuelle Ausdruckskraft, indem man die unbewußten Leitmuster und Einstellungen transformiert.

D Symbol-Vertiefung in ein einzelnes Traumbild

Zur Problemstellung

Es war nur ein Traumfragment, ein Bild und ein Gefühl. Doch mit Hilfe der Jung-Senoi Traumarbeitsmethoden konnte es bearbeitet werden. Es kam zu echter Einsicht, und es entwickelte sich ein Gefühl.

Wir hielten einen Traum-Workshop in einem Haus auf dem Lande ab. Jeder Teilnehmer war dazu aufgefordert worden, einen Traum zu einem wichtigen Lebensproblem zu inkubieren. Die Träumende, deren Traum hier erzählt wird, hatte die Quelle ihrer Träume gefragt, warum sie es als so schwierig und mühsam empfand, ihr College-Studium fortzusetzen.

Der Traum

Sie erwachte mit dem Gefühl, daß ihre Mutter anwesend sei; außerdem sah sie das Bild eines weichen Käseplätzchens, was sie anekelte.

Die Traumarbeit

Wir wählten die Methode der *Symbol-Vertiefung*, weil sie uns für diesen Traum am geeignetsten erschien. Ich wies die Frau an, die Augen zu schließen und sich innerlich zu öffnen, um das Käseplätzchen erneut sehen und detailliert beschreiben zu können. Ich bat sie dann, das Plätzchen größer werden zu lassen, um zu sehen, was geschehen würde. Da wurde das Käseplätzchen zu einem Schlammhügel, den sie wegräumen wollte. Als ich jedoch vorschlug, dies zu tun, verwandelte sich der Schlammhügel in einen Berg, den sie nicht mehr wegschieben konnte.

Nun fragte ich sie, was sie jetzt tun wolle. Sie antwortete, daß sie einen starken Widerstand verspüre, den Berg zu besteigen. Also hieß ich sie feststellen, was dahinter war. Es war eine weite Ebene, in die sie nicht hinausgehen wollte, weil sie dort kein Ziel ausmachen konnte. Schließlich akzeptierte sie den Berg und begann mit dem Aufstieg. Von oben sah sie den Ozean – ihren bevorzugten Meditationsort – und erkannte, daß sie in ihrem Leben nicht erst das Endziel kennen mußte, bevor sie sich daranmachen konnte, ein Zwischenziel zu erreichen. Es würde genügen, die College-Ausbildung zu beenden – ohne zu wissen, was sie danach tun wollte. Als sie und ich die Augen wieder öffneten, um aus der inneren in die äußere Realität zurückzukehren, hatte sie Tränen in den Augen. Sie war tief bewegt von der Tatsache, daß ihr ein einziges Traumbild zu einer eigenen, aus ihr selbst erwachsenen Perspektive hatte verhelfen können.

Die Prinzipien

- Die Symbolvertiefung kann einem dabei helfen, ein einzelnes Bild als Tor zum Unbewußten zu benutzen, um den Kontakt zu der dem Traum zugrundeliegenden Energie herzustellen und herauszufinden, weshalb der Traum geträumt wurde.
- Durch eine derartige Traumarbeit kann es zur Erkenntnis innerer Weisheit, zur Einsicht und Orientierung kommen, die sehr spezifisch und ganz real auf die eigenen Bedürfnisse zugeschnitten sind.
- Die Traum-Seele ist letzten Endes die führende Instanz für die persönlichen Aktivitäten in der Außenwelt.

E Ein Traum von Reichtum und Partnerschaft

Zur Problemstellung

Eine ältere Frau kam zur Beratung wegen eines Problems und wollte wissen, ob ihr die Traumarbeit dabei helfen könnte. Sie war in Sorge wegen ihres Alters und ihres Wunsches, eine feste Beziehung zu einem Mann für den Rest ihres Lebens einzugehen. Außerdem befürchtete sie – da sie zu Geld gekommen war –, daß der Mann, der sich für sie interessierte, sie wegen ihres Reichtums und nicht wegen ihrer Person haben wollte. Sie erzählte folgenden Traum.

Der Traum

Ich bin an einem Badeort am Meer und begegne einer schönen, jungen blonden Frau mit ihren Kindern. Ich versuche, mich bei ihr und ihren Kindern einzuschmeicheln. Es gefällt mir nicht, wie ich mich um sie bemühe. Die Frau kauft ein Schachspiel. Ich mißbillige ihren schlechten Geschmack, der mir derb scheint. Ihr Ehemann ist viel älter als sie. Er begleitet sie nie an solche Orte, weil er damit beschäftigt ist, Geld zu verdienen.

Kommentar

Dieser Fall ist schwierig. Da ist einmal der Traum, mit dem irgendwie gearbeitet werden soll, damit die Träumende eine Antwort auf die Frage findet, ob die Beziehung zu einem jüngeren Mann das richtige für sie ist und ihren diesbezüglichen Lebenszielen entspricht.

Da die Jung-Senoi Methode Träume nicht *interpretiert,* sondern *aktualisiert* – z.B. in Form des Wiedererlebens –, kann der Frau nicht genau gesagt werden, was sie tun soll oder was die exakte Antwort auf ihr Problem sein könnte.

Als erstes wurde dann die Technik der *Traumobjektivierung* angewandt, um die verschiedenen Kontraste zwischen den Traumsymbolen herauszuarbeiten, die wichtigsten Themen festzustellen und die Probleme als Fragen zu formulieren. Wenn ein Traum nämlich verwirrend zu sein scheint, sollte man damit beginnen, Fragen zu diesem Thema zu formulieren und aufzulisten, z.B.: «Warum handle ich in diesem Traum so und nicht anders?»

Die Prinzipien

Aus der Traumarbeit mit diesem Traum lassen sich z. B. folgende Lebens- und Traumweisheiten ableiten:

- Die besten Partnerschaften beruhen auf Kameradschaft und auf der Grundlage gemeinsamer Interessen und ähnlicher Lebensweisen. Eine Beziehung, die auf dem Erfüllen gegenseitiger Bedürfnisse beruht, wird im Endeffekt nicht zu einer kameradschaftlichen Partnerschaft führen, wenn die Bedürfnisse der Beteiligten sehr verschieden sind.
- Träume und Traumarbeit geben fast nie spezifische Antworten auf Probleme des Lebens. Die Traumarbeit erweitert vielmehr das eigene Bewußtsein um die Lebensproblematik und fundiert sie. Aus einem erweiterten Bewußtsein ergibt sich eine größere Entscheidungsfreiheit.
- Im Umgang mit einem Lebensproblem konzentriere man sich in erster Linie auf sich selbst und auf die eigenen Reaktionen und weniger auf eine andere Person oder gar auf die Situation als solche. – «Ich bin der Träger meiner eigenen Angelegenheiten und muß mir zunächst Klarheit über mich selbst verschaffen. Erst dann kann ich mich auch mit anderen relevanten Aspekten auseinandersetzen.»
- Die Zukunft ist immer unsicher. Es gibt keine Garantie, daß sich irgend etwas auf eine bestimmte Weise entwickelt. Deshalb geht es darum, in der Gegenwart möglichst gut zu leben. Lebe vollständig in der Gegenwart – und die Zukunft wird für sich selbst sorgen.
- Um sich Klarheit über ein bestimmtes Problem zu verschaffen, hat man unter die Oberfläche vorzustoßen, indem man tieferliegende Teile seiner selbst wachruft. Auf diese Weise erkennt man die zugrundeliegenden Muster und neue Möglichkeiten.

F Der Alptraum

Plötzlich war er im unendlichen Raum und machte verzweifelte Schwimmbewegungen. Aber es gab kein Wasser. Ein Meer der Finsternis umspülte ihn. Die einzigen erkennbaren Lichtfasern schienen von seinen eigenen Anstrengungen herzurühren. Denn er war nicht nur er selbst, er sah sich selbst auch schwimmen.

Er war völlig allein mit dem Nichts, dem absoluten Nichts. Alles, sogar die Mauern der Realität, brachen über der Finsternis zusammen. Er schwamm gegen die Dunkelheit an, in seiner nackten Existenz bedroht. Er kämpfte gegen die Finsternis an und versuchte freizukommen.

Er konnte nirgendwohin. Es gibt niemals einen anderen Ort als jenen, an dem man sich gerade befindet. Aber er wollte nicht da sein: «Mein Körper ist völlig verkrampft, mein Verstand ohne jedes Begreifen, meine Fähigkeit, dem Ganzen einen Sinn abzugewinnen, gleich null! Das Ende. Das Ende.»

War dies das Ende? Er konnte keinerlei Grenzen ausmachen. Er konnte die Realität nicht finden. Die Mauern, das Bekannte – alles brach über ihm zusammen. Seine Anstrengungen wurden immer heftiger, wütender – die einzige Qual in dieser greifbaren Dunkelheit. Er hätte alles und jedes ergriffen, doch es war nichts Bekanntes da, und doch zerdrückte es ihn mit seinem Gewicht und zog ihn hinab in die Unendlichkeit.

Verzweifelt und hilflos, nur aus Armen bestehend, ohne Beine, die Nacktheit selbst – hinab in das wirbelnde Nichts. Den Druck fürchtete er am meisten. Er wollte einfach nicht weichen, zermürbte und zerriß ihn und trieb ihn aus seinem vertrauten Selbst hinaus. Der Druck machte ihn handlungsunfähig und brachte ihn dazu, daß er die Dinge nicht mehr erkennen und sich mit ihnen auseinandersetzen und siegreich sein konnte.

Er hatte nur noch eine Wahl: verzweifelt zu kämpfen, nicht aufzugeben und seine Energie, seine Verzweiflung zu verstärken – bis er selbst explosionsartig ausbrach – bevor es in diesem Ungeheueruniversum dafür zu spät war. Der Schock der dunklen Geburt traf ihn hart. Er war frei, endlich frei, nervlich zerrüttet und zerschlagen. Er war dem phantasmagorischen Land entkommen. Er zitterte und war entsetzt, daß es soweit hatte kommen können. Jetzt war es nur noch Erinnerung.

Er schüttelte sich, um wieder zu sich selbst zu kommen, und schlüpfte in seinen physischen Körper wie in ein Kleidungsstück.

- Welch eine Erleichterung, aufzuwachen!
- Doch was war geschehen?
- Weshalb war er in jener Realität beinahe steckengeblieben?
- Was, wenn er nicht hätte zurückkehren können?

G Ein Mordtraum

O ja, danach fühlte ich mich wirklich schuldig. Ein Mord ist eine ernste Sache, aber nach der Tat wiegt sie noch viel schwerer.

Ich weiß nicht, warum ich nicht versucht habe zu verhindern, daß der Mann ermordet wurde. War es die Angst, daß ich selbst auch ermordet werden könnte? Irgendwie war ich völlig hoffnungslos in das Mordkomplott verstrickt gewesen.

Mord! Sogar jetzt noch, da ich das Wort immer und immer wiederhole, um das Ereignis zu beschreiben, reagiere ich mit Entsetzen. Ich verabscheue dieses Wort!

Warum muß ich die Tatsache ertragen, daß ich an einem Mordkomplott beteiligt gewesen bin? Dabei widerspricht das doch völlig meiner Alltagsnatur.

Meiner Alltagsnatur?

Was soll das sein?

Doch wohl meine vertraute Persönlichkeit. Das, was ich über mich weiß, ja – und was ich von mir glaube. Auch jetzt kann ich mich noch kaum als Teil einer Mordverschwörung sehen, die ich gemeinsam mit den anderen ausführen half. Es paßt einfach nicht in das Bild, das ich von mir selbst habe.

Wollt ihr etwa, daß ich mich nun als Mörder sehe, als jemand, der das Leben anderer Leute auslöscht, weil es ihm nicht paßt, was sie tun?

Es gibt viele Dinge im Leben, die ich ablehne. Ich verabscheue Mord – und doch bin ich daran mitbeteiligt.

Wenn ich mir die Sache näher betrachte, glaube ich, daß ich mich gegen die Vorstellung sträube, von einem Gegner getötet zu werden. Ich hätte dann doch überhaupt keine Wahl: Mein Leben würde einfach so enden! Ich könnte nicht einmal zu einem Arzt gehen, der mich heilt. Ich hätte nicht einmal die Chance, mich zu wehren.

So ist das bei einem Mord: Mörder geben einem normalerweise keine Chance. Du kannst nicht einmal mehr auf Wiedersehen sagen. Du verschwindest einfach vor der Zeit.

Das mit dem Burschen, den wir umgebracht haben, passierte so:

Meine Geschäftspartner und ich schmiedeten einen Plan, um diesen kleinen gereizten Glatzkopf umzubringen. Das war ein ziemlich unangenehmer Typ. Er gehörte gar nicht wirklich zu uns. Ein Mann, der aus irgendeinem Grund, an den ich mich nicht mehr erinnern kann, widerwärtig war.

Wir mußten ihn loswerden. Wir mußten einen erfolgversprechenden Plan aushecken und ihn konsequent durchführen.

Zuerst lockte ich ihn in eine Männertoilette, deren Kabinen mit Wänden voneinander getrennt waren. Ich glaube, daß er seine Notdurft verrichtete, bin mir aber nicht ganz sicher, weil ich den Raum verließ. Ich ließ die Tür angelehnt, damit mein Komplize, ein Schwarzer, eintreten konnte, um den Mann zu erwürgen.

Ich hörte alles mit an. Ich stand draußen auf dem Balkon und sah den Kindern zu, die unten in einem Teich spielten und schwammen.

Ich hörte, wie der Bursche nach Luft schnappte und etwas über die Art, wie sein Baby getötet worden war, sagte.

Ich hätte sofort dazwischentreten sollen, aber ich tat es nicht. Der Kopf des Komplotts war jemand anders. Keiner von uns war der alleinige Mörder. Wir steckten alle mit drin, und deshalb konnten wir die Sache auch nicht mehr aufhalten, nachdem die Entscheidung erst einmal gefällt worden war.

Das kennt ihr doch bestimmt auch, nicht wahr? Diese Unvermeidlichkeit mancher Entscheidungen?

Als ich von oben auf die Kinder und die Tiere hinuntersah, die im Wasser spielten, hatte ich Angst. Ich bekomme immer Höhenangst. Was hatte ich dort zu suchen? Was hatte ich damit zu tun, daß ein Mensch umgebracht wurde? Und wo ist seine Leiche jetzt?

H Das transpersonale Ich

Was ist das transpersonale Ich? Was ist eine transpersonale Erfahrung? Muß das Ich eingeschränkt oder beiseite geschoben werden, damit eine transpersonale Erfahrung möglich wird? Dies ist ein zentrales Problem, ob man es nun ‹den Geist zur Ruhe bringen›, ‹zum Nicht-Ich werden› oder sonstwie benennt. Ist es wirklich für die Persönlichkeit schädlich, wenn bei einer transpersonalen Erfahrung das persönliche Ich eingeschränkt oder beiseite geschoben wird? Kann es nicht sogar zu einer Neurose oder einer Psychose kommen, wenn man die natürlichen Funktionen des Ichs, wie Aufbau der Aufmerksamkeit und Entscheidungsfähigkeit, einengt? Und gibt es überhaupt einen Unterschied zwischen einer psychotischen und einer transpersonalen Erfahrung?

Die Bezeichnung ‹transpersonal› meint:

- Jede Erfahrung außer der Ich-Erfahrung, die nicht in erster Linie vom Ich herbeigeführt bzw. erschaffen wurde.
- Jede nicht an das Ich gebundene Erfahrung, die aus Quellen stammt, die Sinn und Richtung des eigenen Lebens zu verkörpern scheinen.
- Jede nicht vom Ich erzeugte Erfahrung, die aus nichtphysikalischen Energien zu bestehen scheint oder durch solche herbeigeführt wurde, in der Art paranormaler, präkognitiver, psychokinetischer, telepathischer und synchronistischer Ereignisse.

In funktioneller Hinsicht kann man das Ich als die entscheidungsfällende Instanz der Persönlichkeit bezeichnen. Es lenkt die ihm zur Verfügung stehenden Energien in der Psyche und arbeitet sein ganzes Leben daran, immer mehr Energie aus den es umgebenden Kräften zu gewinnen, um sie für die Entscheidungsfindung zu verwenden.

Das Ich ist außerdem das Zentrum des Bewußtseins. Es fungiert als Gedächtnis, es erinnert sich an vergangene Ereignisse. Und es hat bestimmte Vorstellungen von sich selbst und die Tendenz, sich mit ihnen zu identifizieren. Deshalb besteht eine der Aufgaben der Ich-Reinigung darin, das Ich von dieser Identifikation mit den Bildern seiner selbst zu lösen, damit es sich in funktioneller Hinsicht mit allen zur Verfügung stehenden Möglichkeiten auseinandersetzen kann.

Das Ich sagt also ‹ja› zu etwas, indem es ‹nein› zu dem sagt, was dem ‹Ja› widerspricht. Es bedient sich durch seine Gedächtnisfunktion eines Informationsspeichers und seiner Wahrnehmungsfähigkeit, um Entscheidungen zu fällen. Es befreit sich – um sich zu entscheiden –

von allen Bildern, Identifikationen, Abwehrsystemen und vom Besessensein durch Kräfte, die nicht zum Ich gehören. Und schließlich gelangt es an einen Punkt, an dem es eine fundamentale Entscheidung fällen muß, denn es steht vor der Frage, ob es etwas wählen soll, was das eigene Bild bekräftigt und auch den Bedürfnissen entspricht, denen es unterworfen ist. Weil das Ich ein Gefangener seiner Vorlieben, d.h. unbewußten Gesetze und Bestrebungen ist, trifft es in der Regel von daher seine Entscheidungen. Daraus ergibt sich eine weitere Aufgabe für das transpersonale Ich: Es muß daran arbeiten, sich sowohl von seinen unbewußten Einstellungen zu befreien, die es beeinträchtigen und zu bestimmten Entscheidungen zwingen, als auch von unbewußten Kräften und Bildern. Die Einstellungen, denen sich das Ich bewußt geworden ist, werden zu Werten. Es ist die Aufgabe des Ichs, seine eigenen Entscheidungsmuster zu beobachten und festzustellen, welche Einstellungen bzw. Gewohnheiten diese Entscheidungen beeinflussen und bestimmen und welche archetypischen Muster dabei beteiligt sind.

Welchen Zwängen ist nun das Ich unterworfen? Wenn das Ich gezwungen ist, eine Entscheidung bestimmter Art zu treffen, ohne auf ausgewogene Weise das Gegenteil oder eine Alternative überprüfen zu können, befindet es sich unter einem möglicherweise durch Einstellungen und unbewußte Muster bedingten Zwang. Manche Zwänge scheinen schädlicher zu sein als andere. Aber für ein voll funktionsfähiges Ich sind alle Zwänge schädlich und müssen deshalb so transformiert werden, daß vor der bewußten Entscheidungsfällung auch in Freiheit andere Alternativen ernsthaft geprüft werden können. Wenn einem die Zwänge eines anderen nicht zusagen, sollte man sich seine eigenen Zwänge bewußt machen und daran arbeiten, sie zu transformieren.

Wenn ich sage, daß Werte bewußtgemachte Entscheidungen seien, stelle ich mich damit auf den Standpunkt, daß zur Entscheidungsfindung erst ein Kontext entwickelt werden muß, innerhalb dessen zwischen verschiedenen Alternativen entschieden werden kann. Man wählt einen Kontext – und lebt und stirbt innerhalb dieses Kontextes.

Jede Entscheidung steht in einem bestimmten Kontext, der als ‹Lebensprinzip› dient. Das Ich kann sich viele verschiedene Kontexte aussuchen, innerhalb deren es leben und Entscheidungen fällen kann.

- Das Ich entscheidet sich z.B. dafür, gemäß seinen eigenen Bedürfnissen zu handeln. Aber was sind die wahren Bedürfnisse des Ichs? Sind es die des Körpers, der Freude, Wohlergehen und Vitalität anstelle von Schmerz, Krankheit und Energiemangel erfahren will? Sind Ich und Körper identisch? Wenn dies nicht der Fall sein sollte, weshalb sollte dann die Freude dem Schmerz und dem Leid vorgezogen werden? Offensichtlich strebt der Körper nach Wohlergehen, solange er intakt ist und funktioniert. Doch wie steht es mit dem Ich, der entscheidungsfällenden Instanz? Es muß lernen, sich nicht mehr mit dem Körper, den es bewohnt, zu identifizieren. Das ist eine äußerst schwierige Aufgabe, denn das Ich nimmt an, daß es zusammen mit dem Körper sterben wird, und fühlt sich deshalb mit ihm identisch.

- Sind die Bedürfnisse des Ichs diejenigen des Geistes? Soll das Ich durch große Gedankenflüge, durch Kreativität und hohe Ideale vom Leben abstrahieren? Muß es sich so weit aufblähen, um sogar Gott zu zwingen? Auch hier muß sich das Ich von der Identifizierung mit Ideen und Energien abwenden, die es bedrängen, wenn es jemals wirkliche Entscheidungsfreiheit erlangen will.

Die Bedürfnisse des Ichs sind ziemlich gering und hängen direkt mit seiner Funktion zusammen:

- Das Ich bedarf der Erweiterung seiner Entscheidungsfähigkeit, indem es sich nicht mehr mit Dingen identifiziert, die diese einschränken könnten.
- Das Ich bedarf der Erweiterung seines Freiraumes, indem es seine Fähigkeiten weiterentwickelt, etwas bewußtzumachen. Es muß also lernen, die Dinge als das zu erkennen, was sie wirklich sind.
- Ferner muß das Ich einen Bewertungskontext entwickeln, innerhalb dessen es seine alltags- und lebensbestimmenden Entscheidungen trifft.

Nun stellt sich die Frage nach dem Aufbau des transpersonalen Ichs. Denn das Ich lebt nicht isoliert, sondern innerhalb eines Körpers, einer Umwelt, einer Kultur, einer Psyche mit unbewußten Kräften und eines Kosmos als Daseinsgrund und Prüfstand. Einerseits muß sich also das Ich reinigen, um sich der unbewußten Kräfte und Einstellungen bewußt zu werden, die normalerweise seine Entscheidungen bestimmen. Andererseits muß es sich dafür entscheiden, das erlangte Bewußtsein zu transformieren, um sich in seiner Funktion als Entscheidungsinstanz zu reinigen. Erst dann kommt die transpersonale Stufe, die wie folgt charakterisiert werden kann:

Das in seinen Entscheidungsmöglichkeiten freier gewordene Ich übernimmt für seine Entscheidungsfähigkeit die Verantwortung, um sie dazu zu verwenden, mit den transpersonalen Kräften zusammenzuarbeiten und diese zu manifestieren. Ein gereinigtes Ich kann Entscheidungen treffen, die integrative und transformative Funktion der Psyche, das sogenannte ‹Selbst›, wachrufen und ihr dienen. Erfahrungen des Zentrums können transpersonaler Natur sein, wenn sie *nicht vom Ich* bestimmt sind.

Beim transpersonalen Prozeß unterscheidet man zwischen *Nicht-Ich* und Nicht-Ich-Erfahrungen. Bei einer transpersonalen Nicht-Ich-Erfahrung identifiziert sich das Ich mit der transpersonalen Kraft, sei es nun eine paranormale, eine ekstatische, eine integrative oder eine ‹mandalische›. Durch diese Identifikation werden die Ich-Funktionen des Bewußtseins und der Entscheidungsfähigkeit während und vielleicht sogar nach der Erfahrung eingeschränkt oder ausgelöscht. Derartige transpersonale Erfahrungen sind oft von einem Gefühl der Ehrfurcht oder sogar des Entsetzens begleitet. Aber eine undifferenzierte transpersonale Erfahrung, die das Ich mindert, baut kein transpersonales Ich auf.

Eine transpersonale Nicht-Ich-Erfahrung kann durchaus die Aufrechterhaltung und den Aufbau des Ichs mit seinen Entscheidungsfunktionen und Wertvorstellungen beinhalten. Ein Ich, das sich auflöst und selbst zur Erfahrung wird, kann eine transpersonale Erfahrung weder hervorrufen noch an ihr teilnehmen. Nur mit Einsatz all seiner Entscheidungsfähigkeiten ruft das Ich eine transpersonale Erfahrung hervor. Nur so stellt es eine Beziehung zu ihr her, und nur so ist das Ich in der Lage, die Erfahrung in das eigene Wertsystem und schließlich in die Gesamtpsyche zu integrieren.

Das transpersonale Ich entwickelt zum Transpersonalen mit Hilfe folgender Entscheidungen eine Beziehung:

- Durch die Vorbereitung in Form einer Reinigung der Entscheidungsfunktionen und der Gedächtnisprozesse.
- Durch die Entscheidung, die Kontrolle über sich selbst und über alles, was von außen an das Ich herangetragen wird, aufzugeben.
- Durch den Verzicht auf die totale Kontrolle über die Beibehaltung der eigenen Integrität als Beobachter der Realität und als Entscheidungsinstanz.
- Durch den Wunsch, eine Integration der transpersonalen Erfahrung herbeizuführen. Gott außerhalb eines Kontextes ist nicht Gott! Gott ist sowohl die Quelle als auch die Manifestation der transpersonalen Erfahrung. Vielleicht bedarf es überhaupt nicht des Wortes ‹Gott›? Vielleicht wird das Wort ‹Gott› nur gebraucht, um die Quelle des Transpersonalen zu symbolisieren und von der Kraft und der Funktion des Ichs abzugrenzen? Was bedeutet das Wort ‹Gott› für das Ich? Sollte man vielleicht nur ‹Gott› sagen, um das Wort ‹ich› zu vermeiden? Oder sollte man nur ‹ich› sagen und ‹Gott› vernachlässigen?

Das Ich muß wirklich gedemütigt und von seiner eigenen Überheblichkeit gereinigt werden. Es ist keineswegs so groß oder allmächtig, wie es den Anschein hat, und es ist keineswegs so ungesichert und verachtenswert, wie manche Menschen meinen. Dem Ich zu entgehen, indem man in die Unendlichkeit und in die Transzendenz entflieht, könnte ein großer Irrtum sein, ein Irrtum, der vielleicht sogar die Existenz des Ichs selbst bedroht. Denn entweder wird es sich im Transpersonalen auflösen, oder es wird sich in den Widerstand zurückziehen, sich einkapseln und eine noch härtere Abwehrhaltung als jemals zuvor entwickeln. Die Ausgangslage ist somit eindeutig festgelegt: Um transpersonale Erfahrungen mit einschließen und integrieren zu können, muß auch das Ich aufgebaut werden. Die größte Sünde besteht möglicherweise darin, daß das Ich im Angesicht Gottes aufgelöst wird. Welch ein ungeheures Problem, wenn sich das Ich auflösen sollte, bevor es die transzendenten Aspekte der Göttlichkeit erfahren hat!

Was aufgelöst werden muß, das sind die egozentrischen Verhaltensmuster und Einstellungen, die das Ich darin bestätigen, sein Universum beherrschen zu wollen. Dabei sollte man allerdings nicht den Fehler begehen, das Ich auch in seinem wesentlichen Entscheidungsfindungs- und Bewußtmachungsprozeß aufzulösen. Denn wie sollte ohne Ich die Gegenwart integriert und durch Wertfindung und Transformation bestätigt werden können? Diese grundsätzlich verschiedenen Auffassungen kommen wohl nirgendwo sonst so deutlich zum Ausdruck wie bei der transpersonalen Traumarbeit und bei einigen Formen der Meditation. In beinahe allen Träumen gibt es ein ‹Ich›, ein Bild des Träumenden. Gleichzeitig scheinen aber in fast allen Träumen Kräfte am Werk zu sein, die nicht mit dem Ich zusammenhängen. Aber man kann oft beobachten, daß Nicht-Ich und Ich im Traum nicht zusammenarbeiten. Durch die transpersonale Traumarbeit läßt sich der Traum objektivieren, und es wird klar, welche Beziehungen das Traum-Ich zum Nicht-Ich hat und was unternommen werden kann. Mit diesem Wissen lassen sich transpersonale Erfahrungen herbeiführen, indem der Traum wiedererlebt, kreative Beziehungen hergestellt und der Traumzustand einer Lösung zugeführt wird. Oft werden solche Lösungen von tiefempfundenen Gefühlen begleitet, die man ‹transpersonal› nennen kann, weil sie zur Sinnfindung führen.

Gewisse Meditationsformen erstreben eine Auflösung des persönlichen Ichs in ein allgemeines Bewußtsein ohne Individualität, Integration und Entscheidungsfähigkeit. Eine derartige Meditation mag helfen, vom Ego loszukommen, aber wenn sie auch die lebenswichtigsten Funktionen des Ichs auflöst, um zu transpersonalen Erfahrungen zu gelangen, gefährdet sie sowohl das Ich als auch die Persönlichkeit als Ganzes.

Wer danach strebt, mit Hilfe von Meditation, Drogen oder anderen Mitteln das Ich vom Rest der Realität abzutrennen, ohne gleichzeitig eine neue, kreative und auf Entscheidungsfällung beruhende Beziehung zu den Quellen des Transpersonalen aufzubauen, vernachlässigt einige ganz wichtige Aspekte des Gesamtprozesses. Es ist dann, als ob eine Person allein am Rande eines Ozeans stehen würde. Die Küste hat eine riesige Ausdehnung. Doch der Ozean ist sogar noch gewaltiger, er ist überwältigend und ehrfurchtgebietend. Was soll der einsame Mensch tun? Soll er dort stehenbleiben und in seiner Glückseligkeit verharren, bis sich alles wieder auflöst? Soll er ins Wasser gehen, bis das Ich, der Körper und die Seele in der Unendlichkeit verschwinden? Oder soll er hineintauchen, gegen die Brandung ankämpfen und mit dem Rhythmus der Wogen schwimmen, bis er erfrischt und erneuert ist und bereit, wieder an Land zu gehen, um nun gestärkt den Weg in die Berge hinaufzuschreiten? – Es ist Ihre Vision, Ihr Mysterium und Ihre eigene Entscheidung!

(Zum Problem des Transpersonalen vgl. auch: Roger N. Walsh [Ed.] & Frances Vaughan: *Beyond Ego, Transpersonal Dimensions in Psychology* (Los Angeles, J.P. Tarcher, Inc., 1980)

I Ein Traumarbeits-Intensivseminar

An einem kleinen, kaum besuchten Strand in Kalifornien. Wie die Flugbahn einer Möwe trifft das kurvige Land auf das Meer. Wir haben einen Steinhügel als heilige Markierung aufgebaut – inmitten der umgestürzten Eukalyptusbäume, die nun vom Wetter ausgebleicht und kahl sind.

Es ist der letzte Tag eines fünftägigen Intensivseminars. Wir haben unsere Alltagsnamen gegen Namen eingetauscht, die uns eingefallen sind, als wir schweigend am Ufer entlanggingen und nach Gegenständen suchten, die eine Bedeutung für uns haben. ‹Seefänger›, ‹Schwinge›, ‹Salz gibt nach› und andere Namen sind aus dem Geheimnisvollen aufgestiegen.

Jetzt sind wir unter uns beim Steinhügel. Muscheln spiegeln in ihren Farben die Erde, den Himmel und die Unendlichkeit. Seetang, das Eigentum des Ozeans, wurde an Land gespült – auch der Panzer eines Krebses und ein Vogelschnabel. Und dann – die Blumen! Dies ist die Jahreszeit, da die Erde erwacht und alles Wachsende eine Erfüllung findet.

Während der letzten vier Tage haben wir mit unseren Träumen gearbeitet. An den Nachmittagen haben wir uns die Methodologie angeeignet, vormittags erzählten wir unsere Träume und berichteten von der Traumarbeit. Jeder von uns hat ein wichtiges Symbol oder ein Traumthema gefunden: Was bestimmt mein Leben im Augenblick am stärksten? Ist es die Abhängigkeit und der Zorn, der angesichts dieser Realität entsteht? Ist es das Loslassen der Vergangenheit, damit die Zukunft geboren werden kann? Ist es der Aufbau oder das Geschehenlassen einer stärkeren Verbindung zwischen Körper und Geist? Ist es der transformative Umgang mit der schrecklichen Mutter, die mich immer unvollständig bleiben läßt? Oder zwingt mich mein Schicksal, meiner religiösen Berufung zu entsagen oder sie zu ändern? Bin ich nur hier, weil ich meine Träume schon immer geliebt habe und sie nun durch die Traumarbeit zu einem wichtigen Begleitumstand meines Lebens machen will?

Die Gruppe ist nach und nach immer stärker zusammengewachsen. Die Intimität beruht auf den Traumerzählungen und weniger auf den persönlichen Lebensdaten. Dies hat uns irgendwie die Freiheit beschert, sehr wahrhaftig zu sein.

Unsere Aufgabe ist es nun, die nächsten eineinhalb Stunden schweigend durch die Natur zu gehen, um einen heiligen Ort zu finden, damit uns ein Ritual, ein Kunstwerk oder sonst etwas einfällt, das sich zur Darstellung des Traumthemas eignet, mit dem man gerade arbeitet und um dessen Transformation man sich bemüht. Es ist zwar das Ende des Intensivseminars, doch die Träume und die Traumarbeit gehen weiter. Welche Lösung, welche Transformation, welcher Übergang werden nun möglich werden?

«Laßt die Natur zu euch sprechen. Laßt den sinnvollen Zufall geschehen. Dann werden wir uns hier wieder treffen und gemeinsam jene Orte aufsuchen, an denen die Schöpfungen entstanden sind, damit auch alle anderen daran teilhaben können.»

Die See leuchtet vor Energie. Der Wind weht kräftig und frisch. Im Schutz der umgestürzten Bäume spendet die Sonne Wärme und Klarheit. Ich lege mein Papier in den Sand – zwischen das Geröll – und schaue mich um, bevor ich mir ausmale, was ich als nächstes tun werde. Ich habe keine bestimmten Absichten – ganz in der Art, wie die Träume kommen, lasse ich mich hineinfallen und sehe zu, was sich am ehesten ereignen will. Ich denke an meine letzten Träume, besonders an denjenigen, in dem mir ein spiritueller Lehrer sagt: «Das Problem mit deinen Augen ist, daß du die Energien deines Herzens nicht durch sie hindurch auf die Menschen strömen läßt.» Ich war schockiert und erstaunt. So hatte ich es noch nie gesehen – aber es ist völlig einleuchtend. Ich schule zudem noch meine Augen, damit ich irgendwann keine Brille mehr brauche. – Weit hinten am Strand – die Gestalt eines unserer Gruppenmitglieder. Es ist ‹Salz gibt nach›. Sonst ist niemand zu sehen. Die Zeit vergeht schnell. Ich male meine Bilder auf das Papier und in den Sand. Kiesel und Seetang, Muscheln und Bewußtsein – dies ist der Augenblick, meine Seele zu betrachten.

Die letzten Tage waren sehr ausgefüllt, die Entscheidungen waren getroffen, die Zeit diente dazu, gemeinsam durch das Medium der Träume nur an uns zu arbeiten. Träume – die Widerspiegelung dessen, was wir wirklich sind. Der Standpunkt des Ichs kann nicht lange behauptet werden, wenn der Traum enthüllt wird. Ich mag die umfassendere Perspektive, das Wissen, daß eine Quelle, eine Autorität im Inneren, sich durch mich in Form von Träumen und als Traumarbeit äußert. Was tagsüber im Intensivseminar bearbeitet wurde, kehrte in der Nacht in neuen, teilweise auch inkubierten Träumen wieder. Heute sind wir auf der Suche nach der Traumvision, um den Traum und die Arbeit daran zu feiern. Wir werden uns wandeln und in ein neues Leben hineinwachsen.

Die Zeit ist um, und wir versammeln uns wieder. Ich führe die Gruppe an meinen Platz. Gemeinsam räumen wir den Seetang und die Steine beiseite und legen mein Traumgemälde frei. Die Augen mit ihrem blauen und gelben Glitzern werden enthüllt. Sie sind umringt von roten Streifen. Es sind wirkliche Augen mit Herz.

Ich bitte meine Traumarbeitsfreunde, ihre Hände auf mein Herz und meine Augen zu legen, damit ich ihre Energie spüren kann. Als sie mich einige Minuten später wieder loslassen, staune ich über die

Klarheit und Wärme, mit der ich sehen kann. Das hatte ich nicht erwartet. Nun ist die volle Sehfähigkeit da, und ich bin glücklich. Die Klarheit läßt nach, aber ich weiß nun, was möglich ist und werde von nun an Übungen mit einbeziehen, die meine Augen mit meinem Herzen verbinden. Denn die Heilung besteht darin, Risse zu überbrücken.

Dann gehen wir den Strand hinunter. Scharf weht der Sommerwind auf einen Flecken Sand am Rande des Wassers, wo fünf Zettel teilweise vergraben sind.

‹Salz gibt nach› erzählt uns, daß er letzte Nacht wieder einen Traum hatte, indem es um das Geschehenlassen ging. Seine Ehe wurde vor über einem Jahr geschieden, aber damit war die Sache für ihn gefühlsmäßig noch nicht bewältigt. Seine Ex-Frau ist eine der auf die Zettel gezeichneten und im Sande vergrabenen Frauen. Wir schreiten von einer zur anderen, und er spritzt seine eigenen Körperflüssigkeiten, die er bereitgestellt hat, darüber: Blut, Urin, Tränen und Speichel. Es ist ein Ritual der Erde und der Fülle. Wir bestehen nicht nur aus dem Intellekt. Wir können wiederaufleben und unserem Leben wie in den Träumen einen stärkeren Ausdruck verleihen. Es gibt Rituale, die heilen, die verwandeln und die dem Strom der Symbole in unserem Leben auf natürliche Weise entsprechen. Es ist tiefbewegend, wie er mit jeder seiner Freundinnen über ihre Beziehung spricht: über die Sexualität, die Zuneigung, die Intelligenz, die Freude, den Geist und den Ärger. Er sagt jeder einzelnen, daß er dabei sei, loszulassen. Uns bittet er, ihn zu fragen: «Woran klammerst du dich immer noch?» Vieles wird dem Sand der Zeit preisgegeben. Doch lachend gibt er zu, daß er nicht schon alles loslassen wolle. Er hat wahrhaftig geliebt und eine neue Beziehung gefunden. Aber er muß die alten Beziehungen ebenfalls humorvoll bejahen. Und noch immer will er etwas haben, was er nicht bekommen kann.

Die Vergangenheit ist tot. Möge sie in Ewigkeit weiterleben, nicht als Sehnsucht, sondern als Essenz des Seins und als Loslassen.

Nun wandern wir von der Einbuchtung des Ozeans einen Pfad am Rande einer Gruppe von Eukalyptusbäumen entlang. Links von uns ist ein Feld, das golden in der kalifornischen Sonne leuchtet.

Zu welcher Stelle werden wir kommen? Da ist sie schon – eine kleine Lichtung. ‹Kein Name› zeigt uns die fünf Orte, an denen sie Symbole ihrer Abhängigkeit geschaffen hat. Die beiden aus dem Boden ragenden Baumstümpfe sind der Leib der Mutter. Darunter liegt ein Nest aus frischen Blättern, die Gebärmutter, mit einem Stein, der die Form einer Wiege hat: das Kind. Sie wird uns sagen, was sie aufgeben kann – und wir sollen sie danach fragen. Dort ist Vater. Er besteht aus abgestorbenen Zweigen. Es sind die toten Werte, die sie übernommen hat und die nicht ihre eigenen sind. Noch immer beeinflussen sie unbewußt ihr Leben. Sie muß auch von ihren Liebhabern und Freunden unabhängig werden, sie nicht immer rufen, wenn sie sich allein und unsicher fühlt, und lernen, nur dann mit ihnen zusammen zu sein, wenn sie sich selbst gefunden hat. Während dieser Woche hat sie gelernt, wie sie ihre Gefühlsreaktionen am Arbeitsplatz und in ihren Beziehungen kontrolliert umwandeln kann. Im Verlauf der Intensivwoche hatte jeder Teilnehmer einen Teil eines Traumes dieser Frau übernommen. Der Traum handelte von ihrem Arbeitsplatz. Wir hatten ihn also unterteilt, beobachteten das Traum-Ich und stellten fest, wie das Traum-Ich sich verhielt und welche Einstellungen es besaß. Wir fragten uns, warum die Frau immer ganz automatisch verärgert reagiert, wenn irgend etwas schieflief. Weshalb hinterfragte sie die Dinge nicht, bevor sie reagierte. Dann entwickelten wir gemeinsam kreativere Einstellungen und Verhaltensweisen, mit deren Hilfe die Frau den Traum neuschreiben und mehr Entscheidungsmöglichkeiten und Effektivität mit einbeziehen konnte. Durch den Traum und die Traumarbeit wird nämlich ein Übungsfeld geschaffen, auf dem die nächsten Schritte der Transformation im eigenen Leben einstudiert werden können. – Nun schreiten wir mit der Frau zusammen ihren Kreis weiter ab und sprechen mit ihr über das, was sie loslassen kann. Vielleicht wird der geöffnete Kreis, die Reise, noch Monate und Jahre im Traum- und im Wachleben weiterwirken? Die Frau weiß jetzt bei jedem einzelnen Punkt, an dem ein Symbol ihrer Abhängigkeit steht, wie sie diesen mit größerer Entscheidungs- und Transformationsfähigkeit angehen kann.

Wir sind sehr aufgeregt. Entspringt all dies nur den Träumen? Die Träume zeigen die Situationen und sogar die Möglichkeiten ihrer Transformation. Doch die Arbeit müssen wir selbst leisten. Das Wunder besteht darin, die Wandlungen klar und deutlich zu erkennen und zu erfahren. Innerhalb eines Sinnkontextes ist das Wachstum etwas Lebendiges.

Wir gehen am Strand zurück. Der Tag neigt sich seinem Ende zu. Wir haben wieder unsere Alltagsnamen angenommen. Die Geflügelten fliegen hinaus übers Meer.

Es ist die Zeit des Übergangs. Wir sprechen über die Fülle dieses Tages, aber auch von der Heimkehr. «Wir bleiben in Kontakt.» Das war genau das, was ich brauchte. «Die Zeit ist so schnell vergangen.» «Ich brenne geradezu darauf, alles auszuprobieren.»

Herzliche Abschiede. Die Motoren starten. Etwas zerzaust und schmutzig machen wir uns auf den Weg nach Hause, wo immer das in Wirklichkeit sein mag.

J Die archetypische Feldtheorie und die Traumarbeit

Feldbeschreibung

Unser Schwerpunkt liegt auf der symbolischen Traumerfahrung. Wir begeben uns in einen Zustand, in dem wir uns nach innen orientieren. Dies geschieht in der Regel während des Schlafs oder auch während der Meditation im Wachzustand. Beim Träumen erleben wir eine Reihe von Bildern, Handlungsabläufen, Gefühlen und Gedanken. Meistens wissen wir nicht, was dieses Erlebnis bedeutet. Das heißt, das Erlebnis stößt uns zu – wir erschaffen es nicht aktiv und beherrschen es nicht willentlich. Wir sind unfähig, die psychische Energie bewußt zu steuern. Die Bedeutung einer Erfahrung nicht zu kennen heißt, daß einem die der Erfahrung inhärenten Muster bzw. die Beziehungen zwischen den Energien nicht bewußt werden.

Während eines Traumes erleben wir Bilder und Handlungsabläufe, wissen aber meistens nicht, in welcher Beziehung diese zueinander oder zu anderen Gebieten unseres Lebens und unserer Persönlichkeit stehen. Wir verstehen also den Kontext nicht.

Die Beschreibung des Traumes

Ich schlage vor, den Traum als Erleben eines Energiefeldes mit bestimmtem charakteristischem Muster aufzufassen. Der Traum drückt das Feldmuster als Symbolismus, in Form von Bildern, Handlungsabläufen, Gefühlen (Energiezuständen) und als Gedanken aus. Darüber hinaus besitzt das Traumfeld eine Kohärenz, die auf feldeigenen Gesetzmäßigkeiten beruht. Man kann den Traum mit einem facettenreichen Kristall vergleichen, der nicht bloß ein Stein, sondern ein Spiegel für bestimmte ungreifbare – für den Charakter des Feldes essentielle – Elemente ist.

Der Traum ist sowohl Spiegel als auch Teil des Feldes, das er reflektiert. Er ist nicht das Feld in seiner Gesamtheit, sondern eine Manifestation des Feldes.

Zum Feld gehören – wenn auch nicht unmittelbar sichtbar – energetische Elemente, Funktionen, Gesetze (Prinzipien) und Einstellungen. Diese strukturieren das Feld, und sie bringen es zum Ausdruck.

Die Gesetze oder Prinzipien

Ein Gesetz ist eine universale, den Dingen eigene und sie darstellende Beziehung zwischen den Dingen. Ein Prinzip ist das gleiche wie ein Gesetz, allerdings mit einer zusätzlichen Nuance größerer Flexibilität, was die Anwendung auf eine Erfahrung betrifft. Das Gesetz als solches ist absolut essentiell für den Charakter eines Feldes und diesem inhärent. Ein Prinzip ist ein Beziehungsgesetz, mit dem die Elemente, die zu einem Feld gehören oder nicht zu dessen Natur gezählt werden können, angeordnet werden. Folglich kann ein Prinzip in seiner Anwendung sowohl relativ als auch universal sein, während ein Gesetz in seiner Funktion innerhalb eines gegebenen Feldes absolut und spezifisch sein kann.

Diese Unterscheidungen sind zugegebenermaßen Nuancierungen, die möglicherweise für jeden beliebigen Teil der Erfahrung eines Feldes zutreffen können. Es sei ausdrücklich betont, daß ein Modell bzw. eine theoretische Beschreibung eines Erfahrungsfeldes eher eine Abstraktion und eine Annäherung als etwas Absolutes darstellt, in dem alles ausgearbeitet und eindeutig klar ist. Am besten benutzt man ein Modell, um Fragen zu stellen und Probleme aufzuwerfen – und nicht, um definitive Antworten zu erhalten, zumal es fraglich ist, ob solche Antworten überhaupt gegeben und gefunden werden können.

Die Anwendung des Modells bzw. der Feldtheorie auf die Traumerfahrung soll gewisse – für das Funktionieren der Träume maßgebliche – Wirkungskräfte aufzeigen, die den Träumen möglicherweise innewohnen. Die Gültigkeit der Feldtheorie zeigt sich sowohl in ihrer Anwendbarkeit als auch in der Widerspruchsfreiheit der Theorie als solche.

Die dem Traumfeld inhärenten Gesetze und Prinzipien

1. Die Entitäten und Energien innerhalb des Traumfeldes bewegen sich im Rahmen der Relationen von Mathematik und Logik. Obwohl Träume in der Regel keine Abstraktionen, wie Zahlen oder Bild- und Handlungssequenzen, aufweisen, die einem offensichtlich logischen Muster folgen, liegen den Symbolen dennoch dieselben Relationen zugrunde, wie sie in der Mathematik und in den Naturwissenschaften festzustellen sind. Das bedeutet, daß die Gesetze der Logik und der Raumrelationen für das Traumfeld ebenso bestimmend sind wie für das physikalische, externe Feld der Alltagsrealität.

2. Es gibt bestimmte inhärente, vom Traumfeld reflektierte Funktionen, die ein universaler Bestandteil aller Traumfelder sind. Eine Funktion ist die spezifische Art und Weise, in der ein Gesetz die universaleren Muster des Feldes bestimmt und beeinflußt. Zu den Primärfunktionen gehören:

a. Eine Funktion, die das Feld organisiert, indem sie viele oder alle Bestandteile um einen Mittelpunkt herum in einen harmonischen Einklang bringt. Dies ist eine Hauptfunktion des zentralen Archetyps, den C.G. Jung das Selbst nennt.
b. Eine Funktion, die zwischen verschiedenen Bestandteilen des Feldes Trennungen und Konflikte erzeugt. Die Primärursache für das Überhandnehmen dieser Funktion im Feld oder in einem Teil des Feldes scheint die Dominanz der einen Seite eines Gegensatzes über die andere zu sein, oder anders ausgedrückt, eine Entität weist mehr Energie auf als eine andere, die ihr ähnlich oder entgegengesetzt ist.
c. Spezifische Funktionen, die die charakteristischen Aktionsweisen spezifischer Archetypen beherrschen. Die Archetypen selbst sind spezifische Energiegruppierungen innerhalb des Feldes, die seine konkreten Manifestationen beeinflussen und hervorrufen. Ein Archetyp ist ein energetischer Drehpunkt innerhalb des Musters, das ihn manifestiert.

Ein Traum und ein Beispiel für die Traumarbeit

Ein Mann hatte folgenden Traum:

«Ich besuche ein Paar, es sind Freunde, und man weist mir ein Hinterzimmer zu, das ganz weiß und voller Licht ist. Ich lege dort meinen Schlafsack ab. Es ist einsam. Auf dem Rückweg komme ich an meiner Mutter vorbei, die schweigend dasitzt und meditiert. In meinem Zimmer höre ich, wie sich das Paar vor dem Haus unterhält, und möchte dabeisein. Dann verändert sich die Szene, und ich beobachte von einem Hügel aus zwei gegeneinander kämpfende Armeen. Die jungen Männer sind in voller Rüstung und greifen mit Schwertern und Speeren an. Nach und nach besiegen die Faschisten die Guten. Schließlich treiben sie ihre Gefangenen zu mir herüber, bis ich ganz von ihnen umringt bin. Dann steckt einer der Faschisten einem Gefangenen eine zwei Zoll lange Injektionsnadel in den Arm und tötet ihn. Nun kommt er zu mir und verabreicht mir eine tödliche Injektion. Ich sterbe und erwache aus dem Traum.»

Die Traumarbeit

Der Träumende berichtete seinen Traum, und dann entschieden wir uns für ein Wiedererleben unter Anleitung, wobei wir uns beide mit geschlossenen Augen in einen meditativen Zustand versetzten. Er visualisierte seinen Traum, während ich ihm Vorschläge unterbreitete, damit sein Traum-Ich stärker auf die Traumsituation reagieren konnte. Der Träumende schilderte das, was er sah und erlebte, während ich als Leiter der Traumarbeit zuhörte, selbst Bilder sah und gelegentlich unverbindlich einen Vorschlag machte, was mögliche Entscheidungen und Handlungen des Traum-Ichs im Traum betrafen. Es geschah folgendes:

Er sah sich, wie er das Haus betrat und seinen Schlafsack nach hinten brachte. Doch diesmal wollte er wirklich irgendwie bei seiner Mutter sein. Als er sich auf sie konzentrierte und sie beschrieb, schien sie ihm lebendig zu sein. Sie war nämlich im äußeren Leben bereits seit vielen Jahren tot. Dann sah er seine Mutter als Leichnam und verlieh seiner Trauer darüber Ausdruck, daß sie niemals wirklich persönlich und echt miteinander kommuniziert hatten. Er sagte ihr auch, daß er sich nun mit ihr versöhnen wolle. Seine Gefühle waren so stark, daß seine Stimme bebte. Schließlich sagte ihm die Mutter – es klang beinahe wie eine Erklärung –, was in ihrer Beziehung geschehen war, und daß die Welt dort draußen hart und schwierig sei und daß nur wenige überleben würden. Das traf ihn hart. Er weinte, und auch ich war tief bewegt. Es gab offenbar nichts mehr zu sagen. Er erklärte, seine Mutter sei sowohl lebendig als auch tot, was in den beiden Bildern ausgedrückt sei. Er hatte das Gefühl, daß es zu einer echten Kommunikation zwischen ihnen gekommen war, und sagte, daß er bereit sei, die nächste Szene anzugehen.

Wieder sah er die beiden Armeen und die guten Soldaten, die geschlagen wurden. Alles geschah sehr schnell und intensiv – wie im ursprünglichen Traum. Doch er schien die Szene beinahe zu schnell zu durcheilen, was seiner Neigung entsprach, dem Erlebnis auf einer eher gefühlsbetonten Ebene zu widerstehen. Ich schlug ihm vor, er solle sein Tempo verlangsamen, um die Ereignisse richtig durchleben und diesmal vielleicht sogar anders reagieren zu können. Als der Faschist den Gefangenen wieder umbrachte, reagierte er nicht. Als der Mann jedoch mit der zwei Zoll langen Nadel und der Spritze auf ihn zukam, entschied er sich, die Kontrolle über die Situation selbst in die Hand zu nehmen. Der Träumende nahm seinem Gegner die Spritze ab und sagte ihm, daß er so mit ihm nicht umgehen könne. Dann hatte er eine Vision: Die Armeen kämpften nicht mehr gegeneinander. Am Ort der Schlacht wurde eine Universität gebaut, weil er selbst die beiden verfeindeten Parteien dazu brachte, sich gemeinsam an einen Tisch zu setzen und über alles zu sprechen. Er wurde Präsident der neuen Universität. Ich hatte den Eindruck, daß dies der richtige Augenblick sei, um das Wiedererleben des Traumes zu beenden. Wir öffneten beide die Augen, um das Erlebte zu besprechen.

Dem Träumenden gefiel sein neues Verhalten bei der Versöhnung der beiden Armeen und bei der Kontrollübernahme über seinen Gegner sehr. Schon vor dem Wiedererleben des Traumes hatte er – auch aufgrund anderer Träume – bereits erkannt, daß sein Traum-Ich in seinen Träumen stets passiv und inadäquat reagierte und daß dieses Verhalten eine Parallele zu seinem Verhalten in bestimmten Bereichen der Alltagswelt aufwies. Ich erinnerte den Träumenden an seine starken Gefühle im Zusammenhang mit dem Erlebnis mit seiner Mutter. Ferner verdeutlichte ich ihm auch, daß er wohl der Meinung sei, die zweite Szene mit der Versöhnung der beiden Armeen herbeigeführt zu haben, daß aber das Erlebnis mit seiner Mutter nicht als seine eigene, bewußte Schöpfung bezeichnet werden könne, sondern ihm zugefallen war. Er stimmte dem zu. Die wichtigste Frage, die sich aus dieser Erfahrung ergab, war die folgende: Wie konnte die Einstellung seiner Mutter, daß die Welt einen besiegt bzw. unterkriegt, dazu führen, daß es in der zweiten Szene des ursprünglichen Traumes zu einer Niederlage der Guten und zu seinem eigenen Tod kam.

Traumtheorie

Wir kehren nun zur philosophischen Denkweise zurück. Unter Anwendung der bereits geschilderten Feldtheorie können der geschilderte Traum und der wiedererlebte Traum wie folgt beschrieben werden:

Das ursprüngliche Feld der archetypischen Muster dieses Träumenden weist Brüche auf. Die einzelnen Teile sind mangelhaft verbunden. Dies betrifft auch die Beziehung zwischen der Ichfunktion und den anderen archetypischen Energien. Der Archetyp des Widersachers funktioniert als Niederlage und Vernichtung. Er dominiert, weil die Einstellung vorherrscht, alles müsse stets schlecht enden. Und dies entspricht dem Widersacherarchetyp. Aus dem Originaltraum ist allerdings noch nicht zu erkennen, was den Widersacherarchetyp dominant werden ließ.

Das Traum-Ich empfindet diese vom Widersacherarchetyp erzeugten Brüche als Isoliertsein und Entfremdung. Im Traum zeigt sich dies sowohl daran, daß das Traum-Ich nur eine sehr flüchtige Beziehung zur Mutter hat, als auch daran, daß dem Traum-Ich das karge, isolierte Hinterzimmer, abseits vom Liebespaar und seinen Freunden, zugewiesen wird. Ferner läßt sich eine äußerst schwache Ichfunktion in bezug auf eine aktive Entscheidungsfällung und Kontrollübernahme in der zweiten Traumszene feststellen. Der Bruch im Archetypenfeld und die Dominanz der einen Seite des Gegensatzes über die andere wird durch die Schlachtszene illustriert. Die Guten und das Ich werden besiegt.

Die Risse im ursprünglichen Traumfeld werden durch gewisse Spannungen verursacht.

Der Traum spiegelt zwar den Zustand des Feldes, gibt aber keinen direkten Hinweis auf die Spannungen, die im Feld die Brüche und Niederlagen erzeugen bzw. die Ichfunktion der Entscheidungsfällung derart schwächen.

Was meine Interventionen betrifft, so sind diese notwendig, um die

Spannungen im Archetypenfeld auszugleichen. Der Zustand eines Feldes wird durch das reflektiert, was vom zentralen Archetyp des Selbst harmonisiert bzw. nicht harmonisiert wird. Im ursprünglichen Traumfeld kommt die archetypische Funktion der Zentrierung und Ganzwerdung nicht unmittelbar zum Ausdruck. Also sind die integrative, vereinigende Funktion und die Entscheidungsfunktion des Ichs unteraktiv.

Zu den beim Wiedererleben des Traumes praktizierten Interventionen gehören die Bewußtmachung der vorhandenen Muster und die direkte Interaktion mit diesen Mustern. Die Versöhnungsszene zwischen Mutter und Sohn setzt das Ich in eine positive und ausgeglichene Beziehung zum Archetyp des Weiblichen, der von der Mutter verkörpert wird. Dies ist notwendig, damit die beiden verfeindeten Armeen in der zweiten Traumszene miteinander versöhnt und vereinigt werden können. Der Träumende erfährt von seiner Mutter, daß eine von ihr geerbte defätistische Haltung die Funktionen des Traum-Ichs und anderer Bereiche des Archetypenfeldes dominiert. Wenn das Ich das Aufeinanderprallen von Gegensätzen nicht durch die Aktivierung des zentralen, vereinigenden Archetyps des Selbst verhindern kann, wird das Feld von widerstreitenden und ungleichen Kräften zerrissen. Beim Wiedererleben des Traumes wird die Ichfunktion befreit, indem sie erneut eine Beziehung zur Mutterfunktion des Nährens und Unterstützens herstellt und sich der auf die Ichfunktion und das Feld ausgeübten Spannungen bewußt wird. Das Ich realisiert auch, daß es der Meinung ist, jede Situation müsse in einer Niederlage bzw. mit einer Trennung der Einheit enden.

In der zweiten Szene übernimmt die Ichfunktion beinahe zu stark die Kontrolle. Das Ich wird zu selbstsicher, als es von seiner früheren Passivität abläßt und aktiv und befreit zu funktionieren beginnt. Die Dinge sind nicht unbedingt ein für allemal festgelegt. Die Entscheidung, d.h. die Verlagerung einer Energie in eine andere Richtung, ist dann möglich, wenn man von dieser Möglichkeit überzeugt ist. Was das Ich in diesem Fall wahrscheinlich vor der totalen Inflation und der Subsummierung unter den Archetyp des Selbst bewahrt, ist die Tatsache, daß es die Einigungsfunktion des zentralen Archetyps aktiviert. Dies wird durch die Versöhnung der beiden Armeen und den Bau der Universität, in der die unterschiedlichsten Ansichten und Methoden Hand in Hand zusammenarbeiten können, symbolisiert.

Zusammenfassung

Das Archetypenfeld existiert. Es kann sich verschiedenartig – je nach den zum jeweiligen Zeitpunkt dominanten Funktionen – manifestieren. Ein Archetypenfeld ist ein Feld strukturierter archetypischer Energien, die sich in Prinzipien und Gesetzen ausdrücken. Die Funktionen innerhalb eines Feldes sind die spezifischen Ausdrucksweisen der Gesetze im jeweiligen Feld.

Träume können durch ihren Symbolismus durchaus eine direkte Widerspiegelung des in der Psyche und im Leben eines Menschen arbeitenden Archetypenfeldes sein. Die Archetypen konstellieren sich sowohl in äußeren Situationen als auch in der Psyche, und die Träume reflektieren die existierenden Muster bzw. Strukturen – und die Spannungen im archetypischen Feld, das diese Muster bzw. Strukturen erzeugt. Zu diesen Spannungen gehören die unbewußten Einstellungen, die inneren Auswirkungen von z.B. traumatischen Lebensereignissen und die Entscheidungen, die die Ichfunktion trifft bzw. vermeidet. Ein weiterer, das Feld formender und beeinflussender Spannungsfaktor ist das Weltbild bzw. die Anschauung des Individuums. Die Sicht der Realität wird in Träumen oft aufgelockert, so daß man etwa von Vögeln träumt, die Hände besitzen.

Um den Spannungsfaktoren, die das Feld beherrschen, entgegenzuwirken, können Interventionen, die bestimmte Funktionen innerhalb des Feldes auslösen, durchgeführt werden. So läßt sich etwa durch das Wiedererleben des Traumes, das zu einer Lösung führt, eine Beziehung zwischen dem Traum-Ich und einem Archetyp herstellen. Auf diese Weise wird die integrative, harmonisierende Funktion des zentralen Archetypus aktiviert. Außerdem läßt sich auch die Entscheidungsfunktion des Ichs wecken. Ferner können die unbewußten Einstellungen, die den Rahmen für die Entscheidungen darstellen, herausgefordert und verwandelt werden.

Anmerkung: Die Ideen und das Modell dieser Abhandlung sind meine eigenen. Ich übernehme die volle Verantwortung dafür – und fühle mich dennoch den Gedankengängen C.G. Jungs verpflichtet, die ich allerdings ziemlich frei verwende. Ich füge seinem Konzept auch eigene Ideen hinzu. Terran Harcourt Daily möchte ich für Anregungen bei der Formulierung dieses Materials danken.

K Das Neuschreiben des Traumes

Die Technik des Neuschreibens von Träumen hat in bezug auf die Arbeit mit dem Traumzustand mancherlei Vorzüge. Die meisten Träume bleiben in sich ungelöst und stecken voller Konflikte und Möglichkeiten, die nur zum Teil ausgeschöpft werden. Außerdem gehört zu einer typischen Traum-Situation auch ein Traum-Ich als Persönlichkeitsteil, der in irgendeiner Form am Traumgeschehen teilnimmt.

Weshalb ist man in den Träumen meistens so schwach? Vielleicht ist man im Leben oder in sich selbst als kreative, entwickelte Persönlichkeit noch zu wenig effektiv.

Erstaunlicherweise bietet nun die Traumarbeit einen umfassenden Rahmen für die Lebensgestaltung, denn sie stellt die Bühne dar, auf der das Leben und die eigene Persönlichkeit mit Hilfe des Traumes und der Arbeit daran einstudiert werden können. Verhält sich das Ich also in einem bestimmten Traum unpassend, kann man sich für die Traumarbeit ohne weiteres vornehmen, dieses Verhalten auf eine schöpferische und neuartige Weise zu ändern. – Man könnte den Traum zunächst objektivieren, um dessen tatsächliche Dynamik und die wechselseitigen Beziehungen zu untersuchen und festzustellen, was das Traum-Ich im Traum tut oder zu tun unterläßt. Als nächstes kann man sich für ein anderes Verhalten des Traum-Ichs entscheiden oder etwas anderes beabsichtigen – und den Traum diesbezüglich neuschreiben. Wenn man beim Neuschreiben in einem halbmeditativen Zustand ist, kann sich das Traumgeschehen als Reaktion auf das veränderte Verhalten des Traum-Ichs verändern. So kann sich etwa ein Konflikttraum weiterentwickeln und eine Lösung finden. Dies führt zu neuen Einsichten und Gefühlen und – sowohl im Traumzustand als auch im Alltag – zu einem erfüllteren Leben.

Es kann gar nicht oft genug betont werden, daß der Traumzustand mit Hilfe der Traumarbeit als eine Arena für das Einüben neuer und das Verändern alter Verhaltensweisen benutzt werden kann. Viele Menschen sind der Meinung, sie könnten es sich nicht erlauben, jede Woche mehrere Stunden ihrem Innenleben zu widmen. Meistens ist man viel zu sehr damit beschäftigt, zu leben – es gibt immer viel zu viel zu tun, und es bleibt viel zu wenig Zeit für alles. Wer sich aber dem inneren Leben widmet, erschafft sich seine Zeit. Im Alltagsleben ist man vielleicht deswegen überlastet und gestreßt, weil man in sich wiederholenden Verhaltens- und Denkmustern und Blockaden gefangen ist. Neunzig Prozent seiner Zeit verbringt man damit, Unwesentliches zu erledigen. Aber was ist wesentlich? Das, was bedeutungsvoll ist. Das, was dazu beiträgt, die eigene Bestimmung zu entfalten. Und wie erfährt man, zu welchem Zweck man auf dieser Erde geboren wurde? Indem man sein Innenleben entwickelt und aus seinem eigenen, essentiellen Wesen heraus handelt.

Träume scheinen oft auf die unterschiedlichsten Lebens- und Persönlichkeitssituationen hinzuweisen. Viele davon stellen die eigene Person als zutiefst selbstzerstörerisch dar. Welch ein wahnwitziger Seinszustand! Man ist sozusagen Gefangener des eigenen Chaos. Freiheit ist dann eine Folge von veränderten Verhaltensweisen. Freiheit entsteht nicht, indem die bisherigen Verhaltensmuster endlos ausgelebt werden.

Durch das Neuschreiben des Traumes werden einerseits die selbstzerstörerischen Verhaltensmuster verändert. Andererseits wird auch der persönliche Entscheidungsspielraum erweitert, weil bestimmte Situationen zunächst im Inneren erprobt werden können, bevor sie im Alltag zum Ausdruck kommen. Ferner läßt sich durch das Neuschreiben des Traumes die Beziehung zum Unbewußten, zur Quelle der Träume, beleben, da dieser Zustand auf diese Weise lebendiger wird. Dafür eignet sich besonders die Art des Neuschreibens, bei der das Traumgeschehen nicht verändert wird, sondern vor allem die verschiedenen Stimmungen und Gefühlsebenen, die im Traum erlebt wurden, beschrieben werden.

Beispiele für die Methode des Neuschreibens von Träumen

Die folgenden Beispiele stammen aus der Arbeit mit meinen eigenen Träumen. Ich erlebe den Vorgang irgendwie als veränderten Zustand, in dem ich mich bewußt in eine bestimmte Stimmung versetze, in eine Gefühlsart, die in direktem Kontakt mit dem Unbewußten bzw. der Ur-Wirklichkeit steht – und dann lasse ich es einfach fließen und schreibe.

Der ursprüngliche Traum: «Das Antlitz des Todes»

Auf dem Gehsteig begegne ich jemandem, der vielleicht mit mir sprechen will – doch ich gehe einfach weiter. An einer Treppe steht ein kleiner Mann, mit dem Rücken zur Straße. Irgend etwas drängt mich, ins Haus hineinzugehen. Ich schaue hinein, widerstehe aber dem Drang, es zu betreten. Im Gebäude scheint ein merkwürdiger, sehr großer Mann zu sein. Zuerst gehe ich weiter, aber dann kehre ich um und betrete auf einen plötzlichen Impuls hin hinter dem kleinen Mann das Haus. Nun bin ich im Inneren des Gebäudes, und der große Mann betritt den Raum. Er hat das verzerrte Gesicht einer Mumie. Ich habe Angst. Es ist der Tod persönlich. Ich will fliehen, doch es ist schon zu spät. Der Tod schließt die Tür. Bevor ich etwas unternehmen kann, wache ich auf.

Kommentar

Mir war natürlich klar, daß ich nicht im Traum geblieben war, um mich mit dem Widersacher auseinanderzusetzen oder ihn dazu zu veranlassen, daß er sich mit mir auseinandersetze. Das Geschehen war einfach zuviel für mich. Meine Furcht hatte über meine Wertvorstellungen gesiegt. Offensichtlich mußte ich mich nochmals in die Traumsituation zurückversetzen und mit größerer Entschiedenheit vorgehen und abwarten, was dann geschehen würde. Dafür eignete sich sowohl das *Wiedererleben* als auch das *Neuschreiben* des Traumes. Beim Wiedererleben müßte ich mit geschlossenen Augen in einem meditativen Zustand verbleiben. Beim Neuschreiben müßte ich hingegen in einem halbmeditativen Zustand das Ganze aufs neue erschaffen und bewußter vorgehen, zielgerichteter und strukturierender. Diese Art der Lösungsfindung eignet sich auch für Menschen, die nicht in einen unbewußten Zustand eintreten können, sich vor ihm ängstigen oder fürchten, sich im gewaltigen Ozean der Archetypen zu verlieren.

Interessant ist, daß ich den Traum kurz nach einer bestandenen Fortgeschrittenenprüfung im Aikido, einer meditativen Kampfsportkunst, geträumt habe. Während der Prüfung hatte ich nur am Anfang Angst. Dann ließ ich mich jedoch innerlich los und erzielte, gemessen an meiner Ausbildungsstufe, sehr gute Ergebnisse. Dieser Traum ist also ein Beispiel dafür, wie die Quelle der Träume uns mit dem Grundmuster konfrontiert, nachdem wir uns schon auf andere Weise erfolgreich mit ihm auseinandergesetzt haben. Es ist, als wollte die Traumquelle sagen: «Du hast also tatsächlich einen Durchbruch erzielt? Dann wollen wir doch einmal sehen, ob du mit dem gleichen Muster auch in seiner ursprünglichsten Form klarkommst.»

In meinem Traum fühlte ich mich zwar von meinem Widersacher angezogen, konnte aber meine Furcht vor ihm nicht überwinden. Durch die Traumarbeit erhielt ich nun eine zweite Chance, mich mit diesem inneren Problem auseinanderzusetzen und weitere Veränderungen herbeizuführen.

Der neugeschriebene Traum: «Das Antlitz des Todes»

Auf dem Gehsteig begegne ich einem Mann, der mit mir sprechen will. Ich bleibe stehen und höre ihm zu, obwohl ich etwas ängstlich bin. Er sagt mir, daß ich auf die Auseinandersetzung mit meinem Widersacher und mit meiner Angst gefaßt sein soll.

An einer nach unten führenden Treppe steht ein kleiner Mann mit dem Rücken zur Straße. Irgend etwas drängt mich, durch die Tür zu gehen, die unten an der Treppe ist. Ich spähe hinein, widerstehe aber der Versuchung hineinzugehen. Da wird mir klar, daß ich einen Widerstand aufgebaut habe. Ich versuche, eine neue Einstellung zu der

Situation zu entwickeln. Im Zimmer erblicke ich einen merkwürdigen großen Mann, der mir Angst einflößt. Ich muß einfach gehen. Als ich wieder auf der Straße bin, gehe ich fort. Doch irgendein Impuls, der stärker ist als meine Furcht, zwingt mich zur Umkehr – und impulsiv folge ich dem kleinen Mann in das Zimmer. Jetzt bin ich im Zimmer und habe das Gefühl, daß ich nicht mehr fliehen kann, und fange an, mich zu verkrampfen. Der große Mann tritt erneut in den Raum. Ich bin entsetzt und wundere mich, daß er das ledrige, skeletthafte Gesicht einer Mumie hat. Ich will weglaufen, doch dazu ist es jetzt zu spät. Der Mann schließt die Tür. Nun muß ich mich meiner Angst stellen. Ich lasse los. Ich bin bereit. Ich überlasse mich der Situation und bereite mich darauf vor, zu reagieren. Erstaunt stelle ich fest, wie ich auf den Mann zugehe und ihn umarme. Dies überrascht ihn. Ich halte ihn sehr fest – wie ein Kind, das sich an seinen Vater klammert. Tatsächlich erinnert er mich nun an meinen Vater – streng, entschieden und furchteinflößend. Mein Festklammern ist gefühlsbetont, und ich fühle mich befreit. Ich wache auf.

Kommentar

Diesmal wollte ich natürlich im Traum bleiben, um zu sehen, was geschehen würde. Ich konzentrierte mich vor allem auf mein Traum-Ich und ließ die Bilder einander wie im ursprünglichen Traum folgen. Was mich jetzt noch zusätzlich interessiert, ist die Gefühlsintensität bei diesem zweiten Erlebnis. Ich lebe nach dem Grundprinzip des Aikido, das darin besteht, mit dem Gegner zu verschmelzen und seine Energie im Einklang mit den Gesetzen des Universums einzusetzen. Wahrscheinlich ist es der Tod, den ich am meisten fürchte, sei er nun körperlicher oder psychischer Art – oder handle es sich um den Tod einer Partnerbeziehung. Jetzt habe ich Gelegenheit, mich mit dieser Furcht vor der Auflösung auseinanderzusetzen.

Das Neuschreiben von Stimmungsträumen

Im folgenden Beispiel habe ich mich erneut in die Stimmung des ursprünglichen Traumes zurückversetzt, ohne den Versuch zu machen, irgend etwas zu ändern oder gar eine Lösung herbeizuführen. Ich wollte den Traum nur in seiner Ganzheit aufs neue erleben, indem ich ihn erneut beschrieb und meine Gefühle möglichst genau schilderte. Dabei kam ich in einen beinahe totalen meditativen Zustand, in dem ich wie automatisch schrieb. Vielleicht überlassen Sie sich bei der Lektüre der neugeschriebenen Version einmal den Bildern und Gefühlen dieses Erlebnisses.

Der ursprüngliche Traum: «Das Andere Volk»

Ich bin mit anderen zusammen. Ein herrschsüchtiges Volk reißt die Macht an sich. Diese Leute besitzen magische Kräfte und wollen uns einen nach dem anderen verschleppen. Ich verstecke mich nicht, sondern beabsichtige zu fliehen. Nun sehe ich eine Frau, die zwei Flaschen mit ihrer Muttermilch trägt. Es ist eine braune Flüssigkeit. Da kommt eine Frau vom Volk der Unterdrücker. Die Mutter will die Milch einer Frau geben, die ein Baby hat. Dann wird die Milch gegen die exotische Katze eines Gefangenen eingetauscht.

Am Horizont erblicken wir Lichter, wie von einem riesigen Feuer oder einem atomaren Holocaust. Werden wir uns auf parapsychische Weise behaupten können, oder wird dieses Volk schließlich doch obsiegen? Wer weiß es?

Kommentar

Das Ganze liest sich wie ein New Age Science Fiction und nicht wie ein gewöhnlicher Roman mit realistischem Symbolismus. Ich entscheide mich dafür, den Traum neuzuschreiben und die Stimmung bzw. den gefühlsmäßigen Hintergrund des ursprünglichen Traumes beizubehalten.

Der neugeschriebene Traum: «Das Andere Volk»

Als er in Richtung Osten spähte, erblickte er in knapp fünfzig Meilen Entfernung die großen Feuer, die den Himmel erhellten. «Ist es das?» dachte er. «Ist es das Ende?»

Er empfand weder Furcht noch Panik. Er hatte eher das Gefühl, daß es – wenn es erst einmal so weit war – keinen Ort mehr geben würde, an den man fliehen konnte. Es gibt keinen anderen Ort, dachte er, als den, an dem man sich bereits befindet.

Die Feuer faszinierten ihn, denn sie konnten noch weiter anwachsen, sich wie geschmolzenes Metall über den ganzen Himmel ergießen und schließlich auch ihn erreichen. Und das wär's dann auch. *Es* war immer da. Das große *Es*. Man wußte nie, mit welchem *Es* man es als nächstes zu tun haben würde.

Tatsächlich erfolgte in den folgenden Tagen und sogar Jahren die Invasion der Anderen.

Das Andere Volk.

Es dauerte nicht lange, da trafen sie in seiner Siedlung ein. Eines Morgens bekam das kleine, mit Stuck verzierte Haus, in dem er mit der Künstlerin lebte, einen gewaltigen Riß in der Mauer, und die linke Seite des Hauses sackte zwei Fuß tief in den Boden ab.

Lange sprachen sie darüber, bis die Anderen nach und nach eintrafen.

War es eine Senkgrube? War das Haus vielleicht auf einem Kalksteinschelf erbaut worden, den das Grundwasser fortgespült hatte? Würde das Erdreich dann, wenn es genügend regnete, aufgeweicht, so daß das Haus womöglich gänzlich darin versank?

Jetzt wurden sie von beiden Seiten angegriffen, aus der Ferne und von unten. Dahinter stand etwas Lebendiges, Schlaues. Und mit dieser Erkenntnis kam auch die Einsicht, daß sie irgendwie selbst daran schuld waren, ganz besonders er.

Man würde ihn für das Absacken des Hauses zur Rechenschaft ziehen, erkannte er, und ein Krampf zog sein Herz zusammen. Es blieb nicht mehr viel Zeit, um es wiedergutzumachen. Vielleicht konnte er die Schuld ja zum Teil an den Eigentümer weiterreichen, so wie man einen Teller Spaghetti weitergab – mit über den Tellerrand herabhängenden Enden, wie freigelegte Würmer.

Man würde sie inspizieren und abführen. Und noch während er darüber nachdachte, geschah es.

Einer der Anderen kam. Er wurde geweckt und mußte sich nach draußen zu den anderen Einwohnern gesellen. Also gut. Eine eisige Angst überkam ihn, und er haßte es, schnell ‹nach draußen› gehen zu müssen.

Er konnte seine Hose nicht finden! Er hatte sie sorgfältig aufgerollt und ans Kopfende seines Betts gelegt. Ohne seine Hose hatte er seine Identität verloren. Waren die Anderen etwa bereits am Werk? Wieder dachte er an das Feuer, wieder überfiel ihn diese gewaltige Hilflosigkeit. Im Holocaust würde alles blitzartig enden. Doch diese Leute kontrollierten den Holocaust – und das machte es noch schlimmer. Sie kamen, das spürte er, aus den Feuern in der Ferne. Schon die Ferne selbst war unheilverkündend.

Die Ferne ist immer unheilverkündend, begriff er blitzartig. Diese letzte Ferne hatte ihn eingeschüchtert, raus aus dem Bett – und jetzt hatten *sie* seine aufgerollte Hose beschlagnahmt, zusammen mit seiner Brieftasche, einem Schreibstift und ein paar Münzen in den Taschen.

Es bekümmerte ihn auch, daß er ohne seine Kleider nackt war. Nicht wegen der Peinlichkeit. Wenn man sie zusammen mit dem Körper als Ganzes sah, waren Geschlechtsorgane schön. Aber das Gefühl ihrer Verwundbarkeit, ihrer Anfälligkeit für Gewalt, würde seine Denkfähigkeit beeinträchtigen, wenn er nichts dagegen unternahm.

Ja, er mußte einfach alles loslassen. Draußen traf er eine Frau, die zwei Viertelliter einer braunen Flüssigkeit trug, die sie als Brustmilch bezeichnete. Wenn man sie damit erwischen sollte, sagte sie, würden die Anderen sie hinrichten.

Nicht so sehr hingerichtet als eliminiert, ausgelöscht.

Jeder hier hatte Angst davor. Die schlimmste Angst war die vor dem Ausgelöschtwerden. An einem Tag war man noch da, doch am anderen war man verschwunden – ohne jede Erklärung. Jeder konnte sich selbst ausmalen, was geschehen war. Aber konnte man sich auf den Verstand verlassen?

Es war, als würde das Feuer am Horizont hoch aufflackern. Es könnte – es würde – immer näher und näher kommen, bis es über einem zusammenschlägt. Und dann? Was dann?

Auf diese Weise schickte das Feuer statt dessen seine Botschafter, das Andere Volk, das ebenfalls die Macht besaß, einen verschwinden zu lassen, wenn man etwas Falsches tat – und wenn sie entschieden hatten, daß die Zeit gekommen war.

Wir lernten, ihnen aus dem Weg zu gehen. Die Frau mit der braunen Brustmilch gab sie sofort an eine Mutter mit einem winzigen Säugling weiter, als einer der Anderen auf uns zukam.

Ich selbst hatte gegen die Regeln verstoßen, weil ich es zugelassen hatte, daß mir meine Hose mit ihrem wertvollen Inhalt genommen wurde. Doch würde sich, zumindest hoffte ich das, das Interesse wohl eher auf die Brustmilch konzentrieren. Wer würde diese Prüfung überleben?

Der Feind, die Andere Person, war eine Frau in den Dreißigern. Sie hatte rote Lippen, Lidschatten und falsche Wimpern. Ihre Ponyfrisur war makellos, und man konnte durchaus sagen, daß sie adrett war. Vielleicht bestand gerade darin ihre Macht? Man hatte ihr die Autorität übertragen, über alles zu richten und das zu eliminieren, was vor ihren Augen keine Gnade fand.

Wir lösten das Problem dadurch, daß sich im letzten Augenblick ein Mann bereit erklärte, die beiden Flaschen mit der Brustmilch an sich zu nehmen. Er brauchte sie dringend und tauschte sie gegen seine magische Katze ein, die einen langen Schwanz hatte.

Denn es war verdächtig, daß die Mutter mit dem Säugling zwei Flaschen mit Brustmilch besaß. Woher hatte sie die Flaschen? Und schließlich besaß sie selbst zwei Brüste.

Der Mann hingegen war ohnehin bereits verurteilt worden und durfte sein Zimmer und den Teil unmittelbar vor seiner Tür nicht verlassen.

Ich fand meine aufgerollte Hose in einem großen Haufen von Gegenständen, die in der ganzen Nachbarschaft eingesammelt worden waren. Ich war mir unschlüssig, ob ich sie in der Hand halten sollte, um auf diese Weise zu zeigen, daß sie in meinem Besitz waren, oder ob ich sie anziehen sollte, um nicht aufzufallen.

Beides war problematisch. Wir mußten uns in Formation vor den Anderen aufstellen. Ich hatte kein Bedürfnis mehr zu fliehen, denn inzwischen waren sie überall und allmächtig.

Ich mußte mich vor allem anpassen und durfte in keiner Weise auffallen. Und doch besaß ich noch immer mein Bewußtsein, und irgendwann würde ich das große Feuer am Horizont wirklich an mich heranlassen müssen.

Das Feuer schmiedete uns zu einer Gruppe zusammen. Auch die Anderen hatten ihre Aufgabe. Doch meine Gruppe war gar keine. Ich gehörte ihr nur zwangsweise an. Die Künstlerin, deren Haus weggesackt war? Die magische Katze? Der Mann mit den beiden Viertellitern Brustmilch? Die Mutter mit ihrem Baby?

Wer waren diese Leute in Wirklichkeit? Und was hatten sie mit mir zu tun?

Ich zog meine Hose an, wohl wissend, daß ich kein Hemd anhatte. Das Feuer konnte immer noch brennen. Ich konnte nach wie vor erkannt werden.

Wo war die Frau mit den roten Lippen? Die Andere?

Denn jetzt war ich noch da – und im nächsten Augenblick spürte ich, wie ich verschwand.

Das Neuschreiben des Traumes: Zusammenfassung und Anleitung für die Traumarbeit

Man kann den Traum aus verschiedenen Gründen neuschreiben: um ihn einer Lösung zuzuführen; um das Traum-Ich in seinem Handeln zu bestärken oder um den Traum durch eine vollständigere Beschreibung wirklich lebendig werden zu lassen. Allerdings sollte man den Traum nicht einfach nur neuschreiben, um ihn mit Hilfe der Einbildungskraft in etwas zu verwandeln, was er der eigenen Meinung nach hätte sein sollen. Schließlich kann das Neuschreiben auch helfen, während des Träumens zu einer größeren Aktivität zu finden. Auf diese Weise wird eine Spielart des luziden Träumens realisiert.

Zum Vorgehen

- Den Traum aufschreiben und daran anschließend einige Minuten damit verbringen, ihn zu objektivieren. Die wichtigsten Gegensätze und Gemeinsamkeiten feststellen und besonders darauf achten, wie sich das Traum-Ich verhält.
- Als nächstes die wichtigsten Probleme – möglichst in Form von Schüsselfragen – formulieren und dann einen neuen Standpunkt ausarbeiten, der die Art und Weise der gewünschten Veränderung bestimmt. Wenn das Verhalten des Traum-Ichs einer Veränderung bedarf, entscheide man sich für eine Verhaltensweise, die ohne weiteres auch von der des ursprünglichen Traumes abweichen kann. Will man zum Beispiel die Traum-Situation einer Lösung zuführen oder eine Art Abschluß oder eine neue Ganzheit finden? Oder möchte man ein begonnenes Gespräch zu Ende führen?
- Nun entscheide man sich für eine Grundhaltung des Traum-Ichs und eine bestimmte Traum-Situation, die man neuschreiben will. Man sollte dafür sorgen, daß man von niemandem gestört werden

kann – auch nicht vom Telefon. Dann entspanne man sich, lasse innerlich los und schreibe so lange, bis die Energie zu fließen aufhört. Dabei verfolgt man zwar eine bestimmte Absicht, aber andererseits läßt man auch alles geschehen. Man reagiert also eher auf die Bilder des Traumes, statt sie allzu bewußt zu erschaffen.

- Wenn man das Gefühl hat, daß man zu einem Ende gekommen ist, werden die Aufzeichnungen noch einmal durchgelesen und korrigiert. Zum Schluss notiere man auch, wie man sich fühlt.

Zur Verarbeitung

- Wenn man mit dem Neuschreiben des Traumes fertig geworden ist und alle unklaren Punkte verdeutlicht hat, wird die fertige Fassung gelesen und dabei beobachtet, welche Gefühle und Fragen wachgerufen werden. Diese schreibt man dann auf.
- Die neuen Wertvorstellungen, Einsichten und neuen Standpunkte, die diese Erfahrung gebracht hat, werden festgehalten. Vielleicht ist sogar etwas völlig Unerwartetes geschehen. Was war es? Wie schätzt man es ein?
- Dann werden der ursprüngliche und der neugeschriebene Traum verglichen und festgestellt, was den einen vom anderen unterscheidet und was an Neuem aufgetreten ist.
- Welche Ziele können für das spätere Traumleben und die Traumarbeit aus dieser Erfahrung heraus formuliert werden. Man überlege sich, auf welche Traum-Themen man in künftigen Träumen achten könnte, um festzustellen, ob die Erfahrung mit dem Neuschreiben des Traumes eine Bestätigung findet.
- Was ist die Essenz und der Wert dieser Erfahrung? Welche speziellen Aufgaben sind dafür geeignet, die wesentlichen Aspekte dieser Erfahrung im Alltagsleben zu aktualisieren?
- Waren Sie ehrlich? Nur Sie können diese Frage beantworten.
- Auf welche Weise kann man die durch diese Erfahrung gewonnene Gefühlsqualität noch besser zum Ausdruck bringen?

Sallie Nichols

DIE PSYCHOLOGIE DES TAROT

Tarot als Weg zur Selbsterkenntnis nach der Archetypenlehre C. G. Jungs

496 Seiten, mit 87 Abbildungen und 1 farbigen Falttafel

Sallie Nichols vereinigt hier erstmals die überlieferte Symbolwelt des Tarot mit C. G. Jungs Psychologie der Archetypen. Sie ermöglicht dem Leser das Kennen- und Verstehenlernen der wichtigsten nicht-rationalen Quellen des Bewußtseins.

Bereits C. G. Jung erkannte den archetypischen Ursprung des Tarot. Dieses wohl älteste symbolische Bilderbuch über den Weg der Selbsterkenntnis offenbarte sich ihm als eine leicht zugängliche Brücke zu jenem faszinierenden Bereich, in welchem die menschliche Psyche letztlich gründet, – dort, wo sie ihr zeitloses Wissen um das wahre Selbst holt, um es in einem schöpferischen Bewußtwerdungsprozeß in den Alltag einmünden zu lassen.

Sallie Nichols zeigt, wie mit Hilfe des Tarot und seiner äußerst präzisen Innenschau die Entwicklung zur Individuation (Selbstwerdung) sichtbar und nachvollziehbar gemacht wird. Die eindrückliche, fesselnde und imaginative Kraft der Tarotkarten läßt die großen archetypischen Wegmarken eines Menschenlebens mit aller Deutlichkeit heraustreten. Mittels verschiedener Legetechniken verwandeln sich die Großen Arcana des Tarot zu bildhaften und weg-weisenden Landkarten von bisher unbekannten Innenwelten, die jeden Leser zu persönlichen Selbsterkenntnisreisen einladen.

Durch ihre überzeugend klaren Interpretationen weist die Autorin auf den hohen Weisheitsgehalt und die tiefgründigen psychologisch-philosophischen Dimensionen des Tarot hin. Anhand von vielen Beispielen und zusätzlichen Bilddokumenten aus der mythologischen Welt der Antike bis in unsere Zeit wird dem Leser die zeitlose Lebendigkeit der Symbole und Archetypen im Tarot gegenwärtig. Die hier erstmals gebotene visuelle Erfahrung des Weges zu menschlicher Vollkommenheit und Vollständigkeit wird jeden Leser und jede Leserin mit neuer Lebenskraft erfüllen.

Sallie Nichols studierte Psychologie am C. G. Jung-Institut in Zürich zu der Zeit, als Jung noch selbst dort lehrte. Später unterrichtete sie am C. G. Jung-Institut in Los Angeles und hielt dort auch ihre berühmten und vielbeachteten Seminare über den «Tarot-Weg zur Psychologie C. G. Jungs».

Elisabeth Hämmerling

ORPHEUS' WIEDERKEHR

Der Weg des heilenden Klanges

Ca. 380 Seiten, mit 8 farbigen Tafeln und 32 schwarz-weißen Abbildungen, gebunden

In diesem Buch berichtet Elisabeth Hämmerling von ihrer Begegnung mit Orpheus, diesem Sänger und Heiler der griechischen Frühzeit, der mit seiner Musik Menschen und Tiere, Bäume und Steine, ja die Wächter und Herrscher des Totenreiches zu bewegen vermochte – und der dadurch zu einem archetypischen Bild für eine bewegende, erschütternde und verändernde Kraft in der menschlichen Seele wurde. Von der Begegnung mit dieser Gestalt, dieser Kraft erzählt dieses Buch und es erzählt so, daß der Leser selber angerührt wird von der Musik und der geistigen Ausstrahlung des Orpheus und über die jahrtausendealte Wirkungsgeschichte seines Mythos mit ihm eins werden kann.

Die Autorin legt in ihrem Buch auch die persönlichste Quelle ihrer Betroffenheit von Orpheus frei: In einer Serie eigener initiatischer Träume entfaltet Orpheus seine Wirkung in der Psyche der Träumerin und regt zu einer immer lebendigeren Kreativität an, löst Erstarrungen und heilt alte Wunden. Von der Orpheus-Gestalt in ihrer eigenen Seele ergriffen, gewinnt sie eine geschärfte Wahrnehmung für die Wirkungen dieser Gestalt und ihrer geistigen Ausstrahlung in der Gegenwart: sie findet Orpheus wieder wirksam bei Wort- und Tonschöpfern, die mit ihren Liedern gegen Gewalt und Tod an einem weltumfassenden Gesinnungswandel mitwirken. Der persönlichen Begegnung mit indianischen Schamanen, von der im Buch fesselnd berichtet wird, verdankt die Darstellung des Orpheus als eines frühgriechischen Schamanen ihre Anschaulichkeit und Überzeugungskraft.

Das Buch versucht über die persönliche Ergriffenheit hinaus auch ein vollständiges Orpheus-Bild zu vermitteln, neue und praktisch anwendbare Zugänge zur historischen sowie zur ewigen Orpheus-Gestalt aufzuzeigen. Behutsam, aber kaum widerstehlich werden wir eingeladen und mitgenommen zu einer spirituellen Reise auf den Spuren Orpheus' – bis hin zu eigenen Übungen, die wir unterwegs erproben können – und treffen vielleicht unversehens auf Spuren des Orpheus-Mythos und des Orpheus-Geistes in unserem eigenen Leben.

«So erlebte ich dieses Buch, getragen vom Strom eines Mythos, dessen Aktualität es neu erweist in diesen Jahrzehnten, in denen das Suchen nach der ‹Seele› notwendiger denn je erscheint für das Überleben des einzelnen wie der ganzen Menschengemeinschaft, in denen wir Lieder, Bilder und Bücher für das Leben brauchen, die von den Mächten des Todes, gerade weil sie sie respektieren, nicht resignieren.» Ingrid Riedel

Patricia Garfield
KREATIV TRÄUMEN

273 Seiten, gebunden

In diesem ausgezeichneten Buch zeigt Ihnen Patricia Garfield, wie Sie Ihre Träume planen und kontrollieren können für ein glücklicheres, sinnerfülltes und von Ängsten befreites Leben. Denn noch heute nacht können Sie kreativ zu träumen beginnen. In dem Ausmaß, wie Sie sich mit Erfolg die Methode des kreativen Träumens aneignen, wird Ihre Konzentration und Ihr Erinnerungsvermögen zunehmen. Sie werden Ihre Alpträume bewußt während des Geschehens bewältigen und überwinden lernen. Sie werden deshalb nie mehr angsterfüllt aufwachen mit dem schrecklichen Gefühl, völlig hilflos und ausgeliefert gewesen zu sein. Mehr noch: Sie werden Ihre errungenen Erfolge in ihrer ganzen Klarheit mit in Ihr Tagesbewußtsein hinübernehmen. Kreatives Träumen läßt Sie herrliche Abenteuer und wunderbare Geistesflüge erleben. Sie können die höchsten sexuellen und erotischen Empfindungen mit dem Partner Ihrer geheimen Wünsche genießen, in verborgenes Wissen alter und neuer Zeiten eindringen und längst vergessene Begebenheiten wieder erinnern. Sie werden sich und Ihre einzigartige Persönlichkeit besser kennen und verstehen lernen. Sie werden Lösungen und Hilfe für alle Ihre Alltagsprobleme finden. Damit werden Ihrem Leben neue Dimensionen verliehen und Ihre kühnsten Träume werden zur wunderbaren Alltagsrealität.

Mit Patricia Garfield lernen Sie, Ihre Traumzeit bewußt und direkt mitzuleben. Aus ihrem Buch werden Sie lernen, diesen wichtigen Zeitabschnitt glück- und erfolgbringend für Sie arbeiten zu lassen, denn es zeigt einfache und bewährte Methoden kreativen Träumens. Nutzen Sie die leicht zu befolgenden Regeln, und Sie besitzen die Macht der bewußten Traumlenkung, nebst der absoluten Erinnerungsfähigkeit während und nach dem Traum.

Das Buch lehrt Sie, wie Sie ein Traumtagebuch und eine richtige Traumkontrolle durchführen sollen. Es führt Sie in die fantastischen und abenteuerlichen Welten des luziden (leuchtend bewußten) Traumes. Erst wenn die Nacht zum Tag wird, geben Sie Ihrem Leben jene umfassende Bedeutung und inneren Reichtum zurück. Die Nacht beschenkt Sie wieder mit ihren verborgenen Schätzen: Aktivität, schöpferische Ideen, neue Empfindungen und Abenteuer.

Es ist erstaunlich, auch von verschiedenen Traditionen zu hören, welche sich seit jeher damit auseinandergesetzt haben und die mit dem kreativen Träumen gegebenen Chancen zu nutzen wußten. Denn Patricia Garfield bringt eine große Fülle von kulturgeschichtlichem und praktisch verwendbarem Material. Sie zeigt heilende Traumrituale der verschiedensten antiken Völker, luzide Traumexerzitien tibetischer Yogis, die geheimen Traumwelten der nordamerikanischen Indianer, sowie das kreative Traumleben der malayischen Senoi.

Hier ist endlich ein sicherer und gangbarer Weg beschrieben, der Ihre Träume zu einem wesentlichen Teil Ihres Lebens machen kann!

Patricia Garfield
DER WEG DES TRAUM-MANDALA

256 Seiten, mit 52 Zeichnungen, gebunden

Die Autorin, bekannt geworden durch ihr Buch «Kreativ träumen», hat in den Darstellungen der heiligen Kunst Alttibets das Urmuster eines Traum-Mandalas entdeckt. Mit diesem an vielen Traumseminarien erprobten System lernen wir unsere Träume zu ordnen und analysieren, um sie in ihren höchsten mystischen und erotischen Aspekten besser zu verstehen und kreativ anzuwenden. Indem wir unsere individuellen Traumbilder in den zeitlos klassischen Rahmen des Mandalas setzen, werden wir in der Lage sein, einen Plan zur Selbstentdekkung und Selbstbefreiung zu entwerfen. Das Traum-Mandala wird somit Landkarte unserer Innenwelt und zeigt uns in anschaulich bildlicher Form alle vergangenen und zukünftigen Wege zu einer neuen Persönlichkeit auf.

Anhand ihres umfangreichen Materials von eigenen Erlebnissen und in verblüffend freimütigen Interpretationen ihrer Träume offenbart uns Patricia Garfield mit Feingefühl, aber auch mit viel Mut Intimstes aus ihrem bewegten Leben und aus ihren Träumen. Sie beschreibt anregend und begeisternd die erfolgreiche Überwindung aller inneren Hemmnisse. Wir werden zu Zeugen eines faszinierenden Weges weiblicher Selbstfindung, und wir sehen, wie ihr persönliches Traum-Mandala seine richtungsweisende Gestalt annimmt. Die markanten Stationen ihres inneren Wachstums werden – im vorliegenden Buch reich illustriert – als lebendige Symbole in das Traum-Mandala eingesetzt. Erotik und Sexualität spielen in ihrem Bericht eine zentrale Rolle, denn Traum für Traum befreit sie sich und lockert die Starre ihres Körpers. In luziden Träumen läßt sie die Wellen erotischer Lust frei fluten – und mit dem Freiwerden des Körpers wird auch ihr Geist frei. Sie blüht auf zur innerlich starken Frau, zur liebenden Gattin und Mutter, zur Wissenschaftlerin und endlich zur Suchenden und Seherin, deren Körper und Seele im Rhythmus des Kosmos schwingen.

Der Weg des Traum-Mandala ist für uns alle gangbar! Patricia Garfield's fantastischer Lebens-(Traum)Bericht birgt für uns das aufregende Versprechen zu eigenen horizonterweiternden Entdeckungen. In dem Kapitel «Anleitung zum Erstellen eines persönlichen Traum-Mandalas» zeigt sie uns den praktischen Weg zu einem reichen und intensiven Leben, im Wachen wie im Träumen. Dieser Weg kann den Leser zu einem neuen Bewußtsein führen, zu den erregenden Tiefen seines Selbst, zu kosmischen Reisen jenseits des Körpers, zu orgastischen Ekstasen, aber auch zu begnadeten Zuständen innerer Selbstheilung sowie zu echten mystischen Erfahrungen. Eine neue Energie, vergleichbar der Kundalini-Kraft, läßt uns die höchsten körperlichen, seelischen und geistigen Verzückungen erleben. Seit Urbeginn kreist dieser Energiestrom in unseren Körpern und wird jetzt zu unserem eigenen, lebendigen Mandala.

Ernst R. Waelti

DER DRITTE KREIS DES WISSENS

Außerkörperliche Erfahrungen – eine Mystik der Naturwissenschaft

288 Seiten, mit 15 Abbildungen und 2 Tafeln, gebunden

Dieses Buch ist ein Markstein auf dem weiten Feld der Esoterik! Zum ersten Mal wagt es ein in seinem Fachbereich anerkannter Naturwissenschaftler, sich uneingeschränkt zur Tatsächlichkeit außerkörperlichen Erlebens zu bekennen. Durch seine ungeheuer packende, emotionell und bildhaft geladene Sprache gelingt es ihm, den in seinen Bann gezogenen Leser an einem der letzten großen Geistesabenteuer unseres Jahrhunderts teilnehmen zu lassen – die modernsten Erkenntnisse der Naturwissenschaften mit der Mystik zu vereinen.

Dr. Ernst R. Waelti studierte an der Berner Universität Chemie, Physik und Biochemie und ist heute in der Forschung auf einem Sachgebiet tätig, das man als Biochemie der Zelle umschreiben könnte. Mit dem Interesse des kritischen, nüchternen Wissenschaftlers beschreibt der Autor seine eigenen außerkörperlichen Erfahrungen – ein Weg, der sich ihm spontan eröffnete, ohne daß er ihn gesucht hatte. Mitreißend, aber auch für den Laien leichtverständlich, untersucht er den astralen Körper selbst und beginnt mit ihm zu experimentieren. Er zeigt dabei genauestens, daß Astral- und Seelenreisen absolut keine Traumprodukte oder Akte der reinen Imagination sind, sondern feinstoffliche und doch körperliche Vorgänge, die zum Teil von dramatischen physiologischen Auswirkungen begleitet sind. Dabei ist sich der naturwissenschaftlich gebildetete Autor nicht zu schade, jahrtausendealte esoterische Erfahrungstatsachen wie das «dritte Auge», die psychischen Energiezentren oder Chakras, sowie die Weisheit des Tibetanischen Totenbuches usw. in seine Schau der Dinge miteinzubeziehen.

Doch dies ist nur eine Seite – mehr oder weniger technische – dieses Buches. Auf der anderen Seite wird der Leser mit den großen philosophischen Fragen der Existenz, der Wirklichkeit und des wahren Selbst des Menschen konfrontiert, indem gezeigt wird, daß die außerkörperliche Möglichkeit der Raumüberschreitung ungeahnte innere und äußere Wirklichkeitsebenen – für jeden – zugänglich machen. In seinen «drei Kreisen des Wissens» legt der Autor unmißverständlich dar, welche Schwerpunkte sich aus seinem eigenen Erleben ergeben:

– Unser sterblicher Leib ist nur *eine* Realität. Unser Sein erstreckt sich über Zeugung und Tod hinaus. Unser Ich-Bewußtsein ist fähig, sich zeitweise von seiner physischen Hülle zu lösen – zu neuen Welten hin.

– Als aktivem Mitspieler in diesen fernen und doch so nahen Erlebnisräumen gebieten wir über ein bisher unbekanntes kreatives Potential; als Eigenschaft eines übergeordneten Bewußtseins, in dem wir alle *eine* Einheit bilden.

– Die außerkörperliche Erfahrung führt zu echten mystischen Erlebnissen: in der Ekstase einer umfassenden Freude, der Einswerdung mit unserem Selbst.